KB263326

THE
대한민국 TEPS 대표강사 Joseph Kim의
TOP in
TEPS
850
기본편
어 VOCABULARY 휘
By Joseph Kim

THE TOP in TEPS 850 어휘 기본편

초판 발행 First Published	2010년 8월 25일
2쇄 발행 Second Published	2015년 8월 10일
지은이 Author	죠셉 킴
펴낸이 Publisher	엄현선
펴낸 곳 Publishing Company	시사출판사
등록일자 Registration Day	2002년 8월 1일
등록번호 Registration Number	제 300-2002-67호
주소 Address	서울시 종로구 자하문로 300 시사빌딩
TEL Call to Editorial Dept.	편집부 02-744-0509
Call to Marketing Dept.	도서 주문 문의 02-3671-0555, FAX 02-3671-0500
E-mail	info@langpl.com
Homepage	www.langpl.com

＊SISA영어훈련학교는 시사출판사의 임프린트이며, 영어전문서적 출판 브랜드입니다.
＊이 책의 내용을 사전 허가 없이 전재하거나 복제할 경우 법적인 제재를 받게 됨을 알려 드립니다.
＊잘못된 책은 구입하신 서점이나 본사에서 바꿔드립니다.

ISBN 978-89-91749-90-0 13740

THE
대한민국 TEPS 대표강사 Joseph Kim의
TOP in
TEPS
850
기본편
어 VOCABULARY 휘

대한민국 대표 공인 영어시험 TEPS를 준비하는 수험자들을 위해 국내 어학교육의 핵심 역할을 하고있는 랭귀지 플러스와 대한민국 대표 TEPS 강사 죠셉킴이 오랜시간의 노력과 연구를 통해 단기간 안에 최대 점수를 올려놓을수 있는 텝스 학습교재 시리즈 - The TOP in TEPS 시리즈 12권을 출간하게 되었습니다.

The TOP in TEPS 시리즈 12권은 단순한 참고서들이 아니라 처음으로 텝스를 시작하는 학생들을 위한 입문 시리즈 4권, 800점 이상을 목표로 하는 중급레벨 학생들을 위한 기본 시리즈 4권, 그리고 실제 시험장과 같은 환경에서 본인의 실력을 최종 점검할 수 있는 실전 시리즈 4권으로 구성된 시리즈입니다.

본 교재의 출간 목표는 역대 기출문제를 99% 활용하여 실전 테스트를 통해 실질적인 전략을 키워서 가장 빠른 시간 안에 점수를 획득할 수 있게 하는 것이고, 서울대 언어교육원의 출제 경향의 토대 위에서 실전 레벨의 수준으로 가장 양질의 문제들만을 엄선했다고 자부하는 바입니다. 본 시리즈를 통해 '이것이 바로 TEPS다!'라는 것을 느끼실 수 있으실 것이며, 본 시리즈의 구성에 따라 지속적인 학습을 하면서 990점 만점의 꿈을 키워가시기 바랍니다.

최근 TEPS가 많이 어려워졌고, 이런 상황에서 고득점을 위해서는 모의고사를 스스로 많이 풀어서 문제 푸는 능력과 시간 활용 능력을 키우는 것이 상당히 중요합니다. 특히 TEPS는 다른 시험들과 다른 점들이 많기 때문에 모의고사를 보지 않고 곧바로 시험장으로 향할 경우 예상치 못한 상황들 때문에 많이 당황할 수 있으므로 각별히 유의해야 합니다.

본 시리즈는 실제로 TEPS를 수험생들과 함께 보며 문제 유형을 100% 정확히 파악하고 있는 현직 TEPS 전문강사가 집필했다는 점에서 양질의 TEPS 문제집에 갈급한 수험자들에게 좋은 학습 길잡이가 될 수 있으리라고 믿습니다. 아무쪼록 이 문제집들을 통해서 좋은 결과 얻으시길 바랍니다.

이 책이 나오기까지 정말 많은 기도와 격려로 가장 큰 힘이 되어준 아내, 그리고 나의 모든 것 되신 좋으신 하나님께 이 책을 바칩니다.

2010년 8월
서초동에서
Joseph Kim

CONTENTS

Chapter 01 주제별 어휘

Chapter 02 유형별 어휘

01 The Top in TEPS Example

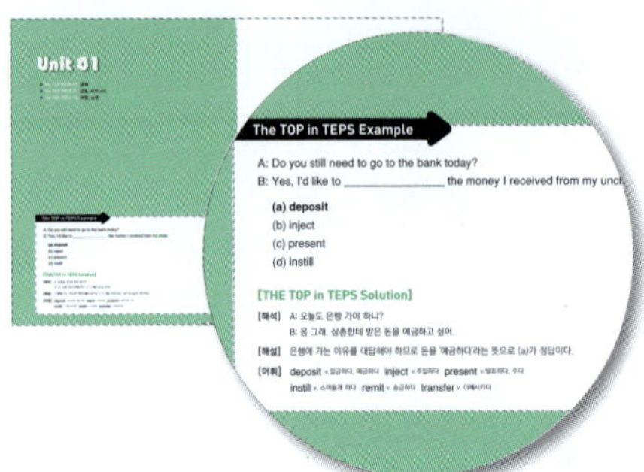

본격적인 TEPS 어휘 학습에 들어가기 전에 각 Unit을 실제 문제를 통해 먼저 만나 봅니다. 또한 바로 이어서 해당하는 문제를 해결하는 방법을 통해서 TEPS 어휘 문제를 먼저 경험해 볼 수 있습니다.

02 The TOP VOCA

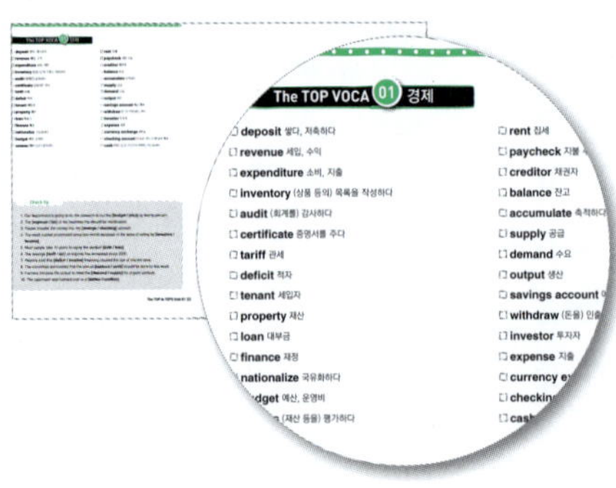

TEPS 빈출 어휘들만을 주제별과 유형별로 분류하였습니다. 시험에 자주 출제되는 어휘들로서 TEPS 고득점을 위해서는 반드시 숙지해야하는 어휘들입니다. 특히 영역별로 분류된 어휘들은 TEPS 독해 영역의 학습과도 연관이 있기 때문에 많은 도움이 될 것입니다.

03 Check Up

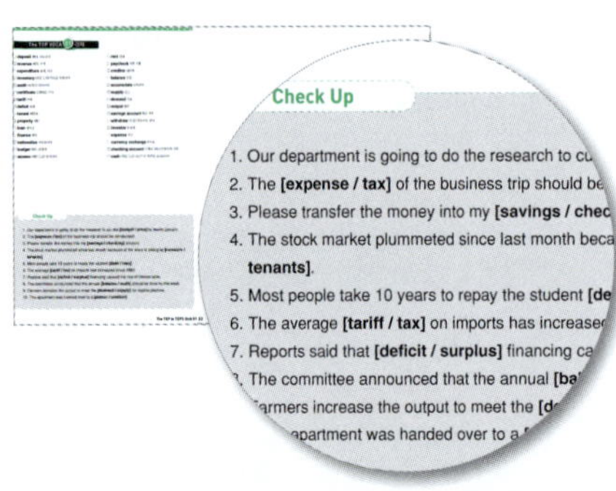

학습한 어휘들을 문제로 확인해 보는 공간입니다. 유의어, 또는 형태에 혼동을 주는 어휘로 문제를 구성하여 실제 TEPS 어휘 영역에 많은 도움이 되도록 만들었습니다. Check Up에서 언급되었던 어휘들을 위주로 정리한다면 어휘 점수 향상에 많은 도움이 될 것입니다.

04 Practice TEST

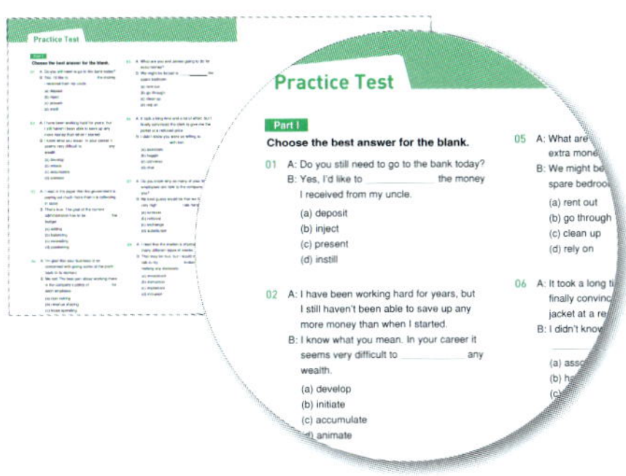

실전과 유사한 난이도의 문제로 Practice TEST 를 구성하였습니다. 각 Unit에서 학습한 어휘 들을 이제, 실제 시험 문제를 풀어보면서 시험 에 대한 적응력을 높이는 시간을 가질 수 있습 니다. 다량의 문제 풀이를 통한 학습으로 실전 감각을 높일 수 있도록 The TOP in TEPS 어 휘가 도와드립니다.

05 상세한 해설

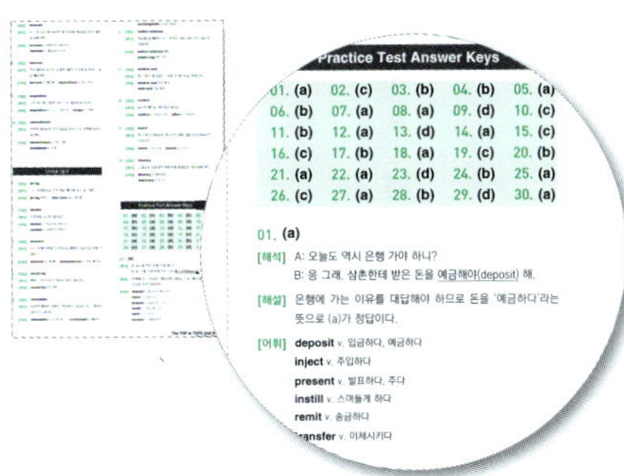

Check Up 문제의 정답과 해석을 제공합니 다. 또한 각 Practice TEST에서 상세한 문제 에 대한 설명과 함께 해결 방법을 제시합니다. Joseph Kim이 제공하는 TEPS 어휘의 해법을 The TOP in TEPS 어휘에서 공개 하였습니 다. 이제, 어렵다고 느끼는 TEPS 어휘를 THE TOP in TEPS 시리즈와 함께 하나씩 정리해 나가실 수 있습니다.

Joseph's Tip for TEPS Vocabulary

▶ Joseph Kim이 말하는 TEPS 어휘란?

어휘영역에서는 쉬운 단어에 특히 주목해야 한다. 우리가 익숙하다고 주의를 기울이지 않지만, 실상은 정확한 쓰임을 몰라서 실수할 수 있는 단어들이 TEPS 어휘영역의 주요 출제 대상이다. 또한 철자가 비슷한 단어들이나 모양이 비슷한 단어들을 구별하는 문제들도 매회 거의 빠지지 않고 출제되고 있다. 흔히 동의어라고 생각되지만, 쓰임이 각각 다른 단어들이 많이 있으므로, 양적인 면에 너무 집중하지 말고 개별단어의 정확한 쓰임을 의미 있는 문장을 통해 평소에 자주 접하는 것이 중요하다.

어휘영역은 15분내에 50문항을 풀도록 되어 있으며, 대화문에서 구문의 빈칸에 들어갈 단어를 선택하는 문제 25개와 1~2개의 문장으로 이루어진 짧은 글 속의 빈칸에 들어갈 단어를 선택하는 문제 25개로 구성되어 있다. TEPS에서 어휘 Part는 수험자들이 가장 까다롭게 여기는 영역이다. 또한 다른 어떤 시험보다 수준이 높을 거라고 생각하지만 절대 그렇지 않다. 단, 다른 시험과 공부하는 방법을 조금 다르게 접근해야 효과를 볼 수 있다.

▶ Joseph Kim이 말하는 TEPS 어휘 학습법

▶ 청해 어휘와 동시에 학습하자!
우선, TEPS 시험에는 어휘 영역이 따로 있기는 하지만 다른 시험 준비를 하듯이 단어를 단순한 의미파악 위주로 공부해서는 별로 효과를 보지 못한다. 따라서 듣기에 나오는 표현에 익숙해져야 한다. 청해에 나왔던 표현들이 100% 어휘에 나온다고 생각하면 되는데, 단어 하나하나의 의미만을 보지 말고 문장 전체를 외우면서 의미를 파악하는 게 효과적이다. 점차 현에 익숙해지게 되어 단어의 쓰임새를 정확하게 파악하게 된다. 이미 알고 있는 단어임에도 불구하고 정확한 쓰임을 몰라서 실수할 수 있는 단어들이 TEPS 어휘 영역의 주요 출제 대상이 되며 TEPS에서는 실제 영어에서 활용 빈도가 낮은 표현이나 구문은 출제되지 않는다는 것을 기억하도록 하자.

▶ 다양한 어휘에 노출하자!
어휘의 양적인 면에 너무 연연하지 말고 개별 단어의 활용도에 초점을 두어 매 문장을 통해 꼼꼼히 이해해 가는 습관이 필요하다. 예문이 풍부한 영영 사전을 이용하면 더 효과적일 수 있다. 문어체의 경우 어느 한 분야에 국한되지 않고, 시사, 문화, 과학 등 다양한 분야의 어휘가 나오므로, 각 주제별 어휘를 골고루 학습할 필요가 있다. 특히, 건강, 법과 관련된 어휘는 항상 출제되므로 외운 만큼 효과를 볼 수 있다. 실용영어 실력에 TOEFL 수준의 어휘력으로 공부해 간다면 큰 어려움이 없을 것이며 거의 사용하지 않는 단어나 표현에 연연하지 않도록 하자.

▶ 속도화된 어휘 시험에 익숙해지자!
TEPS 어휘영역에서 가장 중요한 것은 빠른 속도로 문제를 정확히 푸는 것이다. 다른 시험과 비교할 때 TEPS 단어 수준은 결코 어렵지는 않지만 기본적으로 속도 감각이 뒷받침 되어야 높은 점수를 얻을 수 있다. 따라서 단어 하나하나의 의미파악보다는 독해와 청해의 기본을 쌓는다는 자세로 공부해야 한다.

● ● TEPS를 알아보다!

TEPS는 Test of English Proficiency developed by Seoul National University의 약자로 서울대학교 언어교육원이 오랜 시간에 걸쳐 집중적인 연구를 통해 개발한 한국인의 실용 영어능력 평가시험이다. Proficiency는 '숙달도'라는 뜻으로서 그 사람의 영어 실력이 얼마나 몸에 배어 있고 익숙한가를 측정한다. 따라서 단순한 암기와 요령만으로 고득점을 얻게 되는 시험이 아니라 꾸준히 폭넓은 학습을 통하여 영어에 대한 전체적인 이해력이 바탕이 되어야 하는 시험이다. 또한 TEPS는 한국인들의 살아 있는 영어 실력을 가장 효과적이고 정확하게 측정해주며, 변별력에 있어서 수험자의 정확한 실력 파악에 실제적인 도움이 된다. TEPS 성적표는 수험생의 영어 능력을 파트별로 세분화하여 평가, 첨삭하여 주기 때문에 수험자에게 있어 어느 부분이 강하고 약한지를 쉽게 파악할 수 있게 해줄 뿐 아니라 효과적인 영어공부 방향을 제시해주기도 한다. TEPS는 다양하고 일반적인 영어능력을 평가하는 시험으로 시험기관인 서울대 진학뿐만 아니라 최근에는 신대원, 사관학교, 유학시험, 공무원시험, 인사고과등 다양한 목적으로 사용되고 있다.

● ● TEPS의 특징을 살펴보다!

✚ 편법과 눈속임이 통하지 않는 시험

개인의 어학능력은 결코 단기간에 급속도로 향상되지 않는다. 그런데도 실력배양은 아랑곳하지 않고 영어성적만을 올리기 위해 요령과 편법을 가르치는 교육기관이 현재 난무하고 있는 현실이다. TEPS는 수험자의 영어능력을 있는 그대로 정확하게 판단하기 위해 다양한 테스트 방법을 적용했다. 듣기시험에서 인쇄된 질문지를 주지 않고 방송으로 직접 들려주기 때문에 미리 문제를 보고 감을 잡는 편법과 요령이 통하지 않는다. 독해시험에서도 1지문 1문항 원칙을 지켜 한 문제의 답을 알면 그 뒤에 연결된 문제들의 답을 유추할 수 있는 가능성을 원천적으로 배제하였다.

✚ 속도화 시험

TEPS는 기존의 다른 시험에 비해 많은 지문을 주고 이를 짧은 시간 내에 이해하여 풀어낼 수 있는지를 측정한다. 이는 실제 생활에서 활용할 수 없는 단순암기 위주의 영어가 아니라 완벽히 습득하여 자유롭게 구사할 수 있는 "살아있는" 영어실력을 평가하기 위한 것이다.

✚ 첨단 테스팅 기법 도입

TEPS는 첨단 어학능력 검증기법인 문항반응 이론『IRT: Item Response Theory』을 도입했다. 문항반응 이론은 문항을 개발할 때 각 문항별로 1차 난이도를 정의하고 다시 시험 시행 후 전체 수험자들이 각각의 문항에 대해 맞고 틀린 것을 종합해 그 문항의 난이도를 2차로 재조정해 이를 근거로 다시 한 번 채점해 성적을 내게 된다. 이 과정에서 최고점은 990점, 최하점은 10점으로 조정된다. 특히 문항반응 이론은 맞은 개수의 합을 총점으로 하는 고전적인 평가방식과는 달리, 각 문항의 난이도와 변별력에 대한 수험자의 반응 패턴을 근거로 영어 능력을 추정하는 확률 이론이다. 결국 같은 개수의 정답을 맞추더라도 난이도가 높은 문제를 많이 맞춘 수험자가 좋은 점수를 취득하게 되어 있다. 문항반응 이론을 적용할 경우, 낮은 난이도의 문제를 많이 틀린 수험자가 높은 난이도의 문제를 맞출 경우 실력에 관계없이 추측(Guessing)이나 우연히 맞출 가능성이 높다고 판단하여 감점처리를 한다. 이러한 문항반응 이론은 가장 선진적인 검정방

식으로서 TEPS는 이 이론에 기초한 국내 최초의 영어능력 평가시험이다.

●● TEPS 시험 진행에 관한 사항 『서울대학교 TEPS 관리위원회 홈페이지 기준』

TEPS 정기시험은 주로 일요일에 시행되지만 매년 1월, 5월, 7월, 10월에는 토요일(오후 3시)에 시행된다. 매년 11월 중에 다음 해 응시 일정이 발표되는데 시험은 일요일의 경우, 오전 9시30분에 치르게 되며, 대개 9시까지 고사실에 입실하여야 한다. 오전 9시30분부터 치르는 일요일 시험이 진행되는 과정을 정리하면 다음과 같다.

AM 09:20	입실 완료
AM 09:30~09:50	답안지 오리엔테이션 『각종 기재사항 기재』
AM 09:50~10:00	10분간 휴식 『시험 중간에 휴식시간 없음』
AM 10:00~10:05	문제지 배포
AM 10:05	시험 시작
AM 12:25	시험 종료

※ 시험 당일 사정에 따라 분 단위로 조금씩 변동이 있을 수 있다.

✚ 시험 시간

영역	파트	내용	문항 수	시간	배점
청해 Listening Comprehension	Part I	질의 응답	15	55분	400점
	Part II	짧은 대화	15		
	Part III	긴 대화	15		
	Part IV	담화문	15		
문법 Grammar	Part I	구어체	20	55분	100점
	Part II	문어체	20		
	Part III	대화문	5		
	Part IV	담화문	5		
어휘 Vocabulary	Part I	구어체	25	15분	100점
	Part II	문어체	25		
독해 Reading Comprehension	Part I	빈칸 채우기	16	45분	400점
	Part II	내용 이해	21		
	Part III	흐름 찾기	3		
			200문항	140분	990점

✚ TEPS 원서 접수

인터넷 접수	www.teps.or.kr 접속 후 '온라인 접수'메뉴 이용 (사진파일, 응시료를 결제 할 신용카드 및 인터넷 뱅킹 계좌)
방문 접수	가까운 접수처 이용 (3×4cm 사진 한 장, 응시료) *일반 접수 응시료: 일반 33,000원 / 군인 17,000원 (대상: 현역 간부, 군무원, 육사 / 해사 / 간호사관 생도) *추가접수 응시료: 일반 36,000원
정기 시험	연 12회

✚ 환불규정

접수 후 개인적인 사정으로 시험에 응시할 수 없는 경우, 접수를 취소할 수 있다.
(차기 회차로 연기는 불가능함)

✚ 취소신청 방법

• 인터넷 취소신청: 회원만 가능하며 비회원은 회원가입 후 취소신청이 가능하다.
• 접수처 취소신청: 수험표와 신분증을 소지하고 가까운 접수처를 방문하여 취소신청을 할 수 있다.
　　　　　　　(접수처 취소는 TEPS 접수 취소만 가능)
• 시험별 취소 환불금

『정기접수자』
- 정기접수기간 내: 33,000원 환불
- 익일 ~ 1주: 23,000원 환불
- 익일 ~ 시험 전일 15시 (토요일 시험: 전일 24시): 11,000원 환불

『추가접수자』
- 추가접수기간 내: 36,000원 환불
- 익일 ~ 시험 전일 15시(토요일 시험: 전일 24시): 11,000원 환불

✚ 성적 확인

정기시험의 성적은 시험일로부터 15일 이후 텝스 홈페이지(www.teps.or.kr)에서 확인이 가능하다. 정기시험 성적표는 시험일로부터 대략 20일 안에 우편으로 발송되고, 특별시험 성적표는 시험일로부터 7일 이내에 해당 기관이나 단체로 통보된다. 정기시험 응시자 중 텝스 성적표가 급히 필요한 사람은 텝스 사업본부(02- 886-3330)를 방문하여 성적표를 직접 수령해 갈 수 있다. 방문하여 성적표를 수령해 가고자 하는 경우 응시일로부터 12~13일이 지난 후 추가 수수료 2,000원과 신분증을 준비하여 방문하면 된다. 경우에 따라 성적 처리가 늦어지는 경우도 있으므로 방문 전에 성적표 수령 가능 여부를 전화로 확인하고 방문해야 한다.

✚ 시험 전날 점검 사항

TEPS는 보안이 철저히 유지되고 잘 유출되지 않는다. TEPS시험을 여러 번 보다 보면 대략적으로 그 방향과 성격을 어느 정도 파악할 수 있을 것이다. 실제로 시험을 본 사람만이 정확히 어떤 문제가 나오는지 체감할 수 있다. 그러므로 실제 시험에 응시하여 어느 정도의 유형과 경향, 분위기 등을 체험해보는 것이 도움이 된다. 하지만 여러 가지 사정으로 상황이 여의치 않을 경우 실제 출제경향에 맞춘 적중률 높은 실전문제를 가능한 한 많이 풀어는 것도 시간을 절약하고, 심리적인 부담감을 줄일 수 있는 한 방법이다. 실전문제를 풀 때는 실제 시험을 볼 때와 똑같은 긴장감과 똑같은 시간으로 집중하여 문제를 풀어야 한다. 오히려 실제 시험의 120% 정도의 긴장감과 120% 정도의 집중력으로 문제를 풀라고 권하고 싶다. 실제 시험에서는 더욱 더 긴장되고 예기치 않은 여러 변수가 작용할 수 있기 때문이다. 또한 청해 시험을 보는 동안은 "내가 어떤 방법으로 청취를 해야겠다"는 생각조차 잡념이 된다는 사실을 명심해야 한다. TEPS 청해는 어떠한 내용도 주어지지 않는다. 자칫하여 한 마디를 놓치게 되면 결국 그 문제뿐만 아니라 전반적인 시험에 영향을 끼치게 된다. 마음을 완전히 비우고 한 문제 한 문제에 대해 순간순간 정확한 판단을 하면서 최선을 다해 풀어야 할 것이다.

✚ 시험 당일

TEPS는 청해, 문법, 어휘, 독해 네 가지 영역으로 구성되어 있다. 시험은 청해 55분, 문법 25분, 어휘 15분, 독해 45분으로 진행된다. TEPS는 다른 영어시험과 달리 각 영역별로 주어진 시간에 그 영역의 문제만 풀도록 규정되어 있다. 정해진 시간 안에 정확하게 문제를 풀어내는 능력을 테스트하는 속도 시험이기 때문이다. 이 때문에 한 영역의 문제를 모두 끝냈다 하더라도 다른 영역의 문제를 풀 수 없다. 각 영역별 시간이 바뀔 때마다 방송이 나오고, 또 감독관이 칠판에 시간을 써놓기 때문에 수험생 본인이 시간 안배를 잘 해야 한다. 감독관 몰래 다른 영역의 시험을 풀어볼 수 있겠지만, 이 행위는 TEPS 규정에 따르면 명백한 부정행위이다. 참고할 것은 TEPS 시험 시 수정 테이프 사용이 가능하므로, 답안지를 바꾸지 않고 감독관에게 요청해 수정 테이프로 수정해도 아무런 문제가 없다.

시험에 들어가기 전 영문 이름, 주민등록번호, 주소 등 개인 신상에 관한 정보를 OCR 답안지에 입력할 때 실수하지 않도록 침착하고 정확하게 표기해야 한다. 만약 실수를 했을 경우엔 감독관에게 답안지를 바꾸어 달라고 요청하여 모든 정보를 새로 입력하면 된다. 실제 시험 전에는 모든 것이 불필요하게 긴장을 유발하는 요인이 될 수 있으므로 시험장에 여유 있게 도착하여 최상의 컨디션을 유지할 수 있도록 철저한 자기관리가 필요하다.

✚ 시간 안배

LC의 경우에는 TOEIC처럼 사진이나 문제가 미리 주어지지 않고 문자 그대로 들려주기만 하기 때문에 듣는 그 순간순간 내용포착을 잘 하는 것이 중요하다. 어휘의 경우 50문제를 15분에 풀어내야 하므로 한 문제당 15초 정도 이상을 할애하면 안 된다. 문법과 독해의 경우 뒤에 있는 문제부터 풀어나가는 것이 중요하다. 문법의 경우 50문제를 15분에 풀어내야 하므로 한 문제당 25초를 넘기면 안 된다. 특히 독해의 경우 38, 39, 40번 문제(파트 3)가 배점이 가장 높기 때문에 먼저 풀고, 그 다음 빈칸 채우기 형식의 파트 1(1-16번)을 푼 다음 파트 2(17-37)를 마지막으로 푸는 순서로 하는 것이 고득점을 얻을 수 있는 한 방법이다.

TEPS는 청해, 문법, 어휘, 독해 4개 영역에 걸쳐 총 200문항으로 구성되어 있으며 시험시간은 140분이다. 만점은 문항반응이론(IRT)에 따라 채점하기 때문에 전부 맞아도 990점이고 모두 틀려도 10점은 나온다.

✚ 청해 (Listening Comprehension) 60문항

정확한 청해 능력을 측정하기 위하여 문제와 보기문항을 문제지에 인쇄하지 않고 들려줌으로써 자연스러운 의사소통의 인지과정을 최대한 반영하였다. 다양한 의사소통 기능(Communicative Functions)의 대화와 다양한 상황(공고, 방송, 일상 업무 상황, 대학 교양수준의 강의 등)을 이해하는 데 필요한 전반적인 청해력을 측정하기 위해 대화문(Dialogue)과 담화문(Monologue)의 소재를 균형 있게 다루었다.

PART 1 (15문항)

Choose the most appropriate response to the statement. (1-15)

M: Do you think you could turn down the volume on the television?

W: ___________________________________

  (a) I certainly didn't mean anything by it.
  (b) I can't believe that you turned down the offer.
  (c) I didn't realize it was disturbing you.
  (d) No, I don't think he'll mind at all.

해석

남: TV의 볼륨을 좀 내려주실 수 있으세요?

여: ___________________________________

(a) 전 분명히 아무런 뜻도 없었어요.
(b) 당신이 제 제안을 거절 했다니 믿을 수 없어요.
(c) 당신을 방해하고 있는지 몰랐어요.
(d) 아니요, 그는 개의치 않아 할 것 같아요.

Part 1은 질의응답 문제를 다루며 한 번만 들려준다. 내용 자체는 단순하고 기본적인 수준의 생활 영어 표현으로 구성되어 있지만 교과서적인 지식보다는 재빠른 상황 판단 능력을 요구한다. 따라서 이 파트에서는 속도 적응 능력뿐만 아니라 순발력 있는 상황 판단 능력이 요구된다.

PART 2 (15문항)

Choose the most appropriate response to complete the conversation. (16-30)

W: Hello, I have an appointment with Dr. Summers.
M: OK. You must be Kate. I need you to fill out this form on your medical history.
W: All right. Here you go.
M: ___________________________________

  (a) Have you ever had these symptoms before?
  (b) I keep sneezing and my nose is runny all day.
  (c) Stay warm and drink plenty of water.
  (d) Please have a seat and the nurse will call your name soon.

해석

여: 안녕하세요, Summers선생님과 진료 예약을 했는데요.
남: 네, Kate맞으시죠? 병력에 대해 이 양식을 작성해 주시겠어요?
여: 알겠어요. 여기 있어요.
남: ___________________________________

(a) 이런 증세가 이전에도 있었나요?
(b) 계속 재채기가 나고 하루 종일 콧물이 흘러요.
(c) 몸을 따뜻하게 하시고 물을 충분히 마시세요.
(d) 자리에 앉아 계시면 간호사가 곧 호명할 거예요.

Part 2는 짧은 대화 문제로서 두 사람이 A-B-A-B 순으로 보통 속도로 대화하는 형식이며, 소요 시간은 약 12초 전후로 짧게 구성되어 있다. Part 1과 마찬가지로 한 번만 들려주는 부분이다.

PART 3 (15문항)

Choose the option that best answers the question. (31-45)

W: Have you decided what you're going to buy for your mother's birthday?
M: Not yet. She's very picky, so it's very hard to shop for her.
W: Well, you'd better decide soon. You only have a week.
M: I'm thinking about getting her this vase she saw in the mall the other day.
W: That's a good idea. Since she already saw it, you know she will like it.
M: The only problem is, they're out of stock in the store and will have to special order it.
W: Oh. Will it get here in time?
M: They said it shouldn't take any longer than three days, but maybe I'll find something else.

Q: Which is correct according to the dialogue?
(a) The man wants the gift to be a surprise.
(b) The man isn't sure what he's going to buy.
(c) The woman wants to buy the man a gift.
(d) The vase will take a week to arrive.

해석

여: 엄마 생일 선물로 뭘 살지 결정했니?
남: 아직. 우리 엄마는 아주 까다롭거든 그래서 엄마 선물을 사는 건 아주 어려워.
여: 빨리 결정을 해야 할 거야. 일 주일 밖에 안 남았잖아.
남: 지난 번에 엄마가 쇼핑 몰에서 본 꽃병을 살까 생각 중이야.
여: 그거 좋은 생각이네. 엄마가 보셨으니까 좋아하실 거라는 걸 알잖아.
남: 문제는 가게에 재고가 없어서 특별 주문을 해야 한다는 거야.
여: 그러면 제 시간에 도착할까?
남: 3일 이상은 안 걸릴 거라고 했는데, 아마도 다른 걸 찾아야겠지.

질문: 대화의 내용과 일치하는 것은?
(a) 남자는 선물이 깜짝 선물이 되길 바란다.
(b) 남자는 무엇을 살 지 잘 모른다.
(c) 여자는 남자에게 선물을 사 주고 싶어한다.
(d) 꽃병은 도착하는데 일주일이 걸릴 것이다.

Part 3은 앞의 두 파트에 비해 다소 긴 대화를 들려준다. 대신 대화 부분과 질문을 들려준 뒤 다시 한 번 대화 부분을 들려주기 때문에 대화의 길이가 길어진 것에 비하여 많이 어렵다고 할 수 없다.

PART 4 (15문항)

Choose the option that best answers the question. (46-60)

Thanks for your interest in Happy Times Foods, a leading manufacturer of custom-made food products. Our main goal is to make sure you're always satisfied with our service and the selection we provide. We understand that the restaurant industry is highly competitive and that's why our premium breads, sauces, desserts, and other specialty items are prepared with you in mind. We even tailor our recipes and ingredients to your company's needs. So

해석

일류 주문 생산 식품 제조업체인 Happy Times Foods에 관심을 가져 주셔서 감사합니다. 저희의 주요 목표는 귀하께서 저희가 제공하는 서비스와 선택에 확실히 만족하도록 하는 것입니다. 저희는 식당 업계가 매우 경쟁이 심하다는 것을 알고 있기 때문에 저희의 고급 빵, 소스, 후식과 다른 별미 제품들은 귀하를 염두 하여 준비되고 있습니다. 저희는 귀사의 필요에 맞도록 저희 조리법과 재료들을 맞춤 제공하기도 합니다. 귀사의 식당이 성공을 이루도록 Happy Times Foods에 한 번 기회를 주시면 어떨까요?

why not give Happy Times Foods a chance to make your eatery a success?

Q: What is the announcement about?
  (a) an inquiry about an order
  (b) a complaint about a product
  (c) a follow-up to a potential customer
  (d) a proposal for an advertisement

Part 4는 담화문을 다룬다. 영어권 나라에서 영어로 뉴스를 듣거나 강의를 들을 때와 비슷한 상황을 설정하여 얼마나 잘 이해하는지를 측정하는 부분이다. 이야기의 주제, 목적, 화제, 세부 사항 및 이를 근거로 한 추론의 문제들이 출제된다. 직청 직해 실력, 즉 들으면서 곧바로 내용을 이해할 수 있는지를 잘 평가하는 부분이다.

✚ 문법 (Grammar) 50문항

밑줄 친 부분 중 오류를 식별하는 유형 등의 단편적이며 기계적인 문법지식 학습을 조장할 우려가 있는 분리식 시험 유형을 배제하고, 의미 있는 문맥을 근거로 오류를 식별하는 유형을 통하여 진정한 의사소통 능력의 바탕이 되는 살아 있는 문법, 어법능력을 문어체와 구어체를 통하여 측정한다.

PART 1 (20문항)

Choose the best answer for the blank. (1-20)

A: How was Felicia when you went to visit her yesterday?
B: I could tell she ___________________ although she tried to pretend that everything was OK.

  (a) have cried
  (b) had been crying
  (c) was crying
  (d) would be crying

Part 1은 A, B 두 사람의 짧은 대화를 통해 전치사 표현력, 구문 이해력, 품사 이해도, 시제, 접속사 등 문법에 대한 이해력을 묻는 형태로 되어 있다. 주로 후자(B)의 대화 중에 빈칸이 있으며, 이에 적절한 표현을 고르는 형식의 문제이다.

PART 2 (20문항)

Choose the best answer for the blank. (21-40)

___________________ performed some of the most popular songs in the history of music, the Beatles are still one of the most celebrated bands in the world.

(a) As
(b) Have
(c) Had
(d) Having

Part 2는 문어체 질문을 다룬다. 서술문 속의 빈칸을 채우는 문제로 총 20문항으로 되어 있다. 이 파트에서는 문법 자체에 대한 이해도는 물론 구문에 대한 이해력이 중요하다.

PART 3 (5문항)

Identify the option that contains an awkward expression or an error in grammar. (41-45)

(a) A: I'm really bored. How about going out and seeing a movie or something?
(b) B: I don't know about that. Why do we always have to go out lately at night?
(c) A: Oh, come on. It's only 10:30 and the night is still young.
(d) B: Well, I guess it is Saturday and I feel kind of restless myself.

해석
(a) A: 정말 지루해. 나가서 영화를 보든지 하는 게 어때?
(b) B: 좋은 생각이 아닌 것 같아. 왜 꼭 밤 늦게 외출을 해야 하는데?
(c) A: 그러지 말고 가자. 이제 겨우 10시 30분이고 아직 이른 시간 이잖아.
(d) B: 하긴, 토요일이고 나도 잠이 안 오니까 괜찮겠지.

Answer
(b) lately → late

Part 3은 대화문에서 어법상 틀리거나 어색한 부분이 있는 문장을 고르는 문제로 구성 되어 있다. 이 영역 역시 문법뿐만 아니라 정확한 구문 파악, 회화 내용의 식별능력이 대단히 중요하다.

PART 4 (5문항)

Identify the option that contains an awkward expression or an error in grammar. (46-50)

(a) There is a widespread misconception that it is necessary to exercise for long periods of time every day in order to stay fit. **(b) Some people would be surprising to find that this is not necessarily the case.** (c) Many studies have shown that exercising for just thirty minutes a day, three times a week has significant health benefits. (d) The most important thing is to be faithful to a routine, rather than only hitting the gym sporadically.

해석
건강을 유지하기 위해서 매일 오랜 시간 동안 운동을 하는 것이 필요하다는 보편적인 오해가 있다. (b) 어떤 사람들은 이것이 사실이 아니라는 것을 알고 놀랄 것이다. (c) 많은 연구들에 의하면 하루에 30분 동안, 일주일에 세 번 운동을 하는 것이 상당한 건강상의 혜택이 있다는 것을 보여준다. (d) 가장 중요한 것은 어쩌다 한 번씩 체육관에 가는 것 보다는 꾸준한 일상을 유지하는 것이다.

Answer
(b) surprising → surprised

Part 4는 한 문단을 주고 그 가운데 문법적으로 틀리거나 어색한 문장을 고르는 다섯 문항으로 되어 있다. 틀린 부분을 신속하게 골라야 하므로 속독 능력도 굉장히 중요하다.

✚ 어휘 (Vocabulary) 50문항

문맥 없이 단순한 동의어 및 반의어를 선택하는 시험 유형을 배제하고 의미 있는 문맥을 근거로 가장 적절한 어휘를 선택하는 유형을 문어체와 구어체로 나누어 측정한다.

PART 1 (25문항)

Choose the best answer for the blank. (1-25)

A: So I hear the tightrope walker is performing here tonight.
B: Yeah, his name is "Amazing Sam" and he's going to walk between two ten-______________ buildings.

(a) story
(b) degree
(c) level
(d) layer

해석
A: 줄타기 꾼이 오늘 여기서 공연을 한다고 들었어.
B: 맞아. 그 사람의 이름은 "놀라운 Sam"인데 두 개의 10**층** 건물 사이를 걸을 거야.

Part 1은 구어체로 되어 있는 A, B의 대화 중 빈칸에 가장 적절한 단어를 넣는 25문항으로 구성되어 있다. 단어의 단편적인 의미보다는 문맥에서 쓰인 상대적인 의미를 더 중요시 한다.

PART 2 (25문항)

Choose the best answer for the blank. (26-50)

After stealing money from the company over the past five years, the accountant was arrested on a charge of ______________ , and if convicted, he could face serious jail time.

(a) deception
(b) embezzlement
(c) entrapment
(d) transmission

해석
지난 5년 동안 회사로부터 돈을 훔치고 나서 회계사는 **횡령** 혐의로 구속되었고 만일 유죄 판결을 받을 경우에 심각한 실형을 받게 될 수도 있다.

Part 2는 하나 또는 두 개의 문장으로 구성된 글 속의 빈칸에 들어갈 가장 적당한 단어를 선택하는 문제로 구성되어 있다. 어휘를 늘릴 때 한 개씩 단편적으로 암기하는 것보다는 하나의 표현으로, 즉 의미구로 알아 놓는 것이 15분이라는 제한된 시간 내에 어휘 시험을 정확히 푸는 데 많은 도움이 될 것이다.

✚ 독해 (Reading Comprehension) 50문항

교양 있는 수준의 글(신문, 잡지, 대학 교양과목 개론 등)과 실용적인 글(서신, 광고, 홍보, 지시문, 설명문, 도표, 양식 등)을 이해하는 데 요구되는 총체적인 독해력을 측정하기 위해서 실용문 및 비전문적 학술문과 같은 독해 지문의 소재를 균형 있게 다루었다.

PART 1 (16문항)

Read the passage. Then choose the option that best completes the passage. (1-16)

It's common knowledge that smoking, eating the wrong foods, and failing to get enough exercise are all contributors to poor health. But not many people truly understand that one of the most serious threats to well-being is stress. Medical professionals have known for years that stress can lead to serious physical and mental disorders. Research has shown that individuals who experience high levels of stress have high blood pressure, which affects cardiovascular health. In addition, stress not only worsens preexisting medical conditions, such as diabetes, but it may also suppress the body's ability to fight off illness. _______________ , it is important to understand the risks associated with life's pressures.

(a) Likewise
(b) In contrast
(c) Therefore
(d) However

해석

흡연과 나쁜 음식을 먹는 것, 그리고 충분한 운동을 하지 않는 것은 모두 건강을 해치는데 기여하는 요인들이라는 것은 상식이다. 그러나 건강에 가장 심각한 위협중의 하나는 스트레스라는 것을 진정으로 이해하는 사람들은 많지 않다. 의학 전문가들은 수 년 동안 스트레스가 심각한 신체적 정신적 장애를 일으킬 수 있다는 것을 알고 있었다. 연구에 의하면 높은 스트레스를 경험하는 사람들은 혈압이 높은 것으로 나타났는데 높은 혈압은 심장혈관 질환에 영향을 끼친다. 게다가 스트레스는 당뇨병과 같은 기존의 질병을 악화시킬 뿐만 아니라 질병을 물리치는 신체의 능력을 억제시킬 수도 있다. **그러므로** 삶의 압박감과 연관된 위험들을 이해하는 것이 중요하다.

(a) 이와 같이
(b) 대조적으로
(c) 그러므로
(d) 하지만

Part 1은 빈칸 넣기 유형이다. 한 단락의 글을 주고 그 안에 빈칸을 넣어 알맞은 표현을 고르는 16문항으로 이루어져 있다. 글 전체의 흐름을 파악하여 문맥상 빈칸에 들어갈 내용을 찾는 문제이다.

PART 2 (21문항)

Read the passage. Then choose the option that best answers the question. (17-37)

Even if the rest of your body is lean and mean, researchers now say that extra fat around the middle often referred to as "love handles" increases the risk of early death. Just two inches of excess flesh around the waist increased the chance of dying sooner by thirteen to seventeen percent. While the link between fat around the middle and health problems is not a

해석

당신 몸이 군살 없고 말랐어도, 현재 연구자들은 흔히 "러브 핸들"이라고 불리는 허리 부분의 군살이 조기 사망의 위험을 증가시킨다고 주장한다. 허리 둘레가 평균보다 2인치 초과하는 것만으로도 일찍 사망할 가능성이 13에서 17퍼센트까지 증가한다. 허리 둘레의 지방과 건강 문제간의 관련성이 새로운 것은 아니지만 가장 최근의 연구는 의사들에게 단순히 일반적인

new one, the newest study gives doctors much more evidence that simply using the standard body mass index (BMI) is not necessarily the best way to assess health risks such as cardiovascular disease. In fact, the study showed that adults with a healthy BMI but larger than average waists were still candidates for early deaths.

Q: Which of the following can be inferred from the passage?

(a) The group involved in the study was composed of male adults.
(b) Cardiovascular disease does not just affect the overweight.
(c) Doctors still need to study how body mass affects longevity.
(d) Losing excess fat around your waist can add years to your life.

체질량 지수를 사용하는 것이 심장질환과 같은 건강상의 위험을 평가하는데 있어 꼭 최고의 방법은 아니라는 많은 증거를 제공한다. 실제로 연구에 의하면 건강한 체질량 지수를 가졌지만 평균 이상의 허리 둘레를 가진 성인들이 여전히 조기 사망을 할 수 있는 후보자들이라는 것을 보여주었다.

질문: 주어진 지문의 내용에서 유추할 수 있는 것은?

(a) 연구에 참가한 집단은 남자 성인들로 구성되어 있었다.
(b) 심장 질환은 반드시 과체중인 사람에게만 발생하지 않는다.
(c) 의사들은 어떻게 체질량 지수가 수명에 영향을 끼치는지 연구할 필요가 있다.
(d) 허리 둘레의 과 지방을 없애는 것이 수명을 연장시킬 수 있다.

Part 2는 글의 내용 이해를 측정하는 문제로 21문항으로 구성되어 있다. 주제나 대의 혹은 전반적 논조 파악, 세부내용 파악, 논리적 추론 등이 있다.

PART 3 (3문항)

Read the passage. Then identify the option that does NOT belong. (38-40)

A breakthrough scientific discovery made in Germany may one day offer hope to millions of people affected by HIV. (a) Doctors say that a man who received a bone marrow transplant from a donor who had a genetic resistance to the virus appears to have been cured. **(b) HIV first came to the public's attention in the 1980s after French and American scientists discovered the infection.** (c) Although the patient's response to the transplant was highly unusual, doctors believe it may increase interest in gene therapy for the disease. (d) However, experts still maintain that to suggest that this case will lead to a cure would be a dangerous stretch.

해석
독일에서의 획기적인 과학적 발견은 HIV에 감염된 수백만명의 사람들에게 희망을 제공해 줄지도 모른다. (a) 의사들은 이 바이러스에 유전적인 항체를 지니고 있는 기부자로부터 골수 이식을 받은 한 남자가 완치된 것으로 보인다고 말한다. **(b) HIV는 1980년대 프랑스와 미국 과학자들이 감염을 발견한 후 대중의 이목을 받게 되었다.** (c) 이식에 대한 환자의 반응이 매우 특이하긴 했지만 의사들은 이것이 에이즈에 대한 유전자 치료법에 대한 관심을 증가시킬 것이라고 믿는다. (d) 그러나 전문가들은 여전히 이 경우가 치료법에 이르게 될 것이라고 주장하는 것은 위험하다는 입장을 고수한다.

Part 3은 한 문단의 글에서 내용의 흐름상 어색한 곳을 고르는 문제로 3문항으로 구성되어 있다. 전체 흐름을 파악하여 흐름상 필요 없는 내용을 고르는 문제이다. 이런 유형의 문제는 응집력 있는 영작문 실력을 간접적으로 측정한다.

등급	점수	영역	능력검정기준
1+급	901-990	전반	교양있는 원어민에 버금가는 정도로 의사소통이 가능하고 전문분야 업무에 대처할 수 있음.
	361-400	청해 독해	교양있는 원어민에 버금가는 수준의 청해력 교양있는 원어민에 버금가는 수준의 독해력
	91-100	문법 어휘	교양있는 원어민에 버금가는 수준으로 내재화된 문법능력 교양있는 원어민에 버금가는 수준으로 내재화된 어휘력
1급	801-900	전반	단기간 집중 교육을 받으면 대부분의 의사소통이 가능하고 전문분야 업무에 별 무리 없이 대처할 수 있음.
	321-360	청해 독해	다양한 상황의 수준 높은 내용을 별 무리 없이 이해할 수 있는 정도의 청해, 독해력
	81-90	문법 어휘	다양한 구문을 별 무리 없이 신속하게 이해할 수 있을 정도로 내재화된 문법, 어휘 능력
2+급	701-800	전반	단기간 집중 교육을 받으면 일반 분야업무를 큰 어려움 없이 수행할 수 있음.
	281-320	청해 독해	일반적 소재에 보통수준의 내용을 별 무리 없이 이해하는 정도의 청해력과 독해력
	71-80	문법 어휘	일반적인 구문을 별 무리 없이 이해하는 정도의 문법능력, 어휘력
2급	601-700	전반	중장기간 집중 교육을 받으면 일반분야 업무를 큰 어려움 없이 수행할 수 있음.
	241-280	청해 독해	일반적 상황에 보통수준의 내용을 대체로 이해하는 정도의 청해력과 독해력
	61-70	문법 어휘	일반적인 구문을 대체로 이해하는 정도의 문법 능력 일반적인 표현을 대체로 이해하는 정도의 어휘력
3+급	501-600	전반	중장기간 집중 교육을 받으면 한정된 분야의 업무를 큰 어려움 없이 수행할 수 있음
	201-240	청해 독해	일반적 상황에 보통 수준의 내용을 다소 이해하는 정도의 청해력 일반적 소재에 보통 수준의 내용을 다소 이해하는 정도의 독해력
	51-60	문법 어휘	일반적인 구문에 대한 의미파악이 어느 정도 가능한 문법 능력 일반적인 표현에 대한 의미파악이 어느 정도 가능한 어휘력
3급	401-500	전반	중장기간 집중 교육을 받으면 한정된 분야의 업무를 다소 미흡하지만 큰 지장없이 수행할 수 있음.
	161-200	청해 독해	일반적인 상황에 보통수준의 내용을 이해하기 다소 어려운 정도의 청해력과 독해력
	41-50	문법 어휘	일반적인 구문에 대한 신속한 의미파악이 다소 어려운 정도의 문법능력 일반적인 표현에 대한 신속한 의미파악이 다소 어려운 정도의 어휘력
4+급	301-400 201-300	전반	장기간의 집중 교육을 받으면 한정된 분야의 업무를 대체로 어렵게 수행 할 수 있음.
5+급	101-200 10-100	전반	단편적인 지식만을 갖추고 있어 의사소통이 거의 불가능함.

● ● TEPS 관련시험 소개

1. i-TEPS (Integrated Test of English Proficiency developed by Seoul national University)

i-TEPS는 서울대학교 언어교육원에서 출제하고 서울대학교 TEPS관리위원회에서 주관, 시행하는 통합 영어능력평가 시험이다. i-TEPS는 별도로 시행되며 기존 TEPS와 TEPS-Speaking & Writing 시험은 현행과 같이 유지된다. 듣기, 읽기, 말하기, 쓰기 능력은 서로 밀접한 관계를 가진 요소로 듣기, 읽기 능력 혹은 말하기, 쓰기 능력의 측정만으로는 정확한 영어능력을 평가하기 어려우므로 i-TEPS는 유기적인 연관성을 지닌 이 네 가지 의사소통능력을 통합적으로 측정하여 수험자의 영어능력에 대한 정확한 평가를 하는 것을 목적으로 한다. i-TEPS는 국내 최고 권위의 영어능력평가로 듣기, 읽기 분야에서 탁월한 변별력을 인정받은 TEPS와 국내 최초 CBT방식의 영어 말하기, 쓰기 시험인 TEPS-Speaking & Writing의 성공 노하우를 바탕으로 개발되었다. 실전 영어능력을 보다 정밀하게 측정할 수 있도록 세분화된 채점 요소를 적용하고 있으며, 출제자와 채점자를 어학분야의 최고 전문가들로 선정하여 높은 신뢰도와 탁월한 변별력을 지니고 있다. 한번의 시험으로 듣기, 말하기, 읽기, 쓰기 능력을 종합적으로 평가함으로써 각각의 영역을 별도로 평가해야 하는 여타 시험과 비교하여도 응시료 부담이 적다. i-TEPS는 최소의 시간과 비용으로 수험자의 영어능력을 정확히 측정하는 효율성이 높은 시험이다.

i-TEPS는 Listening, Grammar & Vocabulary, Reading, Speaking, Writing의 5개 영역에 걸쳐 총 143문항으로 구성되어 있으며 시험시간은 약 2시간 45분이다. 총점은 각 영역의 점수를 합산하여 400점 만점으로 채점된다.

＊ I-TEPS 에 관한 더 자세한 정보는 TEPS 관리위원회 홈페이지 (www.teps.or.kr)에서 얻을 수 있다.

2. TEPS Speaking & Writing

TEPS-Speaking & Writing 은 서울대학교 언어교육원에서 출제하고 서울대학교 TEPS관리위원회가 주관, 시행하는 영어 말하기, 쓰기 시험이다. 대규모로 치러지는 영어능력검정에서 평가하기 어려운 말하기, 쓰기 능력을 보다 정밀하게 측정하기 위해 세분화된 채점 요소를 적용하고 있으며, 출제자와 채점자 모두 어학분야의 최고 전문가로 구성되어 탁월한 변별력을 지니고 있다. 보다 객관적인 채점을 위해 분석적 채점과 종합적 채점이 포함된 5 단계 채점체계와 문항별 채점방식을 채택하였다. TEPS-Speaking & Writing 은 컴퓨터 모니터를 통해 지문과 그림이 제시되면 수험자가 이에 대해 답변을 하는 CBT 방식으로 시행된다. 편리한 인터페이스와 화면구성을 개선하고 테스트의 전 과정을 자동화하여 수험자의 편의를 증대시켰다. 한국수출입은행, 외교통상부 등의 기관에서 신입사원 모집 및 해외파견직원 선발시험에 TEPS-Speaking & Writing을 채택하고 있다.

3. SNULT

SNULT는 Seoul National University Language Test의 약자로, 서울대학교 언어교육원에서 개발하여 TEPS 관리위원회에서 시행하는 시험이다. SNULT 정기시험은 7개 언어(영어, 일본어, 중국어, 프랑스어, 독일어, 스페인어, 러시아어)로 구성되어 있다. 완벽한 보안 속에서 해당 언어의 박사 학위를 소지한 연구원, 원어민, 교수 등 최고의 전문가들이 출제와 검토 후 녹음과 인쇄를 거쳐 시행하고 있으며, 지난 30여 년간의 시험 데이터와 성과를 바탕으로 한 신뢰도와 타당도가 매우 높은 시험이다.

근래에는 신입사원 선발과 각급 기관 단체의 직원 인사 고과를 위한 교육훈련, 성적평가 등의 용도로 어학능력 평가에 대한 요구가 증가하여 연간 200,000명 정도가 외국어 능력을 검정 받고 있다.

* i-TEPS 및 SNULT 에 관한 더 자세한 정보는 TEPS 관리위원회 홈페이지 (www.teps.or.kr)에서 얻을 수 있다.

전문강사가 알려드리는 변화하는 TEPS 시험의 올바른 이해

TEPS는 수험자의 영어능력을 있는 그대로 정확하게 판단하기 위해 다양한 테스트 방법을 적용했습니다. 예를 들어 듣기시험에서 인쇄된 질문지를 주지 않고 방송으로 직접 들려주기 때문에 미리 문제를 보고 감을 잡는 요령이 통하지 않으며 독해 시험도 1 지문 1 문항 원칙을 지켜 한 문제의 답을 알면 그 뒤에 연결된 문제들의 답을 유추할 수 있는 가능성을 원천적으로 배제했습니다.

TEPS의 채점기준은 상대평가이며 해당 시험의 난이도, 응시인원에 따라 채점기준이 달라질 수 있습니다. 작년 10월 부터 새로운 텝스시험인 i-TEPS가 시작되었는데, 기존 텝스시험과는 별도로 시행됩니다. 이 시험은 Intergrated Test of English Proficiency developed by Seoul National University의 약자로 듣기, 읽기, 말하기, 쓰기능력을 종합적으로 측정하는 통합영어능력평가 시험입니다. i-TEPS는 영어능력평가로 듣기, 읽기 분야에서 탁월한 변별력을 인정받은 TEPS와 국내 최초 CBT방식의 영어 말하기, 쓰기 시험인 TEPS-Speaking & Writing 를 기본으로 구성이 되어있으며 기존의 TEPS와 TEPS - Speaking & Writing을 통합하여 한번에 보는 것이라고 생각하시면 됩니다.

최근들어 중고생들 사이에서 특히 TEPS에 대한 관심이 높아지면서 TEPS 인지도가 예전보다 크게 높아졌음을 느낄 수 있습니다. 하지만, 정작 TEPS가 어떤 의미를 가진 시험인지는 TEPS 학습자들 상당수가 올바로 이해하고 있지 못한 것이 현실입니다. 따라서 TEPS 공부를 TOEFL-TOEIC 공부할 때처럼 단어를 암기하고, 시중 참고서 한번 훑어보고, 실전모의고사 문제집 한 두권 풀어서 틀린 문제 정리하는 식으로 하면서, 거의 대부분의 학습자들이 몇 개월 동안 성적 향상이 되지 않아서 매우 스트레스를 받습니다. "지피지기(知彼知己)면 백전백승(百戰百勝)"이라고 했습니다. TEPS를 올바로 이해하는 것이 TEPS 고득점을 위한 첩경이 아닐 수 없습니다.

TEPS의 P는 proficiency이며, 이것은 "숙달"이라는 뜻입니다. proficiency와 상대적인 개념이 knowledge(지식)입니다. TOEFL-TOEIC처럼 지식을 측정하는 시험의 특징은 문제의 양은 적고 제한시간이 넉넉해서 충분히 사고(思考)할 시간을 주는 것입니다. 이에 비해, TEPS처럼 '숙달'을 측정하는 시험은 문제의 양은 많고 제한시간이 적어서 사고(思考)할 시간을 주지 않습니다. 따라서 TEPS는 제한시간 내에 모두 풀어야 하는 개념이 아니라, 제한시간 내에 얼마만큼 풀 수 있는가를 측정하는 시험인 것입니다. 이런 개념에 익숙지 않은 수험자들은 자신의 능력 범위를 넘어 TEPS의 모든 문제를 풀려고 무작정 서두르다가 문제를 다 풀지도 못하고 풀었던 문제마저도 틀리는 최악의 경우를 경험하게 됩니다. TEPS처럼 '숙달'을 측정하는 시험에서 과욕은 금물입니다. 풀 수 있는 만큼만 여유 있게 풀겠다는 마음가짐이 더 좋은 결과를 가져옵니다.

정형화된 문제와 반복 출제되는 문제들이 많아서 모의고사 문제풀이를 많이 할수록 유리한 TOEFL, TOEIC 들과는 달리 생활영어 및 시사영어 시험인 TEPS는 청해 속도가 TOEFL,TOEIC 보다 2배 이상 빠릅니다. 또한 시사영어를 다루는 시험답게 TEPS RC에서 다루는 주제는 '정치, 경제, 사회, 문화, 건강, 예술, 종교, 환경' 등 상당히 다양하고 포괄적입니다.

이러한 특징의 TEPS를 준비하는 데 있어서 가장 중요한 학습법은 다독입니다. 평소에 다양한 주제의 영어를 접한 사람들은 시험문제의 RC 지문 내용을 모두 읽지 않고도 첫 문장만 가지고 정답을 찾을 수 있는 문제들이 의외로 많기 때문에 시간이 전혀 모자라지 않습니다. 적어도 글을 빨리 읽을 수 있는 능력이 있기 때문입니다. 예를 들어, 지구 온난화와 이상 기온 문제, 국제 분쟁 상황이나 세계의 고대, 근대 역사등에 대해 평소에 영자신문의 시사적인 내용을 관심 있게 읽은 사람들은 그에 관한 독해 혹은 청해 문제를 아주 쉽게 풀 수 있습니다.

Part3,4의 경우 대화나 지문은 그리 어렵지 않은데 선택지에 등장하는 어휘가 난이도가 있어서 힘들게 푸는 문제도 등장했고 또 앞으로도 등장할것이기 때문에 평소에 어휘 공부를 틈틈이 해두는 것이 도움이 될 것입니다. 그리고 기존의 TOEIC이나 TOEFL시험에서 편법에 의존하지 않고 착실히 청해능력을 쌓아 온 응시자라면 크게 걱정할 수준은 아닐 것입니다.

내용면에서 있어서 Listening을 공부할 때 지나치게 TEPS라는 점에 얽매이지 말고, 꾸준히 관심을 갖고 착실하게 준비하면 충분히 고득점이 가능한 영역이 청해입니다. TOEIC이 실무 영어에 편중되어 있고, TOEFL이 학술 영어에 치중하고 있다는 한계를 극복하기 위해 TEPS가 개발되었다는 점을 상기하면서 학습에 임하면 좋은 효과를 거둘 수 있을 것입니다.

청해영역 에 대해서 살펴보면 PartⅠ에서 PartⅢ까지는 까다로운 관용표현들을 제외하면 큰 무리가 없다고 하겠으나 PartⅣ에 자주 등장하는 기사체의 문장에 까다로움을 느끼는 응시자들이 의외로 많은 것으로 보입니다. 이 Part는 특별한 준비 방법보다는 평소에 영자신문을 자주 접하고 빠른 속도로 의미를 생각하면서 읽는 훈련을 꾸준히 하면 좋은 성과를 얻을 수 있을 것입니다.

청해의 비법이란 다름이 아니라 모국어 화자가 말하는 속도에 버금가는 독해 속도를 연마하는 것입니다. 최소한 1분에 160자 정도를 읽고 이해할 수 있으면 여러분의 영어청취 정복은 시간문제라고 해도 과언이 아닙니다. 독해력이 뒷받침이 되지 않은 상태에서 한두 달, 또는 서너 달 만에 청해를 정복할 수 있다는 순진한 생각은 빨리 버리는 것이 좋을 것입니다.

문법영역 의 경우 50문제에 25분이 주어지므로 계산상으로는 문제당 25초를 쓸 수 있지만, 답을 기입하는 시간 등을 감안하면 한 문제를 약 20초 이내에 해결할 수 있어야 합니다.
따라서, 문장의 구조를 분석하려 하기 보다는 직감적으로 표현의 옳고 그름을 파악할 수 있는 수준에 이르도록 노력해야 합니다. 또한 TEPS의 문법영역은 기존의 TOEIC이나 TOEFL과는 크게 다른 형식을 취하고 있습니다. 밑줄 친 부분의 오류 파악과 같은 문제는 출제되지 않는다는 점에 유의해야 합니다. 그렇다고 지금까지의 문법지식이 전혀 필요 없다는 것은 아니며, 상당부분 일치하기 때문에 단편적으로 알고 있었던 문법적 내용을 체계화 할 필요가 있습니다. 반드시 활용할 수 있는 문장과 연결해서 학습하도록 해야 합니다.

그리고 TEPS 문법영역에서는 반드시 실용문법에 숙달되어 있어야 좋은 점수를 기대할 수 있습니다. 여기서 실용문법이라고 하는 것은 독해는 물론 의사소통 능력에 직결되는 문법을 말합니다.

분야별로 보면 TEPS 문법영역에서 중요하게 다루어지는 내용 중 한 가지가 화법에 대한 이해문제입니다. 지금까지 치러진 TEPS시험에서 화법 문제가 빠진 적이 거의 없었습니다. 화법문제는 관용표현과 겹쳐서 출제가 되므로 평소에 청해나 어휘표현을 암기할 때 각 상황과 표현에 대한 명확한 이해가 필요합니다.

그리고 수동분사구문과 능동분사구문을 직감적으로 파악할 수 있는 수준에 도달하도록 많은 예문을 접하고, 능동적으로 활용해 보아야 합니다. 수동 구문에 대한 이해는 관계사와 더불어 영어를 공부하는 데 있어 가장 기본적인 사항이므로, 반드시 숙지하고 넘어가야 합니다.
다음으로 부정사, 동명사의 쓰임에도 눈여겨 볼 필요가 있습니다. 이 부분도 TEPS 문법영역에서 자주 출제되는데, 단편적으로 to부정사를 목적어로 취하는 동사 내지는 동명사를 목적어로 취하는 동사를 암기하기 보다는 다양한 표현을 접하면서 to부정사나 동명사가 나올 때마다 관심을 갖고 하나씩 익혀 나가는 것이 효과적입니다.

지금까지 시행되었던 일반 시험의 내용을 토대로 TEPS 문법영역의 문제의 성격을 분석해본 결과, 수동표현과 능동표현의 이해를 묻는 문제도 여러 형식으로 출제된 것으로 파악됩니다. 이 부분은 능동태와 수동태에 대한 이해를 철저히 한 다음, 준동사 구문에서도 이를 자유롭게 활용할 수 있느냐 하는 것이 관건이 됩니다.

어휘영역 에서는 쉬운 단어에 특히 주목할 필요가 있습니다. 우리가 익숙하다고 주의를 기울이지 않지만, 실상은 정확한 쓰임을 몰라서 실수할 수 있는 단어들이 TEPS 어휘영역의 주요 출제 대상이 됩니다. 그리고 철자가 비슷한 단어들이나 모양이 비슷한 단어들을 구별하는 문제들도 매회 거의 빠지지 않고 출제되고 있습니다. 흔히 동의어라고 생각되지만, 쓰임이 각각 다른 단어들이 많이 있으므로, 양적인 면에서 너무 집착하지 말고 개별단어의 정확한 쓰임을 의미 있는 문장을 통해 착실히 익혀두는 습관이 필요합니다.

중고생들의 경우 가급적이면 예문이 풍부한 영영사전을 이용하는 것이 좋고, 이러한 실용영어능력에 추가하여 SAT나 TOEFL 수준의 어휘력으로 보강한다면 TEPS 어휘영역에서 큰 어려움은 없을 것입니다.

개인적인 목적이 있다면 모르겠지만, 몇 년이 가도 한 번 볼까 말까한 난해한 어휘를 공부하는데 더 이상 시간을 낭비하지 않는 것이 좋습니다. TEPS에서는 실제 영어에서 활용 빈도가 낮은 표현이나 구문은 출제를 꺼리는 경향이 있다는 점을 명심해 두기를 바랍니다.

지금까지 TEPS 어휘영역에서 출제된 단어의 수준은 기존의 다른 영어 시험들과 비교할 때 결코 어렵다고 할 수는 없으나, 한 문제당 주어지는 시간이 총 15초 밖에 안되므로 기본적으로 속도 감각이 뒷받침 되어야 좋은 점수를 얻을 수 있습니다. 신속한 문제 해결 능력을 위해서는 정확한 표현이 내재화되어 있어야 하므로, 쉬운 의미라고 하더라도 반복적으로 활용하는 습관이 중요합니다.

그리고 informal한 영어 표현들에도 익숙해져야 합니다. 여기서 informal이라는 말은 경의 없이 일반 구어체에서 빈번하게 사용되는 표현으로, 저속한 표현과는 다른 개념입니다.

문어체 표현과 관련해서는 기존의 다른 시험과 큰 차이를 나타내지 않고 있습니다.

TEPS 어휘영역에서는 문제를 빠른 속도로 해석하지 못하면 정답을 맞출 수 없습니다. 개별적인 단어의 뜻을 아는 것만으로는 부족합니다. 따라서 이 영역은 독해와 청해의 기초를 쌓는다는 마음으로 접근하기를 바랍니다.

독해영역 에서는 한 문제의 길이는 평균적으로 6~7줄 정도이고, 단어수도 100단어를 넘지 않는 것이 보통입니다. 그렇지만 여기에 질문을 읽는 시간과 문제를 푸는 시간을 더한다면 기본적으로 1분에 200단어 이상을 소화해낼 수 있어야 합니다. 내용면에서 볼 때, 전문적인 학술문은 출제되지 않고 있는데, 앞으로도 이러한 경향은 지속되리라고 판단됩니다.

실무적인 내용의 문제로는 상품판매, 예약편지, 광고 등을 소재로 한 것들이 있고, 시사적인 내용과 관련해서는 유럽의 금융 관련 기사, UN의 위상 약화에 대해 언급한 글 등이 있습니다. 글의 수준은 영자신문을 무리 없이 읽을 수 있는 정도면 된다고 봅니다. 영자신문은 꼭 시사적인 내용에 익숙해진다는 차원보다는 일반적인 교양을 위해서도 가까이할 만합니다.

최근 독해시험 영역에서는 정보를 전달하는 목적의 글이 자주 등장하는 편입니다. 하지만 명심하실 것은 회를 거듭하면서 한 분야에 치중된 내용의 출제는 가급적 피할 것으로 예상되기 때문에, 특정 분야의 글이나 문체에 편중된 독서를 하지 말고 가급적 다양한 내용의 글을 접하는 것이 좋습니다.

여전히 과학 및 의학 분야의 글도 꾸준히 등장하고 있으므로, 지구 이상기후나 나 인간 복제 등과 같은 시사성이 있는 내용들에도 관심을 가지고 읽어두면 좋고, 상업서한 부분도 3-4문제 정도 출제가 되고 있는데, 서식 자체에 대한 이해뿐만 아니라, 편지의 내용에 대한 것도 이해하고 있어야 원활하게 문제를 풀어 나갈 수 있습니다.

독해영역에서 좋은 점수를 얻으려면 글의 대의 파악 능력이 절대적으로 요구됩니다. 이를 위해서는, 영어로 된 책이나 신문 등을 읽을 때, Paragraph별로 요지를 파악해보는 연습을 하는 것이 좋습니다. 글을 읽고 내용을 요약할 수 없다면, 사실상 글을 제대로 읽었다고 할 수 없지요. 대의 파악 능력 자체가 바로 독해능력이고, 실질적인 자신의 영어 실력인 것입니다.

아무쪼록 대한민국 제1의 출판사 랭귀지 플러스와 TEPS 1등 강사 저 죠셉킴과 함께 최선을 다하셔서 최고의 결과를 얻으시길 바랍니다.

Joseph Kim

Chapter 01

주제별 어휘

Unit 01

▶ The TOP VOCA 01 경제
▶ The TOP VOCA 02 금융, 비즈니스
▶ The TOP VOCA 03 여행, 쇼핑

The TOP in TEPS Example

A: Do you still need to go to the bank today?
B: Yes, I'd like to _______________ the money I received from my uncle.

(a) deposit
(b) inject
(c) present
(d) instill

[THE TOP in TEPS Solution]

[해석] A: 오늘도 은행 가야 하니?
B: 응 그래. 삼촌한테 받은 돈을 예금하고 싶어.

[해설] 은행에 가는 이유를 대답해야 하므로 돈을 '예금하다'라는 뜻으로 (a)가 정답이다.

[어휘] deposit v.입금하다, 예금하다 inject v.주입하다 present v.발표하다, 주다

instill v. 스며들게 하다 remit v. 송금하다 transfer v. 이체시키다

☐ **deposit** 쌓다, 저축하다

☐ **revenue** 세입, 수익

☐ **expenditure** 소비, 지출

☐ **inventory** (상품 등의) 목록을 작성하다

☐ **audit** (회계를) 감사하다

☐ **certificate** 증명서를 주다

☐ **tariff** 관세

☐ **deficit** 적자

☐ **tenant** 세입자

☐ **property** 재산

☐ **loan** 대부금

☐ **finance** 재정

☐ **nationalize** 국유화하다

☐ **budget** 예산, 운영비

☐ **assess** (재산 등을) 평가하다

☐ **rent** 집세

☐ **paycheck** 지불 수표

☐ **creditor** 채권자

☐ **balance** 잔고

☐ **accumulate** 축적하다

☐ **supply** 공급

☐ **demand** 수요

☐ **output** 생산

☐ **savings account** 예금 계좌

☐ **withdraw** (돈을) 인출하다, 찾다

☐ **investor** 투자자

☐ **expense** 지출

☐ **currency exchange** 환전소

☐ **checking account** (수표로 찾는) 은행 당좌 계좌

☐ **cash** (어음 등을) 현금으로 바꾸다, 현금화하다

Check Up

1. Our department is going to do the research to cut the [**budget / price**] by twenty percent.

2. The [**expense / tax**] of the business trip should be reimbursed.

3. Please transfer the money into my [**savings / checking**] account.

4. The stock market plummeted since last month because of the wave of selling by [**investors / tenants**].

5. Most people take 10 years to repay the student [**debt / loan**].

6. The average [**tariff / tax**] on imports has increased since 2000.

7. Reports said that [**deficit / surplus**] financing caused the rise of interest rates.

8. The committee announced that the annual [**balance / audit**] should be done by this week.

9. Farmers increase the output to meet the [**demand / supply**] for organic produce.

10. The apartment was handed over to a [**debtor / creditor**].

- ☐ **acquisition** 취득, 획득
- ☐ **decline** 쇠퇴, 퇴보, 타락
- ☐ **hard cash** 현금
- ☐ **mint** 조폐국, 거액
- ☐ **bottom line** 핵심, 요지
- ☐ **negotiator** 협상가
- ☐ **haggle** (가격 등을 깎으려고) 입씨름하다
- ☐ **benefit** 혜택, 이득
- ☐ **asset** 자산
- ☐ **board** 위원회, 이사회
- ☐ **depression** 불경기, 불황
- ☐ **inflation** 물가 상승, 통화 팽창
- ☐ **deflation** 물가 하락, 통화 수축
- ☐ **sluggish** 경기가 부진한, 나태한
- ☐ **stability** 안정(성)
- ☐ **deliver** 배달하다, 인도하다
- ☐ **engage** 고용하다

- ☐ **negotiator** 협상가, 교섭가
- ☐ **work out** 생각하다, 궁리하다
- ☐ **compromise** 타협
- ☐ **declare** 선언하다
- ☐ **merger** (특히 회사, 사업의) 합병
- ☐ **extinction** 폐지, 종결, 정지
- ☐ **shop around** 알아보러 다니다
- ☐ **turnover** 매출액
- ☐ **profitability** 이익률, 수익률
- ☐ **treasurer** 회계 담당자, 회계원
- ☐ **innovate** 쇄신[혁신]하다
- ☐ **retrench** 삭감하다
- ☐ **investment** 투자
- ☐ **bounce** (수표 등이) 부도가 나서 되돌아오다, (부도 수표를) 발행하다
- ☐ **insurance** 보험
- ☐ **know-how** 실제적[전문적] 지식, 기술 정보

Check Up

1. We are certain that our department will be a(n) **[asset / wealth]** to your company.
2. The unemployment rate increases due to the economic **[boom / depression]**.
3. Owing to the **[deflation / inflation]**, the cost of living has skyrocketed.
4. The Union protests the **[merger / management]** of the two major banks.
5. The **[top / bottom]** line is that we have to cut the food expenses.
6. She is currently **[engaged / declared]** as a supervisor in a big company.
7. You must adapt to the new department and **[renovate / innovate]** yourself to ensure success.
8. The annual **[expenditure / turnover]** is expected to fall short of our estimated $10 billion.
9. His latest **[merger / acquisition]** is shares of shipping companies.
10. Some companies must go into **[retrenchment / investment]** due to the decreased profit.

- ☐ **accommodate** 숙박시키다, 수용하다
- ☐ **aisle** (비행기나 버스 등의) 통로
- ☐ **aisle seat** 통로쪽 좌석
- ☐ **board** 탑승하다
- ☐ **boarding pass** 지정 좌석권
- ☐ **brochure** 소책자
- ☐ **confirm** 확인하다
- ☐ **declare** 세관에 신고하다
- ☐ **excursion** 소풍, 견학
- ☐ **fare** (교통) 요금, 차비
- ☐ **flight ticket** 비행기표
- ☐ **intersection** 교차점, 네거리
- ☐ **itinerary** 여행 일정표
- ☐ **jam** 혼잡, 밀집
- ☐ **jet lag** 시차로 인한 피로
- ☐ **journey** 긴 여행

- ☐ **luggage** 수하물
- ☐ **motion sickness** 멀미
- ☐ **passenger** 승객
- ☐ **quarantine** 검역소
- ☐ **recommend** 추천하다
- ☐ **refundable** 환불할 수 있는
- ☐ **reservation** 예약
- ☐ **round trip** 왕복
- ☐ **single trip** 편도 여행
- ☐ **souvenir** 기념품
- ☐ **tour** 일주
- ☐ **tourist attraction** 관광 명소
- ☐ **travel agency** 여행사
- ☐ **trip** 짧은 여행
- ☐ **voyage** (배나 우주선의) 항해
- ☐ **window seat** 창가 좌석

Check Up

1. He called in sick today because of the [**jet lag / time zone**].
2. Do you have anything to [**declare / exclaim**]?
3. I was asked to buy the bracelet as a [**memorandum / souvenir**] of Italy.
4. It costs $12 single and $20 [**double trip / round trip**].
5. Used items are not [**reimbursed / refundable**], but defected items are exchangeable.
6. Whenever I get in a bus, I have [**motion sickness / moving sickness**] and always carry plastic bags.
7. I prefer to have an aisle seat rather than a [**window seat / door seat**].
8. I like to [**affirm / confirm**] my reservation for tonight.
9. Passengers for Paris should [**board / aboard**] from now in 20 minutes.
10. You should check your [**itinerary / stationery**] before you leave for airport.

Practice Test

Choose the best answer for the blank.

01 A: Do you still need to go to the bank today?
    B: Yes, I'd like to ______________ the money
       I received from my uncle.

    (a) deposit
    (b) inject
    (c) present
    (d) instill

02 A: I have been working hard for years, but
       I still haven't been able to save up any
       more money than when I started.
    B: I know what you mean. In your career it
       seems very difficult to ______________ any
       wealth.

    (a) develop
    (b) initiate
    (c) accumulate
    (d) animate

03 A: I read in the paper that the government is
       paying out much more than it is collecting
       in taxes.
    B: That's true. The goal of the current
       administration has to be ______________ the
       budget.

    (a) adding
    (b) balancing
    (c) exceeding
    (d) positioning

04 A: I'm glad that your business is so
       concerned with giving some of the profit
       back to its workers.
    B: Me too! The best part about working there
       is the company's policy of ___________ for
       each employee.

    (a) cost cutting
    (b) revenue sharing
    (c) loose spending
    (d) penny pinching

05 A: What are you and James going to do for
       extra money?
    B: We might be forced to ______________ the
       spare bedroom.

    (a) rent out
    (b) go through
    (c) clean up
    (d) rely on

06 A: It took a long time and a lot of effort, but I
       finally convinced the clerk to give me the
       jacket at a reduced price.
    B: I didn't know you were so willing to
       ______________ with him.

    (a) associate
    (b) haggle
    (c) converse
    (d) chat

07 A: Do you know why so many of your fellow
       employees are new to the company like
       you?
    B: My best guess would be that we have a
       very high ___________ rate here.

    (a) turnover
    (b) removal
    (c) exchange
    (d) substitution

08 A: I read that the market is improving for
       many different types of stocks.
    B: That may be true, but I would still rather
       talk to my ___________ broker before
       making any decisions.

    (a) investment
    (b) instruction
    (c) implement
    (d) inclusion

09 A: My brother is smart, but he had a lot of
   trouble trying to build those shelves.
   B: All he needs is some help from someone
   with the right experience and ___________
   in a field like carpentry.

   (a) kitty-corner
   (b) knick-knack
   (c) forget-me-not
   (d) know-how

10 A: I've been meaning to buy a new car, but I
   don't want to pay too much for it.
   B: The best thing to do is _____________ so
   you have a wide range of prices to
   compare.

   (a) pay out
   (b) drive ahead
   (c) shop around
   (d) buy up

11 A: Do you know anything about the club trip
   we're taking next year?
   B: I saw some interesting pictures and
   descriptions of our destination in the
   _____________ we were given.

   (a) gallery
   (b) brochure
   (c) development
   (d) coupon

12 A: I enjoyed being able to see so many
   different parts of the resort.
   B: Me too. I'm glad our guide was able to
   conduct such a complete ___________ of
   the area.

   (a) tour
   (b) discovery
   (c) assessment
   (d) removal

13 A: I want this trip to go as smoothly as
   possible. I would like to double check all
   the plans before we leave.
   B: I agree. I think we should call ahead to
   confirm the ___________ at the hotel.

   (a) operation
   (b) condensation
   (c) recreation
   (d) reservation

14 A: Sorry I'm late getting into the office today,
   but it was bumper-to-bumper out there
   today.
   B: Yes, I know. I was late too because of the
   _______________ on the freeway.

   (a) traffic jam
   (b) gut feeling
   (c) loose cannon
   (d) nest egg

15 A: Are you afraid that you won't be strong
   enough to hike once we get to the high
   altitude?
   B: I'm not worried. I spent weeks training to
   build up my strength once I found out we
   would be _____________ the mountain.

   (a) stepping between
   (b) lagging behind
   (c) journeying up
   (d) lying down

Choose the best answer for the blank.

16　One of the dangers of obtaining a
_____________ from the bank is the possibility
of not being able to pay the interest.

(a) grant
(b) check
(c) loan
(d) withdrawal

17　William considered it a benefit to receive
his _____________ every week instead of
every two weeks because it provided him
with spending money more frequently.

(a) manual
(b) paycheck
(c) meeting
(d) training

18　The price of imported goods has been
decreasing drastically because of a lack of
_____________ .

(a) demand
(b) deterrence
(c) delivery
(d) dependence

19　The building's owners have spent thousands
of dollars in construction costs trying to
repair the _____________ damage from last
month's heavy storm.

(a) relocation
(b) reputation
(c) property
(d) dependent

20　Most of the older customers at the store
prefer to carry cold, hard _____________ rather
than credit cards.

(a) currency
(b) cash
(c) bills
(d) coins

21　Many times the largest companies are made
up of two previously separate companies
which decided to come together in a
_____________ agreement.

(a) merger
(b) containment
(c) expansion
(d) attention

22　The businessman was a very skilled
_____________ , and his persuasive speech
during the discussions with investors secured
an important contract.

(a) negotiator
(b) peer
(c) accumulator
(d) pupil

23　The company's ownership of a large area of
land was an important _____________ which
raised the overall value of the business.

(a) assassination
(b) assertion
(c) assembly
(d) asset

24 The owner will not have to pay for repairs to the building because the flood damages were covered by his ______________ policy.

(a) difference
(b) insurance
(c) deliverance
(d) variance

25 When the manger told his employees that bending the rules was acceptable as long as a profit was made, they knew he was only interested in the ______________ .

(a) bottom line
(b) skid row
(c) backseat driver
(d) hat trick

26 The waiter said that he would not __________ the hotel we were thinking of staying in because the service was generally poor.

(a) demean
(b) reply
(c) recommend
(d) subdue

27 Many gift shops were located along the town's main street, which was filled with tourists looking to buy ______________ and presents.

(a) souvenirs
(b) discussions
(c) liabilities
(d) variations

28 One of the most common problems in travel occurs when an airline loses a passenger's ______________, leaving the passenger without his or her belongings for days at a time.

(a) advantage
(b) luggage
(c) suffrage
(d) brokerage

29 Although the view from a plane's windows can be exciting, many people still prefer to have an __________ seat, so that they can move through the plane more easily.

(a) aerial
(b) overhead
(c) exterior
(d) aisle

30 Some people think that the tiring condition of ______________ after a long flight is only a myth, but any seasoned traveler knows that it is very real.

(a) jet lag
(b) hot potato
(c) cold feet
(d) honor system

Unit 02

The TOP in TEPS Example

A: I think we need to go to a specialty shop if we're going to find outfits for the party tonight.
B: I agree. Since it's a ___________ party we might need to buy masks, too.

(a) creation
(b) costume
(c) causeway
(d) clearing

[THE TOP in TEPS Solution]

[해석] A: 오늘 파티에 입고 갈 옷을 찾을거면 우리는 전문 매장에 가야 할 듯해.
　　　 B: 그래. 오늘은 가장(costume)파티이니깐 가면도 사야 해.

[해설] '파티에 입고 갈 옷과 가면을 산다'는 내용으로 보아 가장 파티임을 짐작할 수 있다. 따라서 보기에서 적절한 어휘는 (b)이다.

[어휘] creation n. 창조 costume n. 가장, 변장, 의상 costume party 가장파티 causeway n. 포장도로

clearing n. 청소 outfit n. (특정한 경우, 목적을 위해 입는 한 벌로 된) 옷[복장]

- **bargain** 싼 물건
- **browse** 이것저것 보고 다니다
- **storage** 저장, 보관소
- **refund** 환불
- **clearance sale** 재고정리 세일
- **secondhand** 중고품인
- **interest-free** 무이자의
- **purchase** 구매
- **client** 의뢰인
- **customer** 고객
- **rip-off** 바가지, 갈취
- **warranty** (품질 등의) 보증
- **wrapping** 포장
- **installment** 할부(금)
- **gratis** 무료로
- **steep** 너무 비싼
- **steal** 너무 저렴한
- **gratuity** 팁

- **machine washable** 세탁기 빨래 가능한
- **coupon** 상품권, 쿠폰
- **rebate** (금액 일부의) 환불, 돌려주다
- **portable** 휴대용의
- **dress shirt** 와이셔츠
- **return** 환불(하다)
- **brand-new** 신제품의
- **sleeve** 옷소매
- **costume** 복장, 의상
- **list price** 정가
- **garment** 의류
- **wardrobe** 양복장, 옷장
- **dress-up** 정장
- **classified ad** (신문에서) 항목별 광고
- **full page ad** 전면 광고
- **flea market** 벼룩시장
- **garage sale** 집 마당에서 오래된 중고 물건을 파는 세일

Check Up

1. With [**portable / movable**] electric fan, we can cool ourselves.
2. If we go to [**flea market / global market**] early morning, we can get some items in low price.
3. The brand-new refrigerator comes with a full one-year [**warranty / promise**].
4. Admission for the circus is [**gratis / gratuity**] for tourists of travel agencies.
5. It is recommended to [**browse / wander**] some case studies to ensure the product's success.
6. The process should be simplified for the [**rebate / purchase**] request.
7. To save up some money, I bought this table at a [**garage / house**] sale for $15.
8. You can find the out-of-print book at a [**firsthand / secondhand**] bookstore.
9. All the products are available on an [**installment / lump sum**] plan.
10. In summer, short-sleeve [**Y-shirts / dress shirts**] are okay.

- **front office manager** 프런트 지배인
- **check-in** 호텔에 들어갈 때 하는 절차
- **general manager** 총지배인
- **check-out** 호텔에서 떠날 때 하는 절차
- **deposit reservation** 예약시의 예치금
- **duty free shop** 면세점
- **vacancy** 빈 방, 공석
- **make-up** 객실 청소
- **residence** 거주지, 거주
- **double room** 더블침대가 하나 있는 방
- **twin room** 싱글침대가 두 개 있는 방
- **occupancy** 점유, 점거
- **hotel safe** 호텔 금고
- **valuables** 귀중품
- **lost & found** 분실물 습득 센터
- **wake-up call** 모닝콜
- **spare key** 여분의 열쇠

- **poolside room** 수영장 옆의 방
- **peak[high] season** 성수기
- **porter** 포터(손님의 짐을 운반하는 직원)
- **housekeeper** 청소 담당 관리인
- **confirm a reservation** 예약을 확인하다
- **floor concierge** 층 관리인
- **toiletries** 화장품류
- **off-season rate** 비수기의 요금
- **over charge** 객실 사용 기간을 초과할 때 내는 요금
- **bed and breakfast** 아침식사를 제공하는 숙박[호텔]
- **valet parking service** 고객의 차를 대신 주차해 주고 다시 갖다 주는 서비스

Check Up

1. I'm looking for the nearest store to buy [**toiletries / valuables**].
2. In London there are several good [**bed and breakfast / bed and dinner**].
3. Because it's [**off-season / on-season**], room rates are cheap and there are few tourists.
4. Would you call me if there is any [**vacancy / opening**] today?
5. Would you like to put your valuables in our [**hotel safe / outbox**]?
6. My necklace was stolen, I'd like to talk to [**general manager / floor concierge**].
7. Did you buy the bag that I told you at the [**tax free shop / duty free shop**]?
8. Our department took [**occupancy / accuracy**] of that new building last year.
9. Make sure not to check out after 12 o'clock, or you must pay the [**over price / over charge**].
10. When you reserve a room, they will ask you [**deposit reservation / emergency fund**].

The TOP VOCA 06 과학기술, 컴퓨터

- [ ] **genetic technology** 유전공학
- [ ] **gravity** 중력
- [ ] **path** 길, 통로, 진로
- [ ] **comet** 혜성
- [ ] **compass** (지역의) 경계, 주위, 범위
- [ ] **circumference** 둘레, 원주
- [ ] **orbit** 궤도, 세력권, 활동 범위
- [ ] **diameter** 직경, 지름
- [ ] **install** (기계, 시스템 등을) 설치하다
- [ ] **artificial intelligence** 인공지능
- [ ] **automation** 자동화
- [ ] **bionics** 생체공학
- [ ] **telecommunications** 원거리 통신
- [ ] **troubleshoot** 고장 원인을 확인하다
- [ ] **bionic** 생체공학의, 초인적인
- [ ] **ubiquitous** 편재하는, 어디에나 있는
- [ ] **encrypt** 암호를 걸다

- [ ] **surf the net** 인터넷 서핑하다
- [ ] **hook up** 인터넷에 접속하다
- [ ] **venture capital** 벤처 자금
- [ ] **glitch** (기계 등의) 사소한 고장
- [ ] **resonance** 공진, 공명
- [ ] **semiconductor** 반도체
- [ ] **refraction** 굴절
- [ ] **voice recognition** 음성 인식
- [ ] **specific gravity** (물리) 비중
- [ ] **virtual reality** 가상 현실
- [ ] **terminal** 단자
- [ ] **analyze** 분석하다
- [ ] **surface tension** 표면 장력
- [ ] **update** 새롭게 하다, 갱신하다
- [ ] **wireless device** 무선 장치
- [ ] **erratic** (바람 등이) 일정치 못한, (천체가) 궤도에서 벗어난

Check Up

1. **[Refraction / Reflection]** of light can be found when you place a straw in a glass of water.
2. In the classroom, most computers are **[hooked up / looked up]** to the Internet.
3. The radius of a circle is half the **[circumference / diameter]**.
4. These days the weather is so **[erratic / steady]** that the weather reports is wrong.
5. We ask you to complete the installation of the **[termination / terminal]** server component.
6. Johnson has a wide **[compass / path]** of knowledge in science.
7. It is expected that cars are moving by **[superficial / artificial]** intelligence.
8. I need to **[install / forestall]** the software due to the virus.
9. The monitor went down. I think the computer has a **[glitch / error]** in it.
10. When we get bills by email, they are **[encrypted / secured]** not to be leaked.

Practice Test

Choose the best answer for the blank.

01 A: I'm surprised you were able to buy that
        shirt for so little money.
    B: Me too. It was such a great ___________!

    (a) level
    (b) bargain
    (c) raise
    (d) step

02 A: Is there anything specific in the store you
        would like to see?
    B: No, I don't have anything specific in mind.
        I'm just ___________ around, looking at
        everything.

    (a) browsing
    (b) keeping
    (c) selecting
    (d) depicting

03 A: I think we need to go to a specialty shop
        if we're going to find outfits for the party
        tonight.
    B: I agree. Since it's a ___________ party
        we might need to buy masks, too.

    (a) creation
    (b) costume
    (c) causeway
    (d) clearing

04 A: This place isn't like the mall.. It looks like
        all of the items are used.
    B: That's because it's a(n) ___________
        market, where people can buy and trade
        all kinds of old goods.

    (a) open-air
    (b) black
    (c) flea
    (d) seller's

05 A: The merchants on the streets are
        relentless. They won't let me pass without
        trying to sell me something.
    B: I know what you mean. It's very difficult
        to ___________ without being noticed
        by them.

    (a) grab hold
    (b) blow out
    (c) frown upon
    (d) steal away

06 A: Will we have to carry our bags up to the
        room now, or will someone do that for us?
    B: We won't have to. The hotel's ___________
        will be here soon to carry them.

    (a) guide
    (b) contactor
    (c) resident
    (d) porter

07 A: I forgot my toothbrush at home. Do you
        know where I can get a new one?
    B: The hotel will provide you with any
        common ___________ you might need,
        including a toothbrush.

    (a) toiletries
    (b) lavatories
    (c) inconveniences
    (d) duties

08 A: I think I accidentally locked our room key
        in our hotel room. What do you think we
        should do?
    B: Don't worry. The manager will be able to
        lend us the ___________ key until we find
        our original one.

    (a) spare
    (b) high
    (c) gross
    (d) kind

09 A: I need to find my backpack. I know I left it
    somewhere in the hotel lobby and now I
    don't see it.
    B: You should check the ______________ box
    behind the front desk to see if someone
    found it and turned it in.

    (a) done and done
    (b) lost and found
    (c) out and about
    (d) beaten and bruised

10 A: Why can't we get into our hotel room now
    instead of waiting?
    B: The hotel has a strict policy on
    ______________ times, and ours isn't for
    two more hours.

    (a) see-about
    (b) jump-up
    (c) check-in
    (d) dance-off

11 A: I love to see videos of the astronauts in
    the space station because of the way they
    float through the air effortlessly.
    B: They float around so easily because in the
    space station there is almost a total lack
    of ______________.

    (a) gravity
    (b) depth
    (c) importance
    (d) intensity

12 A: I wish your younger brother would stay
    near the trail in the woods. I'm afraid he
    will get lost.
    B: I agree. He needs to stay on the well-worn
    ______________ at all times and not wonder
    off into the bushes.

    (a) journey
    (b) streamline
    (c) law
    (d) path

13 A: Have you seen how the power of Earth's
    magnetic field can be used for navigation?
    B: Yes, I have. A ______________ needle is
    a great example because it reacts to the
    Earth's magnetic field and points North.

    (a) pencil
    (b) compass
    (c) stencil
    (d) weight

14 A: How did you do the research for your last
    paper? Did you use your textbook?
    B: No, instead of flipping through books I got
    out my laptop and started ______________.

    (a) surfing the net
    (b) playing the fool
    (c) jumping the moon
    (d) counting the chickens

15 A: My father said he couldn't download the
    files he needed. Do you know what's
    wrong with our computer?
    B: The problem is that he didn't ____________
    the cords properly. See, one of them is
    unplugged.

    (a) drive on
    (b) spell out
    (c) talk down
    (d) hook up

Practice Test

Choose the best answer for the blank.

16 If the customer buys a product which is defective, he can expect to get his money back in the form of a _____________ from the store.

(a) refund
(b) renewal
(c) removal
(d) repellent

17 Some more expensive items can be purchased with multiple payments over time, and the customer can take these items home after paying the first _____________.

(a) installment
(b) basement
(c) foreground
(d) backstop

18 The demand for technology that can be taken anywhere has led to the development of small, lightweight computers which are extremely _____________ and can be carried easily.

(a) regrettable
(b) portable
(c) avoidable
(d) climbable

19 Many people have begun donating their extra clothing by taking it to the _____________ store, which then sells it for low prices.

(a) bewilderment
(b) enrichment
(c) secondhand
(d) kickstand

20 When a local merchant began selling watches with fake diamonds and claiming that they were real, one customer said it was a complete _____________.

(a) rip-off
(b) tie-off
(c) jump-off
(d) pop-off

21 When a hotel has no _____________, all rooms are full and no additional customers will be able to stay in the hotel.

(a) allusion
(b) entirety
(c) frequency
(d) vacancy

22 The most prestigious hotels attempt to keep the guests' rooms as clean as possible by employing a large staff of professional _____________ who clean each room each day.

(a) deckhands
(b) housekeepers
(c) accountants
(d) chauffeurs

23 Many guests keep jewelry, money, and other _____________ in a locked safe when they stay in hotels.

(a) valuables
(b) perishables
(c) constables
(d) incurables

24 Instead of parking in the lot and walking three blocks, Andrew decided to drive to the front entrance of the hotel and let the ______________ parking service handle the car for him.

(a) pedestrian
(b) regime
(c) valet
(d) peasant

25 The most prestigious bed and ____________ location in the area offers a private bedroom and bathroom and three fully cooked meals per day.

(a) breakfast
(b) cookery
(c) service
(d) feast

26 Most people prefer an airport with one central ____________ as opposed to several smaller buildings spread over a vast area.

(a) terminal
(b) destruction
(c) depressant
(d) conflict

27 The demand for constant ____________ in the sports world has led to programs which feature live-action clips and streaming up-to-the-second scores of games.

(a) updates
(b) accountants
(c) lecterns
(d) castaways

28 While many airlines still have flight attendants give the pre-flight presentation in person, other airlines have begun using an electronic ____________ which plays a recorded message.

(a) relegation
(b) inebriation
(c) subjugation
(d) automation

29 The desire in nearly every video game industry – especially ____________ reality gaming – is to create an experience which closely resembles the physical world.

(a) reliable
(b) virtual
(c) professional
(d) terminal

30 When the computer technician arrived to fix the laptop, he began by ____________ for any basic or common problems that could be recognized quickly.

(a) troubleshooting
(b) smooth-talking
(c) blackmailing
(d) sandbagging

Unit 03

- ▶ The TOP VOCA 07 환경, 자연
- ▶ The TOP VOCA 08 날씨, 자연현상
- ▶ The TOP VOCA 09 교통, 도로

The TOP in TEPS Example

A: I didn't bring any change with me, but I need to take the bus home.
B: It's O.K, I'll pay your __________ for today's ride and you can pay me back tomorrow.

  (a) salary
  (b) fare
  (c) steerage
  (d) companion

[THE TOP in TEPS Solution]

[해석] A: 잔돈이 없는데 집에 가는 버스는 타야 해.
      B: 알았어. 내가 오늘 너의 버스 요금(fare)을 낼게, 내일 갚아줘.

[해설] '잔돈이 없어 버스요금을 낼 수 없다'는 A의 말에 대한 대답으로 자신이 돈을 내준다는 내용이 적절하다. 따라서 버스 운임비를 뜻하는 (b)가 정답이다.

[어휘] salary ⁿ. 임금 steerage ⁿ. 최하급 선실 companion ⁿ. 동반자, 동행

- ☐ **annual** 1년생 (식물)
- ☐ **biennial** 2년생 (식물)
- ☐ **iconography** 도상
- ☐ **topography** 지형, 지세
- ☐ **taxonomy** 분류학, 분류법
- ☐ **ecosystem** 생태계
- ☐ **squall** 돌풍, 스콜
- ☐ **absorbent** 흡수성의
- ☐ **reactive** 반응이 있는, 반작용하는
- ☐ **volatile** 휘발하는, 폭발성의
- ☐ **biodegradable** 생물 분해성이 있는
- ☐ **humid** 습한, 습도가 높은
- ☐ **chromosome** 염색체
- ☐ **rotation** 순환
- ☐ **inundation** 범람, 침수
- ☐ **bulge** 융기(하다)
- ☐ **extinction** 멸종
- ☐ **canyon** 협곡
- ☐ **ozone layer** 오존층
- ☐ **rain forest** 열대우림

- ☐ **strip mine** 노천 광
- ☐ **evolution** 진화
- ☐ **green marketing** 환경 위주의 마케팅
- ☐ **harness** (에너지나 장치 등을) 이용하다
- ☐ **emission** (배기가스 등의) 배출
- ☐ **antarctic** 남극의
- ☐ **archipelago** 군도(群島)
- ☐ **exhaust** 배기가스
- ☐ **exhaustible** 고갈되는
- ☐ **arctic** 북극의
- ☐ **evaporation** 증발
- ☐ **fertile** 비옥한
- ☐ **fossil fuel** 화석 연료
- ☐ **glacier warming** 해빙
- ☐ **greenhouse effect** 온실 효과
- ☐ **hazard** 위험
- ☐ **heredity** 유전, 유전형질
- ☐ **environment** 환경
- ☐ **perennial** 다년생 식물, 반복해서 일어나는

Check Up

1. Polar bears are endangered while glaciers are melting in the **[Arctic / Antarctic]**.
2. Everybody is aware of the **[toxin / hazard]** of secondhand smoking.
3. Archaeologists are trying to find the **[revolution / evolution]** of humankind.
4. Government will regulate the **[vapor / emission]** of carbon dioxide causing global warming.
5. Plants grow big in a **[fertile / barren]** soil.
6. It's said that a person's weight is influenced by eating habits, but **[heredity / identity]** is also a factor.
7. The towel is useful in cleaning because it's very **[absorbent / obsolete]**.
8. The frequency of earthquake is **[volatile / sterile]** in this area, so people evacuated.
9. We feel more irritated when the weather is **[humid / breezy]**.
10. Governments attempt to **[harness / exploit]** the sun's rays, wind, and tide as a source of energy.

- ☐ **forecast** 예상, 예측, 예보
- ☐ **precipitation** 강우, 강수, 강설(량)
- ☐ **accumulation** (눈 등의) 축적, 누적
- ☐ **foggy** 안개가 낀, 자욱한
- ☐ **dormant volcano** 휴화산
- ☐ **earthquake** 지진
- ☐ **extinct volcano** 사화산
- ☐ **chilly** 쌀쌀한, 싸늘한
- ☐ **hail** 싸락눈, 우박
- ☐ **drought** 가뭄
- ☐ **downpour** 억수 같은 비
- ☐ **catastrophe** 재난, 참사
- ☐ **tidal wave** 해일
- ☐ **tornado** 토네이도
- ☐ **tropical storm** 태풍, 허리케인
- ☐ **seismograph** 지진계
- ☐ **storm** 폭풍우
- ☐ **calamity** 재난, 불행
- ☐ **casualties** 사상자
- ☐ **tsunami** 해일
- ☐ **typhoon** 태풍
- ☐ **avalanche** 눈사태
- ☐ **blizzard** 눈보라
- ☐ **cold front** 한파
- ☐ **collapse** 무너지다, 붕괴되다
- ☐ **deluge** 대홍수
- ☐ **flurry** 돌풍
- ☐ **gust** 돌풍, 강풍
- ☐ **landslide** 산사태
- ☐ **lave** 용암
- ☐ **sparse** 희박한, 성긴, 드문드문한
- ☐ **issue a warning** 경보를 발행하다
- ☐ **humid** (날씨, 공기 등이) 습기 찬, 눅눅한
- ☐ **let up** (비 · 바람 등이) 그치다, 잠잠해지다
- ☐ **eruption** 폭발, 분출

Check Up

1. The number of road [**casuals / casualties**] increased at the accident last night.
2. The floor of the reservoir is going to be exposed if the [**flood / drought**] last long.
3. Pompei was completely forgotten for a long time after the volcanic [**eruption / explosion**].
4. A [**warm front / cold front**] moved last night bringing snow and rain.
5. The industry of the southern cities was hit hard by [**tidal wave / ebb and flow**].
6. The nation's annual average [**prediction / precipitation**] is not stable.
7. Her friend's death was a [**calamity / surprise**] to her because they were best friends.
8. It's required to build seawalls to lessen the damage of the [**typhoon / tycoon**].
9. The rain [**let up / let down**] a little for a while, but it didn't stopped.
10. You can have a day-trip across [**active / extinct**] volcano of Mt. Halla.

- ☐ **fare** 교통 요금
- ☐ **pull over** 차를 인도로 대다
- ☐ **speeding ticket** 속도 위반 딱지
- ☐ **parking ticket** 주차 위반 딱지
- ☐ **flat tire** 펑크 난 타이어
- ☐ **traffic** 교통량
- ☐ **heavy** (교통체증이) 과중한, 극심한
- ☐ **bumper to bumper** 교통이 막힌
- ☐ **congested** 혼잡한
- ☐ **sense of direction** 방향 감각
- ☐ **road map** 도로 지도
- ☐ **route** 경로, 노선
- ☐ **road** (물리적) 길
- ☐ **registration** 차량 등록증
- ☐ **license plate** 자동차 번호판
- ☐ **buckle up** 안전벨트를 매다
- ☐ **sidewalk** 인도
- ☐ **crosswalk** 횡단보도
- ☐ **intersection** 교차로

- ☐ **ramp** 진입로, 경사로
- ☐ **overpass** 고가도로
- ☐ **underpass** 지하도로
- ☐ **dirt road** 비포장도로
- ☐ **reckless driving** 운전 부주의
- ☐ **illegal lane change** 차선 위반
- ☐ **tailgate** 앞차를 바짝 따라 가다
- ☐ **deplane** (비행기에서) 하승하다
- ☐ **merge to another line** 운전 중 끼어들기
- ☐ **stopover** 비행기의 중간 경유지
- ☐ **ride** (말, 탈것 등을) 타기, 타고 가기
- ☐ **run a red light** 적신호를 무시하고 달리다
- ☐ **get on** (버스, 기차, 비행기 등을) 타다
- ☐ **get off** (버스, 기차, 자동차 등에서) 내리다
- ☐ **get in** (자동차, 택시 등을) 타다
- ☐ **give ~ a ride[lift]** 차에 태워주다
- ☐ **fasten one's seat belt** 안전벨트를 매다, 조이다
- ☐ **driveway** (집 차고에서 집 앞 도로까지의) 차도
- ☐ **DUI(driving under the influence of alcohol)** 음주 운전

Check Up

1. You will have a one-day **[stopover / pull over]** in Hong Kong on the way to France.
2. In some area, people can choose their **[license plate / car board]** number.
3. Traffic lights placed at **[dirt road / intersections]** should be checked regularly.
4. She got a **[DYI / DUI]** and lost her license after she had a big birthday party.
5. Where provides the cheapest **[fare / fine]** to Busan?
6. As it is no **[overpass / overwalk]** along the street, traffic accidents occur often.
7. Would you fill out the **[registration / register]** card before you pay the balance?
8. Don't **[tailgate / buckle up]**. It's very dangerous and could cause a serious result.
9. We're running out of gas. **[Pull over / Get off]** at the next gas station.
10. He could case death by **[restless / reckless]** driving.

Practice Test

Choose the best answer for the blank.

01 A: I didn't realize that the daylilies I planted
       three years ago would keep coming back.
    B: That's because daylilies are a ___________
       plant, which grow back every year.

    (a) returning
    (b) remaining
    (c) perpetual
    (d) perennial

02 A: I don't mind the heat as long as the air
       feels dry, but today it is so muggy!
    B: I agree. This ___________ air makes me
       sweat very easily.

    (a) humid
    (b) soaked
    (c) swampy
    (d) rich

03 A: I've been reading a lot about new
       technology designed to reduce our
       dependence on limited resources.
    B: I think it's a great idea to introduce such
       new technology before the earth's
       ___________ fuels are gone.

    (a) ancient
    (b) fossil
    (c) static
    (d) arboreal

04 A: What did you mean when you told me
       that you would never live in a desert area
       because you have a green thumb?
    B: I meant that I enjoy working in productive,
       ___________ soil too much to enjoy the
       arid desert.

    (a) fertile
    (b) swollen
    (c) animated
    (d) gracious

05 A: The watermelon I brought you is
       especially big and round.
    B: It sure is. It's so large it might ___________
       the top of the paper sack.

    (a) bulge out
    (b) keep up
    (c) hold on
    (d) hang around

06 A: I didn't get to see the weather prediction
       for today. Did you see it?
    B: Yes, the ___________ for today is rain all
       afternoon.

    (a) forecast
    (b) frontrunner
    (c) premier
    (d) mandate

07 A: Did you read about Pompeii and the
       clouds of ash which buried the city?
    B: Yes I did. The ___________ of Mount
       Vesuvius is one of the most famous
       natural disasters.

    (a) propulsion
    (b) extension
    (c) eruption
    (d) conclusion

08 A: I'm sorry I had to miss your party, but the
       blizzard made driving very dangerous.
    B: It's ok. I saw the snow ___________ and
       guessed that you wouldn't be able to
       make it.

    (a) flurries
    (b) torrents
    (c) rivulets
    (d) breezes

09 A: Our teacher seems very relaxed
       considering how rowdy the class has
       been.
    B: I think he's about to become very
       frustrated. It's just the calm before the
       _______________.

       (a) flood
       (b) storm
       (c) rain
       (d) wind

10 A: The monsoon has been raging for days
       now.
    B: You're right. And it's still going strong with
       no signs that it will _______________.

       (a) play out
       (b) drive on
       (c) cut off
       (d) let up

11 A: I didn't bring any change with me, but I
       need to take the bus home.
    B: It's ok, I'll pay your _______________ for
       today's ride and you can pay me back
       tomorrow.

       (a) salary
       (b) fare
       (c) steerage
       (d) companion

12 A: Where these two roads meet is becoming
       a problem area for pedestrians.
    B: You're right. It's a very busy _______________
       but there aren't proper sidewalks to
       handle all the traffic.

       (a) intersection
       (b) checkpoint
       (c) infrastructure
       (d) complication

13 A: I used to know these streets quite well but
       I've been away for many years.
    B: Don't worry, we can buy a _______________
       map to find out which avenue we need to
       take.

       (a) drive
       (b) road
       (c) pavement
       (d) station

14 A: I don't believe James when he says that
       horrible traffic made him late.
    B: I agree. He said the cars were
       _______________ but at this hour the roads
       are usually not crowded.

       (a) side to side
       (b) wall to wall
       (c) bumper to bumper
       (d) back to back

15 A: Now that we have your nephew with us,
       we'll have to be very careful with safety in
       the car.
    B: I'll make sure he knows how to
       _______________ so that he'll be safe in
       case of an accident.

       (a) dig in
       (b) try out
       (c) leave behind
       (d) buckle up

Practice Test

Part II

Choose the best answer for the blank.

16 Although there is very little vegetation in the bitter cold of the ____________ regions of the world, there are still some human and animal inhabitants.

(a) volatile
(b) succinct
(c) concentric
(d) arctic

17 The sudden and intense ____________ on the Pacific Ocean are some of the most feared storms by sailors.

(a) tremblers
(b) squalls
(c) shockwaves
(d) swells

18 The changes between day and night on our planet are due to the earth's ____________ around its axis.

(a) fermentation
(b) flotation
(c) rotation
(d) migration

19 Most residents of the community opposed the plan for a new factory because its smoke stacks would have very high green house gas ____________.

(a) emissions
(b) proposals
(c) constructions
(d) contusions

20 When someone says that the apple doesn't fall far from the tree, it means that a person's ____________ traits are easily seen when passed from parent to child.

(a) sedentary
(b) hereditary
(c) energetic
(d) balanced

21 The dense, ____________ weather and low clouds made visibility very low for pilots.

(a) foggy
(b) sparse
(c) concentric
(d) arbitrary

22 One technique to help prevent ____________ in the mountains uses dynamite to proactively initiate small slides.

(a) avalanches
(b) fluctuations
(c) icecaps
(d) timberlines

23 Snow, sleet, hail, and rain are all possible forms of ____________ in this area.

(a) proliferation
(b) consternation
(c) precipitation
(d) deviation

24 The hurricane season this year resulted in
record losses in property damage and heavy
human ___________.

(a) casualties
(b) leniencies
(c) absurdities
(d) anxieties

25 The elections were so one-sided that a
___________ victory was a sure thing for the
dominant party.

(a) landslide
(b) shorthand
(c) cliffhanger
(d) parkway

26 Sometimes the safest way for pedestrians to
cross a railway is with a sloped
___________ which crosses above the
tracks.

(a) overpass
(b) canal
(c) glassware
(d) undercut

27 Many television stations use helicopters to
get an overhead view of the traffic below and
then report whether or not there is a lot of
___________ on the roads.

(a) congestion
(b) direction
(c) dependence
(d) intelligence

28 When a police officer stops a vehicle
for a violation, he generally asks for two
documents: the driver's license and
___________.

(a) compilation
(b) civilization
(c) registration
(d) alienation

29 In many criminal cases a witness provides
helpful information by discovering the
___________ plate number on the car of the
guilty party.

(a) metallic
(b) license
(c) safety
(d) reward

30 The man said he took pride in living
life in the fast lane, but his conviction
of ___________ driving after speeding past a
stop sign indicated that he was applying the
motto too literally.

(a) reckless
(b) protective
(c) expedient
(d) shiftless

Make up Test

01 The presidential candidate made the **ludicrous** claim that his opponent had once been a spy.

(a) gorgeous
(b) fabulous
(c) outrageous

02 Begonias do not need to be replanted because they come up **perennially**.

(a) annually
(b) universally
(c) customarily

03 The **incredible** musical performance was talked about for weeks after the show.

(a) inevitable
(b) radical
(c) impressive

04 As soon as the fire alarm went off all of the employees **vacated** the building.

(a) evacuated
(b) interrupted
(c) alienated

05 The **allegation** that the stock broker had exploited his clients ruined his career.

(a) recommendation
(b) implication
(c) consideration

06 The family boarded up their house and fled the city before the **typhoon** struck.

(a) flood
(b) hurricane
(c) tsunami

07 The woman decided to **boost** her income by taking on a second job.

(a) flatter
(b) enhance
(c) replace

08 The doctor **confirmed** that the child's broken arm would soon be healed.

(a) flattered
(b) discouraged
(c) assured

09 The teacher **applauded** the efforts of her brightest pupil in front of the entire class.

(a) commended
(b) assessed
(c) qualified

10 The stream was **inundated** with so much water that it quickly began to overflow.

(a) installed
(b) aggravated
(c) deluged

11 The child was so **captivated** by the infant that she stood over its crib and stared for a long while.

(a) mesmerized
(b) intimidated
(c) relieved

12 The **benevolent** gentleman hosted an annual fundraiser for the town orphanage.

(a) resourceful
(b) determined
(c) philanthropic

13 The scientist **replicated** the virus in order to experiment with it in his laboratory.

(a) reproduced
(b) solicited
(c) commissioned

14 The woman was **void** of all emotion after the sudden death of her husband.

(a) discarded
(b) inane
(c) confiscated

15 The college students were the only current **residents** of the apartment complex.

(a) tenants
(b) refugees
(c) immigrants

16 The forecast **foretold** a cold and rainy weekend.

(a) afforded
(b) predicted
(c) transmitted

17 The limousine **transported** the foreign dignitary from the airport to his hotel.

(a) transferred
(b) evicted
(c) tolerated

18 The teacher **recapitulated** all that the students had learned before their final exam.

(a) nominated
(b) committed
(c) reviewed

19 The boss **facilitated** his employees by providing them with new training materials.

(a) enervated
(b) accommodated
(c) aggregated

20 When the family found out about the **calamity** that had befallen their neighbor they offered their full support.

(a) burden
(b) outbreak
(c) catastrophe

Unit 04

- ▶ The TOP VOCA 10 학교, 교육
- ▶ The TOP VOCA 11 직장
- ▶ The TOP VOCA 12 법

The TOP in TEPS Example

A: I saw on TV that the suspected thief was arrested today.

B: Yes, that's right. He will be in police __________ until his trial.

(a) comfort

(b) hospitality

(c) custody

(d) creation

[THE TOP in TEPS Solution]

[해석] A: 나 오늘 텔레비전에서 절도 용의자가 체포되는 것을 봤어.

B: 그래, 맞아. 그는 재판이 있을 때까지 경찰 유치장(police custody)에 있을 거야.

[해설] 용의자가 체포되었다는 뉴스를 보았다는 말에 대한 적절한 대답으로 용의자가 재판으로 형을 받을 때까지는 유치장에 감금된다는 내용이 적절하다. 따라서 (c)가 정답이다.

[어휘] hospitality n. 환대, 친절, 이해력 custody n. 보관, 관리, 감금

- ☐ **course** 과목, 강좌, 강의
- ☐ **semester** (2학기제의) 학기
- ☐ **term** (3학기제의) 학기
- ☐ **quarter** (4학기제에서의) 학기
- ☐ **drop** 과목 수강을 취소하다
- ☐ **regulation** 규제
- ☐ **attendance** 출석
- ☐ **curriculum** 교과과정
- ☐ **academic advisor** 지도교수
- ☐ **academic standing** 학업 성적
- ☐ **ace** 일등(하다)
- ☐ **coeducation** 남녀공학
- ☐ **cram for** ~를 벼락치기 하다
- ☐ **credit** 학점
- ☐ **curve** 상대 평가
- ☐ **commencement** 졸업식
- ☐ **degree** 학위
- ☐ **elective course** 선택 과목

- ☐ **enrol(l)ment** 등록, 입학
- ☐ **faculty** 교수, 학부
- ☐ **flunk** 낙제하다
- ☐ **grade** 성적, 학년
- ☐ **G.P.A (grade point average)** 평균 학점
- ☐ **make-up course** 보충 강의
- ☐ **master's degree** 석사 학위
- ☐ **matriculate** 대학 입학을 허가하다
- ☐ **monograph** 특수 연구서, 전공 논문
- ☐ **Ph. D** 박사 학위
- ☐ **scholarship** 장학금
- ☐ **straight scale** 절대 평가
- ☐ **suspend** 정학시키다
- ☐ **transcript** 성적 증명서
- ☐ **thesis** (학위) 논문
- ☐ **undergraduate** 대학생, 학부생
- ☐ **postgraduate** 대학원의, 대학원 학생
- ☐ **required subject** 필수 과목

Check Up

1. The professor has [**dropped / flunked**] 3 of the students because of the their low attendance rate.
2. I had to [**drop / fail**] biochemistry class to take a part-job in a restaurant.
3. You need 5 [**credits / points**] more to graduate this fall.
4. We only accept the applicants who have bachelor's degree, not being [**undergraduate / postgraduate**].
5. Don't [**cram / ace**] for the final exams, it would not be helpful.
6. After time goes on, the [**participations / attendances**] are falling.
7. We couldn't attend the class last week, can we have a [**make-up / regular**] class?
8. The students were [**suspended / commened**] while the cases of bullying were investigated.
9. My brother [**matriculated / failed**] into the national university in 2009.
10. Graduate [**enrollment / entry**] figures are growing continuously.

- ☐ **resume** 이력서
- ☐ **candidate** 지원자
- ☐ **interview** 면접
- ☐ **interviewee** 면접보는 사람
- ☐ **interviewer** 면접관
- ☐ **qualification** 자격(증)
- ☐ **requirement** 자격 요건
- ☐ **opening** 빈 자리, 일자리
- ☐ **probationary period** 수습 기간
- ☐ **tender resignation** 사직서를 제출하다
- ☐ **get transferred** 전근가다
- ☐ **call in sick** 병결을 알리다
- ☐ **maternity leave** 출산 휴가
- ☐ **market share** 시장 점유율
- ☐ **agenda** 안건, 의제
- ☐ **participant** 참가자
- ☐ **proposal** (사업 등의) 제안서
- ☐ **employee** 고용인, 종업원

- ☐ **rehearse an interview** 인터뷰를 사전 연습하다
- ☐ **pink slip** 해고 통지서
- ☐ **headquarters** 본사
- ☐ **branch (office)** 지사
- ☐ **expertise** 전문 분야
- ☐ **labor dispute** 노동쟁의
- ☐ **merger and acquisition** 인수 합병
- ☐ **raise** 봉급 인상
- ☐ **retrench** 긴축하다, 정리해고 하다
- ☐ **goofing around** (근무 안 하고) 빈둥거리다
- ☐ **lay off** 정리해고 하다
- ☐ **restructure** 구조 조정하다
- ☐ **dismiss** 해고하다
- ☐ **downsizing** 기업 규모 축소
- ☐ **contract** 계약
- ☐ **contractor** 계약업자, 계약인, 청부업자
- ☐ **file** (서류·편지 등의) 정리 보존 기구(철), (컴퓨터에 기록한) 정보

Check Up

1. We have few [**openings / seats**] in the sales department.
2. I didn't accept the [**proposal / propose**] that I could get money for inside trading.
3. Who has a power to give the worker the [**pink slip / agenda**]?
4. Two major companies have the similar [**market / stock**] share in LCD panel.
5. We had to lay off some of our employees and [**retrench / transfer**].
6. The food company has the most [**headquarters / branches**] all over the country.
7. Before you sign the housing [**contract / construction**], make sure that how much costs you pay for a month.
8. She is the strongest [**candidate / participant**] for the position of CEO.
9. My boss will be on [**maternity / fraternity**] leave for three months, and I'm not sure who is going to replace her.
10. My coworker was [**transferred / restructured**] to the marketing department even though she majored in finance.

- ☐ **autopsy** 부검
- ☐ **prosecutor** 검사
- ☐ **confiscate** 몰수하다
- ☐ **smuggle** 밀수하다
- ☐ **mercenary** 돈을 목적으로 일하는, 고용된
- ☐ **decency** 예의, 예절
- ☐ **abortion** 낙태
- ☐ **illegal** 불법의
- ☐ **indecent** 부당한
- ☐ **legitimate** 합법의
- ☐ **permit** 허락하다
- ☐ **the accused** 피고인
- ☐ **accuse** 고발하다
- ☐ **involve** 연루시키다
- ☐ **delegate** 대표, 사절
- ☐ **allege** (증거 없이) 주장하다, 진술하다
- ☐ **fugitive** 도망자
- ☐ **remorse** 깊은 후회, 뉘우침
- ☐ **attorney** 변호사

- ☐ **file a suit** 고소하다
- ☐ **provision** (법률 등의) 조항, 규정
- ☐ **entitled** ~할 자격[권리]이 있는
- ☐ **plead** ~라고 주장하여 변호[항변]하다
- ☐ **bail** 보석(금)
- ☐ **barrister** 법정 변호사
- ☐ **be sentenced to death** 사형을 선고받다
- ☐ **blackmail** 협박(하다), 약탈(하다)
- ☐ **behind bars** 철창에 갇힌, 감옥에 있는
- ☐ **shoplifting** (가게에서의) 좀도둑질
- ☐ **bribery** 뇌물 증여
- ☐ **custody** 양육권
- ☐ **jury** 배심원
- ☐ **testimony** 증언
- ☐ **judge** 판사
- ☐ **guilty** 유죄의
- ☐ **trial** 재판
- ☐ **life imprisonment** 무기징역
- ☐ **underdog** (생존 경쟁 따위의) 패배자, 낙오자, (사회적) 희생자

Check Up

1. The bounty hunters are on the track of the **[fugitive / barrister]**.
2. You have the right to remain silent and the right to an **[prosecutor / attorney]**.
3. The suspect was declined to be freed on **[bail / fine]**.
4. The **[autopsy / corpse]** revealed that she was poisoned and had pancreatic cancer.
5. He **[blackmailed / captured]** her for months by threatening to tell everybody about the hit-and-run.
6. The gang were caught **[smuggling / shoplifting]** diamonds from Africa into the country.
7. The mother got **[custody / adoption]** of their children after the bitter battle.
8. Under the **[provision / trail]** of the lease, the tenant is full responsible for the damage to property.
9. Before she quits, we have to put up with her indecent **[decency / excuse]**.
10. The police **[pleaded / sentenced]** not guilty of the bribery.

Practice Test

Choose the best answer for the blank.

01 A: I'm getting tired of trying to evaluate so
      many potential employees.
    B: I know. We've had so many possible
      _____________ for the job that I can't keep
      their names straight.

    (a) candidates
    (b) retirees
    (c) implications
    (d) probabilities

02 A: The boss didn't seem to like our ideas for
      the new building project.
    B: Don't worry. We can revise our
      _____________ and present a new
      version at the next meeting.

    (a) dictation
    (b) proposal
    (c) convocation
    (d) statute

03 A: I noticed a huge crowd of workers outside
      the factory today.
    B: Those are the workers who are striking
      because of a _____________ dispute.

    (a) task
    (b) labor
    (c) requirement
    (d) drudge

04 A: Do you know why Bill hasn't been at work
      this week?
    B: He got _____________ last week for
      breaking a number of safety laws.

    (a) sacked
    (b) drilled
    (c) dragged
    (d) stamped

05 A: I heard our supervisor talking about the
      need to downsize the company and he
      looked worried.
    B: Yes, I think he might have to _____________
      a number of employees in order to cut
      costs.

    (a) pay up
    (b) seek out
    (c) lay off
    (d) step on

06 A: The police officers collected almost all of
      that man's possessions as evidence.
    B: I know. They even had to _____________ his
      computer in case it contained vital clues
      to the case.

    (a) confiscate
    (b) purchase
    (c) import
    (d) capture

07 A: I saw on TV that the suspected thief was
      arrested today.
    B: Yes, that's right. He will be in police
      _____________ until his trial.

    (a) comfort
    (b) hospitality
    (c) custody
    (d) creation

08 A: Speaking to officers about an event
      you've seen can be intimidating.
    B: Yes, giving a sworn _____________ is a very
      serious part of being a witness.

    (a) testimony
    (b) implication
    (c) objection
    (d) rehearsal

09 A: Many convicted criminals have spent their
   time in prison writing very influential letters
   and books.
B: That's true. Time ______________ is not
   always a negative experience for people.

   (a) around town
   (b) behind bars
   (c) between jobs
   (d) among friends

10 A: The newspaper is doing a series about
   the process drug dealers use to carry out
   their business.
B: I saw that today's article gave some
   explanations of how the drugs are
   ______________ from other countries.

   (a) smuggled in
   (b) dragged out
   (c) relied on
   (d) flagged down

11 A: What do you plan on doing with your
   education in the next two years?
B: I plan on continuing at the university until I
   earn a __________ .

   (a) degree
   (b) curriculum
   (c) copyright
   (d) relegation

12. A: Is there a reason you've been studying so
   hard lately?
B: If I do well on the upcoming test, I may be
   able to win a ______________ which will
   help pay my school fees.

   (a) requirement
   (b) conclusion
   (c) scholarship
   (d) deployment

13 A: I've been having a lot of trouble deciding
   how to set up my schedule for the school
   year.
B: You should go speak with the academic
   ______________ and see if he can help you
   make a plan.

   (a) advisor
   (b) manipulator
   (c) delineator
   (d) decider

14 A: Have you been studying much for the
   upcoming exam?
B: No, I haven't studied yet, so I'll need to
   __________ for it the night before.

   (a) jump
   (b) run
   (c) look
   (d) cram

15 A: The variation in students' grades on the
   last assignment was very high.
B: Yes, I know. There was a huge __________
   from the highest score to the second
   highest.

   (a) drop-off
   (b) take-off
   (c) shakedown
   (d) pickup

Choose the best answer for the blank.

16 Almost any job in the modern market requires potential employees to submit a ______________ which lists experiences and skills.

(a) renouncement
(b) propaganda
(c) determinant
(d) resume

17 As an ______________ hoping to impress potential employers, it is best to answer the questions as completely and honestly as possible.

(a) interviewee
(b) appointee
(c) alternate
(d) entrant

18 The doctor's level of ______________ in heart surgery was supported by his amazing success rate and experience.

(a) examination
(b) expertise
(c) exportation
(d) exorcism

19 Some companies allow some ______________ around by employees on the job in order to promote a fun and relaxed atmosphere, as long as the behavior does not interfere with work.

(a) spooking
(b) shifting
(c) bouncing
(d) goofing

20 One employee at the firm received a ______________ yesterday and had to begin looking for a new job.

(a) pink slip
(b) last straw
(c) dead horse
(d) clean sheet

21 Some defendants decide not to hire an ______________ and instead defend themselves in court.

(a) officer
(b) attorney
(c) auditor
(d) intern

22 A person who does not appear in court for a serious case becomes a ______________ from the law.

(a) guardian
(b) divider
(c) delinquent
(d) fugitive

23 The man was fined for not wearing a shirt at the ceremony, he was cited for ______________ exposure.

(a) incapable
(b) incompetent
(c) indecent
(d) indecisive

24 Sometimes a lawyer will advise his client to __________ guilty to a crime in order to receive a reduced sentence.

(a) advise
(b) describe
(c) contest
(d) plead

25 The doctor's __________ revealed that the cause of death was related to a drug overdose.

(a) autopsy
(b) autonomy
(c) autocrat
(d) automation

26 James hopes to get hired on as a member of the __________ of a university where he can spend most of his time teaching.

(a) regiment
(b) faculty
(c) dialect
(d) affirmation

27 Usually when teachers don't keep track of students' __________, students do not receive a penalty for missing class.

(a) attendance
(b) reflection
(c) permission
(d) essence

28 When a student wishes to transfer from one school to another, a __________ is usually sent to the new school as a way of keeping track of the student's completed work.

(a) transmission
(b) transfer
(c) transcript
(d) transformation

29 While students were given a choice for their elective classes, there were certain __________ subjects which were mandatory for each student.

(a) required
(b) delivered
(c) reprimanded
(d) negated

30 There was one student whose performance placed him at the top of the class when he __________ the test.

(a) aced
(b) flashed
(c) skimmed
(d) burned

Unit 05

The TOP in TEPS Example

A: Your grandmother was sure having fun laughing at my poor knitting skills.
B: I know. She said you were so awkward with the work that it was like you were all __________.

(a) feet
(b) thumbs
(c) ears
(d) knuckles

[THE TOP in TEPS Solution]

[해석] A: 너희 할머니는 분명 나의 어설픈 뜨개질 솜씨를 놀리시면서 웃으셨을 거야.
B: 나도 알아. 할머니가 네가 작업하는게 너무 특이해서 매우 손재주가 없어(all thumbs) 보였다고 말씀하셨어.

[해설] 뜨개질 솜씨와 관련된 뜻으로 뜨개질을 잘 못한다는 내용이 적절하므로 보기중에서 손재주를 의미하는 (b)가 정답이다.

[어휘] be all ears 열심히 귀를 기울이다 be all (fingers and) thumbs 손재주가 없다[손이 무디다] knuckles n. 손가락 관절

- [ ] **desert** 비워두고 떠나다, 버리다
- [ ] **series** 시리즈, 연속물
- [ ] **pile** 다수, 더미
- [ ] **receptionist** 접수원, 응접원
- [ ] **packing** 포장, 짐 싸기
- [ ] **treat** 대접(하다), 향응
- [ ] **carrier** 배달원, 항공사, 운수회사
- [ ] **joke around** 실없는 농담[행동]을 하다
- [ ] **mitten** 벙어리장갑
- [ ] **clog** (파이프·배수구 등을) 막히게 하다
- [ ] **clumsy** 볼품없는, 적당치 않은
- [ ] **ordinary** 보통의, 평균의
- [ ] **clogged with** ~가 막힌
- [ ] **disposal** 처분
- [ ] **hazard** 위험

- [ ] **bachelor party** 총각파티
- [ ] **be cordially invited** 정중히 초대되다
- [ ] **billing date** 청구 날짜
- [ ] **bridal shower** 신부를 위한 파티
- [ ] **place an ad** 광고하다
- [ ] **place an order** 주문하다
- [ ] **recipient** 물건, 편지 등을 받는 사람
- [ ] **post office box** 사서함
- [ ] **recommendation** 추천
- [ ] **baby shower** 태어날 아기를 위한 파티
- [ ] **chauffeur** 고용 운전사, 자가용 운전자
- [ ] **R.S.V.P (Respondez s'il vous plait)** 참석 여부를 알려 주세요.
- [ ] **B.Y.O.B (bring your own booze / bottle)** 자기 술은 가져오세요.

Check Up

1. If you'd like to **[place / put]** an order for the item, please press number 1.
2. She is so **[clumsy / ordinary]** that I have to take care of her all the time.
3. Please check the **[recipient / chauffeur]** again for the letter to get into the right post box.
4. You need to contact the **[receptionist / doctor]** first for the appointment with Dr. Hastings.
5. The drain in the bathroom is completely **[clogged / closed]** with hair and paper.
6. My sister had gotten many **[bridal shower / baby shower]** gifts from her friends before my niece was born.
7. **[Mittens / Kittens]** are more efficient than gloves at keeping heat in.
8. **[Treat / Take]** others well if you expect to be **[treated / taken]** well yourself.
9. Everybody is **[cordially / ordinarily]** invited to a celebration for my promotion.
10. Waste **[disposal / treatment]** is one of the big problems we face for green energy policy.

- ☐ **full-time** 전임의, 상근(상임)의
- ☐ **parking spot** 주차장, 주차 공간
- ☐ **brisk** 활기찬, 씩씩한
- ☐ **assignment** 할당된 소임, 숙제
- ☐ **shade** 빛이나 열을 차단하는 기구
- ☐ **babysit** 아이를 돌봐주다
- ☐ **spare** 여분의
- ☐ **garage** 차고
- ☐ **stuff** 물질, 재료, 채워 넣다
- ☐ **drain** 하수구, 배수구
- ☐ **stall** 정지시키다
- ☐ **weird** 기묘한, 이상한
- ☐ **odd** 이상한
- ☐ **decorate** 장식하다
- ☐ **pastime** 취미, 오락
- ☐ **be keen on** ~에 푹 빠져 있다

- ☐ **collecting antiques** 골동품 수집
- ☐ **art gallery** 화랑
- ☐ **pet dog** 애완견
- ☐ **all thumbs** 손재주가 없는
- ☐ **siblings** 형제자매
- ☐ **sublet** 임차하다
- ☐ **utility bill** 공과금 고지서
- ☐ **appliance** 가전제품
- ☐ **utensil** 주방도구
- ☐ **renovate** 보수하다
- ☐ **fixture** 내부 시설물
- ☐ **auditorium** (극장 등의) 강당, 공연장
- ☐ **part-time** 비상근(시간제 근무)인
- ☐ **sun protection** 자외선 차단제
- ☐ **workplace** 직장
- ☐ **volunteer** 자원 봉사자

Check Up

1. I bought plastic **[utensils / utilities]**, watching a late night commercial.
2. Stephanie was **[keen / kin]** on the idea of going abroad this summer vacation.
3. They took a **[brisk / risky]** walk on the street for the joy of victory.
4. My sister is looking for a good cheap **[subtitle / sublet]** for a month.
5. Even if it's raining, you need to put on sun **[protection / protest]** cream.
6. All of his **[siblings / shades]** are doctors.
7. My mother called in a plumber to unclog a **[stuff / drain]**.
8. It's **[even / odd]** that he won the lottery, but lives in a small house.
9. He tries out every **[appliance / applies]** newly released.
10. I was embarrassed that my car **[stalled / installed]** in the middle of road and refused to start again.

The TOP VOCA 15 전화

- ☐ **area code** 지역번호
- ☐ **zip code** 우편번호
- ☐ **extension** 내선
- ☐ **return call** 회신 전화 해주다
- ☐ **hospitality** 환대
- ☐ **public [pay] phone** 공중전화
- ☐ **mobile phone** 이동전화
- ☐ **local call** 시내 전화
- ☐ **long distance call** 장거리 전화
- ☐ **overseas call** 국제 전화
- ☐ **prank call** 장난 전화
- ☐ **exchange number** 국번
- ☐ **toll-free number** 무료 전화번호
- ☐ **operator** 교환원
- ☐ **put through** ~를 바꿔주다
- ☐ **take a message** 메시지를 받다
- ☐ **leave a message** 메시지를 남기다
- ☐ **line is busy[engaged]** 통화중이다
- ☐ **busy signal** 통화중
- ☐ **switch over** 바꿔주다
- ☐ **reach someone** ~와 연결되다
- ☐ **be disconnected** (전화 연결이) 끊어지다
- ☐ **make it snappy** 용건을 간단히 하다
- ☐ **telephone directory** 전화번호부
- ☐ **answering machine** 자동 응답기
- ☐ **hang up the phone** 전화를 끊다
- ☐ **in a nutshell** 용건만 간단히
- ☐ **lines are crossed[messed]** 혼선이 되다
- ☐ **faint** (목소리가) 가냘픈, 어렴풋한

Check Up

1. Can you tell me how I can **[reach / patch]** general manager?
2. My battery was dead, I didn't **[hang up / hang over]** the phone.
3. If you want to make a **[long distance call / local call],** please notify me to check the rate.
4. Enter the **[zip code / area code]** for your Internet customer center.
5. My mother used to work as a(n) **[operator / teller]** at a phone company.
6. I don't follow you. Would you **[put it in a nutshell / beat around the bush]**?
7. What's the **[extension / expansion]** number to your office?
8. For more information, call our **[charge-free number / toll-free number]**, 123-4567.
9. I woke up in the middle of the night to get an annoying **[prank call / fax machine]**.
10. The letters were **[faint / clear]** and illegible.

Practice Test

Choose the best answer for the blank.

01 A: Your brother is quite tall, but he doesn't
       seem very graceful.
    B: I agree. I've noticed from his trips and falls
       that he's quite ___________.
    (a) flimsy
    (b) wobbly
    (c) clumsy
    (d) bubbly

02 A: Yesterday the cold temperatures surprised
       a lot of people who were hoping to spend
       time outside.
    B: You're right. It was definitely not an
       ______________ summer day.
    (a) ordinary
    (b) uncompromising
    (c) independent
    (d) original

03 A: The festivities before your brother's
       wedding were quite extravagant.
    B: Yes, the ______________ party was
       especially luxurious, with all kinds of food
       and drink available.
    (a) groomsman
    (b) usher
    (c) bachelor
    (d) coordinator

04 A: I heard that your family had a
       ______________ recently.
    B: That's right. We made some money and
       got rid of the things we no longer use.
    (a) garage sale
    (b) time keeper
    (c) money maker
    (d) house boat

05 A: Your teacher has said that you're
       becoming a distraction in school. Is there
       an explanation?
    B: I think I've been ___________ with my
       friends too much during class.
    (a) joking around
    (b) laughing off
    (c) sneaking in
    (d) growing up

06 A: The weather seems to be changing for the
       colder.
    B: I have felt it too. The morning air today
       had a ___________ feel to it.
    (a) swift
    (b) hard
    (c) brisk
    (d) stern

07 A: My neighbors have just begun the
       massive project on their house.
    B: I saw that, but I don't think it is very wise
       to ___________ the house at such a busy
       time of the year.
    (a) exfoliate
    (b) propagate
    (c) reimburse
    (d) renovate

08 A: I was lucky to be able to find such a good
       place for my car.
    B: I'll say! I can't believe you got such a
       great ___________.
    (a) launching point
    (b) landing zone
    (c) parking spot
    (d) dividing line

09 A: Your grandmother was sure having fun
    laughing at my poor knitting skills.
   B: I know. She said you were so awkward
    with the work that it was like you were all
    ____________.

   (a) feet
   (b) thumbs
   (c) ears
   (d) knuckles

10 A: The skill of the pilots in the air show was
    amazing!
   B: I agree. I don't know how they do some of
    those stunts without the engine
    ____________.

   (a) keeping up
   (b) moving on
   (c) stalling out
   (d) turning over

11 A: With the business growing so rapidly,
    how will we be able to handle all the
    customers' calls?
   B: I think we'll add another telephone
    ____________ in the front office.

   (a) extension
   (b) replacement
   (c) advancement
   (d) section

12 A: I'd like to call my cousin, but I don't
    remember his phone number.
   B: If you dial the ____________ and give the
    name of your cousin, you should be able
    to be connected.

   (a) conductor
   (b) manufacturer
   (c) operator
   (d) producer

13 A: New technology has definitely made it
    easier for me to stay in touch with my
    parents.
   B: That's true. Now that you have a
    ____________ phone you can call them
    from wherever you like.

   (a) mobile
   (b) nomadic
   (c) differential
   (d) synchronized

14 A: I can't wait to tell you all about my
    vacation.
   B: I'm sorry, I don't have time for the full
    story now, but you can quickly tell me
    ____________ what it was like.

   (a) in a nutshell
   (b) from the grave
   (c) in the loop
   (d) around the bush

15 A: You've had the same cell phone for
    several years now.
   B: I know, but I'm waiting until the prices
    drop before I ____________ to a new
    phone contract.

   (a) step out
   (b) fly away
   (c) switch over
   (d) chase off

Choose the best answer for the blank.

16 The renters in the apartment complex had approximately two weeks after the _______________ to pay the fee for cable TV services.

  (a) starting line
  (b) appealing process
  (c) leasing period
  (d) billing date

17 One of the biggest mistakes made by the tourist was not bringing _____________ along for the camping trip, because dealing with cold fingers the entire time was a very painful experience.

  (a) mittens
  (b) handrails
  (c) knapsacks
  (d) satchels

18 The studies designed at improving efficiency for delivery companies have recommended that _____________ take the roads with the highest average speed when shipping packages.

  (a) transponders
  (b) carriers
  (c) transmitters
  (d) receivers

19 The dense concentration of young women in the restaurant's banquet room was due to the _____________ shower for the celebration of one woman's first-born son.

  (a) present
  (b) baby
  (c) family
  (d) celebration

20 A host can have a challenging task deciding how many meals to prepare for a party if not everyone submits their _____________ to the invitations.

  (a) R.S.V.P.
  (b) F.A.Q
  (c) F.Y.I
  (d) A.S.A.P

21 A giant oak tree can provide not only appealing scenery but also cool _____________ from the sun.

  (a) brush
  (b) slant
  (c) growth
  (d) shade

22 After the blowout, the bus driver had to ask for passengers to help him in putting the _____________ tire in place of the damaged one.

  (a) loose
  (b) spare
  (c) modern
  (d) secret

23 The main role of the ceremony's construction committee was to _____________ the hall with streamers, ornaments, and lights.

  (a) decorate
  (b) separate
  (c) consummate
  (d) congregate

24   One cost of living in an apartment which may
     be paid by the landlord is the ___________ bill
     for electricity or water services.

     (a) utility
     (b) reliability
     (c) reimbursement
     (d) deposit

25   The manager seemed very ___________ on
     getting out so he could beat the rush hour
     traffic, because he did not even stop to
     speak with any employees as he rushed
     away.

     (a) keen
     (b) elaborate
     (c) pronounced
     (d) delicate

26   Workers at the hotel front desk were taught
     to display their ___________ over the
     phone with courteous, polite phrases and
     conversation.

     (a) hospitality
     (b) bigotry
     (c) immunity
     (d) leniency

27   The rates for an ___________ were nearly
     triple the rates of dialing a domestic number.

     (a) outward line
     (b) extension chord
     (c) external discussion
     (d) overseas call

28   It is considered common courtesy in many
     professions to respond to voice mail
     messages with a ___________ call as soon
     as possible.

     (a) return
     (b) refund
     (c) renewal
     (d) revival

29   Many larger cities have several ___________
     codes for postal services, whereas small
     towns may only have one.

     (a) zip
     (b) law
     (c) street
     (d) age

30   The two managers must have had their
     ___________ because one thought the
     meeting was at the office and the other
     thought it was at a restaurant.

     (a) lines crossed
     (b) guns drawn
     (c) hopes up
     (d) tables turned

Unit 06

- ▶ The TOP VOCA 16 건강
- ▶ The TOP VOCA 17 병원
- ▶ The TOP VOCA 18 언어, 대중매체

The TOP in TEPS Example

A: Do you have any special goals for this year?

B: I'm really hoping that I can lose___________ to improve my overall health.

(a) height
(b) mass
(c) volume
(d) weight

[THE TOP in TEPS Solution]

[해석] A: 올해 어떤 특별한 목표가 있나요?

B: 전반적인 건강 향상을 위해서 체중 감량(lose weight)을 할 수 있기를 정말 바래요.

[해설] 올해의 계획에 대해 묻자 자신의 건강 향상을 원한다고 하였으므로 빈칸 앞에 나오는 lose와 함께 쓰여 '체중 감량하다'라는 뜻의 관용적 표현인 (d)가 정답이다.

[어휘] volume n. 부피, 양, 크기

- ☐ **prompt** 즉시[선뜻] ~하는, 즉석의
- ☐ **injured** 상처 입은, 부상당한
- ☐ **preserve** 보존하다
- ☐ **nutrient** 영양소
- ☐ **additive** 식품 첨가물
- ☐ **fit** 건강이 좋은
- ☐ **secure** 안전한
- ☐ **gain weight** 살이 찌다
- ☐ **lose weight** 살을 빼다
- ☐ **migraine** 편두통
- ☐ **diarrhea** 설사
- ☐ **insomnia** 불면증
- ☐ **cavity** 충치
- ☐ **denture** 틀니
- ☐ **molar** 어금니

- ☐ **contact** 접촉, 맞닿음
- ☐ **spread** (병의) 만연, 퍼짐, 유포
- ☐ **inception** 시초, 발단, 개시
- ☐ **defection** 태만, 결함, 부족
- ☐ **corruption** 타락, 퇴폐, 부패
- ☐ **infection** 전염, 병균 감염
- ☐ **side effect** 부작용
- ☐ **sleeping pill** 수면제
- ☐ **addicted to** ~에 중독된
- ☐ **euthanasia** 안락사
- ☐ **floss** (명주실로) 이 사이에 낀 것을 제거하다
- ☐ **healthy** 건강한
- ☐ **affect** 감염시키다, 영향을 끼치다
- ☐ **medical conditions** 건강 상태

Check Up

1. I've been under a lot of stress, so I think I have [**insomnia / euthanasia**].
2. Government tries to [**preserve / reserve**] their history in language, art, and architecture.
3. We ask for your [**prompt / faint**] apply for the refund.
4. You have to consult your doctor for the side [**affect / effect**].
5. The company has been in deficit since its [**infection / inception**].
6. The attorney has promised to fight police [**corruption / interruption**].
7. John tries to keep [**fit / health**] by swimming every day.
8. I recently developed a [**cavity / denture**] in one of my back teeth.
9. She died from an overdose of sleeping [**remedies / pills**].
10. Tobacco company's advertising makes so many people [**addicted / addictive**] to smoking even though they know it is bad for their health.

- **clinic** 진료소, 개인 병원
- **general hospital** 종합병원
- **athlete's foot** 무좀
- **optometrist** 검안사
- **mole** 사마귀, 점
- **claustrophobia** 폐소 공포증
- **orthopedics** 정형외과
- **cardiovascular** 심혈관의
- **cerebral** (대)뇌의
- **psychiatrist** 정신과 전문의
- **chronic disease** 만성질환
- **circulation** 혈액순환
- **dermatologist** 피부과 의사
- **orthopedist** 정형외과 의사
- **osteoporosis** 골다공증

- **cardiologist** 심장 전문의
- **pediatrician** 소아과 의사
- **oculist** 안과 의사
- **obstetrician** 산과 의사
- **plastic surgeon** 성형외과
- **urologist** 비뇨기과 의사
- **otolaryngologist** 이비인후과 의사
- **coagulation** (혈액의) 응고
- **second opinion** 다른 전문가의 의견
- **gynecologist** 부인과 의사
- **internist** 내과 의사
- **chiropractor** 척추 교정 지압사
- **Caesarean section** 제왕절개 수술
- **medication** 약물 치료(처방)

Check Up

1. I've had migraine since I promoted last year. Doctor said it could be a **[chronic / clinic]** disease.
2. My sister volunteered for the medical services as a(n) **[pediatrician / optometrist]** for children.
3. I can't drink beer, because I'm on **[mediation / medication]**.
4. Regular exercise helps to lessen **[cardiovascular / carbonated]** disease causing heart attack.
5. Lowering cholesterol improves blood **[circulation / coagulation]**.
6. The baby was born by Caesarean **[surgery / section]**.
7. The bone density study is a definitive test for diagnosing **[osteoporosis / orthopedics]**.
8. **[Oculist / Optometrists]** take ocular measurements to make eyeglasses.
9. Patrick gets **[claustrophobia / agoraphobia]** whenever he is in elevators or tunnels.
10. **[Moles / Holes]** are dark spots on human skin.

☐ **versify** 시를 짓다

☐ **pellucid** 투명한, 맑은, 명료한

☐ **garbled** 왜곡한, 제멋대로 고친

☐ **dastardly** 비겁한, 비열한

☐ **norm** (행동의) 기준, 규범

☐ **paradox** 역설

☐ **prose** 산문

☐ **protagonist** 주인공

☐ **resistance** 반감

☐ **bilingualism** 2개 국어 병용

☐ **literalness** 직역, 직역조

☐ **inconsistency** 모순

☐ **ingenious** 독창적인, 정교한

☐ **flatten** 단조롭게 하다, 시시하게 하다

☐ **metaphor** 은유

☐ **announcement** (공식적인) 발표, 선언

☐ **introvert** 내성적인 사람

☐ **self-fulfillment** 자기 충족

☐ **rhyme** 운(韻)

☐ **satire** 풍자

☐ **plagiarism** 표절

☐ **soap opera** 드라마

☐ **piracy** 표절

☐ **slang** 속어

☐ **scoop** 특종 기사

☐ **semantics** 의미론

☐ **proofread** 교정하다

☐ **prelude** 서막, 전주곡

☐ **pronunciation** 발음

☐ **subscribe to** 정기 구독하다

☐ **pseudonym** 익명, 필명

☐ **circumlocution** 완곡어법, 완곡한 표현

☐ **royalty** 특허권 사용료

☐ **second language acquisition** 제2언어 습득

Check Up

1. Before you turn in the paper, make sure to [**proofread / readjust**] at least twice.
2. The witness's statements are a lot of [**consistency / inconsistency**], so they were excluded.
3. On the grounds of the circumstances, your intention is not [**pellucid / prelude**].
4. Social [**norms / stands**] are principle that people are expected to observe.
5. [**Bilingualism / Plagiarism**] of others' work should banned under a heavy fine.
6. "Wing" [**rhymes / rhythms**] with "king".
7. He was an [**introvert / extrovert**] who spent the majority of his time with few friends.
8. She is an [**ingenious / ingestive**], smart little girl.
9. I would like to [**describe / subscribe**] to your newspaper, please. How much is it?
10. According to the [**announcement / advertisement**], a month of bloodshed has caused at least 100 people to be killed.

Choose the best answer for the blank.

01 A: My hands are starting to go numb from the cold.
    B: You should keep moving to ensure that you have enough ___________ in your fingers.

    (a) navigation
    (b) circulation
    (c) condensation
    (d) distribution

02 A: Are you feeling any better today than you were yesterday?
    B: Yes, I went to the ___________ and he did some work on my sore neck.

    (a) chiropractor
    (b) practitioner
    (c) receptionist
    (d) resident

03 A: The doctor said there was nothing wrong with me, but I still don't feel well.
    B: You should get a second ___________ just in case there is something the first doctor missed.

    (a) opinion
    (b) arbitration
    (c) fiction
    (d) altercation

04 A: Are you having problems with your new shoes?
    B: I have ___________, but it's not actually caused by the shoes.

    (a) athlete's foot
    (b) Achilles' heel
    (c) pitcher's arm
    (d) planter's wart

05 A: How is your grandmother dealing with her pain?
    B: Her nurse decided to ___________ and it seems to be helping her quite a bit.

    (a) up the medication
    (b) round the bend
    (c) down the bottle
    (d) up the ante

06 A: I was confused when the teacher compared the business to a monarchy.
    B: I agree. I think a better ___________ would have been to refer to the business as a family unit.

    (a) metaphor
    (b) homophone
    (c) derivative
    (d) tangent

07 A: Most of the time I don't even understand what my son is saying to me.
    B: I know what you mean. Kids these days use so much ___________ that it's easy to get confused.

    (a) diction
    (b) enunciation
    (c) slang
    (d) conversation

08 A: Some of the afternoon TV shows your family watches are very dramatic.
    B: I know. The characters from their favorite soap ___________ seem very unrealistic to me.

    (a) orchestra
    (b) symphony
    (c) comedy
    (d) opera

09 A: I think I found some great new leads in
    our investigation for this article.
    B: Really? What's the _____________?

    (a) dig
    (b) scoop
    (c) drive
    (d) dredge

10 A: I don't know how I'm going to be able to
    keep track of my favorite teams since I
    don't have a TV.
    B: You should _____________ a sports
    magazine that features regular updates.

    (a) subscribe to
    (b) make up
    (c) hash out
    (d) shake down

11 A: Why did your brother have a bandage on
    his arm?
    B: He was _____________ in a car accident
    last week.

    (a) suspended
    (b) injured
    (c) detained
    (d) relayed

12 A: I was told that your condition was not
    contagious.
    B: That's right. You should feel safer knowing
    that coming into _____________ with me
    will not be harmful for you.

    (a) contact
    (b) range
    (c) longevity
    (d) collision

13 A: Do you have any special goals for this
    year?
    B: I'm really hoping that I can lose
    _____________ to improve my overall
    health.

    (a) height
    (b) mass
    (c) volume
    (d) weight

14 A: Has your father been feeling alright lately?
    B: Oh yes, he's as _____________ as a horse.

    (a) healthy
    (b) youthful
    (c) valiant
    (d) vital

15 A: I'm very proud of my cousin for slimming
    down so much this past month.
    B: He does look great. Soon he'll be able to
    _____________ an entirely new wardrobe.

    (a) fit into
    (b) keep away
    (c) put back
    (d) play on

Practice Test

Choose the best answer for the blank.

16 Many of the tourists refused to crowd into the tiny, windowless elevator because they had a strong ______________.

  (a) claustrophobia
  (b) scoliosis
  (c) dementia
  (d) inflammation

17 Many athletes insist on seeing the most experienced ______________ after a suffering a serious fracture.

  (a) secretary
  (b) consultant
  (c) orthopedist
  (d) radiologist

18 A skin condition left untreated may become so harmful that even a qualified ______________ will be unable to help.

  (a) dermatologist
  (b) biologist
  (c) apologist
  (d) allergist

19 In order to avoid potential dangers to both the mother and her child, a ______________ section may be performed for the birth.

  (a) Caesarian
  (b) Utopian
  (c) Pavlovian
  (d) Centurian

20 While the boxer did recover from his cuts and bruises, he still experienced ______________ headaches as a result of the physical damage he'd encountered.

  (a) corrosive
  (b) chronic
  (c) thermal
  (d) abdominal

21 Students were very careful to cite their sources so as to avoid accusations of ______________.

  (a) favoritism
  (b) revision
  (c) plagiarism
  (d) publication

22 Most writers prefer to have someone ______________ their work for errors before the final deadline.

  (a) brainstorm
  (b) ghostwrite
  (c) proofread
  (d) estimate

23 The correct ______________ of a person's name is very critical in an important interview.

  (a) pronunciation
  (b) deliberation
  (c) tribulation
  (d) formulation

24 One of the powers of TV is that it presents ideas of accepted customs and social ______________ in a particular culture.

(a) norms
(b) determinants
(c) elaborations
(d) initiations

25 The goal of the reduced price for subscriptions was to increase sales and ______________ the competition.

(a) ruffle
(b) flatten
(c) inflate
(d) boost

26 Most foods these days contain ______________ designed to preserve flavor and appearance.

(a) constructions
(b) additives
(c) requirements
(d) developments

27 If a ______________ becomes infected, a root canal surgery may be required to prevent further damage.

(a) molar
(b) scapula
(c) clavicle
(d) nostril

28 It has been said that excess money and time are major factors in a person's risk of becoming ______________ to dangerous drugs.

(a) restricted
(b) addicted
(c) conflicted
(d) inflicted

29 James was not supposed to drive for at least eight hours after taking his ______________ pill.

(a) sleeping
(b) healing
(c) dissolving
(d) growing

30 Some medications have potential ______________ which can be as troublesome as the original condition.

(a) side effects
(b) midnight oils
(c) heart aches
(d) brass tacks

[01~20] 다음 보기를 잘 읽고 각 문제에서 제시하는 의미와 동일한 단어를 보기에서 찾아 쓰시오.

hilarious   nocturnal   furious   eccentric   irritable

01 easily annoyed

02 unusual or strange

03 very funny

04 extremely angry

05 being active at night

endeavor   famine   apathy   transition   extrovert

06 someone who is very outgoing

07 a lack of emotional interest

08 a change from one thing to the next

09 an extreme shortage of food

10 an attempt to do something

browse   substitute   mobilize   exhibit   contaminate

11 to assemble a group, especially for the military

12 to display an object for public viewing

13 to scan an item

14 to make something dirty

15 to put one thing in the place of another

Itinerary   revolution   obligation   bias   commotion

16 something that must be done

17 an unfair opinion favoring one thing over another

18 noise and confused activity

19 information about when and where to go somewhere

20 a set of actions that produce change

Unit 07

▶ The TOP VOCA 19 역사
▶ The TOP VOCA 20 사회 및 기타

The TOP in TEPS Example

A: I am always careful to respect people by referring to them in the most appropriate terminology.
B: Yes, I can tell that you make an effort to always be__________ correct.

(a) eternally
(b) politically
(c) plainly
(d) closely

[THE TOP in TEPS Solution]

[해석] A: 나는 항상 사람들을 가장 적절한 말로 표현함으로써 사람들을 존중하기 위해 신경 쓰고 있어.
B: 그래, 나는 네가 항상 확실히(plainly) 올바르기 위해서 노력한다는 걸 알아.

[해설] A가 사람들을 적절한 말로 존경하려 한다 했으므로, 문맥상 확실히 올바르게 노력한다는 내용이 이어져야 자연스럽다. 따라서 (c)가 적절하다.

[어휘] terminology ⁿ. 용어, 용어법   eternally adv. 영원[영구]히, 끊임없이   plainly adv. 명백히, 확실히, 솔직히

- □ **slavery** 노예제
- □ **prehistoric times** 선사시대
- □ **pretender** 왕위를 노리는 사람
- □ **allied armies** 연합군
- □ **anachronism** 시대착오
- □ **anecdote** 일화, 비사
- □ **progenitor** (동식물의) 원종, 조상
- □ **Reformation** 종교개혁
- □ **regime** 정체, 제도
- □ **relics** 유물
- □ **archaeologist** 고고학자
- □ **colony** 식민지
- □ **excavation** 발굴, 출토품
- □ **extinct** 멸종한
- □ **social reform** 사회 개혁
- □ **tribe** 부족, 종족
- □ **tribute** 공물
- □ **turmoil** 소란, 소동, 소요

- □ **archaeology** 고고학
- □ **class-warfare** 계급 투쟁
- □ **undermine** 기반을 약화시키다
- □ **unearth** 발굴하다
- □ **feudal age** 봉건시대
- □ **feudal system** 봉건제도
- □ **diggings** 발굴물
- □ **emancipation** 해방
- □ **fossil** 화석
- □ **hierarchy** 계급제도, 조직
- □ **Ice Age** 빙하기
- □ **Industrial Revolution** 산업혁명
- □ **invasion** 침입
- □ **primeval** 원시의, 태고의
- □ **crusade** 십자군
- □ **saga** 중세 북유럽 전설, 무용담
- □ **flourish** (문명이) 번영하다

Check Up

1. She dedicated her life to the **[emendation / emancipation]** of women against patriarchy.
2. Bureaucracy is still rampant in the management **[hierarchy / anarchy]**.
3. Students go on a field trip to the **[prompt / primeval]** forests to observe animals and plants.
4. Many were killed in the name of traitors under a military **[regime / times]**.
5. Gyeongju is a historic site with many **[relics / lyrics]** hidden for hundreds years.
6. We believed that **[facility / fossil]** fuels were infinite, but we should now realize that they are finite.
7. In the United States, it was an age of **[turmoil / thumbnail]**.
8. A(n) **[archaeologist / technologist]** is someone who studies ancient cultures by looking for their buildings, tombs, tools, etc.
9. This summer, shipping companies will **[flourish / flake]**.
10. The **[bribe / tribe]** has hunted bears for hundreds of years.

- ☐ **unbearable** 참을[견딜]수 없는
- ☐ **dawn** 새벽, 여명, 시초
- ☐ **dusk** 해질 녘, 황혼 녘
- ☐ **plausible** 그럴듯한
- ☐ **tender** 어린, 미숙한
- ☐ **green** 경험 없는, 미숙한, 풋내기의
- ☐ **novice** 초보자
- ☐ **civilian** 민간인
- ☐ **expert** 전문가
- ☐ **mandatory** 강제적인
- ☐ **negative** 부정적인
- ☐ **discrimination** 차별
- ☐ **neutral** 중립적인
- ☐ **offensive** 화나게 하는, 기분 나쁜
- ☐ **ominous** 불길한
- ☐ **optimistic** 낙관적인
- ☐ **persuasive** 설득력 있는
- ☐ **pessimistic** 비관적인

- ☐ **positive** 긍정적인
- ☐ **pretentious** 잘난 체하는
- ☐ **sanguine** 낙천적인, 쾌활한
- ☐ **nationalism** 국수주의
- ☐ **partial** 부분적인, 편파적인
- ☐ **prejudice** 편견
- ☐ **bully** 약한 자를 괴롭히는 사람
- ☐ **chauvinist** (남성)우월주의자
- ☐ **desegregation** 차별 폐지
- ☐ **multi-culturalism** 다문화주의
- ☐ **apartheid** 인종 분리[차별] 정책
- ☐ **pursue** 추구하다, 쫓다
- ☐ **melting pot** 다양한 인종 · 문화가 뒤섞인 나라
- ☐ **politically correct** 정치적 · 도의적으로 공정한
- ☐ **bigotry** 완고한 신념
- ☐ **affirmative action** 소수 집단 권익 옹호 정책
- ☐ **detention center** 구치소
- ☐ **amateur** 직업으로 하는 게 아닌 사람

Check Up

1. It must be terminated of **[discussion / discrimination]** on the grounds of race or gender.
2. At the semifinal our team's **[offending / offensive]** defense led to a victory.
3. There are people around us who give in to **[bigotry / biology]** or not.
4. I bought a book for a computer **[novice / expert]** who don't know anything about it.
5. For students it's not **[mandatory / monetary]** to attend in class.
6. The local judge ignored Peter's appeal to be released from the **[dictation / detention]** center.
7. In Korea, the number 4 is considered **[ominous / omnibus]**.
8. When the school **[bully / belly]** pulled her leg, Kate burst into tears.
9. America is said to be a "**[melting / molting]** pot" of many different cultures and races.
10. My brother is hot-tempered and too **[pessimistic / optimistic]**.

Practice Test

Choose the best answer for the blank.

01 A: My father doesn't agree with the current
      government's heavy taxation policies.
    B: It is true that this ______________ is much
      more eager to tax citizens than the
      previous one.

    (a) regime
    (b) court
    (c) assembly
    (d) order

02 A: Don't you think that the textbook left out
      much of the importance of the army's role
      in taking over France?
    B: Yes, I think that particular ______________
      was largely ignored in the text.

    (a) integration
    (b) submission
    (c) infestation
    (d) invasion

03 A: I read that the Middle Ages are sometimes
      also called the Dark Ages.
    B: The time period is also known as the
      ______________ age because of social
      structure which promoted serfdom.

    (a) nomadic
    (b) feudal
    (c) urbanization
    (d) construction

04 A: I was confused by our class discussion
      about changing short term and long term
      weather climates on Earth.
    B: Me too, especially about the moisture
      near both poles meaning that we are
      technically still in an ______________.

    (a) ice age
    (b) isolated incident
    (c) integrated society
    (d) elaborate plan

05 A: Some new scientists have moved into
      town and begun investigating the ruins of
      ancient buildings.
    B: I wonder how many interesting artifacts
      they will be ______________ in the next
      several months.

    (a) drying out
    (b) dripping down
    (c) digging up
    (d) dancing around

06 A: The new restrictions on travel have made
      it stressful for me because I can't visit my
      family.
    B: I know what you mean. It's almost
      ______________ to be kept away from loved
      ones like this.

    (a) unbearable
    (b) secluded
    (c) isolated
    (d) affable

07 A: I don't see how you can always take
      difficult times in stride.
    B: I think it's partly because I actively try to
      remain ______________ at all times.

    (a) optimistic
    (b) antagonistic
    (c) traditional
    (d) colorful

08 A: The tight security measures for prisoners
      have been taken too far in my opinion.
    B: I agree. Many people waiting for trial of
      minor crimes are never allowed to leave
      the ______________ center.

    (a) teaching
    (b) modification
    (c) harness
    (d) detention

09 A: I am always careful to respect people by referring to them in the most appropriate terminology.
    B: Yes, I can tell that you make an effort to always be ____________ correct.

    (a) eternally
    (b) politically
    (c) plainly
    (d) closely

10 A: James finally stood up to the older boys who had been harassing him.
    B: I'm glad he could finally stand up and reject the idea of being ____________.

    (a) bullied around
    (b) put on
    (c) drawn out
    (d) sent on

Part II

Choose the best answer for the blank.

11 One of the most pivotal moments of the American Civil War was the ____________ of slavery, which officially ended the practice within the United Sates.

    (a) emancipation
    (b) justification
    (c) support
    (d) subjugation

12 Many ____________ are long, intriguing tales of migration from one country to another.

    (a) quips
    (b) epitaphs
    (c) explanations
    (d) sagas

13 Several chiefs were forced to pay ____________ to the larger empire in exchange for military protection.

    (a) tribunal
    (b) trident
    (c) tribute
    (d) triad

14 One of the most studied areas of colonization is the effect that it has on the culture of native ____________.

    (a) tribes
    (b) collections
    (c) unions
    (d) collaborations

15 Government officials became increasingly concerned that ____________ would spread as a result of backlash against the traditionally hierarchical system.

    (a) bull markets
    (b) border battles
    (c) dust bowls
    (d) class warfare

16 Overt acts of ____________ such as acts of violence motivated solely by color have decreased in some cities.

    (a) patriarchy
    (b) bigotry
    (c) affiliation
    (d) integration

17 The decision to ______________ a higher
    degree rather than enter the workforce is a
    difficult one that many graduates will face.

    (a) digest
    (b) pursue
    (c) decide
    (d) engulf

18 While discrimination in many workplace
    environments has declined in recent years,
    it is still evident that ______________ about
    certain groups are difficult to completely
    erase.

    (a) prejudices
    (b) prepositions
    (c) preparations
    (d) predictions

19 The issue of ______________ action is
    a delicate one because it is difficult to
    completely encourage diversity without ever
    favoring one group or another.

    (a) affirmative
    (b) contemplative
    (c) reconstructive
    (d) elaborative

20 America has been called the great
    ______________ because of the many
    backgrounds represented and mixed
    together in one country.

    (a) melting pot
    (b) dividing line
    (c) ticking clock
    (d) chopping block

Chapter 02

유형별 어휘

Unit 08

▶ The TOP VOCA 21   동사+명사
▶ The TOP VOCA 22   형용사+명사
▶ The TOP VOCA 23   동명사+명사

The TOP in TEPS Example

A: Did you enjoy your vacation with your friends from school?

B: Yes, but some unexpected traveling _______________ along the way left me nearly broke.

(a) expenses
(b) circumstances
(c) gratuities
(d) rewards

[THE TOP in TEPS Solution]

[해석]   A: 학교친구들과 휴가 재미있게 보냈어?

B: 그래, 그런데 여행 중에 예상하지 못했던 비용(expenses)으로 거의 파산에 이르렀어.

[해설]   '친구들과의 휴가도중 생긴 예상치 못한 것으로 파산에 이르렀다'고 대답하고 있으므로 비용이 초과되었음을 알 수 있다. 따라서 비용이라는 의미의 (a)가 정답이다.

[어휘]   expense ⁿ. 지출, 비용, [보통 pl.] (소요) 경비, ~비수당

gratuity ⁿ. 행하, 팁(tip), 선물(gift)

- [ ] **deliver an address** 연설을 하다
- [ ] **take lessons** 배우다, 수업을 받다
- [ ] **launch an attack** 공격을 개시하다
- [ ] **make a remittance** 송금하다
- [ ] **make a journey** 여행을 떠나다
- [ ] **meet demand** 요구를 충족시키다
- [ ] **place an order** 주문하다
- [ ] **save one's face** 체면을 지키다
- [ ] **prime the pump** 경기 부양책을 쓰다
- [ ] **make[place] a call** 전화를 걸다
- [ ] **fix dinner** 저녁식사를 만들다
- [ ] **make it** 성공하다, 해내다
- [ ] **administer first-aid** 응급조치를 취하다
- [ ] **answer the door** 문을 열어주다
- [ ] **apply ointment** 연고를 바르다
- [ ] **reach a decision** 결론에 이르다
- [ ] **beat one's brains** 머리를 짜내다

- [ ] **conclude speech** 연설을 마치다
- [ ] **bring a suit (against)** 소송을 걸다
- [ ] **cast a ballot** 투표하다
- [ ] **commit a crime** 죄를 짓다
- [ ] **claim damages** 손해 배상을 청구하다
- [ ] **throw a party** 파티를 열다
- [ ] **exchange civilities** 정중히 인사를 하다
- [ ] **draw a check** 수표를 끊다
- [ ] **make a promise** 약속을 하다
- [ ] **keep in mind** 명심하다
- [ ] **make an effort** 노력하다
- [ ] **renew subscription** 정기구독을 갱신하다
- [ ] **lose pounds[weight]** 몸무게를 빼다
- [ ] **formulate a hypothesis** 가설을 수립하다
- [ ] **strike a balance** 균형을 맞추다
- [ ] **weigh the consequences** 결과를 신중히 고려하다

Check Up

1. Who wouldn't [**commit a crime / confess a crime**] if there's no police?
2. You're demanding so much, I don't care even if you [**wear a suit / bring a suit**] on a minor flaw.
3. The instruction says to [**apply ointment / make a remittance**] to the insect bites or muscle pain.
4. Your saying is touching, I'll [**keep in mind / keep my word**] whenever I feel down.
5. The director couldn't [**catch / reach**] a decision shortly on the main character.
6. To gain more confidence, you just have to [**make an effort / slack up your effort**].
7. She [**made a promise / made a journey**] around the world.
8. I just got a bonus from my office, so don't [**fix / repair**] dinner tonight. Let's eat out at a fancy restaurant.
9. He left off playing the computer to [**save his face / answer the door**].
10. There are not enough adult fish in the sea to [**weigh the consequences / meet demand**] anymore.

□ **big mouth** 수다쟁이, 비밀 누설자

□ **naked eye** 육안

□ **reduced price** 할인된 가격

□ **lead role** 주연

□ **acute disease** 급성 질병

□ **associate member** 준회원

□ **special lecture** 특별 강연

□ **adverse circumstances** 역경

□ **chronic disease** 만성질병

□ **contagious disease** 전염병

□ **impaired person** 시각 장애인

□ **arbitrary decision** 독단적인 결정

□ **blind date** 안면이 없는 남녀의 데이트

□ **capital punishment** 사형, 극형

□ **stagnant economy** 불경기

□ **gratifying experience** 기쁜 경험

□ **complimentary ticket** 초대권

□ **clinical thermometer** 체온계

□ **common knowledge** 상식적인 것

□ **conclusive answer** 최종 답변

□ **current issue** 최근 호

□ **downright lie** 새빨간 거짓말

□ **drunk driving** 음주 운전

□ **deserted street** 인적이 드문 거리

□ **extended family** 확대가족

□ **fatal disease** 불치병

□ **exhausted fumes** 배기 가스

□ **foregone conclusion** 뻔한 결론

□ **good buy** 싸게 잘 구입한 물건

□ **first aid** 응급조치

□ **high blood pressure** 고혈압

□ **instinctive response** 본능적인 반응

□ **loud mouth** 큰 소리로 떠드는 사람, 말이 많은 사람

Check Up

1. He reads everything he can get, so he has a great deal of **[common knowledge / nonsense]**.

2. Though he diagnosed in cancer early, he thought it's **[fatal / petal]** disease.

3. If you cut your finger, get **[first treatment / first aid]** promptly.

4. Here're your **[complimentary / complementary]** tickets for your parents' twentieth anniversary.

5. She must be a **[big / quick]** mouth to say the things that are secrets.

6. My parents met each other for the first time on a **[blind date / deaf date]**.

7. Many people think **[special amnesty / capital punishment]** is barbaric.

8. Most voters believe the result is a **[foregone conclusion / good buy]**.

9. An old man, walking on a **[determined / deserted]** street, looked up at the sky.

10. **[Adverse / Advantageous]** circumstances compelled my father to close his business.

- operating profit 경상이익
- marketing strategy 마케팅 전략
- heating system 난방 장치
- advertising plan 광고 계획, 전략
- consulting company 컨설팅 회사
- existing equipment 기존 장비
- applying fee 지원비
- accounting department 회계 부서
- savings account 입출금(예금) 계좌
- checking account 당좌 계좌
- dining car 식당차
- operating funds 운영비
- boiling / freezing point 끓는 점 / 어는점

- drinking water 마시는 물
- shipping division 선적 부서
- spitting image 판박이
- fighting chance 성공의 가능성
- travelling expenses 여비
- wedding reception 결혼 피로연
- sweeping victory 완전한 승리
- retiring allowance 퇴직 수당
- searching investigation 철저한 조사
- refreshing beverage 청량음료
- purchasing power 구매력
- housewarming party 집들이
- overwhelming superiority 압도적 우세

Check Up

1. We've booked a swing band for our [wedding reception / wedding invitation].
2. The addition of salt lowers the [boiling point / freezing point] of water.
3. After you are settled in your new house, have a [homecoming party / housewarming party].
4. I don't think your new marketing [strategy / tragedy] affects the product's market share.
5. S-Shipping had run a shipping [diversion / division] for half a century until it closed down the business last year.
6. He is dying of thirst without [drinking water / tainted water] in the middle of the desert.
7. I would like to open a(n) [advertising plan / checking account] at this bank.
8. Last year, the presidential election ended in a [sweeping / swapping] victory for him.
9. She is the [spitting image / virtual image] of her mother.
10. The [retiring allowance / purchasing power] of teenagers has increased dramatically.

Choose the best answer for the blank.

01 A: This climb has been so tiring, I think I
       need to stop and rest.
    B: That's a good idea. Once you've
       _______________ your breath I think we'll
       be able to make it to the top.

    (a) constructed
    (b) delivered
    (c) caught
    (d) felt

02 A: I've been wanting to buy a new jacket for
       a long time.
    B: If you _______________ an order for one
       on the internet, I think you can get it for
       cheaper than in the store.

    (a) set
    (b) draw
    (c) explain
    (d) place

03 A: I've been trying to learn to play guitar for
       months, but I'm not making any progress.
    B: Maybe if you started to _______________
       lessons from an instructor you would
       improve.

    (a) keep
    (b) take
    (c) make
    (d) play

04 A: My business is doing very well lately, so I
       think we should celebrate.
    B: I agree. Let's _______________ tonight for
       all the employees and their families.

    (a) throw a party
    (b) deliver a message
    (c) go the distance
    (d) catch the fever

05 A: I really think you might have to
       _______________ charges and try to get
       back some of the money you lost to that
       scam.
    B: I think you're right, I should probably bring
       a suit against the company.

    (a) deliver
    (b) lift
    (c) press
    (d) carry

06 A: I haven't seen you very much since you
       started preparing for the play auditions.
    B: I know. Going for the _______________
       role in the play takes a lot of work and
       memorization.

    (a) lead
    (b) guide
    (c) point
    (d) pitch

07 A: The big story from yesterday was all
       about today's economic conditions in
       large cities.
    B: That was a good story because it showed
       the importance of the _______________
       issues facing us.

    (a) developed
    (b) current
    (c) steadfast
    (d) temporary

08 A: I wasn't convinced by John's evasive
       reactions to the reporters' questions.
    B: I agree. He never even gave a
       _______________ answer.

    (a) recommended
    (b) collaborative
    (c) bewildered
    (d) conclusive

09 A: I have trouble in biology because I don't know how to use the microscopes properly.

B: I can see how that would be difficult since most of the objects we study are not visible to the _______________ eye.

(a) unkempt
(b) naked
(c) eagle
(d) wandering

10 A: Are you going to get any compensation when the company lets you go?

B: Yes, fortunately I will receive a good _______________ deal which will come in one large sum.

(a) buy out
(b) stake out
(c) drive off
(d) send off

11 A: We got paid yesterday. Don't you have any cash with you?

B: No, I deposited that money into my _______________ account.

(a) savings
(b) keepings
(c) holdings
(d) earnings

12 A: What was your favorite area of the train on our trip?

B: I liked the fancy silverware and decoration of the _______________ car.

(a) sitting
(b) lunching
(c) dining
(d) touring

13 A: Did you enjoy your vacation with your friends from school?

B: Yes, but some unexpected traveling _______________ along the way left me nearly broke.

(a) expenses
(b) circumstances
(c) gratuities
(d) rewards

14 A: You look exactly like your father. Do people tell you that a lot?

B: Yes, and they also say I'm a _______________ of my grandfather.

(a) shining example
(b) spitting image
(c) crying wolf
(d) laughing matter

15 A: Are you planning on putting your money in new bank after you move?

B: Yes, that's why I need to _______________ my bank account.

(a) bring together
(b) empty out
(c) look for
(d) step around

Choose the best answer for the blank.

16 The parents advised the babysitter not to ________________ the door unless she knew exactly who was standing outside.

(a) send
(b) challenge
(c) accept
(d) answer

17 This past year was the first time many students were old enough to ________________ a ballot in an election.

(a) cast
(b) mark
(c) carry
(d) file

18 Most politicians are very conscious about trying not to ________________ that they can't keep.

(a) outline proposals
(b) make promises
(c) describe prospects
(d) write proscriptions

19 Once his wife began working late, Robert discovered that he enjoyed cooking and began to ________________ almost every night.

(a) repair damages
(b) fix dinner
(c) grow fruit
(d) eat words

20 During a personally embarrassing situation, it can be difficult to ________________ and maintain a positive reputation.

(a) keep track
(b) withhold evidence
(c) send signals
(d) save face

21 The couple was able to get ________________ to the game by winning them on a radio talk show quiz.

(a) forced compliances
(b) constructive criticisms
(c) allowable offsets
(d) complimentary tickets

22 While taking one's temperature at home can give a general idea of a person's state of health, a ________________ thermometer should be used if the exact temperature is desired.

(a) clinical
(b) graphic
(c) longitudinal
(d) navigational

23 The ________________ response many people display without even thinking of it is to take note of landmarks and important street names when traveling.

(a) instinctive
(b) proscriptive
(c) retroactive
(d) attractive

24 The sight of empty shops and
    ________________ streets without even a
    single pedestrian gave the town an eerie
    feeling.

    (a) dilapidated
    (b) resurfaced
    (c) deserted
    (d) bustling

25 While going out with someone you've never
    met before can be intimidating, these types
    of blind ______________ can encourage
    you to be more polite.

    (a) dates
    (b) senses
    (c) encounters
    (d) adversaries

26 One of the biggest health concerns for
    people in the underdeveloped area of the
    country is trying to gain access to clean
    ______________ water.

    (a) breathing
    (b) washing
    (c) drinking
    (d) spraying

27 Many new employees start in the
    ______________ division, where the
    packages are sorted and sent out.

    (a) shipping
    (b) releasing
    (c) returning
    (d) providing

28 One cost which many students forget about
    is the ______________ fee at each school
    when trying to gain acceptance.

    (a) approving
    (b) appreciating
    (c) appropriating
    (d) applying

29 Most people were eager for the food, music,
    and dancing of the new couple's wedding
    ______________.

    (a) reception
    (b) gathering
    (c) welcome
    (d) treatment

30 If my team is going to have a
    ______________ in the game next week,
    they need their best player to be healthy.

    (a) hiding spot
    (b) fighting chance
    (c) starting point
    (d) finishing touch

Unit 09

- ▶ The TOP VOCA 24 전치사+명사(+전치사)
- ▶ The TOP VOCA 25 명사+명사
- ▶ The TOP VOCA 26 빈출 이어동사 ①

Advancements in medical technology eventually allowed more Europeans to travel to Africa and not __________ with a deadly disease.

(a) come down
(b) move around
(c) leave out
(d) snatch up

[THE TOP in TEPS Solution]

[해석] 의료 기술의 진보로 결과적으로 많은 유럽인들이 아프리카로 여행가서 치명적인 질병에 걸리지(come down with) 않았다.

[해설] 빈칸 뒤에 이어지는 치명적인 질병과 관련하여 '질병에 걸리다'라는 관용적 표현이 들어가는 것이 자연스럽다. 따라서 (a)가 정답이다.

[어휘] come down with (전염)병에 걸리다 leave out ~을 빼다, 생략하다 snatch up 늘름 집어 들다

- ☐ **at the moment** 지금 당장
- ☐ **on a large scale** 대규모로
- ☐ **on account of** ~때문에
- ☐ **on duty** 근무 중의
- ☐ **on edge** 예민한
- ☐ **on hand** ~을 수중에 지닌
- ☐ **on one's own** 독립하여, 스스로
- ☐ **out of place** 잘못 놓인
- ☐ **out of the question** 불가능한
- ☐ **out of question** 확실한
- ☐ **out of stock** 재고가 바닥난
- ☐ **at (the) least** 적어도

- ☐ **at (the) most** 기껏해야, 많아야
- ☐ **on purpose** 고의로
- ☐ **on sale** 특가 판매하는
- ☐ **out of necessity** 어쩔 수 없이
- ☐ **out of one's mind** 정신이 나간
- ☐ **out of order** 고장 난
- ☐ **at first hand** 직접적으로
- ☐ **at odds with** ~와 사이가 나쁜
- ☐ **at stake** 위태로운
- ☐ **at the cost[expense] of** ~을 희생하고
- ☐ **at once** 즉시

Check Up

1. I didn't step on your foot **[on purpose / on hand]**.
2. I'm sorry, but the item you're looking for is **[out of stock / out of question]**.
3. Your lies put your political status **[at once / at stake]**.
4. I have to take a rain check. I am **[on sale / on duty]** tonight.
5. She's really **[cutting edge / on edge]** because she's waiting for the result of the interview.
6. The government is **[at odds with / on account of]** civic groups over the issue.
7. He isn't in the office **[at the moment / at the most]**. Would you like to leave a message?
8. The opening ceremony of the Olympic games was held on a large **[scale / weight]**.
9. I witnessed some of the problems **[out of my mind / at first hand]**.
10. It looks like the escalator is **[out of order / out of place]** again.

- ☐ **circulation desk** 대출 창구
- ☐ **booking arrangements** 예약 준비
- ☐ **ballot box** 투표함
- ☐ **wedding arrangements** 결혼 준비
- ☐ **apartment complex** 아파트 단지
- ☐ **bull market** (증권) 강세 시장
- ☐ **bear market** (증권) 약세 시장
- ☐ **charity fund** 자선 기금
- ☐ **credit sale** 신용 판매
- ☐ **fairy tale** 동화
- ☐ **farewell party** 송별회
- ☐ **illiteracy rate** 문맹률
- ☐ **installment sale** 할부 판매
- ☐ **life expectancy** 예상 수명
- ☐ **inferiority complex** 열등감
- ☐ **nonaggression pact** 불가침 협정

- ☐ **population density** 인구 밀도
- ☐ **makeup exam** 보충 시험, 재시험
- ☐ **speed merchant** 속도광
- ☐ **current-account balance** 경상수지
- ☐ **price fluctuation** 가격 변동
- ☐ **motion sickness** 멀미
- ☐ **morning sickness** 입덧
- ☐ **surprise attack** 기습 공격
- ☐ **shock therapy** 충격 요법
- ☐ **summit talk** 정상 회담
- ☐ **personality type** 성격형
- ☐ **transition period** 과도기
- ☐ **online[wire] transfer** 온라인 송금
- ☐ **guest lecturer** 초청 강사
- ☐ **chance customer** 우연히 들린 손님

Check Up

1. Whenever I get on a boat, I suffer from **[motion sickness / morning sickness]**.
2. The administration hopes the diplomatic relations of two nations go smoothly at the **[presidential talk / summit talk]**.
3. Right after the voting is over, election judges seal the **[ballot / ballet]** boxes.
4. I invested my whole money in stocks, but due to the **[bear market / bull market]** I lost everything.
5. **[Illiteracy rates / Literacy rates]** are falling, for every child under 15 must go to school.
6. The **[popularity / population]** density in Seoul is one of the highest in Northeast Asia.
7. They seized the palace in a **[surprise attack / shock therapy]**.
8. A **[farewell party / welcomed party]** was given for the outgoing school president.
9. Women have a longer life **[expectation / expectancy]** than men.
10. Thomas is a fearless **[speed merchant / chance customer]** and natural athlete.

- ☐ **attend to** 돌보다, 주의하다
- ☐ **adjust to** 익숙해지다, 적응하다
- ☐ **bawl out** 마구 소리 지르다
- ☐ **bear down on** 압박하다
- ☐ **beef up** 강화하다
- ☐ **blow off** 바람이 불어서 흩날리다
- ☐ **break down** 파괴하다, 고장 나다
- ☐ **break into** 침입하다
- ☐ **break away** 도망치다
- ☐ **break up** 헤어지다, 부수다
- ☐ **call for** 요구하다
- ☐ **cash in on** ~을 이용하다
- ☐ **come across** 우연히 만나다
- ☐ **figure out** 알아내다, 이해하다
- ☐ **count on** ~에 의지하다
- ☐ **call off** 취소하다
- ☐ **get along with** (~와) 사이좋게 지내다
- ☐ **come after** ~를 뒤쫓다
- ☐ **brush up on** 다시 공부하다, 복습하다
- ☐ **get hold of** 연락을 취하다
- ☐ **cut down on** (양이나 금액을) 줄이다
- ☐ **cut off** (전기 · 가스 · 수돗물 등의 공급을) 끊다
- ☐ **bring about** 야기하다, 초래하다
- ☐ **come to** 결국 ~이 되다, 합계가 ~이 되다
- ☐ **come down with** (전염) 병에 걸리다
- ☐ **follow in (a person's footsteps)** ~의 뒤를 잇다

Check Up

1. Parents **[called for / called off]** an immediate explanation about the evening studying.
2. He is weird these days, what **[brought about / brought in]** his change?
3. There's nothing you worry about, you can **[count on / count at]** me.
4. The calculation is complex, how do we **[figure out / figure up]** the revenue?
5. Mexican government decided to **[beef up / break up]** the war on drug.
6. I should **[cut down on / brush up on]** my German before I go to Berlin.
7. She struggled to **[adjust to / attend to]** a wheelchair after the tragic car accident.
8. Go down this street and you'll **[come across / get along with]** the City Hall.
9. He has **[come down with / blown off]** a bad flu.
10. I found it hard to **[break into / break away]** from my parents.

Choose the best answer for the blank.

01 A: I was in your neighborhood yesterday, but I couldn't remember exactly which building you lived in.
B: Mine is the apartment ______________ closest to the intersection.

   (a) complex
   (b) branch
   (c) section
   (d) stall

02 A: The professor was very adamant that I couldn't miss class on the test day.
B: That's because this school does not allow any ______________ exam.

   (a) makeup
   (b) tryout
   (c) renewal
   (d) resource

03 A: We would like to hold class elections tomorrow, but we need to ensure confidentiality.
B: It shouldn't be a problem as long as we drop the votes in a ______________ box with a lock on it.

   (a) consensus
   (b) registration
   (c) ballot
   (d) attendance

04 A: The country's economy is really booming lately.
B: I know, this ______________ market is making investors very confident.

   (a) bull
   (b) fox
   (c) dog
   (d) snake

05 A: How did the neighbors keep their dog from ______________?
B: They put a new collar on the dog which emits an electric shock if it leaves the yard.

   (a) running away
   (b) jumping up
   (c) starting out
   (d) staying down

06 A: I never make comments in class because I still don't quite understand the material.
B: That's probably a good idea. You don't want to ______________ off as a fool by answering when you're confused.

   (a) come
   (b) arrive
   (c) stay
   (d) keep

07 A: Why can't you leave the farm to come on vacation with me?
B: Working on the farm this time of year just involves so many chores I need to ______________ to.

   (a) remain
   (b) attend
   (c) occupy
   (d) travel

08 A: We need to keep Karl and Joe separated today because they've been arguing all week.
B: You're right. We don't want to ______________ up a fight between them.

   (a) break
   (b) divvy
   (c) make
   (d) tear

09 A: Are you planning on pursuing a career
        similar to that of your father?
    B: Yes. I'd love to _______________ his
        footsteps by becoming an engineer just
        like him.

    (a) mark out
    (b) burn up
    (c) take away
    (d) follow in

10 A: I had a fun day skipping my group
        meeting to go fishing yesterday.
    B: You might have had fun, but it was bad
        manners to _______________ off your
        group members like that.

    (a) blow
    (b) drive
    (c) puff
    (d) carry

11 A: Do you know what your plans are for this
        weekend?
    B: At the _______________, I have nothing in
        mind.

    (a) moment
    (b) scene
    (c) period
    (d) location

12 A: Did you get what you needed at the store?
    B: No, unfortunately many of the items I
        needed were out of _______________.

    (a) staple
    (b) stock
    (c) turn
    (d) sample

13 A: I was thirsty for a soft drink, but the
        vending machine wouldn't take my
        money.
    B: That's too bad. We should make
        a sign explaining that it is out of

        _______________.

    (a) order
    (b) line
    (c) organization
    (d) style

14 A: The boss seemed awfully irritable today
        for some reason.
    B: I think he's just _______________ lately
        because of the imposing deadlines.

    (a) off color
    (b) off beat
    (c) on edge
    (d) on ice

15 A: I want to get a new pair of shoes, but I
        don't know if I can afford them now.
    B: You should try to wait until they go

        _______________.

    (a) on sale
    (b) over time
    (c) around town
    (d) below deck

Choose the best answer for the blank.

16 The biggest turning point in the war was a
_______________ attack by one side which
caught the other completely unprepared.

(a) surprise
(b) shock
(c) wonder
(d) amazement

17 Most times if a library book is not where it
should be, someone at the _______________
will help locate it.

(a) depot station
(b) circulation desk
(c) call center
(d) refund office

18 Many mothers experience morning
_______________ with each child, while
others only feel nauseous during one
pregnancy or not at all.

(a) drowsiness
(b) sickness
(c) consciousness
(d) dizziness

19 One of the most telling factors of the
country's educational slump was the
increasing _______________ rate.

(a) illegitimacy
(b) illumination
(c) illiteracy
(d) illustration

20 What many children don't realize is that
nursery rhymes and fairy _______________
are often based on violent or tragic parts of
history.

(a) accounts
(b) tales
(c) songs
(d) poems

21 Kim did very well in adjusting to her first
year of high school because she could get
_______________ with almost anyone.

(a) beside
(b) astride
(c) along
(d) between

22 Advancements in medical technology
eventually allowed more Europeans to travel
to Africa and not _______________ with a
deadly disease.

(a) come down
(b) move around
(c) leave out
(d) snatch up

23 Horrible weather for three days straight
forced the producers to _______________ off
the outdoor concert and give rain checks to
all the fans.

(a) wall
(b) fall
(c) stall
(d) call

24 Most voters hoped that the election of
a very young candidate would bring
______________ changes favorable to the
youth.

(a) about
(b) away
(c) back
(d) above

25 The team's coach lamented that his team
didn't seem to ______________ in on the
opportunities which presented themselves.

(a) stash
(b) exchange
(c) spend
(d) cash

26 One safety precaution while driving
long distances is to keep a first aid kit
______________ at all times.

(a) on hand
(b) under foot
(c) above waist
(d) over head

27 The man was arrested for shoplifting, but
he claimed he did not take the items on
______________.

(a) duty
(b) labor
(c) trial
(d) purpose

28 When the family's massive redecorating
project went over their budget, a loan was
taken out of ______________.

(a) curiosity
(b) propensity
(c) necessity
(d) intensity

29 We won't arrive by the registration deadline
unless we leave ______________.

(a) on guard
(b) at once
(c) under cover
(d) off road

30 When the teacher assigned four pages of
new homework the day before the test,
most students thought she was out of her
______________.

(a) thought
(b) mind
(c) conscience
(d) awareness

Make up Test

01 The old woman ____________ a box of old magazines in the trash.

(a) donated
(b) confirmed
(c) discarded

02 The child felt ____________ when the teacher announced he had failed his test to the entire class.

(a) humiliated
(b) assaulted
(c) perpetrated

03 The ________ twins were often mistaken for each other.

(a) compatible
(b) insightful
(c) identical

04 The teenager gave his parents a ____________ explanation for why he didn't return home from the party on time.

(a) promising
(b) plausible
(c) presumptuous

05 The police tried to ____________ the fleeing thief's getaway car.

(a) overtake
(b) reimburse
(c) startle

06 The ____________ kept track of the company's stock market investments.

(a) surveyor
(b) registrar
(c) navigator

07 The treasurer's decision was __________ by the organization's vice-president.

(a) overruled
(b) insured
(c) replenished

08 The ____________ child constantly demanded her own way.

(a) headstrong
(b) transient
(c) condescending

09 The landlord had to ____________ a couple because they could not pay their rent.

(a) evict
(b) squander
(c) contradict

10 The woman wanted to remain ____________ so she wore a dazzling red dress.

(a) superfluous
(b) conspicuous
(c) gregarious

11 The ______________ hotel had peeling paint
and cracked windows.

(a) rundown
(b) mediocre
(c) intricate

12 The travel agent's task was to ______________
the group of excited tourists.

(a) immerse
(b) manage
(c) reserve

13 As soon as he moved to a new town he
wanted to ______________ the unknown city.

(a) resolve
(b) improve
(c) explore

14 The fallen soldier was one more
______________ in a war that had taken so
many lives.

(a) casualty
(b) suspect
(c) nominee

15 The CEO was asked to ______________ her
vision for the company.

(a) define
(b) complicate
(c) improvise

16 The restaurant had to ______________
the employee because he was lazy and
uncooperative.

(a) suffocate
(b) dismiss
(c) inhibit

17 The doctor announced the patient's
______________ after examining his test
results.

(a) diagnosis
(b) negotiation
(c) burden

18 The family's daily ______________ was
broken whenever their grandmother came into
town.

(a) routine
(b) consensus
(c) boundary

19 The detective asked the witness to try to
______________ the man who had kidnapped
the young woman.

(a) identify
(b) isolate
(c) intrude

20 The ______________ was so strong that it
shook the foundations of every building in
town.

(a) mudslide
(b) drought
(c) earthquake

Unit 10

The TOP in TEPS Example

The foreign diplomat was charged with the difficult duty of trying to ______________ out the problems of the peace talks.

(a) fire
(b) iron
(c) stretch
(d) roll

[THE TOP in TEPS Solution]

[해석] 해외 외교관은 평화회담을 잘 처리하기(iron out) 위해 힘쓰는 어려운 임무를 맡았다.

[해설] 숙어적 표현으로 '원만하게 해결하다'라는 의미의 이어동사가 들어가는 것이 적절하다. 따라서 iron out이 정답이다.

[어휘] diplomat n. 외교관

- ☐ **hit back** ~에 반격하다
- ☐ **inquire into** ~을 조사하다
- ☐ **hold over** 버티다
- ☐ **hold back** (감정 등을) 억누르다
- ☐ **iron out** 문제를 해결하다
- ☐ **idle away** 빈둥거리며 보내다
- ☐ **interfere with** ~에 개입하다
- ☐ **juggle with** 조작하다, 곡예를 보이다
- ☐ **insist on** ~을 주장하다, 고집하다
- ☐ **jack up** 가격을 올리다
- ☐ **lay off** 해고하다
- ☐ **keep away from** ~을 멀리하다
- ☐ **jump at** (초대, 일자리 등에) 흔쾌히 응하다
- ☐ **let up** 비가 그치다

- ☐ **let alone** ~은 말할 것도 없이
- ☐ **keep in touch with** ~와 연락을 취하다
- ☐ **make fun of** 놀리다
- ☐ **line up behind** ~을 지지하다
- ☐ **let out** 비밀을 누설하다
- ☐ **make out** 이해하다, 알다
- ☐ **look forward to** ~를 기대하다
- ☐ **make a fuss of** 소동을 피우다
- ☐ **mess up** 망쳐놓다
- ☐ **make up for** 보충하다
- ☐ **make down** 할인하다
- ☐ **nod off** 졸다
- ☐ **mix up** 뒤섞다
- ☐ **name after** ~을 본뜨다

Check Up

1. It's been ages, how do I **[keep in touch with / keep away from]** you?
2. Manufacturing companies rushed to **[let up / jack up]** prices for rising the price of raw materials.
3. To **[make down / make up for]** my weakness in public speaking, I try to speak out boldly.
4. You messed up the whole project, **[iron out / let out]** the problems according to priority.
5. I'm serious, my brother **[idles away / runs away]** his time playing computer games.
6. When he was offered a new job, Tim **[jumped into / jumped at]** the opportunity.
7. Earlier this year her firm had to **[lay off / nod off]** 20 staff.
8. You shouldn't **[make fun of / make out]** the disabled.
9. This street was **[named after / taken after]** him to commemorate his accomplishments.
10. The defeated team and its fans walked out of the stadium **[holding back / holding over]** their tears.

- ☐ **pass on** 전달하다
- ☐ **pull over** 차를 길가에 대다
- ☐ **pile up** 축적하다
- ☐ **pull out of** ~에서 철수하다
- ☐ **rinse off** 씻어내다
- ☐ **queue up** 줄서다
- ☐ **ride out** 곤란을 이겨내다
- ☐ **save up** 저축하다
- ☐ **round off** 완료하다
- ☐ **run away with** ~와 (눈이 맞아) 도망치다
- ☐ **turn out** ~이 되다
- ☐ **see off** 배웅하다
- ☐ **take place** (사건 등이) 일어나다, 발생하다
- ☐ **take up** (무언가를) 시작하다
- ☐ **run into** ~를 우연히 마주치다
- ☐ **touch on** (문제를) 약간만 다루다
- ☐ **object to** ~에 반대하다

- ☐ **wake up** 깨우다
- ☐ **stick to** (~에) 집착하다, 고집하다
- ☐ **pull out** (of) 손을 떼다
- ☐ **tag along** 붙어다니다
- ☐ **trudge along** 터벅터벅 걷다
- ☐ **put out** (소화기로) 불을 끄다
- ☐ **order out** 주문하다
- ☐ **take out** ~를 데리고 나가다
- ☐ **wipe off** (부채 등을) 청산하다
- ☐ **tie to** ~에 얽매이다, 구애받다
- ☐ **use up** 다 소모하다
- ☐ **wrap up** (일, 회의 등을) 매듭짓다
- ☐ **write off** 빚을 탕감하다
- ☐ **work out** 운동하다, 문제를 해결하다
- ☐ **run after** ~을 뒤쫓다
- ☐ **zip up** ~에게 활력을 주다
- ☐ **run away from** ~로부터 몰래 빠져나오다

Check Up

1. The company was asked to [**rinse off / wipe off**] the debt by the end of this year.
2. Her new boyfriend [**turned out / turned off**] to be a millionaire.
3. My sister is in fashion, so fashion magazines are [**piled up / saved up**] on the desk.
4. You have to [**use up / wrap up**] this project by tomorrow.
5. In the meeting my boss [**trudged along / touched on**] a few issues of making profits.
6. The child [**tagged along / queued up**] behind his mother.
7. He used an extinguisher to [**put out / order out**] a fire last night.
8. The bad-tempered old man started following my car, cursing at me and yelling for me to [**pull over / stop over**] to the roadside.
9. Her husband poked her with his elbow to [**mix her up / wake her up**].
10. Much of the discount is pocketed by retailers instead of being [**passed on / written off**] to customers.

- **build up** 더 높이 쌓다, 쌓아 올리다
- **run over** (시간을) 초과하다
- **see off** 배웅하다
- **slip away** 살짝 가버리다
- **deliberate over** 심사숙고하다
- **hang out** (시내 등을) 돌아다니다
- **hurry up** 더 빨리 서두르다
- **boil over** 노발대발하다
- **turn in** 제출하다, 건네주다
- **be filled up** (극장 등이) 만원이 되다
- **get around** 우회하다
- **reach out** 내뻗다
- **fed up** 신물나다, 넌더리가 나다
- **carry out** 실행하다
- **make up** 화장하다
- **follow through** 끝까지 쫓다, 추적하다
- **live through** 살아남다, 견디고 살다
- **bundle up** 옷을 껴입다
- **talk through** 끝까지[충분히] 이야기하다
- **talk over** 길게 말하다(생각하다)
- **cut in** 불쑥 끼여들다
- **look up** (상황이나 경기가) 호전되다
- **move on** 계속 움직이다, 나아가다
- **skim through** 대충 (읽어) 넘기다
- **go through** (고난 등을) 겪다, 경험하다
- **break through** (어려움 등을) 극복하다
- **brim over** 가장자리가 넘치다
- **speak up** 더 크게 말하다
- **dry off** (물기를) 말려 없애다
- **put through** (전화를) 연결해 주다
- **sign up for** (단체 · 강의 등) ~을 신청하다
- **bring over** 이리로 가져오다, (집으로) 데려오다
- **ramble on** 계속 두서없이 말하다, 계속 지껄이다
- **rub off on** 문질러[떨어뜨려] ~에 묻게 하다

Check Up

1. President [**broke through / brought over**] the opposition against any change to the law.
2. Don't [**cut in / rub off**] while I'm talking.
3. Wait a moment! I really want to [**see you off / see you on**].
4. Would you hold on for a minute? I'll [**line up behind you / put you through**] to Mr. Sanderson.
5. Do not make excuses! I'm [**fed up / caught up**] with that.
6. The Iraqi had to promise not to [**carry out / hang out**] any acts of violence.
7. Mary [**brimmed over / boiled over**] when her boyfriend forgot her 20th birthday.
8. He [**skimmed through / went through**] the sports section in the morning.
9. We must [**build up / mess up**] our diplomatic capacity incrementally.
10. A young man is [**reaching out / catching out**] to wash the outside of the window.

Choose the best answer for the blank.

01 A: Tomorrow is my first day of work at the factory, and I'm really nervous.
B: Just try to relax. If you're too uptight you'll only _______________ up more often.

(a) spill
(b) clean
(c) mess
(d) injure

02 A: I heard on the news that certain neighborhoods have been ordered to evacuate.
B: That's because with all the recent rainfall the dams might not be able to _______________ the water.

(a) hold back
(b) keep around
(c) shove off
(d) stay in

03 A: Why do firefighters break the windows on a burning building?
B: Sometimes it's to _______________ out the smoke that builds up inside.

(a) allow
(b) permit
(c) let
(d) grant

04 A: Henry gets so angry about the everyday little problems.
B: I agree. He always wants to _______________ of all the small details.

(a) make a fuss
(b) build a mountain
(c) stake a claim
(d) burn a candle

05 A: Is there any family history involved with deciding what to call your son?
B: I think we might _______________ him after his grandfather.

(a) select
(b) propose
(c) name
(d) describe

06 A: Look. There's a group of police cars and ambulances on the road ahead.
B: I see. You should probably _______________ to the side of the road to make sure we don't interfere.

(a) come around
(b) stand down
(c) clear off
(d) pull over

07 A: I don't think I'll ever be able to afford the car I want to buy.
B: Don't worry. If you start to _______________ up now you'll have enough money eventually.

(a) save
(b) keep
(c) stow
(d) hide

08 A: The train leaves tomorrow morning at 5 a.m.
B: That means we'll have to _______________ up before 4:30 to catch it in time.

(a) climb
(b) wake
(c) stir
(d) roll

09 A: I hope you don't mind if my younger
    brother ______________ along with us
    tonight.
   B: No, that will be fine. I enjoy having him
    spend time with us.

    (a) latches
    (b) tags
    (c) hitches
    (d) runs

10 A: The complex math calculations are
    making me confused.
   B: Don't worry about getting an exact
    answer. Just ______________ the
    decimals to make it easier.

    (a) smooth out
    (b) scrape away
    (c) round off
    (d) grind down

11 A: I just can't decide what to do about
    choosing a new apartment.
   B: Well, you can only ______________ over
    it for so long. Eventually you'll have to
    make a choice.

    (a) deliberate
    (b) decide
    (c) convince
    (d) confer

12 A: I can't believe how little work these
    students expect to do.
   B: I know what you mean. They don't even
    ______________ up the terms in the
    glossary.

    (a) glance
    (b) watch
    (c) focus
    (d) look

13 A: Sometimes having a conversation with
    Joe is maddening because of the way he
    interrupts.
   B: I know. He tries to ______________ in on
    every point someone else makes.

    (a) slice
    (b) tear
    (c) wedge
    (d) cut

14 A: Do you want to come to my house after
    school?
   B: I'd rather ______________ at the park
    instead.

    (a) hang out
    (b) keep away
    (c) stay low
    (d) buzz around

15 A: Is your knee feeling alright after your
    surgery?
   B: I'm not in pain when I sit still, but trying to
    ______________ the house still hurts it.

    (a) drive off
    (b) stand down
    (c) get around
    (d) size up

Choose the best answer for the blank.

16 When the test results indicated a possible hereditary disease, the doctor decided to ______________ into the patient's family history.

(a) browse
(b) wonder
(c) inquire
(d) invite

17 Students who ______________ away their time by daydreaming aren't usually prepared for the homework assignments.

(a) idle
(b) settle
(c) plant
(d) coast

18 The manager did not like observing his employees very closely on the job because he felt his presence would ______________ with their work.

(a) intertwine
(b) interact
(c) interfere
(d) interchange

19 While some patrons don't mind where they sit, many ______________ on being seated at a booth rather than a table.

(a) insist
(b) affirm
(c) determine
(d) require

20 The foreign diplomat was charged with the difficult duty of trying to ______________ out the problems of the peace talks.

(a) fire
(b) iron
(c) stretch
(d) roll

21 People were so excited for the new movie that they began to ______________ up outside the theater hours before the show.

(a) queue
(b) mold
(c) build
(d) form

22 When Mr. Douglas came back to the office after three days off, he noticed that the paperwork had begun to ______________ on his desk.

(a) lay about
(b) pile up
(c) scatter around
(d) break down

23 As soon as the judge had announced his decision, both lawyers began to ______________ to various details of the sentence.

(a) project
(b) subject
(c) reject
(d) object

24 Most professional athletes ________________
    out every day, even in the off season.

    (a) lash
    (b) drive
    (c) work
    (d) move

25 During the weekly meeting on Friday
    afternoons, the boss usually tried to
    ________________ it up early so he could
    start the weekend as soon as possible.

    (a) wrap
    (b) live
    (c) talk
    (d) mess

26 Sometimes built up tensions on the team
    would ________________ over into intense
    arguments and fights.

    (a) fire
    (b) explode
    (c) shoot
    (d) boil

27 After the rain storm, the group decided to
    let all the tents ________________ off before
    packing them up and leaving.

    (a) blow
    (b) run
    (c) dry
    (d) shine

28 The crowd did not appreciate the lengthy
    speech by the winning politician because he
    seemed to ________________ on with no real
    purpose to his words.

    (a) tremble
    (b) gamble
    (c) stumble
    (d) ramble

29 Most lawyers use very strong phrases to try
    and ________________ up an appealing case
    within the first few moments of their opening
    statements.

    (a) stock
    (b) build
    (c) construct
    (d) pile

30 Some celebrities try to ________________
    out to the poor and needy by starting charity
    funds.

    (a) reach
    (b) lash
    (c) stretch
    (d) speak

Unit 11

- ▶ **The TOP VOCA 30** 혼동을 일으키는 이어동사
- ▶ **The TOP VOCA 31** 빈출 이디엄 ①
- ▶ **The TOP VOCA 32** 빈출 이디엄 ②

The TOP in TEPS Example

The part Kelly enjoyed most about her new job was the high pay, which allowed her to have some extra _________________ money for shopping.

(a) wallet
(b) purse
(c) pocket
(d) case

[THE TOP in TEPS Solution]

[해석] Kelly가 자신의 새로운 직업에서 가장 즐기는 부분은 월급이 많다는 것인데, 이것은 그녀가 쇼핑하는데 필요한 여분의 용돈 (pocket)을 가질 수 있도록 해주기 때문이다.

[해설] 빈칸에는 '여분의 용돈, 푼돈'이라는 의미가 들어가는 것이 적절하다. 따라서 정답은 pocket이 된다.

[어휘] pocket ⁿ. 용돈, 푼돈

- ☐ **keep by** ~곁에 두고 있다
- ☐ **play by** (규칙 등)에 따라 경기하다
- ☐ **live by** ~의 곁에 살다
- ☐ **go by** (지침, 원칙 등)을 따라, 의존하여
- ☐ **drop by** 들르다
- ☐ **put by** 예비해 놓다, 곁에 놓다
- ☐ **stand by** 대기하다, 곁에 서 있다
- ☐ **sneak around** ~를 피해 조심스럽게 가다
- ☐ **walk around** 피해 가다, 우회하다
- ☐ **talk around** 피해[돌려] 말하다
- ☐ **pick at** (음식을) 깨작거리다, 집적거리다
- ☐ **set aside** 떼어놓다, 예비하다
- ☐ **leave aside** 떼어 남겨놓다, 예비하다
- ☐ **tow away** 끌어가다, 견인해 가다
- ☐ **nibble at** 입질하다
- ☐ **snatch away** 낚아채 가다

- ☐ **tear down** 찢어 내리다
- ☐ **bend down** 밑으로 구부리다
- ☐ **shoot down** 쏘아 떨어[넘어]뜨리다
- ☐ **full down** (건물 따위)를 철거하다
- ☐ **mark down** (값을) 인하하다
- ☐ **swear by** ~을 두고 맹세하다, 굳게 믿다
- ☐ **call in** 불러들이다, (불량제품 등을) 회수하다
- ☐ **look down** 경멸하다, 무시하다
- ☐ **fill up** ~을 채우다
- ☐ **tag along** ~의 뒤를 쫓아다니다
- ☐ **throw[toss] in** (덤으로 물건을) 끼워 주다
- ☐ **brush aside** 제쳐놓다, 무시하다
- ☐ **cast aside** 거절[거부]하다
- ☐ **push aside** 옆으로 밀어놓다, 무시하다
- ☐ **sit in** (회의, 강의 등에 권리 · 의무 없이) 참가[청강]하다

Check Up

1. He was so nervous that he kept **[picking / packing]** at his watch.
2. The driver **[set aside / cast aside]** the rocks stuck in the tire.
3. **[Drop by / Drop out]** any time you need me, you're always welcome.
4. Products having defaults must be **[sat in / called in]** by the manufacturers.
5. You scared me out. Why are you **[sneaking around / rounding off]**?
6. Violator's vehicles will be **[slipped away / towed away]** at owner's expense.
7. You can have the desk for $50, and I'll **[throw away / throw in]** the chair as well.
8. The little boy took some pie from the tray and **[pushed aside / nibbled at]** it.
9. All goods have been **[looked down / marked down]** by 5%.
10. An emergency squad was **[standing by / playing by]** in front of the building in case of emergency.

- [ ] **keep track of** ~을 기억하고 있다
- [ ] **hold one's horses** 진정하다
- [ ] **give ~ a hand** ~를 도와주다
- [ ] **Snap out of it!** 힘내!
- [ ] **Keep your chin up!** 힘내!
- [ ] **plead for mercy** 선처를 구하다
- [ ] **keep ~ posted** 근황을 알리다
- [ ] **pocket pride** 자존심을 버리다
- [ ] **talk back** 말대답하다
- [ ] **take it to heart** 심각하게 받아들이다
- [ ] **ring a bell** 기억해내다
- [ ] **have second thought** 재고하다
- [ ] **see someone** 누군가를 사귀다
- [ ] **keep hanging** 속 태우다
- [ ] **cut it short** 간단히 말하다
- [ ] **play sick** 꾀병 부리다

- [ ] **call in sick** 병결을 알리다
- [ ] **behave oneself** 행동을 조심하다
- [ ] **get out of / leave from** (~에서) 나가다, 떠나다
- [ ] **hit the spot** 말할 나위 없다, 만족스럽다
- [ ] **make (both) ends meet** 분수에 맞게 살다
- [ ] **off the top of one's head** 당장은, 즉시
- [ ] **get the hang[knack] of** ~의 사용법[방법]을 알다
- [ ] **make a scene** (공공장소에서) 소동을 벌이다
- [ ] **scratch the surface** (연구 등에서) 겉핥기만 하다
- [ ] **give a ride[lift]** 차에 태워주다
- [ ] **Step on it!** (택시 안에서) 빨리 좀 가 주세요!
- [ ] **beat around the bush** 말을 돌리다
- [ ] **take one's mind off** 관심을 딴 데로 돌리다, ~을 주의하지 않게 하다
- [ ] **break down** 고장나다

Check Up

1. Don't give it a **[second thought / second thinking]**, we cannot change the plan any longer!
2. I can't remember the day we met **[on the top of my head / off the top of my head]**.
3. **[Hold your horses / Keep your chin up]**! Do not make a fuss!
4. Susan can't do the presentation today, she **[played sick / called in sick]** this morning.
5. I'm out of town this weekend, so please **[keep me posted / give me a ride]** if anything happens.
6. Buy that second-hand car then, but don't blame me when it **[bends down / breaks down]**.
7. The teacher shouted at her," Don't **[talk back / give a hand]** to me like that!"
8. The old woman was kneeling on the floor **[pleading for mercy / making both ends meet]**.
9. I **[pocketed my pride / picked your pocket]** when I fell in love with you.
10. If you just **[dig deep into / scratch the surface of]** something, you can't become a professional.

- **a chapter in** ~의 한 장
- **guts** 용기, 배짱
- **self-deception** 자기기만
- **Midas touch** 돈버는 재주
- **keepsake** 기념품
- **highflyer** 야심가
- **soul brother / sister** 흑인 남성 / 여성
- **rank-and-file** 노동자
- **tail end** 마지막 부분
- **pop quiz** 예고없이 보는 시험
- **hooky** 농땡이
- **pocket money** 용돈
- **odds and ends** 잡동사니
- **draft dodger** 병역 기피자
- **rain or shine** 비가 오나 눈이 오나
- **buttom line** 요점

- **nuts** 정신나간 사람
- **hem and haw** 망설이다
- **know-it-all** 모든 것을 아는 체하는 사람
- **tall order** 대량 주문
- **smoke screen** 연막
- **no dice** 가능성 없음
- **bundle** 거금
- **bench warmer** 대기 선수
- **multi-tasking** 동시에 여러 개 일을 하기
- **trade-off** 교환
- **same boat** 같은 상황
- **nutshell** 요약
- **kickback** 불법적 돈 거래
- **golden rule** 중요한 규칙
- **bottleneck** (전체 과정의) 지연을 일으키는 것

Check Up

1. They tried their best to put up with their boss but [**no dice / of course**].
2. The [**bottom line / bottom layer**] is how much we can cut our budget.
3. I can't concentrate! Barking in my neighbor drives me [**nuts / nutshell**]!
4. You have no [**gulls / guts**] to tell the truth to your teacher.
5. We are moving to a smaller house, so we have to throw away all the [**odd and even / odds and ends**].
6. Parents are always worried about their children, [**rain or shine / hemming and hawing**]
7. Born into a poor family, he turned out to have the Midas [**touch / hand**] and became a millionaire by the time he was thirty.
8. The company is trying to break the [**bottleneck / turtleneck**] of its production.
9. Maria and Rose are in the same [**ship / boat**]. They both have been looking for jobs desperately.
10. I consolidated my office equipment with a [**multi-tasking / multicultural**] laser printer that allows me to fax, copy, and print.

Practice Test

Choose the best answer for the blank.

01 A: What's the purpose of the new software program on our work computers?
    B: We're supposed to use it to ______________ of our hours worked by clocking in and out.

    (a) keep track
    (b) grab hold
    (c) make use
    (d) exchange blows

02 A: I was awfully embarrassed when Mr. Brooks began shouting at his coworkers in front of everyone.
    B: I know. I've never seen anyone ______________ a scene like that at work before.

    (a) populate
    (b) animate
    (c) display
    (d) make

03 A: Sometimes I wish I could just explain myself to the professor, but he hates it when I try to interrupt.
    B: That's because he doesn't tolerate anyone who ______________ back for any reason.

    (a) talks
    (b) describes
    (c) wonders
    (d) calls

04 A: I want to leave for vacation as soon as possible!
    B: Just hold your ______________. We have to make sure we have everything we'll need.

    (a) horses
    (b) dogs
    (c) cows
    (d) cats

05 A: I'm glad you came. I didn't think you would be able to come see me today.
    B: Luckily I was able to ______________ of class early so that I could make it.

    (a) throw over
    (b) get out
    (c) bring about
    (d) come along

06 A: Our new manager seems to have success with everything he's a part of.
    B: I agree. He has a real ______________ touch.

    (a) Midas
    (b) Hercules
    (c) Dionysus
    (d) Zeus

07 A: I'm tired of going to all my team's practices but never being able to play in a game.
    B: I see what you mean. Being a ______________ warmer like that cannot be much fun.

    (a) chair
    (b) seat
    (c) bench
    (d) couch

08 A: Our teacher sure gave us a tall
        ________________ today.
    B: I know. Trying to find completely new
        sources in one day will be a difficult task.

    (a) command
    (b) request
    (c) statement
    (d) order

09 A: The problem with this road is that it
        always gets so busy at certain times of
        the day.
    B: That's because several different roads
        all feed into one lane, creating a

        ________________.

    (a) bottleneck
    (b) mosh pit
    (c) nutshell
    (d) teamwork

10 A: This winter has been the coldest I can
        remember.
    B: I agree. Every morning I have to
        ________________ in my coat, scarf, hat,
        and gloves before going outside.

    (a) dress down
    (b) bundle up
    (c) stay put
    (d) mess around

11 A: Why can't we park the car in the spot
        closest to the door?
    B: That's a lane for emergency vehicles.
        Civilian cars parked there will be
        ________________ away.

    (a) towed
    (b) carted
    (c) pulled
    (d) lifted

12 A: Are you worried that you might go in debt
        after losing your job?
    B: No, I still have some savings
        ________________ for this type of situation.

    (a) brought along
    (b) pushed back
    (c) set aside
    (d) held off

13 A: I'm really stressed about going into the
        boss' office this afternoon.
    B: Don't worry, this week she's just been
        ________________ in everyone individually
        for a quick chat.

    (a) calling
    (b) yelling
    (c) coaxing
    (d) beckoning

14 A: Mark seemed very uncooperative when I
        offered my advice for the new project.
    B: Yes, I noticed. He's always
        ________________ other people's ideas
        like that.

    (a) talking up
    (b) shooting down
    (c) running behind
    (d) beefing up

15 A: Are you excited to go ice skating
        tomorrow?
    B: I'm actually quite worried that if I
        ________________ down I'll hurt myself on
        the ice.

    (a) glide
    (b) fly
    (c) fall
    (d) sweep

Choose the best answer for the blank.

16 After the floods, groups of volunteers began arriving in the community to lend a _______________ with the clean up process.

(a) body
(b) head
(c) foot
(d) hand

17 The actor meant to give a very lengthy speech at the ceremony, but the producer began giving him signals to _______________ it short.

(a) slash
(b) rip
(c) cut
(d) slice

18 The patient had so many deep issues with his past that the psychologist could not even scratch the _______________ within the first hour of treatment.

(a) embrace
(b) crawlspace
(c) surface
(d) solace

19 After days of solitary confinement, one prisoner finally began to _______________ down and cry.

(a) divide
(b) break
(c) slam
(d) bend

20 Sometimes being completely open and direct about a topic from the beginning is better than _______________.

(a) beating around the bush
(b) calling off the dogs
(c) jumping into the fire
(d) reaching for the stars

21 Treating others as one would like to be treated is commonly referred to as following the _______________.

(a) dying breed
(b) golden rule
(c) straight shot
(d) beaten path

22 A garage sale was the perfect idea for getting rid of extra trinkets and other miscellaneous odds and _______________ around the house.

(a) ties
(b) sides
(c) evens
(d) ends

23 One of the most prized possessions Harold had was an antique gold watch that was a _______________ from his late grandfather.

(a) keepsake
(b) handshake
(c) remake
(d) mistake

24 The part Kelly enjoyed most about her new
job was the high pay, which allowed her to
have some extra _______________ money
for shopping.

(a) wallet
(b) purse
(c) pocket
(d) case

25 One thing most bosses do not tolerate is
employees who pretend to be sick when they
are just playing _______________.

(a) fiddle
(b) hooky
(c) fool
(d) possum

26 Many people enjoy making a wish at the
public fountain before _______________ in
their coins.

(a) tossing
(b) spending
(c) minting
(d) counting

27 Amanda's father thought it was very
important to have a set of basic rules and
philosophies to _______________ by.

(a) breathe
(b) live
(c) grow
(d) sustain

28 A clear sign of Bob's sickness was the fact
that he only _______________ at his food,
whereas normally he eats a large portion.

(a) nibbled
(b) bobbled
(c) squabbled
(d) scribbled

29 The track included a long, straight
stretch where the long jumpers could
_______________ speed before leaping into
the sand pit.

(a) draw out
(b) build on
(c) try out
(d) pick up

30 The man was questioned by security after
being spotted _______________ around the
back door of the shop after hours.

(a) sneaking
(b) slouching
(c) swerving
(d) slumping

Unit 12

The TOP in TEPS Example

Mr. Jones was doubtful that he would be able to make it to work on Monday since he'd been under the ______________ for several days.

   (a) weather
   (b) storm
   (c) clouds
   (d) rain

[THE TOP in TEPS Solution]

[해석] Jones씨는 며칠간 몸이 좋지 않았기(under the weather)때문에 월요일에 회사에 출근할 수 있을지 의문이었다.

[해설] 문맥상 '몸이 좋지 않다'라는 의미가 되어야 자연스럽다. 따라서 이와 같은 의미를 숙어 under the weather에서 빈칸에 weather 가 적절하다.

[어휘] deposit v.입금하다, 예금하다 inject v.주입하다 present v.발표하다, 주다

- ☐ **due** 지불 등의 기한
- ☐ **content** 만족하고 있는
- ☐ **bitter** 쓰라린, 비통한
- ☐ **wiped out** 녹초가 된, 지친
- ☐ **hands are full** 바쁘다
- ☐ **freezing** 몹시 추운
- ☐ **choking** 숨막히는
- ☐ **splitting** 머리가 쪼개질 것 같은
- ☐ **on the right track** 옳은 방향으로
- ☐ **out of bounds** 용인할 수 없는
- ☐ **user-friendly** 사용하기 쉬운
- ☐ **plug-and-play** 사용하기 쉬운
- ☐ **get[be] burned** 돈을 잃어버린, 상처받은
- ☐ **burned out** 피곤한
- ☐ **off base** 적절치 않은, 틀린

- ☐ **pain in the neck** 성가심
- ☐ **be up a creek** 궁지에 빠지다
- ☐ **on the ball** 영리한
- ☐ **by the book** 규칙을 따르다
- ☐ **in the red** 적자
- ☐ **in the black** 흑자
- ☐ **in shape** 건강한 상태
- ☐ **out of shape** 비둔한 상태
- ☐ **piece of cake** 아주 쉬운 일
- ☐ **dark horse** 혜성처럼 나타난 사람
- ☐ **touch and go** (환자 등의 상태가) 불확실한
- ☐ **in hot water** 어려움에 빠진
- ☐ **under the weather** 몸이 좋지 않은, 기분이 저기압인
- ☐ **be between a rock and a hard place** 어려운 상황

Check Up

1. Tim was up all night doing his assignment, he's really [**burned off / burned out**] now.
2. It's a [**piece of cake / piece of the pie**] for me to drink one gallon of milk at a time.
3. The price that you proposed was [**out of bounds / out of shape**] than I expected.
4. He didn't steal the money, but he's wrongly accused and [**in hot water / in cold water**].
5. He's always against me. I'd say he's a [**dark horse / pain in the neck**].
6. We often feel [**under the weather / on cloud nine**] when the air is hot, still and humid.
7. Losing the last match was a [**bitter / content**] disappointment for the team.
8. He did the work fast and accurately-he is really [**out of control / on the ball**].
9. His references to Jimmy Carter's positive energy programs were way [**on base / off base**].
10. I want to [**go by the book / take the plunge**] just to be on the safe side.

- **ace in the hole** 비장의 무기
- **Be my guest.** 마음대로 하세요.
- **trumped-up story** 날조된 이야기
- **fume** 굉장히 화가 나다
- **flare up at** ~에게 버럭 화를 내다
- **be saved by the bell** 간신히 살아나다
- **bite the bullet** 고통이나 불행을 참다
- **clean as a whistle** 아주 깨끗한
- **couch potato** TV 중독인 게으름뱅이
- **dying to~** 몹시 ~하고 싶은
- **get carried away** ~에 휩싸이다
- **sit on the fence** 형세를 관망하다
- **jump to conclusion** 성급히 결론짓다
- **Get real!** 정신차려!
- **give one a dirty look** ~를 째려보다
- **hit below the belt** 규칙 위반을 하다
- **go Dutch** 각자 지불하다
- **Go ahead (Go for it)!** (마음껏) 하세요!
- **goof off** 농땡이 치다

- **break a leg** 행운을 빌다
- **have what it takes to** (목적 달성에 필요한) 자격이 있다
- **keep one's fingers crossed** 행운을 빌다
- **raining cats and dogs** 비가 억수같이 내리는
- **get an inkling of** ~을 어렴풋이 알고 있다
- **Are you pulling my leg?** 너 나 놀리는 거니?
- **out of stock** 품절인, 재고가 없는
- **head and shoulders above** 월등하게 우수한
- **head over heels** 완전히, 충동적으로
- **butterflies in my stomach** 가슴이 두근거라는
- **(from) head to toe / foot** 머리에서 발끝까지
- **accept something at face value** 액면 그대로 받아들이다
- **head over heels in love** 사랑에 푹 빠져
- **make a mountain out of a molehill** 사소한 일로 법석을 떨다
- **answer the door** 문에 나가보다
- **Can I get the door for you?** (누가 와서) 제가 나가 볼까요?
- **Nice[glad] to see you!** 만나서 반갑습니다!

Check Up

1. They kept their **[ace in the hole / hole in the wall]** until they were out of strategies.
2. It's obvious that he's **[head to toe / head over heels]** in love with her, too.
3. Michael **[knew his stuff / gave me a dirty look]** and walked out.
4. Let's **[keep fingers crossed / miss the boat]** that conflict between the two countries can be avoided by will of people.
5. She **[flared up / answered the door]** because you didn't show up.
6. When my parents argue, it is best to sit **[on the fence / behind the fence]**, because then I won't offend either of them.
7. When it comes to ability, our employees are **[head and shoulders / cold shoulders]** above any others.
8. She didn't like that project, but she **[bit the bullet / hit the jackpot]** and went ahead.
9. It is **[playing by the rules / hitting below the belt]** to try to smear anyone because of religion.
10. His grandmother scrubbed the kitchen floor until it was clean as a **[whistle / castle]**.

- ☐ **be all set** 준비되다
- ☐ **not sleep a wink** 한숨도 안 자다
- ☐ **in a blink** 눈 깜짝할 사이에
- ☐ **come to an end** 끝에 이르다, 끝내다
- ☐ **slip of the tongue** 말실수
- ☐ **give it a try** 시도해보다
- ☐ **Lucky you!** 다행이네!
- ☐ **leak** (비밀 등이) 누설되다
- ☐ **rip-off** 강탈, 사기, 바가지
- ☐ **know one's stuff** 전문가이다, 해박하다
- ☐ **make a pitch** 설득하다
- ☐ **miss the boat** 기회를 놓치다
- ☐ **make ends meet** 수지를 맞추다
- ☐ **neck and neck** 막상막하
- ☐ **Never say die!** 포기하지 마라!
- ☐ **over my dead body** 절대 안 된다
- ☐ **pass with flying colors** 잘 해내다
- ☐ **play by ear** 임기응변으로 대처하다

- ☐ **take one's breath away** 놀라게 하다
- ☐ **speak of the devil** 호랑이도 제 말하면 온다
- ☐ **The time is ripe.** 시기가 무르익었다.
- ☐ **stand ~up** ~를 바람맞히다
- ☐ **tie the knot** 결혼을 하다
- ☐ **take under one's wing** ~의 보호를 받다
- ☐ **under the counter** 암거래로
- ☐ **let bygones be bygones** 지나간 일은 잊어버리다
- ☐ **upside down** 위아래가 바뀐
- ☐ **make a big splash** 센세이션을 일으키다
- ☐ **up in the air** 아직 미정인
- ☐ **It's definitely no picnic!** 절대 쉽지 않네!
- ☐ **walk on air** 너무 기쁘다
- ☐ **pay lip service to** ~에게 입에 발린 말을 하다
- ☐ **read between the lines** 말속의 숨은 뜻을 알아내다
- ☐ **cut to the chase** (어떤 일의) 가장 중요한 부분을 즉각 처리하다

Check Up

1. My fiancee and I are going to **[tie the knot / make ends meet]** next month.
2. It's **[walking on air / up in the air]** whether I'll get the job or not.
3. It was hard for me to understand the instructions because the speaker **[made a slip of the tongue / passed with flying colors]** at an important point.
4. John was unwilling to **[make a mountain out of a molehill / let bygones be bygones]**. He still won't speak to her.
5. That guy moves into our home **[over my dead body / under the counter]**.
6. Tom and Harry were **[neck and neck / upside down]** in the spelling bee. Their scores were tied.
7. But if it did, the explosion would be strong enough to destroy Venus, Earth and Mars all **[in a blink / in the black]** of an eye!
8. I haven't decided where to go, so I'll just **[pay lip service / play it by ear]**.
9. They charged you 5 thousand won for a hotdog? That's a **[rip-off / payoff]**.
10. **[Speaking of the devil / Reading between the lines]**, Peter is coming.

Choose the best answer for the blank.

01 A: The youngest candidate didn't have any popularity at the beginning of the race, but lately he's coming on strong.
B: You're right. He started out as the _______________ horse but now he's the favorite.

   (a) dark
   (b) fast
   (c) deep
   (d) brown

02 A: With all the interest piling up from the loans we've been taking, we can't seem to get out of debt.
B: I know what you mean. Sometimes it's hard just to get back in the _______________.

   (a) yellow
   (b) black
   (c) blue
   (d) green

03 A: Your son is doing very well ever since he had trouble with one class last year.
B: Good, I was hoping he could get back on the _______________.

   (a) high road
   (b) right track
   (c) gold street
   (d) dusty trail

04 A: At times, traveling through that mountain pass in the storm was getting very dangerous.
B: You're right. It was _______________ and go for a while there.

   (a) touch
   (b) press
   (c) lift
   (d) push

05 A: Are you going to listen to your grandfather or your dad about where to go to school next year?
B: I don't know. I don't like either of their choices but the pressure from both has put me between a _______________ and a hard place.

   (a) mountain
   (b) wall
   (c) boulder
   (d) rock

06 A: My big audition for the play is in only five minutes. Wish me luck!
B: You'll do great. _______________ a leg!

   (a) Hurt
   (b) Snap
   (c) Damage
   (d) Break

07 A: Barry just sits around and watches TV all day.
B: I know. He's a real _______________ potato.

   (a) sofa
   (b) couch
   (c) chair
   (d) bed

08 A: Today we'll find out who won the drawing for the grand prize.
B: I've had my fingers _______________ hoping that I get it.

   (a) crossed
   (b) bent
   (c) flexed
   (d) switched

09 A: Bob has been acting very cold toward us
      lately.
    B: I know, he kept giving me
       _______________ looks from across the
       room during class.
       (a) dirty
       (b) dusty
       (c) grungy
       (d) trashy

10 A: We can't seem to get this group work
      done quickly.
    B: That's because most of our members
       are too busy _______________ the whole
       time.
       (a) keeping up
       (b) trying out
       (c) moving on
       (d) goofing off

11 A: We really let our chance go to waste when
      we failed to invest in the new company.
    B: You're right. We missed the
       _______________ in that situation.
       (a) skiff
       (b) ship
       (c) boat
       (d) raft

12 A: I don't like the way our new teacher takes
      so long to get to her point.
    B: I know. She need to cut to the
       _______________ sooner.
       (a) race
       (b) chase
       (c) pursuit
       (d) tail

13 A: How are you doing with your new job?
    B: Not bad. The pay is low, but it's just
       enough to make ends _______________.
       (a) combine
       (b) collide
       (c) meet
       (d) greet

14 A: How are things going with your boyfriend?
    B: Very well. We're engaged and plan on
       tying the _______________ this summer.
       (a) lace
       (b) bow
       (c) score
       (d) knot

15 A: Is your nephew going to work with you in
      your shop?
    B: Yes. In fact, I plan on taking him
       _______________ my wing as an
       apprentice.
       (a) over
       (b) onto
       (c) under
       (d) along

Practice Test

Choose the best answer for the blank.

16 Mr. Jones was doubtful that he would be able to make it to work on Monday since he'd been under the _______________ for several days.

   (a) weather
   (b) storm
   (c) clouds
   (d) rain

17 Henry knew he would be in hot _______________ with his parents as soon as they found out about his speeding ticket.

   (a) sun
   (b) water
   (c) sand
   (d) air

18 While a few of the workers were not totally pleased with the meeting's result, the majority were feeling relaxed and __________ with the way it turned out.

   (a) intent
   (b) content
   (c) potent
   (d) existent

19 Most of the young lawyers at the firm worked long, difficult hours during the week, leaving them _______________ out by the time the weekend came around.

   (a) brushed
   (b) scrubbed
   (c) swept
   (d) wiped

20 Almost the opposite of the extremely difficult math exam, most students found the science exam to be a piece of _______________.

   (a) cake
   (b) meat
   (c) bread
   (d) candy

21 The head nurse was adamant about fighting infection by keeping the counters sanitized and the floor as clean as a _______________.

   (a) whistle
   (b) shriek
   (c) tune
   (d) yelp

22 After diving around the ball field during the downpour, the kids came home covered from _______________ in mud.

   (a) nose to mouth
   (b) eye to eye
   (c) head to toe
   (d) arm to leg

23 Part of being a good listener is waiting to hear all the facts instead of jumping to _______________.

   (a) intrusions
   (b) conclusions
   (c) protrusions
   (d) delusions

24 When a man is head over ______________
    in love, he will follow his heart and not
    always his mind.

    (a) knees
    (b) feet
    (c) heels
    (d) shoulders

25 The lawyer didn't like to spell out all of his
    bargaining leverage right from the beginning
    because he thought it was best to have
    ______________ in the hole.

    (a) an ace
    (b) a king
    (c) a joker
    (d) an eight

26 Many of the most famous musicians learned
    from playing ______________, not by
    reading sheet music.

    (a) by ear
    (b) off hand
    (c) under toe
    (d) on sight

27 Studying for the bar exam is certainly no
    ______________, as it takes hours of
    intense work per day for several months.

    (a) snack
    (b) picnic
    (c) dessert
    (d) cookout

28 The contract had a lot of ambiguous
    language, making it necessary to read
    ______________ the lines in order to get the
    true meaning of it.

    (a) between
    (b) beneath
    (c) before
    (d) behind

29 Joseph expected to be in danger of failing
    his math class, but in fact he passed with
    ______________ colors.

    (a) leaping
    (b) flying
    (c) rising
    (d) glowing

30 The trains came so frequently during the
    entire night that most tenants near the tracks
    could not sleep a ______________.

    (a) nod
    (b) blink
    (c) flash
    (d) wink

Make up Test

01 Jack is someone who is always **grouchy**.

(a) He is constantly in a bad temper.

(b) He is very generous to strangers.

02 Mandy is not a popular student body president because she **abuses** her power.

(a) Mandy makes sure that her own wishes are met.

(b) Mandy supports strict rules.

03 The strawberries were **ripe** and tasty.

(a) The strawberries didn't cost very much.

(b) The strawberries were ready to eat.

04 Sam **withdrew** cash to buy a new computer.

(a) Sam took money out of his bank account.

(b) Sam got a loan from his family.

05 Molly buys all of her clothes **second-hand**.

(a) The clothes have been worn by someone else first.

(b) The clothes are expensive and custom-made.

06 The Prince planned to **renounce** his claim to the throne in order to live a quieter life.

(a) The Prince wanted to keep his identity a secret.

(b) The Prince wished to give up his royal duties.

07 The building **collapsed** after a fire started in its basement.

(a) The building fell down.

(b) The building became unoccupied.

08 The woman has much planning to do for her **upcoming** wedding.

(a) The wedding will take place soon.

(b) The ceremony is going to be fancy.

09 The birthday party was **dull** so most of the guests left early.

(a) The party lacked excitement.

(b) The event seemed very crowded.

10 The group hosted a **fundraiser** to help a homeless shelter.

(a) The group organized an event to raise money.

(b) The group put together a team to do yard work.

11 The army grew fearful when they saw their **formidable** opponent.

    (a) The soldiers had never seen the opponent before.

    (b) The opponent would be difficult to defeat.

12 Andrea wasn't able to use her **expired** gift card.

    (a) The gift card had been stolen.

    (b) The gift card was no longer acceptable.

13 The teacher told her students that she wouldn't **tolerate** unruliness in her classroom.

    (a) The teacher wasn't going to put up with her student's behavior.

    (b) The teacher didn't want to talk about their disorderly actions.

14 The father decided to **discipline** his son after the child lied to him.

    (a) The father gave the boy a punishment.

    (b) The father told the boy a story about lying.

15 Katy got a **horrible** headache and had to cancel her date.

    (a) The headache came on suddenly.

    (b) The headache felt very unpleasant.

16 The President was praised for **leading** the country so well.

    (a) The president provided secure protection for his people.

    (b) The president was good at directing the nation.

17 The tourist was given **additional** information about the landmark.

    (a) The tourist learned more about the famous attraction.

    (b) The tourist didn't care about the information she was told.

18 The **controversial** bill was not likely to pass.

    (a) Voters held contrasting opinions about the bill.

    (b) The bill was viewed as harmful by most people.

19 Karen was infamous for being a **hypocrite**.

    (a) Karen pretended to be generous but she really wasn't.

    (b) Karen borrowed money from her friends and didn't pay them back.

20 When Johnny met the Queen he acted very **irreverently**.

    (a) Johnny behaved uncharacteristically.

    (b) Johnny was disrespectful to the Queen.

Unit 13

The TOP in TEPS Example

The deadline for the contest was April 1, but the entry was _______________ on April 5, meaning it was not mailed until the contest deadline had already passed.

(a) postmarked
(b) postponed
(c) postulated
(d) postured

[THE TOP in TEPS Solution]

[해석] 콘테스트의 기한은 4월 1일인데, 출전 응모는 4월 5일자로 소인이 찍혀 있어 (postmarked), 이는 이미 기한이 한참 지난 후에 편지를 부쳤음을 의미한다.

[해설] 문맥상 빈칸에는 '우편소인이 찍히다'는 의미가 되어야 하므로 정답은 postmarked이다.

[어휘] entry n. 참가(응모) 신청 postmarked a. 소인이 찍힌 postponed a. 연기된 postulate v. (이론 등의 근거로 삼기 위해 무엇이 사실이라고) 상정하다

The TOP VOCA **36** 형태가 유사한 어휘 ①

- ☐ **affect** 영향을 끼치다
- ☐ **effect** 실행하다, (변화 등을) 가져오다

- ☐ **alteration** 변경
- ☐ **alternate** 교대의, 상호의
- ☐ **alternative** 대안

- ☐ **amenable** 순종하는, 잘 따르는
- ☐ **anemic** 빈혈의, 생기 없는

- ☐ **apparent** 또렷한, 명백한
- ☐ **appendant** 부속의, 부대적인

- ☐ **bare** 벌거벗은, 휑한
- ☐ **blank** 공백의, 텅빈

- ☐ **boast** 자랑하다, 떠벌리다
- ☐ **boost** 부양하다, 증대시키다

- ☐ **caustic** 부식성의
- ☐ **classic** 일류의
- ☐ **classical** 고전적인

- ☐ **complaint** 불평, 불만, 푸념
- ☐ **complement** 보충하다, 보충물
- ☐ **compliment** 칭찬(하다)

- ☐ **condemn** 비난하다
- ☐ **confident** 확신하는
- ☐ **confidential** 비밀스러운

- ☐ **exempt** (의무, 책임 등을) 면제하다
- ☐ **exonerate** 무죄가 되게 하다, 무죄임을 입증하다
- ☐ **expedite** (작업 등을) 빨리 해치우다, 신속히 처리하다

- ☐ **regretful** 후회하는
- ☐ **regrettable** 유감스런

Check Up

1. Your medical records are strictly **[confidential / confident]**.
2. The apartment needed extensive **[alternative / alteration]** when we moved in.
3. It is **[regrettable / regretful]** that the police were not informed sooner.
4. The intention of the stimulus was to **[boost / boast]** spending.
5. The new table is a beautiful **[compliment / complement]** to the living room.
6. Lack of iron in your diet can make you **[anemic / amenable]**.
7. The budget cuts were drastic, but fortunately did not **[affect / effect]** the quality of the product.
8. The copier is printing **[bare / blank]** pages. There must be something wrong with it.
9. It became **[appendant / apparent]** that no one was going to come.
10. He was prosecuted with bribery, but the trial **[exonerated / expedited]** him.

- [ ] **comprehensible** 이해할 수 있는
- [ ] **comprehensive** 포괄적인, 넓은
- [ ] **confer** (훈장 등을) 수여하다, 협의하다
- [ ] **confirm** 확실히 하다
- [ ] **conscience** 양심
- [ ] **consciousness** 의식
- [ ] **conservative** 보수적인
- [ ] **considerate** 동정심[이해심]이 많은
- [ ] **consolation** 위안
- [ ] **contend** 다투다, 논쟁하다
- [ ] **content** 만족, 내용, 성분, 만족하는
- [ ] **credible** 신뢰할 수 있는
- [ ] **credulous** 쉽게 속는
- [ ] **deceit** 기만, 속임
- [ ] **deficit** 적자
- [ ] **direction** 방향, 지시
- [ ] **economic** 경제의
- [ ] **economical** 알뜰한
- [ ] **healthful** 건강에 좋은
- [ ] **healthy** 건강한

- [ ] **impersonate** ~으로 분장하다, ~의 역을 하다
- [ ] **impregnate** 임신시키다
- [ ] **improvise** 즉석에서 하다
- [ ] **inadvertent** 부주의한, 태만한
- [ ] **incarnate** 육체를 갖게 하다, 구현하다
- [ ] **introverted** 내성적인
- [ ] **moderate** 알맞은
- [ ] **modest** 겸손한
- [ ] **observance** 축하, 의식, 준수
- [ ] **observation** 관찰
- [ ] **postmarked** 소인 찍힌
- [ ] **postmaster** 우체국장
- [ ] **postpaid** 우편료 지불필의[선불의]
- [ ] **rebuke** 꾸짖다, 비난하다
- [ ] **revoke** 무효로 하다, 취소하다
- [ ] **spatter** 물을 튀기다
- [ ] **splash** 물을 튀기다
- [ ] **sprinkle** (액체 등을) 뿌리다
- [ ] **urban** 도시의
- [ ] **urbane** 품위 있는

Check Up

1. The patient regained **[consciousness / conscience]** after a few minute.
2. The mayor was accused of lies and **[deceit / direction]**.
3. The **[economic / economical]** outlook is far more positive in South Korea this year.
4. What do you do to keep **[healthful / healthy]**?
5. Since the speaker had not prepared her speech, she had to **[improvise / impregnate]** one.
6. Brian had his driver's license **[revoked / rebuked]** for drunk driving.
7. The city council is having a meeting to discuss **[urban / urbane]** development.
8. Despite the honors he received, the scientist remained **[moderate / modest]**.
9. Most information was collected by direct **[observation / observance]** of the birds' behavior.
10. The UN believes Iraq won't be ready to hold **[credulous / credible]** elections until at least the end of the year.

- ☐ **revision** 교정, 개정
- ☐ **edition** (초판·재판의) 판(版), 간행

- ☐ **cub** (사자·곰 등의) 새끼
- ☐ **flock** (양·염소·새 등의) 떼, 무리
- ☐ **school** (물고기 등의) 떼, 무리
- ☐ **swarm** (곤충, 특히 벌의) 떼, 무리

- ☐ **sibling** 형제, 자매
- ☐ **relationship** 관계, 관련
- ☐ **relative** 친척
- ☐ **correlation** 상관관계

- ☐ **leap** 급격한 증가[상승], 뜀, 도약
- ☐ **enhancement** 상승, 향상, 증대

- ☐ **persuade** 재촉하여 ~시키다
- ☐ **urge** ~에게 강력히 권하다, 강제하다
- ☐ **usher** 안내하다, 인도하다
- ☐ **patron** 보호자, 후원자, 지지자

- ☐ **janitor** 수위, 문지기
- ☐ **ranger** 산림 감시원

- ☐ **interrogation** 심문, 질의, 문초
- ☐ **conduct** (연구·조사 등을) 수행하다

- ☐ **commotion** 동요, 소동, 폭동
- ☐ **turbulence** (바람, 물결 등의) 휘몰아침, (사회적) 소란

- ☐ **straight** 곧은, 연속된
- ☐ **full** 가득 찬, 완전한

Check Up

1. A [**school / swarm**] of locusts passed over the field like a cloud.
2. I have a distant [**relative / sibling**] who is a famous singer.
3. He worked as a High School [**Ranger / Janitor**] for the State of Oregon.
4. Bad posture will prevent your spine from growing [**full / straight**].
5. The theater [**usher / patron**] showed me into the seat.
6. The [**revision / edition**] of the regulations shall be made after consultation with the members.
7. Overwhelmed by the police [**interrogation / conduction**], the suspect confessed the crime.
8. He experienced severe [**turbulence / commotion**] during the flight.
9. That is one small step for a man, one giant [**leap / loop**] for mankind.
10. Bear [**cubs / flocks**] depend on their mother to feed them.

Choose the best answer for the blank.

01 A: I know we didn't win the game, but we still
played well.
B: That's true, at least we have the
______________ of knowing we did our
best.

    (a) consolation
    (b) concentration
    (c) compilation
    (d) configuration

02 A: I'm worried that none of the candidates
care about the country's debt to other
nations.
B: I agree. It seems the huge
______________ is not even on their
minds.

    (a) definition
    (b) deficit
    (c) destitution
    (d) debut

03 A: Have you called to ______________ your
appointment with the advisor?
B: No, but I plan on sending an email
today to ensure that everything is still as
planned.

    (a) confirm
    (b) connect
    (c) concede
    (d) convince

04 A: Joe made a lasting impression in his first
game on the team.
B: Yes, he did make quite a
______________ by leading the team to
victory like that.

    (a) splurge
    (b) splice
    (c) splash
    (d) split

05 A: I think at some point we need to
______________ with our group about
the change in class schedule.
B: You're right. Some type of meeting
to discuss and understand the new
arrangement is necessary.

    (a) confer
    (b) condense
    (c) connive
    (d) conceive

06 A: Some of the topics in our textbook seem
very out of date.
B: I know what you mean. Hopefully
next year there will be an updated
______________ of the book.

    (a) edition
    (b) periodical
    (c) catalog
    (d) sequel

07 A: I think feeding the birds in the park is
actually quite scary.
B: I agree. The way the pigeons
______________ around whoever holds
the birdfeed is startling.

    (a) crash
    (b) flourish
    (c) devour
    (d) swarm

08 A: What did your mother say about letting us
go on the camping trip?
B: I haven't asked her yet, but I'm sure I will
be able to ______________ her to let us
go.

    (a) persuade
    (b) relate
    (c) inform
    (d) argue

09 A: I've noticed that you and your sister seem
    to fight a lot. Is everything ok?
B: Don't be worried. It's just the
    _______________ rivalry between us.

(a) heredity
(b) gene
(c) sibling
(d) relationship

10 A: Isn't it amazing how quickly your young
    son is maturing?
B: Yes, his vocabulary is even improving in
    _______________ and bounds.

(a) growths
(b) spaces
(c) leaps
(d) starts

11 A: It's obvious to me that James doesn't care
    much about being on time.
B: I agree. It's becoming more and more
    _______________ that he just doesn't
    think it's that important.

(a) apparent
(b) appealing
(c) appreciative
(d) appropriate

12 A: Are you comfortable with learning the
    tasks of your new job?
B: Yes, I'm actually quite _______________
    that I will be able to do well.

(a) conceited
(b) confident
(c) conservative
(d) conciliatory

13 A: Did you like the way the story had two
    possible conclusions for the reader to
    choose from?
B: No, because I thought the author's original
    version was much better than the version
    with the_______________ ending.

(a) aggregate
(b) coordinate
(c) alternate
(d) potentate

14 A: I think it will be good for Mary to start over
    at a new school.
B: You're right. Some of her past decisions
    have been very _______________, so a
    fresh start will allow her to move in the
    right direction.

(a) regrettable
(b) renewable
(c) redeemable
(d) releasable

15 A: Do you think the new taxes will benefit
    the city's public roads or go to the schools
    instead?
B: I don't know, but either way the
    _______________ of the new laws will be
    huge in the future.

(a) effect
(b) efficiency
(c) effort
(d) effigy

Practice Test

Choose the best answer for the blank.

16 The unemployment rate and lack of funding
for public works are both signs of the harsh
_______________ times of the city.

(a) ecological
(b) eccentric
(c) eclectic
(d) economic

17 The period of detailed _______________
for officers-in-training involved patrolling
alongside on-duty officers as well as
watching and taking notes on the behaviors
of those around them.

(a) observation
(b) obtrusiveness
(c) obstruction
(d) obtrusion

18 Many children enjoyed the dessert
at the restaurant because they could
_______________ their own toppings on their
ice cream.

(a) spindle
(b) spackle
(c) sprinkle
(d) spring

19 The deadline for the contest was April 1, but
the entry was _______________ on April 5,
meaning it was not mailed until the contest
deadline had already passed.

(a) postmarked
(b) postponed
(c) postulated
(d) postured

20 After several severe injuries, the
team's aging captain could no longer
_______________ with the pressures and
physical demands of a professional athletic
career.

(a) extend
(b) pretend
(c) contend
(d) attend

21 After the game, the raucous crowd caused
such a _______________ that many residents
in the neighborhood were awakened by the
noise.

(a) creation
(b) commotion
(c) removal
(d) progression

22 The agent _______________ his client to
agree to the settlement, but the client was
firm in his decision to hold out for as much
money as possible.

(a) urged
(b) ignored
(c) granted
(d) disposed

23 The _______________ of the suspected
criminal lasted several hours, with multiple
officers taking turns asking questions.

(a) inauguration
(b) interruption
(c) interrogation
(d) interpretation

24 One predominant _______________ of
thought suggests that listening to classical
music can help children learn.

(a) school
(b) gentry
(c) cult
(d) class

25 While the _______________ and narrow
path is not always the most appealing, it can
provide one with a clean conscience and a
sense of personal integrity.

(a) high
(b) straight
(c) long
(d) worn

26 Many non-profit organizations are
_______________ from paying taxes, but that
does not mean that all of their employees
work for free.

(a) external
(b) exempt
(c) experienced
(d) extolled

27 The reporter was refused a copy of the
patient's records because the hospital said
the information was _______________.

(a) congruent
(b) confidential
(c) contaminated
(d) considerate

28 One of the greatest _______________ given
to a great athlete is that he makes even the
difficult parts of the game seem effortless.

(a) compliments
(b) compartments
(c) companies
(d) compatriots

29 The service at the new restaurant was so
horrible that dozens of customers had written
formal letters of _______________ to the
manager after only one week of business.

(a) compost
(b) commencement
(c) complaint
(d) competition

30 In order to _______________ shipping as
much as possible, some companies conduct
research designed to cut out every second
of wasted time in the entire delivery process.

(a) expedite
(b) export
(c) expel
(d) exhale

Unit 14

The TOP in TEPS Example

In order to obtain a passport, a person usually needs to present an original birth certificate rather than a ________________ copy.

(a) duplex
(b) dual
(c) duplicate
(d) duty

[THE TOP in TEPS Solution]

[해석] 여권을 발급받기 위해서는 일반적으로 출생증명서 복사본(duplicate)이 아닌 원본을 제출해야 한다.

[해설] 문맥상 빈칸에는 원본에 대응하는 '복사본'이라는 의미의 어휘가 들어가는 것이 자연스럽다. 따라서 정답은 duplicate이 된다.

[어휘] birth certificate 출생증명서 duplex n. 두 세대용 건물, 복충아파트 dual a. 두 부분으로 된, 이중의 duplicate a. 똑 같은, 사본의

- **mediator** 중재인, 조정자
- **adversary** 적, 반대자
- **span** 기간
- **extent** 범위, 길이
- **space** 빈자리, 공간
- **position** 위치, 위상
- **gap** 틈, 괴리
- **continuous** 끊이지 않고 이어진, 연속적인
- **serial** 연재의
- **delay** 연기하다, 지연하다
- **remain** 머물다
- **jam / pack** 집어 넣다, 쑤셔 넣다
- **cram** (머릿속에 정보를) 억지로 주입하다
- **slim** (보기 좋게) 날씬한
- **thin** 매우 마른

- **see** 그냥 눈에 비치는 영상을 보다
- **watch** (주의를 집중해서 계속) 보다
- **look** (시선을 돌려서 의도적으로) 보다
- **paste** (풀, 접착제를) 바르다
- **apply** (약, 연고 등을) 바르다
- **rub** (물건이나 표면 등에 대고) 문지르다
- **circumspect** 신중한
- **calculation** 계산, 사전의 고려, (심사) 숙고
- **grant** (국가에서 지원하는) 보조금
- **pension** (주로 은퇴한 사람에게 주는) 연금
- **irreverent** 불손한, 무례한, 불경한
- **negligent** (근무 · 의무 등을) 게을리 하는, 부주의한
- **hide** 감추다, 숨기다
- **cover** (덮어) 감추다
- **protect** 보호하다, 지키다
- **keep** 보유하다, 자기 것으로 갖다, 간직하다

Check Up

1. **[Mediators / Adversaries]** are hoping the two countries will develop full diplomatic relations.
2. **[Watch / See]** out for dogs while you're taking a walk.
3. Don't misunderstand me. Please, consider my **[position / space]**.
4. If stress is severe, it may **[remain / delay]** the healing of an ulcer.
5. The child **[applied / pasted]** ointment to a wound.
6. She is sometimes **[negligent / irreverent]** of her duties.
7. I have to **[jam / cram]** for the finals.
8. Many of Charles Dickens' novels were published in **[continuous / serial]** form.
9. Motorcyclists are required to wear headgear to **[keep / protect]** themselves.
10. The models were too **[slim / thin]** like skeleton.

- [ ] **allude** ~에 적응시키다
- [ ] **delude** ~으로 혼란시키다

- [ ] **ameliorate** 나쁜 상황을 호전시키다
- [ ] **relieve** (통증을) 완화시키다

- [ ] **appoint** (직책에) 임명하다
- [ ] **hire** (특정직을 위해 사람을) 고용하다
- [ ] **recruit** 신입사원[신병]을 모집하다

- [ ] **auspicious** 길조의
- [ ] **specious** 그럴듯한
- [ ] **spacious** 넓은, 거대한

- [ ] **collaborate** 공동으로 일하다
- [ ] **corroborate** (소신 따위를) 입증하다

- [ ] **considerable** 상당한
- [ ] **considerate** 동정심이 많은

- [ ] **credible** 믿을만한, 믿을 수 있는
- [ ] **credulous** 잘 속는

- [ ] **distinction** 구별, 차별
- [ ] **extinction** 소멸, 폐지

- [ ] **educate** (정식 교육기관에서) 교육을 받게 하다
- [ ] **teach** (일반적 의미에서) 가르치다
- [ ] **instruct** (특정 기술과 과목을) 체계적으로 가르치다

- [ ] **impassioned** 열정적인
- [ ] **impatient** 성급한

- [ ] **indelible** (얼룩 따위를) 지울 수 없는
- [ ] **indubitable** 의심할 여지가 없는

- [ ] **industrial** 산업의
- [ ] **industrious** 근면한

- [ ] **intimate** 친밀한
- [ ] **intimidate** ~을 두려워하게 하다

- [ ] **intuition** 직관, 육감
- [ ] **insight** 통찰, 간파

- [ ] **scatter** (불규칙하게) 흩뿌리다
- [ ] **shatter** 산산이 부수다, 부서지다

- [ ] **sensible** 분별력 있는
- [ ] **sensitive** 민감한

- [ ] **successful** 성공한
- [ ] **successive** 잇따르는

Check Up

1. The thief [**alluded / deluded**] the old man into thinking that he was a telephone engineer.
2. The accommodation is [**spacious / auspicious**] and comfortable.
3. Indiscriminate hunting has placed many animal species in danger of [**distinction / extinction**].
4. He has been making [**impassioned / impatient**] advances to Ann.
5. The Korean War left many people with [**indelible / indubitable**] scars.
6. The nineteenth century saw the [**Industrious / Industrial**] Revolution.
7. He had an [**insight / intuition**] that something awful was about to happen.
8. Tomorrow we can expect light [**scattered / shattered**] showers.
9. It would be a [**sensible / sensitive**] and practical investment.
10. In all respects, the summit talk was [**successful / successive**].

17 A: I found these oranges for a great price at the market today.

B: That's because there is an ________________ supply of them and the merchants need to get rid of them.

(a) overabundant
(b) overzealous
(c) overworked
(d) overanalyzed

18 A: I can never remember all the proper and former names I'm supposed to use when addressing the royalty.

B: I can't either. I hate all those ________________ titles that each of them bears because they seem redundant and unnecessary.

(a) superfluous
(b) supreme
(c) supernatural
(d) superb

19 A: It looks like a lot of the crowd is standing in the aisles, and there aren't any empty seats.

B: That's because the stadium was ________________ for the game, so now the crowd is packed in like sardines.

(a) overturned
(b) overreacted
(c) overruled
(d) overbooked

20 A: I try as hard as I can, but I never seem to quite understand the math material before the tests.

B: Don't worry. If you ________________ in your effort to learn, you'll come around eventually.

(a) persist
(b) perspire
(c) perceive
(d) peruse

Choose the best answer for the blank.

21 The collage that won the art contest was made up of hundreds of magazine photos cut out and ________________ onto a large piece of cardboard.

(a) tampered
(b) pasted
(c) injected
(d) covered

22 While the ________________ for retired workers was quite high, many chose to take on part-time jobs as a way to ensure that their income was sufficient.

(a) lease
(b) contract
(c) pension
(d) audit

23 Many students know the general method for the math exams, but still lose points because of incorrect ________________ of the specific numbers.

(a) calculations
(b) cancellations
(c) dissertations
(d) reputations

24 During the rainiest parts of the year, several of the team's matches were altered by weather ________________.

(a) delays
(b) backorders
(c) obstacles
(d) impediments

25 Although some members of the crew were eager to set sail without checking weather forecasts, the captain advised that it was always better to ________________ before you leap.

(a) glance
(b) see
(c) gaze
(d) look

26 One of the most controversial issues was deciding which language would be used to ________________ the country's young people.

(a) congregate
(b) examine
(c) educate
(d) foster

27 Many people who grow up in the densely packed city do not feel comfortable in the more ________________ settings of the countryside.

(a) exposed
(b) spacious
(c) lofty
(d) ambitious

28 Morphine is commonly used as a quick method to ________________ pain from severe injuries.

(a) retrieve
(b) rebel
(c) reciprocate
(d) relieve

29 A discussion about religious views is often considered a ________________ subject for a first date.

(a) sensitive
(b) sore
(c) tender
(d) wounded

30 One prominent accountant began to ________________ himself out to individual clients rather than submit to the rigid hours of his former firm.

(a) hire
(b) escort
(c) procure
(d) engage

31 All week before the storm, the captain had experienced a great sense of ________________ about the weather because of the way the sky had looked.

(a) foreclosure
(b) forgiveness
(c) formality
(d) foreboding

32 The ________________ is a mythical creature which has existed in the legends of many different cultures.

(a) unicorn
(b) unicameral
(c) unicycle
(d) uniform

33 In order to obtain a passport, a person usually needs to present an original birth certificate rather than a ______________ copy.

(a) duplex
(b) dual
(c) duplicate
(d) duty

34 In some cases, a ______________ hearing is held to determine whether or not enough evidence exists to hold a formal trial.

(a) preliminary
(b) precautionary
(c) prospective
(d) proscriptive

35 Swimming is almost always the first of the three events in the ______________.

(a) tribute
(b) trident
(c) triathlon
(d) triumph

36 Buying their tickets at the box office is less expensive than through the mail because there is no ______________ for delivery fees added to the initial price.

(a) surplus
(b) surname
(c) surcharge
(d) surprise

37 The old man's will left the entire estate to a sole ______________, his only child.

(a) beneficiary
(b) benefactor
(c) benefice
(d) bender

38 When a person loses the ability to use one eye, a common problem is adjusting to the lack of depth ______________.

(a) performance
(b) perception
(c) perdition
(d) perfection

39 The doctor was very adamant in telling the patient that taking two rather than only one of the pills could result in a drug ______________.

(a) overdose
(b) overkill
(c) overtime
(d) override

40 If you count your chickens before they hatch, you may predict a ______________ of goods and actually wind up with a deficit.

(a) survey
(b) survival
(c) surplus
(d) surge

Unit 15

The TOP in TEPS Example

The direct, word-for-word _______________ of one language to another can result in sentences that don't make perfect sense.

(a) translation
(b) transubstantiation
(c) transfixion
(d) transfusion

[THE TOP in TEPS Solution]

[해석] 직접적인 문자 그대로 한 언어를 다른 언어로 번역(translation)하는 것은 완벽하게 의미가 들어맞지 않는 문장을 낳게 된다.

[해설] 문맥상 빈칸에는 언어간의 '번역'이라는 의미의 어휘가 들어가는 것이 자연스럽다. 따라서 정답은 translation이 된다.

[어휘] transubstantiation n. (카톨릭의) 화체설, 성변화

transfixion n. 관통, 천자

transfusion n. 수혈, (추가 자금의)투입

co-, com-, con- 함께

- **coaction** 공동작업, 협력
- **coagulate** 응고시키다
- **coagent** 협력자
- **cooperative** 협력적인
- **coinheritor** 공동 상속자
- **coincidence** 동시 발생, 일치
- **compassion** 연민, 동정
- **combinable** 결합[화합]할 수 있는
- **compound** 혼합물, 혼합하다
- **combinatorial** (수학) 조합의
- **concentrate** 집중하다
- **consensus** 합의, 일치된 의견
- **concert** 합주, 음악회

sub- / under- 아래에, 보다 낮은

- **subcommittee** 분과위원회
- **submarine** 잠수함
- **submission** 복종, 항복
- **subconscious** 잠재의식의
- **submit** 굴복하다, 제출하다
- **subscribe** 구독하다, 기부하다
- **undergo** 겪다, 경험하다
- **underdeveloped** 저개발의
- **underestimate** 과소평가하다
- **underground** 지하의
- **underprice** 원래 가격보다 싸게 팔다
- **underjaw** 아래턱
- **underpass** 지하도
- **undermine** (건강 등을) 서서히 해치다
- **undertake** 떠맡다, 책임을 지다
- **underweight** 저체중의
- **underwear** 속옷

Check Up

1. She had [**confession / compassion**] for the little kitty on the street and took it home.
2. Mark is skilled at achieving [**consensus / concerts**] on sensitive issues.
3. I have served in a nuclear [**submarine / submission**] for a year.
4. It is impossible for me to [**compound / concentrate**] on my work when children are noisy.
5. The [**underpass / underjaw**] was crowded with walkers.
6. People must [**underprice / undergo**] customs inspection when entering a country.
7. My father's health was [**undermined / undertaken**] by drinking and smoking.
8. Jim was exempted from military service because he was [**underground / underweight**].
9. Some [**underdeveloped / advanced**] countries are faced with serious shortages of food.
10. By [**coinheritor / coincidence**], I met the person we'd been talking about the next day.

ana- / an- 분리

- ☐ **analysis** 분석
- ☐ **analogy** 유사
- ☐ **anarchy** 무정부 상태, 대혼란 상태
- ☐ **anesthesia** 마취
- ☐ **annihilate** 전멸시키다

de- 분리, 하향, 이탈

- ☐ **deduction** 공제, 연역
- ☐ **demerit** 결점
- ☐ **deterrent** 단념시키는, 방해하는
- ☐ **demolish** 파괴하다
- ☐ **detour** 우회로
- ☐ **demote** 강등하다
- ☐ **deposition** 면직, 파면
- ☐ **deteriorate** 쇠퇴하다

dis- / di- 제거, 분리, 반대

- ☐ **discretion** 분별, 신중
- ☐ **dispense** ~분배하다
- ☐ **disperse** 해산하다
- ☐ **dissection** 해부
- ☐ **dissuade** 설득하다
- ☐ **divergence** 차이
- ☐ **diacritical** 구별하기 위한

Check Up

1. He did an [**analysis / analogy**] of the problem and proposed solutions to it.
2. The patient was under [**euthanasia / anesthesia**] during the surgery.
3. All the major facilities in the country were [**demolished / developed**] in the earthquake.
4. You can have a tax [**deduction / deposition**] of up to one million won.
5. He stole a corpse for [**dissection / discretion**] in the middle of the night.
6. We have heard much about the Government's [**demerits / detours**].
7. The balance of current account started to [**deteriorate / dissuade**] from the second quarter.
8. A society without laws dealing with crimes there is [**anarchy / hierarchy**] and war.
9. They tried to viciously [**anticipate / annihilate**] our people.
10. The demonstration was [**dispersed / dispensed**] by the force of the police.

em- / en- 안에 넣다, ~으로 만들다

- ☐ **embank** 제방을 둘러싸다
- ☐ **embay** 배를 만에 넣다
- ☐ **emancipate** 해방시키다
- ☐ **eminent** 저명한
- ☐ **enact** 법령화하다
- ☐ **encapsulate** 캡슐에 넣다, 요약하다
- ☐ **enlist** 군에 입대하다
- ☐ **enosis** 병합, 동맹

mal- / male- 부족한, 나쁜

- ☐ **maladjusted** 조절이·안 되는
- ☐ **malevolent** 악의 있는, 심술궂은
- ☐ **malnutrition** 영양 실조
- ☐ **malfunction** (기계 등의) 기능 불량
- ☐ **malformed** 흉하게 생긴
- ☐ **malignant** 악의 있는
- ☐ **malice** 적의, 악의

trans- 변화, 초월

- ☐ **transaction** 업무 처리
- ☐ **transformation** 변화, 변형
- ☐ **transition** 변이, 변천
- ☐ **transit** 통과, 통행
- ☐ **translation** 번역, 통역
- ☐ **transcontinental** 대륙 횡단의
- ☐ **transparent** 투명한

Check Up

1. Congress has [**enacted** / **embanked**] a new minimum wage for workers last month.
2. Thousands of refugees have already died from [**malnutrition** / **malfunction**].
3. Seriously, the man looks like Gollum's [**malformed** / **multitude**] twin.
4. There has been a total social [**transformation** / **transportation**].
5. Rumsfeld called on Beijing to be more [**transcontinental** / **transparent**] about its defense budget.
6. The conflict was the result of inaccuracies in the [**translation** / **transit**] of the report.
7. He bore his boss [**dice** / **malice**] after he was laid off.
8. Asia has produced many [**eminent** / **convenient**] scientists.
9. She [**encapsulated** / **subscribed**] her main thoughts first, then gave details.
10. My sister [**enlisted** / **emancipated**] in the Women's Army Corps last year.

- [ ] **antipathy** 반감, 혐오
- [ ] **apathy** 냉담, 무관심
- [ ] **buoy** 부표
- [ ] **commotion** 동요, 소요
- [ ] **complacency** 충족감
- [ ] **condolence** 조문, 위로
- [ ] **contentment** 만족
- [ ] **deference** 복종
- [ ] **derivative** 파생적인
- [ ] **distraction** 주의 산만
- [ ] **divergence** 차이, 상이
- [ ] **efficacy** 효능, 효험
- [ ] **eyesore** 눈에 거슬리는 것, 꼴불견
- [ ] **frugality** 절약, 검소
- [ ] **gimmick** (요술쟁이 · 눈속임 도구 등의) 비밀 장치
- [ ] **glimmer** 희미한 빛

- [ ] **hibernation** 동면
- [ ] **hideout** 은신처, 피난처
- [ ] **improvise** 즉흥적으로 연주[노래]하다
- [ ] **inertia** 활발하지 않음, 굼뜸
- [ ] **infidelity** 간통
- [ ] **notoriety** 악명, 악평
- [ ] **perk** 임직원 혜택
- [ ] **property** 재산, 자산, 소유물
- [ ] **repulsion** 반감, 혐오
- [ ] **smattering** 소수, 조금
- [ ] **sojourn** (일시적인) 체류, 기류, 묵음
- [ ] **trespass** 불법 침해, 불법 침입
- [ ] **turbulence** (사회적) 소란
- [ ] **virtuoso** (특히 음악에서의) 거장, 명인
- [ ] **whereabouts** 있는 곳, 소재, 행방

Check Up

1. She used to have a deep [antipathy / antibody] to snakes.
2. He achieved a certain [infidelity / notoriety] as a gambler.
3. [Frugality / Apathy] is a virtue that everyone should practice.
4. The building that has been left off in the middle of construction for years is an [eyelet / eyesore].
5. He is a [sojourning / wandering] employee at the Japan office.
6. The police finally found out the suspect's [whereabouts / roundabout].
7. Famous mainly for her wonderful voice, Kim was also a [novice / virtuoso] on the piano.
8. Dad's friend called to send his [condolences / contentment] about grandfather's death.
9. Bears consume copious amounts of food before [hibernation / hypertension].
10. The promotion means a higher salary with [properties / perks] and benefits.

Choose the best answer for the blank.

01 A: I didn't think your brother's cut was bad, but I heard he had to go to the hospital.
B: That's right. His blood doesn't ________________ properly, which means any cut could cause him to bleed for hours.

(a) coagulate
(b) coexist
(c) cohabitate
(d) coauthor

02 A: Did the committee take a vote on whether or not to go ahead with the merger?
B: They took a vote, but no action will be taken until all the members reach a ________________ on the issue.

(a) consensus
(b) connotation
(c) conception
(d) convergence

03 A: Our favorite band is coming to town next month!
B: I know. If I go, it will be the third time I see them in ________________.

(a) contact
(b) contract
(c) concert
(d) convention

04 A: Is your cousin still in the navy?
B: Yes. He says the deep ________________ dives are his favorite part.

(a) subordinate
(b) submarine
(c) substance
(d) subcontract

05 A: I can't seem to finish the final paragraph of my essay.
B: I'm sure if you eliminate all the surrounding distractions so that you can ________________, you'll be fine.

(a) converse
(b) concentrate
(c) conceal
(d) contrive

06 A: The doctors have done so many tests on me lately! Hopefully they know what they're doing.
B: I'm sure they just want as much information as possible to do a proper ________________ of your condition.

(a) anomaly
(b) analysis
(c) announcement
(d) answer

07 A: Our professor does a great job of relating difficult subjects to topics we know more about.
B: I agree. I especially like the way he drew an ________________ between a tiny atom and the solar system.

(a) analogy
(b) anecdote
(c) antidote
(d) analog

08 A: The bombing campaigns we learned about seemed very extreme.
B: Yes, the dominant idea in that war was to completely ________________ the enemy's cities.

(a) annihilate
(b) annul
(c) annotate
(d) annoy

09 A: Your group of students seems to be on the verge of complete chaos.
B: You're right. Any longer without a firm sense of command they will fall into _______________.

(a) annexation
(b) anarchy
(c) anthropology
(d) annunciation

10 A: The road construction is causing commuters to travel on roads that aren't their traditional route.
B: I know. I've had to take the _______________ away from the highway every day this week.

(a) design
(b) deformity
(c) detour
(d) denizen

11 A: I hadn't realized before that slavery was a large part of many different countries' histories.
B: That's true. Many nations began to _______________ slaves during the same time period.

(a) emigrate
(b) emulate
(c) emancipate
(d) emaciate

12 A: What are you planning to do after you graduate?
B: I'm going to _______________ in the army voluntarily and try to become an officer.

(a) endure
(b) enlist
(c) engrave
(d) entertain

13 A: I can't get used to the thought of taking orders from our new boss.
B: Well, you're going to have to because there is no other choice. He is the _______________ authority in the organization.

(a) eminent
(b) embroidered
(c) emphatic
(d) emblazoned

14 A: I was interested to learn that many cultures support formal ceremonies for children who are entering adulthood.
B: Me too. It seems that the _______________ from boyhood to manhood is an important aspect of many cultures.

(a) transportation
(b) transition
(c) transgression
(d) transmission

15 A: What type of work does your mother do?
B: She types out _______________ of witnesses' comments and statements given in court.

(a) transferals
(b) transepts
(c) transfigurations
(d) transcripts

16 A: Where have you been all day? I've been looking for you.
B: My friends and I have a secret _______________ where we go when we don't want to be found.

(a) hideout
(b) cache
(c) stash
(d) safe

17 A: I thought your speech was very good, but apparently the audience didn't.

B: You're right. There was only a light _______________ of applause throughout the entire crowd.

   (a) trickling
   (b) pinch
   (c) smattering
   (d) spark

18 A: Why can't we go swimming in the pond anymore?

B: Apparently it sits on private _______________, and the owner doesn't want us there.

   (a) stock
   (b) property
   (c) possession
   (d) grant

19 A: Have you told James how difficult it is to get into medical school with his level of grades?

B: No, I didn't want to take away the little _________ of hope he has.

   (a) preview
   (b) mirage
   (c) peek
   (d) glimmer

20 A: What's the purpose of the extra curtains around your cubicle?

B: I'm trying to block out any _______________ so I can finish the important report.

   (a) divergences
   (b) distractions
   (c) alternates
   (d) tangents

Choose the best answer for the blank.

21 Many of the country's citizens bought goods at low prices from _______________ markets rather than pay the government-regulated prices.

   (a) unavailable
   (b) unaware
   (c) unbearable
   (d) underground

22 The majority of citizens are willing to _______________ surgery if they think the long-term effects will be beneficial.

   (a) undergo
   (b) underbid
   (c) underachieve
   (d) undercut

23 Deciding to send troops could only have the effect of _______________ the already rampant problem of civil unrest among the local citizens.

   (a) composting
   (b) composing
   (c) compounding
   (d) comforting

24 The suspect was far from _______________ with the officers, as he lied about nearly every situation they mentioned.

   (a) cooperative
   (b) codify
   (c) coerce
   (d) coincide

25 One of the main complaints about the young doctor was that he seemed very cold, with little _______________ or feeling shown to patients.

   (a) composition
   (b) compassion
   (c) comedy
   (d) combat

26 Many students have received at least one _______________ for poor behavior during class sessions.

   (a) deliberation
   (b) demerit
   (c) depiction
   (d) defense

27 Over time, the disease will cause the patient's physical health to _______________, but his mind will be as clear as ever.

   (a) deteriorate
   (b) deactivate
   (c) debase
   (d) debauch

28 If the employee's work habits continue to result in company losses, he may be _______________ to a lower position with less responsibility.

   (a) demeaned
   (b) demented
   (c) demoted
   (d) demarcated

29 The owners of the building plan to _______________ it and put a parking garage in its place.

   (a) demolish
   (b) decipher
   (c) decompose
   (d) decongest

30 One commander always reminded his troops that _______________ was the better part of valor, meaning that being careful was better that looking for glory.

   (a) dissection
   (b) disfiguration
   (c) discretion
   (d) dissension

31 The direct, word-for-word _______________ of one language to another can result in sentences that don't make perfect sense.

   (a) translation
   (b) transubstantiation
   (c) transfixion
   (d) transfusion

32 Many of the poorest areas of the world are marked by widespread physical health issues resulting from _______________.

   (a) maladjustment
   (b) malpractice
   (c) malnutrition
   (d) malleability

33 While the politician wanted to appear warm and friendly, deep down he was full of anger and ______________.

(a) malice
(b) malaria
(c) malarkey
(d) malware

34 Some argue that unless the politicians ______________ a new policy, the crime cycle will continue to repeat itself as it has for years.

(a) entwine
(b) envy
(c) encompass
(d) enact

35 One of the most popular forms of travel has become the rapid ______________ train system from one town to the next.

(a) transit
(b) transpiration
(c) transponder
(d) transmitter

36 Many different types of animals go into ______________ every year when food is scarce and weather is unforgiving.

(a) recession
(b) absence
(c) depression
(d) hibernation

37 One of the greatest skills of the prominent jazz performers is their ______________, the ability to perform fluidly without having to read music or take time to set a specific plan.

(a) improvisation
(b) candor
(c) agility
(d) realization

38 One common ritual in many cultures is the practice of expressing ______________ to the family of a deceased person by visiting them or offering them gifts.

(a) consultations
(b) condolences
(c) concentrations
(d) confirmations

39 Some celebrities can unintentionally acquire ______________ for being cold or rude to their fans.

(a) approval
(b) affirmation
(c) notoriety
(d) enhancement

40 After the team stopped using the stadium, it began to deteriorate from neglect and became an ugly ______________ in the community.

(a) bellyache
(b) eyesore
(c) foothold
(d) handout

Unit 16

Mark gained a reputation for being very cold because he often seemed ________________ and uninterested during class discussions.

(a) aloof
(b) alarmed
(c) reticent
(d) complacent

[THE TOP in TEPS Solution]

[해석] Mark는 가끔 학급 토론 중에 냉담하거나(aloof) 무관심한 것처럼 보였기 때문에 매우 냉정하다는 평판을 얻었다.

[해설] 빈칸에는 uninterested와 유사한 의미를 갖는 어휘로서 Mark의 reputation for being cold에 기여할 수 있는 어휘가 들어가야 한다. 따라서 지문 중 가장 적절한 어휘는 aloof가 된다.

[어휘] reputation n. 명성, 평판   aloof a. 냉담한   alarmed a. 불안해하는, 경보장치가 달린   reticent a. (자기감정 등에 대하여) 말을 잘 안 하는(말이 없는)
complacent a. 현실에 안주하는, 자기만족적인

- **accomplice** 공범
- **ambiguous** 모호한
- **backout** 철회
- **bereavement** 사별
- **bland** 온화한, 순한, 지루한
- **carcass** (도살당한 동물의) 시체
- **contraband** 밀수, 밀매, 불법 거래
- **cornerstone** 기초, 초석
- **crouch** (몸을) 웅크림, 굽실거림
- **delinquency** 범죄, 비행
- **docility** 온순
- **drawback** 결점, 문제점
- **embezzlement** 횡령, 착복
- **equivalent** 등가물, 상당하는 것
- **ferocity** 사나움, 잔인성
- **frailty** 도덕적 결함
- **hindrance** 방해

- **ignominy** 불명예
- **imposture** 사기, 사칭
- **lucidity** 명료
- **masquerade** 가면 무도회
- **outage** 정전
- **outbreak** (유행병 · 소동 · 전쟁 등의) 발발, 돌발
- **pinnacle** 작은 뾰족탑, (권력 등의) 정점
- **plight** 곤지, 어려운 상태
- **proliferation** 증식, 급증
- **quagmire** 수렁
- **quandary** 당황, 곤경
- **restoration** 복구
- **ripple** 파문, 파동
- **scarcity** 부족, 기근
- **sleuth** 탐정
- **standstill** 정지
- **zenith** (성공이나 명예의) 정점

Check Up

1. The robber was apprehended, but his **[accomplice / crouch]** had disappeared.
2. I heard about the big power **[outage / outrage]** that the storm caused last night.
3. The large parade in the city center this afternoon brought traffic to a **[zenith / standstill]**.
4. The customs inspection turned up a lot of **[contraband / broadband]** goods.
5. The authorities started an investigation of the **[equivalent / embezzlement]** charges of public funds on the high-ranking government official.
6. An **[outbreak / imposture]** of the highly contagious bird flu is spreading in North Korea.
7. Brown was more of a **[hindrance / hideout]** than a help.
8. You must not look on unconcernedly at the **[plight / pinnacle]** of the refugees.
9. The customer's remarks were so **[ambiguous / ambitious]** that I could not catch him.
10. We should consider that the problem of juvenile **[delinquency / docility]** is related to the home environment.

- [ ] **abstain** 그만두다, 끊다
- [ ] **backfire** 맞불을 놓다
- [ ] **cherish** 고이 간직하다
- [ ] **commiserate** 가엾게 여기다, 동정하다
- [ ] **corroborate** (소신이나 진술 등을) 확증하다
- [ ] **deactivate** (폭탄 등을) 폭발하지 않게 하다
- [ ] **defraud** (속여서 물품을) 빼앗다, 횡령하다
- [ ] **deify** 신성시하다
- [ ] **disclaim** 기권하다
- [ ] **dissuade** (설득하여) 그만두게 하다
- [ ] **dominate** 지배하다
- [ ] **dribble** 똑똑 떨어지다, (침을) 흘리다
- [ ] **exude** 스며나오다, 발산하다
- [ ] **flaunt** 과시하다
- [ ] **flicker** 깜박이다, 명멸하다
- [ ] **forestall** 앞지르다
- [ ] **gleam** 번쩍이다

- [ ] **glow** 빛나다, 백열하다
- [ ] **hamper** 저지하다, 방해하다
- [ ] **nurture** 양육하다, 교육하다
- [ ] **obstruct** 방해하다
- [ ] **ordain** (신, 운명 등이) 정하다, 운명 짓다
- [ ] **quench** 갈증을 풀다
- [ ] **rear** (물건 등을) 똑바로 세우다
- [ ] **sack** 약탈하다
- [ ] **scribble** 낙서하다
- [ ] **slander** 중상하다, 명예를 훼손하다
- [ ] **spark** 유발하다, 야기시키다
- [ ] **spawn** (물고기, 개구리 등이) (알을) 낳다, 산란하다
- [ ] **strike** (병 · 죽음이) 갑자기 덮치다
- [ ] **swap** 교환하다
- [ ] **wane** (권력, 명성 등이) 시들다

Check Up

1. Various government restrictions are blamed for **[hampering / cherishing]** corporate activities.
2. The little girl **[dribbled / drifted]** juice from her mouth.
3. He **[corroborated / commiserated]** with the losers on their defeat.
4. Water doesn't **[quench / strike]** my thirst after playing football.
5. James Dean was **[disclaimed / deified]** by his fans.
6. Somebody had **[scribbled / spawned]** all over the table in crayon.
7. She hopes to stay at home and **[nurture / nature]** her children.
8. Would you like to **[spark / swap]** seats with me?
9. Terrorists are attempting to **[obstruct / ordain]** the peace process.
10. His enthusiasm for work has not **[waned / waved]** even though he is old now.

- [ ] **aberrant** 정도를 벗어난
- [ ] **amicable** 우호적인, 평화적인
- [ ] **ancillary** 부수적인
- [ ] **avaricious** 탐욕스런
- [ ] **barren** 불임의, (땅이) 불모의
- [ ] **bombastic** 과장하는, 허풍떠는
- [ ] **clumsy** 어색한, 서투른
- [ ] **creepy** 오싹하는
- [ ] **crestfallen** 풀이 죽은
- [ ] **cumulative** 누적되는, 점진적인
- [ ] **devout** 독실한, 신앙심이 두터운
- [ ] **dubious** 의심스런
- [ ] **flagrant** (거짓말, 실수 등이) 명백한
- [ ] **heinous** 가증스런
- [ ] **hoarse** 쉰 목소리의
- [ ] **implacable** 화해하기 힘든
- [ ] **indelible** (오점·인상·기억 등이) 지울 수 없는

- [ ] **intact** 손대지 않은
- [ ] **loquacious** 수다스러운
- [ ] **luscious** 향기가 좋은
- [ ] **obscene** 음란한
- [ ] **pensive** 생각에 잠긴
- [ ] **posthumous** 사후의
- [ ] **prosaic** 단조로운, 지루한
- [ ] **recalcitrant** 완강히 반항하는
- [ ] **restrained** 삼가는
- [ ] **skimpy** 불충분한, 빈약한
- [ ] **slovenly** 단정치 못한
- [ ] **strenuous** 격렬한
- [ ] **subservient** 비굴한, 아첨하는
- [ ] **susceptible** 영향 받기 쉬운, 감염되기 쉬운
- [ ] **ulterior** (목적, 동기 등이) 감추어진, 이면의
- [ ] **unwavering** 동요하지 않는, 확고한
- [ ] **versatile** 다재다능한

Check Up

1. The daffodils in the garden are in **[loquacious / luscious]** full bloom.
2. A woman walked up and down hollering until she was **[hoarse / heinous]**.
3. A **[creepy / clumsy]** sound came from the cellar in the middle of the night.
4. The soil in this area is too **[barren / bombastic]** for farming.
5. People are likely to be getting increasingly **[posthumous / prosaic]**.
6. The press was blamed for being **[subservient / slovenly]** to the government.
7. The mean landlord must have some **[versatile / ulterior]** motive for being nice to me.
8. Although the whole town was ruined by the tsunami, that building remained **[intact / unwavering]**.
9. When he failed his exams, Carl was **[crestfallen / cumulative]**.
10. I am from a **[dubious / devout]** family who goes to church every Sunday.

- ☐ **acquisition** 획득
- ☐ **adroit** 능숙한
- ☐ **aloof** 무관심한
- ☐ **anatomy** 해부학
- ☐ **assiduous** 주도면밀한
- ☐ **berate** 호되게 꾸짖다
- ☐ **bereavement** 사별
- ☐ **bolster** 보강하다
- ☐ **clandestine** 비밀의, 은밀한
- ☐ **congeniality** 친화성
- ☐ **defy** 거부하다
- ☐ **disparage** 험담하다
- ☐ **eccentric** 괴벽스러운, 이상한
- ☐ **embellish** 장식하다
- ☐ **ephemeral** 덧없는
- ☐ **espouse** (주의 따위를) 받아들이다, 채택하다
- ☐ **fabricate** 날조하다
- ☐ **flaunt** 과시하다
- ☐ **garbled** 왜곡된
- ☐ **gratuitous** 무료의
- ☐ **hiatus** (공간, 시간의) 틈
- ☐ **hilarious** 아주 재미있는
- ☐ **hypochondriac** 우울증 환자
- ☐ **insolvent** 지급 불능의
- ☐ **lenient** 관대한
- ☐ **lopsided** 한쪽으로 치우친
- ☐ **monogamous** 일부일처의
- ☐ **nonchalant** 냉담한
- ☐ **polygamy** 일부다처제
- ☐ **prodigy** 비범한 사람
- ☐ **resilient** 회복력이 있는
- ☐ **salutary** 건전한
- ☐ **ticklish** 다루기 힘든
- ☐ **veneration** 존경

Check Up

1. The table was [**embellished / espoused**] with flowers and leaves.
2. The employee is too polite to ever make [**bolstering / disparaging**] remarks about another person.
3. Man can never remain [**aloof / adroit**] in the face of death.
4. The movie was [**nonchalant / hilarious**] – I couldn't stop laughing.
5. The national park can be [**salutary / ticklish**] place for the school trip.
6. When she appeared in [**eccentric / garbled**] clothing, everybody looked at her.
7. We condoled with the widow on her [**congeniality / bereavement**].
8. Sometimes I [**berate / fabricate**] him for not having stopped smoking.
9. Hundreds of people [**defied / dominated**] the ban on political gatherings.
10. Many smaller businesses have become [**insolvent / resilient**] because of this economic recession.

Practice Test

Part I

Choose the best answer for the blank.

01 A: I heard the city is planning to spend a lot
       of money on cleaning up and rebuilding
       the downtown area.
    B: That's right. It will be the biggest
       _______________ project in decades.
       (a) awakening
       (b) reincarnation
       (c) restoration
       (d) sanitization

02 A: Ever since his last championship, my
       favorite golfer has been doing worse and
       worse.
    B: You're right. I think he has passed the
       _______________ of his career and is on
       his way down now.
       (a) zenith
       (b) tower
       (c) launch
       (d) arc

03 A: Are you worried about any deadly
       illnesses when you travel?
    B: I think I will be safe. There hasn't been an
       _______________ of disease for several
       years.
       (a) outsource
       (b) outbreak
       (c) outland
       (d) outcome

04 A: It took a long time, but they have finally
       begun construction on a new school
       building.
    B: I saw that. There was a large
       ceremony dedicated to the laying of the
       _______________.
       (a) track
       (b) platform
       (c) cornerstone
       (d) basement

05 A: I had a feeling your father would change
       his mind and decide not to come with us.
    B: I know. He is the type of person to have a
       _______________ plan for a commitment.
       (a) back out
       (b) send off
       (c) try out
       (d) turn down

06 A: Now that you have a serious heart
       condition, you'll need to watch what you
       eat very closely.
    B: I know, I've already begun to
       _______________ from certain things like
       salty foods.
       (a) abstain
       (b) neglect
       (c) ignore
       (d) remain

07 A: It seems like my kids are growing up so
       fast that I can't even take the time to enjoy
       it.
    B: I know it. You really have to
       _______________ each moment because
       they go by so quickly.
       (a) purchase
       (b) protect
       (c) worship
       (d) cherish

08 A: I should have no problem being cleared of charges as long as the witness' statement aligns with mine.

B: That's true. As soon as the witness _______________ your story, the investigators will see that you told them the truth.

(a) corroborates
(b) corrodes
(c) corrupts
(d) correlates

09 A: Sometimes I think Mary shows off her body a little too much with what she wears.

B: I agree. Apparently she thinks a girl should _______________ it if she has it.

(a) display
(b) exhibit
(c) parade
(d) flaunt

10 A: My bicycle's seat is coming apart, but I don't think it's a very difficult thing to replace.

B: It's very simple. You just need to _______________ out the old seat for a new one.

(a) buy
(b) swap
(c) play
(d) steal

11 A: I think the final test for our math class will be difficult because we need to remember concepts from the whole semester.

B: I agree. Studying for a _______________ test like that is always difficult.

(a) unabridged
(b) supplemental
(c) cumulative
(d) communal

12 A: Did you enjoy the open spaces of the desert on your vacation?

B: It was pretty, but the land was dry and _______________ and I missed the lush vegetation of home.

(a) barren
(b) clean
(c) abundant
(d) sanitary

13 A: I'm glad our new school doesn't have a dress code, because now we can wear what we want.

B: It is nice, but some people take it too far by wearing _______________, revealing clothing.

(a) simple
(b) abbreviated
(c) concise
(d) skimpy

14 A: I felt so embarrassed after everyone saw me trip in the hallway.

B: You're so _______________! You always seem to be falling or running into people.

(a) flimsy
(b) flaky
(c) clumsy
(d) dopy

15 A: Did you play the movie in your classroom? I heard it has adult content.

B: Yes, that's true, but I played a version made by a company that edited out the _______________ language.

(a) obscene
(b) obtuse
(c) obligatory
(d) obvious

16 A: I don't mean to ________________
   your students, but they need a lot of
   improvement to match last year's class.
   B: I agree. They aren't the worst I've had but
   they need to work harder.

   (a) disregard
   (b) oppress
   (c) disparage
   (d) prevent

17 A: Many comparisons can be made between
   the great ape family and the human
   species.
   B: That's true. One of the most cited
   similarities are the ones involving
   ________________, such as hand and foot
   shape.

   (a) formation
   (b) geometry
   (c) disposition
   (d) anatomy

18 A: I don't see why people make such a big
   deal about the possibility of a man having
   multiple wives in our church.
   B: You're right. People focus so much on
   ________________ in religions though it is
   a rare part of our everyday lives.

   (a) polygamy
   (b) ceremony
   (c) hierarchy
   (d) patriarchy

19 A: I saw an orchestra featuring an eight-
   year-old boy playing violin.
   B: I've read about that boy. He seems to be
   a child ________________.

   (a) prodigy
   (b) periphery
   (c) blasphemy
   (d) pariah

20 A: Don just needs a little encouragement to
   become a great musician.
   B: You're right. If he has someone there to
   ________________ his confidence, he'll
   become great.

   (a) provoke
   (b) herald
   (c) entice
   (d) bolster

Part II

Choose the best answer for the blank.

21 The sick girl's weakness and
   ________________ prevented her from being
   able to play sports with the other children.

   (a) subtlety
   (b) timidity
   (c) frailty
   (d) lethargy

22 Getting caught crossing international borders
   with ________________ such as drugs or
   weapons can be a very serious crime
   involving jail time and intense interrogation.

   (a) contraband
   (b) baggage
   (c) transports
   (d) rations

23 Many working adults face the difficult
   ________________ of having to decide
   between working more hours and staying
   home to care for their children.

   (a) quadrant
   (b) qualification
   (c) quandary
   (d) quarry

24 The independence movement was vital not only for the country's people, but it also caused a _______________ effect in which several surrounding nations began to call for independence as well.

(a) tide
(b) rivulet
(c) shimmer
(d) ripple

25 The negotiations came to a _______________ when neither side was willing to give in or compromise on their positions.

(a) faceoff
(b) standstill
(c) walkthrough
(d) lookout

26 The high winds in the heavily wooded areas caused dozens of large trees to fall into the road and _______________ the path.

(a) obstruct
(b) obligate
(c) adorn
(d) convert

27 The space race of the 1960s was such an exciting time around the world that it _______________ interest in space and aliens in all kinds of media.

(a) startled
(b) surprised
(c) sparked
(d) scathed

28 In the most historical and traditional churches, it takes years of schooling before a person can be _______________ a priest or religious leader.

(a) sustained
(b) contained
(c) ordained
(d) maintained

29 The company's president was a man who _______________ confidence in everything he did, from the proud way he walked to the impeccable and stylish way he dressed.

(a) employed
(b) inherited
(c) acknowledged
(d) exuded

30 If the enemy is underestimated, the general's plan for a quick and easy victory may _______________.

(a) backtalk
(b) backlash
(c) backtrack
(d) backfire

31 Several years of _______________ work such as factory work can cause a person to experience health problems very early in life.

(a) strict
(b) docile
(c) strenuous
(d) compulsory

32 After being rejected for his two most desired
    positions in medical school, one student was
    so _______________ that he didn't speak to
    his family for days.
    (a) crestfallen
    (b) cathartic
    (c) malign
    (d) arrogant

33 Sometimes if a famous writer dies while in
    the process of creating a story, the piece
    will still be published as a _______________
    work after his death.
    (a) posterior
    (b) postmodern
    (c) posthumous
    (d) postural

34 Many of the generals were convicted of
    attempted genocide, torture, and other such
    _______________ crimes.
    (a) monstrous
    (b) deformed
    (c) ugly
    (d) heinous

35 A person who lets his guard down too easily
    is _______________ to a surprise attack.
    (a) susceptible
    (b) succinct
    (c) solvent
    (d) surreal

36 Mark gained a reputation for being very cold
    because he often seemed _______________
    and uninterested during class discussions.
    (a) aloof
    (b) alarmed
    (c) reticent
    (d) complacent

37 The company's _______________ beliefs
    and promoted values were actually much
    different from the actual behaviors of daily
    operations.
    (a) entranced
    (b) dialectical
    (c) espoused
    (d) harbored

38 One of the players' favorite parts of road
    trips was receiving free food, drink, and other
    _______________ services.
    (a) presumptuous
    (b) gratuitous
    (c) precipitous
    (d) notorious

39 Deciphering a recorded message can be
    very difficult if there is _______________
    speech or background noise.
    (a) garbled
    (b) juxtaposed
    (c) misaligned
    (d) graveled

40 For a politician, one of the most encouraging
    signs of public support is a _______________
    victory in an election.
    (a) deformed
    (b) lopsided
    (c) overgrown
    (d) scalloped

Make up Test

01 The _________________ woman forgot to go to her dentist appointment.

(a) self-righteous
(b) absent-minded

02 The student stayed up all night to _________________ his final exam.

(a) cram for
(b) whip up

03 Sam really _________________ when he was hired for a prestigious job.

(a) hit the jackpot
(b) cut the red tape

04 The husband was in _________________ when he couldn't tell his wife the date of their anniversary.

(a) a huff
(b) hot water

05 The shopper couldn't buy apples at the supermarket because the store was _________________.

(a) out of stock
(b) out of order

06 The woman enjoyed _________________ a former classmate at the movie theater.

(a) nodding off
(b) running into

07 The wealthy woman hired a cleaning service so she wouldn't have to _________________.

(a) wear the pants
(b) lift a finger

08 It was difficult for the child to _________________ his grandmother's recent death.

(a) come by
(b) cope with

09 The salesman _________________ for his nephew and gave him a less expensive car.

(a) cut a deal
(b) flashed a smile

10 The couple needed to _________________ or they would miss their plane flight.

(a) get going
(b) pull over

11 The police chief decided to
___________________ in search for the
heiresses' missing diamonds.

(a) put all his eggs in one basket
(b) leave no stone unturned

12 Although the opera star was angry, he didn't
need to ___________________ the stage
crew.

(a) take it out on
(b) put up with

13 The company ___________________ its
customers by selling smaller bags of popcorn
while raising prices.

(a) sided with
(b) ripped off

14 The ___________________ child refused to eat
all of his vegetables.

(a) pig-headed
(b) green-fingered

15 The train put on its breaks
and___________________ just in front of the
station.

(a) came to a halt
(b) got tied up

16 The gardener ___________________ weeding
the flower beds by whistling his favorite song.

(a) made light work of
(b) kept in touch with

17 The bully was known to ___________________
other students during recess.

(a) ask out
(b) pick on

18 The secretary ___________________ to her
boss' devious practices.

(a) rang a bell
(b) turned a blind eye

19 The mother was ___________________
by her child's antics.

(a) driven crazy
(b) left behind

20 There was too much ___________________ for
the father to quit his job and start his own
business.

(a) at stake
(b) at bay

대한민국 TEPS 대표강사 Joseph Kim의

THE TOP in TEPS

By Joseph Kim

850

기본편

어 VOCABULARY 휘

랭기지플러스

정답 및 해설

By Joseph Kim

정답 및 해설

THE TOP in TEPS 850 어휘 기본편

초판 발행 First Published	2010년 8월 25일
2쇄 발행 Second Published	2015년 8월 10일
지은이 Author	죠셉 킴
펴낸이 Publisher	엄현선
펴낸 곳 Publishing Company	시사출판사
등록일자 Registration Day	2002년 8월 1일
등록번호 Registration Number	제 300-2002-67호
주소 Address	서울시 종로구 자하문로 300 시사빌딩
TEL Call to Editorial Dept.	편집부 02-744-0509
Call to Marketing Dept.	도서 주문 문의 02-3671-0555, FAX 02-3671-0500
E-mail	info@langpl.com
Homepage	www.langpl.com

＊SISA영어훈련학교는 시사출판사의 임프린트이며, 영어전문서적 출판 브랜드입니다.
＊이 책의 내용을 사전 허가 없이 전재하거나 복제할 경우 법적인 제재를 받게 됨을 알려 드립니다.
＊잘못된 책은 구입하신 서점이나 본사에서 바꿔드립니다.

ISBN 978-89-91749-90-0 13740

대한민국 TEPS 대표강사 Joseph Kim의
THE
TOP in TEPS
850
기본편
어 VOCABULARY 휘
정답 및 해설

Check Up 1

1. [정답] **budget**

[해석] 우리 부서는 예산을 20퍼센트 감축하는 연구를 할 것입니다.

[어휘] **research** n. 연구 **budget** n. 예산
price n. 가격

2. [정답] **expense**

[해석] 출장 경비는 배상되어야 한다.

[어휘] **expense** n. 경비, 비용 **tax** n. 세금
reimburse v. 배상하다

3. [정답] **savings**

[해석] 돈을 제 예금 계좌로 이체 해주세요.

[어휘] **transfer** v. 옮기다
checking account 당좌 예금 계좌
savings account 보통 예금 계좌

4. [정답] **investors**

[해석] 주식 시장이 투자자들의 매도로 지난 달 이후로 폭락했다.

[어휘] **plummet** v. 곤두박질치다, 급락하다
investor n. 투자자 **tenant** n. 세입자

5. [정답] **loan**

[해석] 대부분의 사람들은 학자금을 갚는데 10년이 걸린다.

[어휘] **repay** v. 갚다, 상환하다 **debt** n. 빚
loan n. 대출

6. [정답] **tariff**

[해석] 평균 수입 관세는 2000년 이후로 증가해 왔다.

[어휘] **tariff** n. 관세 **tax** n. 세금
increase v. 증가하다

7. [정답] **deficit**

[해석] 보고서에 따르면 적자 재정이 이자율 상승을 야기시켰다.

[어휘] **deficit** n. 적자 **surplus** n. 흑자
interest rates 이자

8. [정답] **audit**

[해석] 위원회는 연례 감사가 이번 주 내로 이루어져야 한다고 발표했다.

[어휘] **audit** n. 회계감사

9. [정답] **demand**

[해석] 농부들은 유기농 상품에 대한 수요를 맞추기 위해 생산량을 늘렸다.

[어휘] **output** n. 생산량 **demand** n. 수요
supply n. 공급

10. [정답] **creditor**

[해석] 아파트가 채권자에게 넘어갔다.

[어휘] **hand over** 양도하다, 넘겨주다 **debtor** n. 채무자
creditor n. 채권자

Check Up 2

1. [정답] **asset**

[해석] 우리 부서가 당신 회사의 자산이 될 것임을 확신합니다.

[어휘] **asset** n. 자산 **wealth** n. 부, 재산

2. [정답] **depression**

[해석] 실업률은 경기 침체 때문에 증가한다.

[어휘] **economic depression** 경기 침체
unemployment n. 실업

3. [정답] **inflation**

[해석] 인플레이션 때문에 생활비가 폭등했다.

[어휘] **inflation** n. 물가상승 **deflation** n. 물가하락
skyrocket v. 급등하다

4. [정답] **merger**

[해석] 노동조합은 두 대형 은행간의 합병에 반대한다.

[어휘] **merger** n. 합병 **management** n. 경영, 관리
protest v. 저항하다

5. [정답] **bottom**

[해석] 요지는 우리가 식비를 줄여야 한다는 것이다.

[어휘] **bottom line** 핵심, 요지

6. [정답] **engaged**

[해석] 그녀는 현재 큰 회사의 감독관으로 고용되어 있다.

[어휘] **engage** v. 고용하다 **declare** v. 선언하다
currently adv. 현재

7. **[정답]** innovate

   [해석] 너는 성공을 확신하려면 새 부서에 적응하고 자기 쇄신을 해야 한다.

   [어휘] **innovate** v. 쇄신하다, 혁신하다
      renovate v. 개조(보수) 하다

8. **[정답]** turnover

   [해석] 연간 매출이 우리가 추정한 100억 달러에 못 미치는 걸로 예상된다.

   [어휘] **turnover** n. 매출액   **expenditure** n. 지출 ,비용

9. **[정답]** acquisition

   [해석] 그가 최근에 구입한 것은 운송 회사의 주식이다.

   [어휘] **acquisition** n. 습득, 구입한 것   **merger** n. 합병

10. **[정답]** retrenchment

   [해석] 몇몇의 회사들은 수익 감소로 인해 긴축 경영에 들어가야 한다.

   [어휘] **retrenchment** n. 긴축, 절감
      investment n. 투자

Check Up 3

1. **[정답]** jet lag

   [해석] 그는 시차증으로 인한 피로 때문에 오늘 결근했다.

   [어휘] **jet lag** 시차증   **time zone** 표준 시간대

2. **[정답]** declare

   [해석] 신고하실 물건이 있나요?

   [어휘] **declare** v. 신고하다, 선언하다
      exclaim v. 소리치다, 외치다

3. **[정답]** souvenir

   [해석] 나는 이태리 여행 기념품으로 팔찌를 사오라고 부탁 받았다.

   [어휘] **souvenir** n. 기념품   **memorandum** n. 각서, 제안서

4. **[정답]** round trip

   [해석] 편도는 12달러이고 왕복은 20달러입니다.

   [어휘] **round trip** 왕복 여행

5. **[정답]** refundable

   [해석] 사용한 제품은 환불이 안되지만, 결함이 있는 제품은 교환 가능합니다.

   [어휘] **refundable** a. 환불이 되는   **reimbursed** a. 배상된

---

      exchangeable a. 교환 가능한

6. **[정답]** motion sickness

   [해석] 버스에 탈 때마다 나는 멀미를 해서 항상 비닐 봉투를 가져간다.

   [어휘] **motion sickness** 멀미
      plastic bag 비닐 봉투

7. **[정답]** window seat

   [해석] 저는 창가 좌석보다는 복도 쪽 좌석으로 원합니다.

   [어휘] **window seat** 창가 좌석
      aisle seat 복도 좌석

8. **[정답]** confirm

   [해석] 오늘밤 예약을 확인하고 싶어요.

   [어휘] **confirm** v. 확실히 하다   **affirm** v. 단언하다

9. **[정답]** board

   [해석] 파리 행 승객분들은 지금부터 20분 내로 탑승해주시기 바랍니다.

   [어휘] **board** v. 탑승하다   **aboard** a. 탑승한

10. **[정답]** itinerary

   [해석] 공항으로 출발하기 전에 여행 일정표를 확인해야 한다.

   [어휘] **itinerary** n. 여행일정
      stationery n. 문구류

Practice Test Answer Keys

01. (a)	02. (c)	03. (b)	04. (b)	05. (a)
06. (b)	07. (a)	08. (a)	09. (d)	10. (c)
11. (b)	12. (a)	13. (d)	14. (a)	15. (c)
16. (c)	17. (b)	18. (a)	19. (c)	20. (b)
21. (a)	22. (a)	23. (d)	24. (b)	25. (a)
26. (c)	27. (a)	28. (b)	29. (d)	30. (a)

01. (a)

[해석] A: 오늘도 역시 은행 가야 하니?
     B: 응 그래. 삼촌한테 받은 돈을 <u>예금해야</u>(deposit) 해.

[해설] 은행에 가는 이유를 대답해야 하므로 돈을 '예금하다'라는 뜻으로 (a)가 정답이다.

[어휘] **deposit** v. 입금하다, 예금하다
      inject v. 주입하다
      present v. 발표하다, 주다
      instill v. 스며들게 하다
      remit v. 송금하다

transfer v. 이체시키다

02. (c)

[해석] A: 나는 몇 년 동안 열심히 일했어. 그런데 처음 시작할 때
보다 돈을 더 모으지는 못했어.
B: 네 말 이해해. 네가 하는 일로는 많은 부를 <u>축적하기는
(accumulate)</u> 어려운 듯 해보여.

[해설] 빈칸 뒤에 이어지는 부와 함께 쓰여 '~을 축적하다'라는 뜻
의 (c)가 정답이다.

[어휘] **develop** v. 발전시키다, 전개하다
initiate v. 시작하다, 가입하다
accumulate v. ~을 축적하다
animate v. 생명을 불어넣다
accommodate v. (살거나 지낼) 공간을 제공하다

03. (b)

[해석] A: 나는 신문에서 정부가 세금징수 하는 것보다 더 많이 지
출한다는 것을 읽었어.
B: 맞아. 현 정부의 목표는 예산의 <u>균형을 맞추는(balancing)</u>
것이 되어야 해.

[해설] 빈칸 뒤에 이어지는 예산이라는 단어와 함께 쓰여 예산의
'균형을 맞추다'라는 뜻의 (b)가 정답이다.

[어휘] **add** v. 초과하다(to)
balance v. (균형을) 맞추다
exceed v. 초과하다
position v. 입장을 취하다

04. (b)

[해석] A: 당신 회사가 직원들에게 수익의 일부분을 돌려주는데 신
경을 쓴다는 말을 듣고 기뻤어.
B: 나도 그래! 그곳에서 일하는 가장 좋은 점은 각각의 직원
들에게 <u>수입을 교부한다(revenue sharing)</u>는 정책이 있
다는 거야.

[해설] A가 회사가 직원들에게 수익의 일부를 돌려준다는 말을 들
었다고 하는 상황이며 B의 대답에서 긍정의 대답을 한 것으
로 보아 보기 중 수입교부라는 뜻의 (b)가 정답이다.

[어휘] **cost cutting** 비용절감
revenue sharing 수입을 교부하다
loose spending 방탕한 지출
penny pinching 절약, 돈 한 푼에도 벌벌 떠는

05. (a)

[해석] A: James와 너는 남는 돈으로 무엇을 할 거니?
B: 우리는 아마 남는 침실을 <u>임대해야(rent out)</u> 할듯해.

[해설] 남는 돈으로 무엇을 할 것인지 묻고 있으므로 '여분의 침실
과 연결하여 세를 놓다'라는 뜻의 (a)가 정답이다.

[어휘] **rent out** 세를 놓다, 임대하다
go through 겪다
clean up 청소하다

rely on ~에 의존하다
a spare bedroom 손님용[예비] 침실

06. (b)

[해석] A: 많은 노력과 시간이 걸렸지만, 결국 나는 점원에게 할인
된 가격으로 그 자켓을 팔도록 설득시켰어.
B: 나는 네가 그렇게 가격을 깎으려고 점원과 <u>옥신각신 했
는지(haggle)</u> 하는줄 몰랐어.

[해설] 점원에게 할인된 가격으로 물건을 팔도록 설득시켰다는 내
용으로 미루어 보아 가격을 흥정한 것을 짐작할 수 있다. 따
라서 가격을 흥정하기 위해 '옥신각신하다'라는 뜻의 (b)가
정답이다.

[어휘] **associate** v. 관련시키다
haggle v. 값을 깎으려고 입씨름하다
converse v. 대화하다
chat v. 잡담하다
chatter-box n. 수다쟁이
at a reduced price 할인가격으로

07. (a)

[해석] A: 너는 회사 동료들이 왜 다들 너같이 신참들인지 아니?
B: 내 추측으로는 이곳의 이직률이 높아서 인것 같아.

[해설] 회사에 새로 입사한 사원들이 많다는 것은 <u>이직률(turnover)</u>
이 높다는 것을 의미하므로 이직률이라는 뜻의 (a)가 정답
이다.

[어휘] **turnover** n. 이직률
removal n. 제거
exchange n. 교환
substitution n. 대체
new to the company 신입사원

08. (a)

[해석] A: 나는 시장이 많은 종류의 주식을 개선 중이라고 읽었어.
B: 사실이야, 하지만 나는 결정을 하기 전에 내 <u>투자
(investment)</u> 중개인과 상담을 하는 게 더 좋겠어.

[해설] 주식과 관련된 결정을 하기 전에 자문을 구한다고 하였으므
로 투자 전문가라는 표현이 적절하다. 따라서 (a)가 정답이
다.

[어휘] **investment** n. 투자
instruction n. 지시
implement n. 이행, 실행
inclusion n. 포함

09. (d)

[해석] A: 내 동생은 똑똑하지만 선반을 만드는데 많이 힘들어 했
어.
B: 그에게 필요한 것은 목수일과 같은 분야에서 경험이 있
고 <u>노하우(know-how)</u>를 알고 있는 사람에게서 도움을
받는 것이야.

[해설] 동생이 똑똑하긴 하지만 선반을 만드는 일을 못하는 것으로

보아 그 분야에 대해 경험이 많고 기술이 있는 사람의 도움을 받아야 한다. 따라서 요령이라는 뜻의 노하우가 적절하므로 (d)가 정답이다.

[어휘] **kitty-corner** n. 반대편

knick-knack n. 골동품, (집 안에 놓는) 작은 장식품

forget-me-not n. 물망초

know-how n. 노하우

carpentry n. 목수직, 목수 일

10. (c)

[해석] A: 나는 새 차를 살려고 했지만, 그것에 너무 많은 돈을 쓰고 싶지는 않아.

B: 가장 좋은 방법은 여기저기 둘러보고(shop around) 가격을 비교해 봐야 해.

[해설] 빈차를 사기 위해 가격을 비교해보라고 제안 하였으므로 여기저기 '둘러보다'라는 뜻이 가장 적절하다.

[어휘] **pay out** 되갚다

drive ahead 전진하다

buy up 매수하다

shop around 여기저기 둘러보다

11. (b)

[해석] A: 우리가 내년에 가게 될 클럽 여행에 대해 아는 것 있니?

B: 우리가 받은 소책자(brochure)에서 우리 행선지에 대한 정보와 그림을 보았어.

[해설] 클럽여행에 대한 설명으로 그림과 흥미 있는 정보 따위를 볼 수 있는 소책자라는 뜻의 (b)가 정답이다.

[어휘] **gallery** n. 갤러리

brochure n. 소책자

development n. 개발

coupon n. 쿠폰

12. (a)

[해석] A: 리조트의 많은 다른 부분들을 볼수 있어서 즐거웠어요.

B: 나도 그래요. 우리 가이드가 그 지역에 대해 완벽하게 견학(tour)을 시켜준 것이 기뻐요.

[해설] 가이드가 이 지역을 보여줬다는 내용으로 짐작하여 conduct[operate] a tour '여행[견학]을 인솔하다'라는 연어적 표현이 정답이다.

[어휘] **tour** n. 여행, 견학

discovery n. 발견

assessment n. 평가

removal n. 제거

13. (d)

[해석] A: 나는 가능한 한 이 여행이 순조롭게 진행 되기를 바래. 우리가 출발하기 전에 계획을 다시 확인해 보고 싶어.

B: 나도 그래. 호텔 예약(reservation)을 확인하기 위해 미리 전화를 해 봐야겠어.

[해설] 순조로운 여행을 위해 호텔에 전화를 해본다고 하였으므로 '예약을 확인하다'라는 연어적 표현인 confirm a reservation이 정답이다.

[어휘] **operation** n. 작동

condensation n. 응축

recreation n. 오락

reservation n. 예약

confirm v. 확인하다

go on smoothly 순조롭게 진행하다

double-check v. 재확인하다

14. (a)

[해석] A: 미안합니다, 오늘 출근이 늦었네요. 하지만 오늘 정말 차가 많이 막히네요.

B: 네, 저도 고속도로 교통혼잡(traffic jam) 때문에 지각했어요.

[해설] 차가 막혀서 (bumper-to-bumper)지각을 했다는 것으로 보아 선택지 중 '교통혼잡'이라는 뜻의 (a)가 정답이다.

[어휘] **traffic jam** 교통혼잡

gut feeling 직감

loose cannon 통제 불능인 사람

nest egg 밑천

bumper to bumper 차량이 정체한

15. (c)

[해석] A: 우리가 고도가 높은 곳에 올라갔을 때 당신이 산을 오를 만큼 충분히 강하지 않을까봐 두렵나요?

B: 걱정되지 않습니다. 우리가 산을 등반(journeying up) 할 것이라고 안 다음 몇주간 근력강화 운동을 했어요.

[해설] 산을 올라갈 만큼 힘이 강한지를 묻는 질문에 대한 답으로 '산을 등반하다'라는 뜻의 (c)가 정답이다.

[어휘] **step between** 끼어들다

lag behind 뒤처지다

journey up 등반하다, 등산하다

lie down 드러눕다

16. (c)

[해석] 은행에서 대출(loan)할 때 위험한 것 중 하나는 이자를 갚을 수 없는 가능성이다.

[해설] 이자를 갚을 수 없을(not being able to pay the interest) 가능성으로 보아 은행에서 대출할 때 직면하게 되는 위험한 상황에 대한 내용임을 짐작할 수 있다. 따라서 (c)가 정답이다.

[어휘] **grant** n. (정부나 단체에서 주는) 보조금

check n. 수표

withdrawal n. (계좌에서의) 인출

loan n. 대출

17. (b)

[해석] William은 2주마다 <u>급여(paycheck)</u>를 받는 것보다 일주일마다 받는 것이 좀 더 자주 쓸 돈이 생기므로 더 낫다고 생각했다.

[해설] 일주일에 한 번씩 자신의 쓸 돈이 생긴다는 내용으로 미루어 보아 보기의 선택지 중 봉급이라는 뜻의 (b)가 정답이다.

[어휘] **manual** n. 설명서, 소책자
paycheck n. 급여
meeting n. 회의
training n. 훈련

18. (a)

[해석] 수입된 제품의 가격이 <u>수요(demand)</u>의 부족으로 급격하게 하락해오고 있다.

[해설] 수입된 제품의 가격 하락요인에 대한 내용으로 가장 적절한 것은 수요를 뜻하는 (a)이다.

[어휘] **demand** n. 수요
deterrence n. 제지
drastically adv. 급격하게
delivery n. 배달
dependence n. 의존

19. (c)

[해석] 건물 주인들은 지난달 심한 폭풍으로 인한 재산(property) 손해를 복구하기 위해 건설비에 수천 달러를 써왔다.

[해설] 지난달 있었던 폭풍으로 생긴 손상을 복구하기 위해 건설비용에 돈을 쓴다고 하였으므로 재산, 건물을 나타내는 (c)가 정답이다.

[어휘] **relocation** n. 이전
reputation n. 명성, 평판
property n. 재산, 건물
dependent n. 의존, 부양가족

20. (b)

[해석] 상점의 나이 많은 고객들의 대부분은 신용카드보다는 <u>현금(cash)</u>을 가지고 다니기를 선호한다.

[해설] 빈칸 앞의 cold, hard와 같이 쓰여 현금이라는 뜻의 (b)가 정답이다.

[어휘] **currency** n. 통화
cash n. 현금
bill n. 지폐
coin n. 동전

21. (a)

[해석] 종종 큰 회사들은 <u>합병(merger)</u>하기로 결정하기 전에 두 개의 별도의 회사로 이루어져 있다.

[해설] 지금의 하나의 큰 회사가 이전에는 별도의 회사들이었다고 하였으므로 합병계약에 의해 결합되었음을 알 수 있다.

[어휘] **merger** n. 합병

---

containment n. 포함
expansion n. 확장
attention n. 관심

22. (a)

[해석] 그 사업가는 매우 능력 있는 <u>협상가(negotiator)</u>이므로 투자자들과의 면담에서 그의 설득력 있는 말이 중요한 계약을 성사시켰다.

[해설] 빈칸 뒤에 이어지는 and로 보아 설득력 있는 내용과 어울릴 만한 뜻으로 보기의 선택지 중에서 협상가라는 (a)가 정답이다.

[어휘] **negotiator** n. 협상가
peer n. 또래
accumulator n. 축적자
pupil n. 제자, 동공
secure v. 확보하다, 안전하게 하다

23. (d)

[해석] 큰 땅에 대한 기업의 소유권은 기업의 전체 가치를 증가시키는 <u>자산(asset)</u>이다.

[해설] 땅은 기업에 속한 재산이므로 자산이라는 듯의 (d)가 정답이다.

[어휘] **assassination** n. 암살
assertion n. 확언, 확신
assembly n. 모임, 집회, 조립
asset n. 자산

24. (b)

[해석] 건물의 소유주는 그의 <u>보험 증권(insurance)</u>에 따라 홍수로 인한 피해를 보상받을 수 있으므로 수리비를 지불하지 않아도 될 것이다.

[해설] 빈칸 뒤에 나오는 Policy와 함께 쓰여 보험이라는 뜻이 적절하므로 (b)가 정답이다.

[어휘] **difference** n. 차이
insurance n. 보험
deliverance n. 구출, 평결
variance n. 변화
insurance policy 보험약관(증권)

25. (a)

[해석] 매니저가 직원들에게 수익을 낸다면 규칙을 어기는 것이 용납된다고 했을 때, 그들은 그가 <u>손익계산(bottom line)</u>에만 관심이 있다는 것을 알았다.

[해설] 수익과 관련된 부분만을 중요시 여긴다는 뜻의 숙어를 묻는 문제이다. 따라서 (a)가 정답이다.

[어휘] **bottom line** 최종결과, 순수익
skid row 빈민 거리
backseat driver 참견 잘하는 사람
hat trick 교묘한 속임수
bend the rules 규칙을 변칙 적용하다, 왜곡해서 고치다, 악용하다

26. (c)

[해석] 종업원은 우리가 머물려고 하는 호텔의 서비스가 좋지 않으므로 그 호텔을 <u>추천하지(recommend)</u> 않는다고 말했다.

[해설] 문맥상 호텔을 추천한다라는 뜻의 (c)가 정답이다.

[어휘] **demean** v. 품위를 떨어뜨리다
reply v. 응답하다
recommend v. 추천하다
subdue v. 복종시키다

27. (a)

[해석] 많은 선물가게들이 마을의 중심가를 따라 위치하고 있어서 선물과 <u>기념품(souvenirs)</u>을 사려는 관광객들로 넘쳐나고 있다.

[해설] 관광객들이 사고자 하는 물건으로 빈칸 뒤에 이어지는 선물과 어울리는 기념품이라는 (a)가 정답이다.

[어휘] **souvenir** n. 기념품
discussion n. 토론
liability n. 책임
variation n. 변화

28. (b)

[해석] 여행 중에 발생하는 가장 흔한 문제들 중 하나는 가끔씩 며칠 동안 항공사가 승객들의 <u>짐(luggage)</u>을 잃어버린 경우에 발생한다.

[해설] 여행 중에 발생하는 문제점들 중에 빈칸 뒤에서 승객들의 소지품을 잃어버리게 둔다고 하였으므로 짐이라는 뜻의 (b)가 정답이다.

[어휘] **advantage** n. 이점
luggage n. 짐
suffrage n. 투표, 참정권
brokerage n. 중개
belongings n. 소유물, 소지품

29. (d)

[해석] 비행기 창문에서 바라보는 경치가 흥미롭다 하더라도 많은 사람들은 쉽게 이동할 수 있는 <u>통로 쪽(aisle)</u> 자리를 여전히 선호한다.

[해설] 비행기의 좌석 중 창가자리가 아닌 또 다른 자리를 말하고 있으므로 통로 쪽이라는 뜻의 (d)가 정답이다.

[어휘] **aerial** a. 공기의, 공허한
overhead a. 머리 위의
exterior n. 건물 외부
aisle n. 통로, 복도

30. (a)

[해석] 어떤 사람들은 장기간의 비행 후에 <u>시차(jet lag)</u>로 인한 피곤한 상태가 통념이라고 생각하지만 경험 많은 여행가들은 그것이 사실임을 안다.

[해설] 빈칸 뒤에 이어지는 내용이 장시간의 비행이므로 이로 인한 결과를 나타내는 시차가 정답이다.

[어휘] **jet lag** 시차로 인한 피로
hot potato 곤란한 입장
cold feet 공포
seasoned a. 경험이 많은
honor system 우등생 제도

Chapter 01 Unit 02 The TOP VOCA 04 쇼핑, 서비스 / 05 호텔, 숙박 / 06 과학기술, 컴퓨터

Check Up 1

1. **[정답]** **portable**
   [해석] 휴대용 선풍기로 우리는 열을 식힐 수 있다.
   [어휘] **portable** a. 휴대용의   **movable** a. 움직이는

2. **[정답]** **flea market**
   [해석] 아침 일찍 벼룩 시작에 가면, 낮은 가격에 상품을 구할 수 있다.
   [어휘] **flea market** 벼룩시장

3. **[정답]** **warranty**
   [해석] 새로운 냉장고는 1년의 품질 보증서가 따라 나온다.
   [어휘] **warranty** n. 품질 보증서

   promise n. 약속

4. **[정답]** **gratis**
   [해석] 서커스 입장료는 여행사 관광객들에게는 무료이다.
   [어휘] **gratis** a. 무료로   **gratuity** n. 팁

5. **[정답]** **browse**
   [해석] 제품의 성공을 확신하기 위해 사례를 찾아보길 권합니다.
   [어휘] **browse** v. 둘러보다, 인터넷을 돌아다니다
   wander v. 거닐다

6. **[정답]** **rebate**
   [해석] 환불 요청에 대한 절차는 단순화 되어야 한다.

[어휘] **rebate** n. 환불   **process** n. 과정

7. [정답] **garage**

[해석] 돈을 아끼기 위해, 나는 차고 세일에서 15달러에 이 탁자를 구입했다.

[어휘] **garage sale** 중고 물품 세일

8. [정답] **secondhand**

[해석] 너는 절판된 책을 중고 서점에서 찾을 수 있다.

[어휘] **secondhand** a. 중고의

9. [정답] **installment**

[해석] 모든 제품은 할부 판매가 가능하다.

[어휘] **installment** n. 분할 불입   **lump sum** 일시불

10. [정답] **dress shirts**

[해석] 여름에 반팔 와이셔츠는 괜찮습니다.

[어휘] **dress shirts** 와이셔츠

Check Up 2

1. [정답] **toiletries**

[해석] 저는 화장품류를 살 수 있는 가까운 가게를 찾고 있어요.

[어휘] **toiletries** n. 화장품류   **valuables** n. 귀중품

2. [정답] **bed and breakfast**

[해석] 런던에는 아침 식사를 제공하는 좋은 숙박시설이 몇 군데 있어요.

[어휘] **bed and breakfast** 아침식사를 제공하는 숙박

3. [정답] **off-season**

[해석] 비수기 때문에 숙박비가 싸고, 관광객은 거의 없다.

[어휘] **off-season** 비수기

4. [정답] **vacancy**

[해석] 오늘 빈방이 나면 전화 주시겠어요?

[어휘] **vacancy** n. 빈방   **opening** n. 빈자리

5. [정답] **hotel safe**

[해석] 귀중품을 호텔 금고에 맡기시겠습니까?

[어휘] **hotel safe** 호텔 금고   **valuables** n. 귀중품
   outbox n. 임시보관함

6. [정답] **general manager**

[해석] 목걸이가 도난 당했어요, 총 지배인과 얘기하고 싶습니다.

[어휘] **concierge** n. 안내원   **general manager** 총지배인

7. [정답] **duty free shop**

[해석] 면세점에서 내가 말한 가방을 샀어요?

[어휘] **duty free shop** 면세점

8. [정답] **occupancy**

[해석] 우리 부서는 작년에 새 빌딩에 입주했다.

[어휘] **occupancy** n. 사용   **accuracy** n. 정확, 정확도

9. [정답] **over charge**

[해석] 12시 이후에 체크 아웃하지 않도록 하세요, 그렇지 않으면 초과 요금을 내야 합니다.

[어휘] **over charge** 객실 사용 기간을 초과할 때 내는 요금

10. [정답] **deposit reservation**

[해석] 방을 예약할 때, 그들은 당신께 예약 예치금을 요구할 것이다.

[어휘] **deposit reservation** 예약 예치금
   emergency fund 예비비

Check Up 3

1. [정답] **Refraction**

[해석] 빛의 굴절은 물이 담긴 유리잔에 빨대를 넣으면 발견할 수 있다.

[어휘] **reflection** n. 반사, 반영   **refraction** n. 굴절

2. [정답] **hook up**

[해석] 교실에 있는 대부분의 컴퓨터들은 인터넷에 연결되어 있다.

[어휘] **hook up** ~에 연결하다   **look up** 찾아보다

3. [정답] **diameter**

[해석] 원의 반지름은 지름의 반이다.

[어휘] **radius** n. 반지름   **circumference** n. 원주, 둘레
   diameter n. 지름

4. [정답] **erratic**

[해석] 요즘 날씨가 변덕스러워 일기 예보가 틀리다.

[어휘] **erratic** a. 일정하지 않은   **steady** a. 일정한, 꾸준한

5. **[정답]** terminal

> **[해석]** 우리는 귀하께 터미널 서버 구성 요소를 설치하길 요구합니다.
>
> **[어휘]** **terminal** n. 터미널   **termination** n. 종료

6. **[정답]** compass

> **[해석]** Johnson은 과학 분야에 대한 광범위한 지식을 갖고 있다.
>
> **[어휘]** **compass** n. 경계, 범위   **path** n. 진로, 길

7. **[정답]** artificial

> **[해석]** 자동차들이 인공지능으로 움직일 거라고 예상된다.
>
> **[어휘]** **superficial** a. 피상적인, 얄팍한   **artificial** a. 인공적인

8. **[정답]** install

> **[해석]** 나는 바이러스 때문에 소프트웨어를 설치할 필요가 있다.
>
> **[어휘]** **install** v. 설치하다   **forestall** v. 미연에 방지하다

9. **[정답]** glitch

> **[해석]** 모니터가 꺼졌어요. 제 생각에 컴퓨터에 오류가 난 것 같아요.
>
> **[어휘]** **glitch** n. 작은 문제, 결함   **error** n. 실수

10. **[정답]** secured

> **[해석]** 이메일로 청구서를 받을 때, 그것이 노출되지 않게 안전해야 한다.
>
> **[어휘]** **secured** a. 안심한   **encrypted** a. 암호화 된

Practice Test Answer Keys

01. (b)	02. (a)	03. (b)	04. (c)	05. (d)
06. (d)	07. (a)	08. (a)	09. (b)	10. (c)
11. (a)	12. (d)	13. (b)	14. (a)	15. (d)
16. (a)	17. (a)	18. (b)	19. (c)	20. (a)
21. (d)	22. (b)	23. (a)	24. (c)	25. (a)
26. (a)	27. (a)	28. (d)	29. (b)	30. (a)

01. (b)

[해석] A: 나는 네가 그렇게 적은 돈으로 그런 셔츠를 샀다는 게 놀라워.
B: 나도 그래. 정말 싸게(bargain) 샀어!

[해설] 정말 적은 돈으로 셔츠를 샀다고 하였으므로 저렴한 가격으로 산 싼 물건이라는 뜻의 (b)가 정답이다.

[어휘] **level** n. 단계
bargain n. 정가보다 싸게 산 물건
raise n. 봉급인상
step n. 단계
a great bargain (= a good buy) 질 좋고 저렴한 가격으로 산 물건

02. (a)

[해석] A: 이 가게에서 특별히 네가 보고 싶은 물건이라도 있니?
B: 아니, 마음에 정해둔 건 없고 그냥 한번 둘러보고(browsing) 싶어.

[해설] 특별히 구매하고자 정해둔 물건은 없다고 하였으므로 여러 가지를 한번 '둘러보다'라는 뜻의 (a)가 정답이다.

[어휘] **browse** v. 둘러보다, 대강 읽다
select v. 선발하다, 선택하다
depict v. 그리다, 묘사하다
specific a. 특정한, 구체적인

03. (b)

[해석] A: 오늘 파티에 입고 갈 옷을 찾고 있다면 우리는 전문 매장에 가야 할 듯 해.
B: 그래. 오늘은 가장(costume)파티이니깐 가면도 사야 해.

[해설] 파티에 입고 갈 옷과 가면을 산다는 내용으로 보아 가장 파티임을 짐작할 수 있다. 따라서 보기의 선택지 중에서 (b)가 정답이다.

[어휘] **creation** n. 창조
costume n. 의상, 변장
costume party 가장파티
causeway n. 포장도로
clearing n. 청소
outfit n. (특정한 경우, 목적을 위해 입는 한 벌로 된) 옷[복장]

04. (c)

[해석] A: 이곳은 시장 같지는 않네요. 물건들이 모두 중고처럼 보이네요.
B: 사람들이 오래된 물건들을 사고파는 일종의 벼룩시장(flea market)이라서 그래요.

[해설] 모든 종류의 오래된 물건들을 사고 판다고 하였으므로 벼룩시장이라는 뜻의 (c)가 정답이다.

[어휘] **open-air market** 노점상
black market 암시장
seller's market 판매자 시장
flea market 벼룩시장

05. (d)

[해석] A: 길거리 상인들이 가차 없습니다. 내가 어떤 물건도 사지 않으면 안보내 주려고 해요.
B: 무슨 뜻인지 알겠습니다. 그들의 눈에 띄지 않고 몰래 도망가기(steal away)는 아주 어렵습니다.

[해설] 길거리 상인들이 가혹하다는 내용으로 짐작하여 그들의 눈

에 띄지 않고 도망가는 것이 불가능하므로 '도망가다'라는
뜻의 (d)가 정답이다.

[어휘] **grab hold** 붙들다
blow out 불다
frown upon 찡그리다
steal away 도망가다
relentless a. 무자비한
notice v. 알아차리다, 목격하다

06. (d)

[해석] A: 우리의 가방을 방까지 우리가 옮겨야하나요, 아니면 누
군가가 해 주시나요?
B: 저희는 하지 않습니다. 호텔 직원(porter)이 곧 옮겨다 드
릴 겁니다.

[해설] 짐을 옮겨다 주는지에 대해 질문에 대한 답으로 손님의 짐
을 옮겨다 주는 사람을 지칭하는 (d) porter(손님의 짐을 운
반하는 직원)가 정답이다.

[어휘] **guide** n. 가이드
contactor n. (전기) 접촉기
resident n. 주민
porter n. (손님의 짐을 운반하는) 직원

07. (a)

[해석] A: 집에다 칫솔을 두고 왔어. 어디서 살 수 있을까?
B: 칫솔을 포함해서 호텔에서 필요한 일반적인 욕실용품
(toiletries)을 제공 할꺼야.

[해설] 빈칸 뒤에서 칫솔을 포함하는 용품이라고 하였으므로 보기
의 선택지 중에서 욕실용품이라는 뜻의 (a)가 정답이다.

[어휘] **toiletry** n. 욕실용품
lavatory n. 화장실, 세면대
inconvenience n. 불편함
duty n. 의무

08. (a)

[해석] A: 우연히 호텔방에 키를 두고 온 것 같아요. 어떻게 해야
할까요?
B: 걱정 말아요. 원래 키를 찾을 때까지 매니저가 여분의
(spare) 키를 줄 거예요.

[해설] 원래의 키가 아닌 다른 열쇠를 나타내므로 여분의 이라는
뜻의 (a)가 정답이다.

[어휘] **spare** a. 여분의
high a. 높은
gross a. 총체의
kind n. 종류

09. (b)

[해석] A: 가방을 찾아야 해요. 호텔로비 어딘가에 두고 온 것 같은
데, 보이지 않아요.
B: 만약 누군가가 찾아서 돌려줬다면 프론트 데스크 뒤에
있는 분실물 상자(lost and found)를 확인해 보세요.

[해설] 물건을 발견한 사람이 습득한 물건을 가져다 두는 분실물
상자라는 뜻의 (b)가 정답이다.

[어휘] **done and done** 완료된
lost and found 분실물 습득 상자
out and about 기운을 찾고 돌아다니는
beaten and bruised 멍이 든

10. (c)

[해석] A: 왜 기다리지 않고 호텔로 들어갈 수가 없나요?
B: 호텔이 체크인(check-in) 시간에 대한 규정이 엄격해서
아직 2시간 더 남았어요.

[해설] 호텔에 들어가기 위해 기다리는 이유로 숙박절차인 체크인
시간을 뜻하므로 (c)가 정답이다.

[어휘] **see-about** a. 준비한
jump-up a. 급등한
dance-off a. 죽은
check in 체크인

11. (a)

[해석] A: 나는 우주비행사들이 어떤 노력을 하지 않아도 공기 중
에 뜰 수 있는 방식 때문에 우주비행사의 비디오 보는 것
을 좋아해.
B: 우주공간에는 중력(gravity)이 거의 없기 때문에 우주비
행사들은 쉽게 떠다닐수 있어.

[해설] 우주공간에서 비행사들이 쉽게 떠있는 것은 중력이 없기 때
문이므로 '~가 부족한'이라는 lack of와 어울리는 (a)가 정답
이다.

[어휘] **gravity** n. 중력
depth n. 깊이, 수심
importance n. 중요성
intensity n. 강도
float v. 떠다니다, 뜨다

12. (d)

[해석] A: 나는 네 동생이 숲 속 길가에 있었으면 좋겠어. 그가 길
을 잃어버릴까 봐 걱정돼.
B: 나도 그래. 그는 숲 속을 헤매지 않도록 항상 사람들이
많이 다니는 길(path)에 있어야 해.

[해설] 숲 속에서 길을 잃지 않기 위해 사람들이 많이 다니는 옆으
로 난 길에 있어야 한다고 하였으므로 길이라는 뜻의 (d)가
정답이다.

[어휘] **journey** n. 여정
streamline n. 유선형
law n. 법
path n. 길

13. (b)

[해석] A: 지구의 자기장이 항해에 어떻게 사용되는지 본 적 있니?
B: 그래. 나침반(compass) 바늘이 지구의 자기장에 반응하
고 북쪽을 향하는 것이 그것의 좋은 예이지.

[해설] 지구 자기장에 반응하는 것으로 나침반 (b)가 정답이다.

[어휘] **pencil** n. 연필
compass n. 나침반
stencil n. 스텐실
weight n. 무게

14. (a)

[해석] A: 기말 보고서 조사 어떻게 했니? 교과서를 활용했니?
B: 아니야. 책을 보지 않고 노트북 가져와서 인터넷을 <u>검색했어(surfing the net)</u>.

[해설] flipping through books라는 표현은 책장을 '넘기다'라는 뜻이며 책을 보지 않고 노트북을 활용했다고 하였으므로 '인터넷을 검색하다'는 표현인 (a)가 정답이다.

[어휘] **surf the net** 인터넷을 검색하다
play the fool 실수하다
flip v. (손가락으로) 튀기다, 던지다
jump the moon 폭등하다
count the chickens 김치 국물 마시다

15. (d)

[해석] A: 아버지가 필요한 파일을 다운 받을 수 없다고 하셨어. 우리 컴퓨터에 무슨 문제가 있니?
B: 문제는 선이 제대로 <u>연결되지(hook up)</u> 않았어. 하나가 플러그가 빠져있어.

[해설] hook up이라는 표현은 '연결하다'라는 뜻으로 빈칸 뒤에 이어지는 내용에서 플러그가 연결되어 있지 않다고 하였으므로 연결되지 않았다는 내용이 적절하다. 따라서 (d)가 정답이다.

[어휘] **drive on** 차를 몰다
spell out 또박또박 말하다
talk down 말로 이기다
hook up 연결하다

16. (a)

[해석] 고객이 하자가 있는 물건을 산다면, 상점으로부터 <u>환불(refund)</u>의 형태로 돈을 받을 것을 기대한다.

[해설] 하자가 있는 상품의 구매로 고객들은 자신의 돈을 돌려받는 형태라고 하였다. 따라서 보기의 선택지 중에 환불이라는 (a)가 정답이다.

[어휘] **refund** n. 환불
renewal n. 갱신
removal n. 제거
repellent a. 불쾌한

17. (a)

[해석] 일부 아주 비싼 물건들은 몇 달에 걸리는 지불로 구매되고, 고객은 첫 달 불입금(installment)만을 내고 물건을 가져갈 수 있다.

[해설] multiple payments로 물건 값을 여러 달에 걸쳐 지불한다고 하였다. 따라서 매달 내는 '월 불입금'이라는 의미의 (a)

가 정답이다.

[어휘] **installment** n. 분할 불입금
basement n. 지하
foreground n. 전경
backstop n. 야구 포수

18. (b)

[해석] 어디서도 쓸 수 있는 기술에 대한 욕구가 쉽게 휴대가능하고 <u>이동 가능한(portable)</u> 작고, 가벼운 컴퓨터의 발전을 가져왔다.

[해설] 빈칸 뒤에 이어지는 내용에서 쉽게 이동 가능하다고 하였으므로 '휴대 가능한'이라는 의미의 (b)가 정답이다.

[어휘] **regrettable** a. 후회하는
portable a. 휴대하기 쉬운
avoidable a. 피할 수 있는
climbable a. 올라갈 수 있는
disposable a. 1회용의
durable a. 내구성의

19. (c)

[해석] 많은 사람들이 여분의 옷들을 <u>중고(secondhand)</u>가게로 가져가서 낮은 가격으로 팔기 시작하는 기부를 시작했다.

[해설] 여분의 옷을 가져가서 낮은 가격으로 판다고 하였으므로 중고매매 상점임을 알 수 있다. 따라서 (c)가 정답이다.

[어휘] **bewilderment** n. 당혹스러움
enrichment n. 풍요로움
secondhand a. 중고의
kickstand n. 자전거 받침대
donate v. 기부하다

20. (a)

[해석] 한 지역 상인이 모조 다이아몬드가 박힌 시계를 팔면서 진짜라고 주장 했을 때, 한 고객이 그것은 완전한 <u>사기(rip-off)</u>라고 말했다.

[해설] 가짜 다이아몬드가 박힌 시계를 팔면서 진짜라고 우기는 것은 사실을 속이는 일이므로 이와 관련된 뜻의 어휘를 골라야 한다. 따라서 '사기'라는 뜻의 (a)가 정답이다.

[어휘] **tie off** 뛰어오르다
jump up 뛰어오르다
pop up 튀어나오다
fake a. 가짜의
merchant n. 상인
rip-off n. 사기, 바가지

21. (d)

[해석] 호텔에 <u>빈방(vacancy)</u>이 없는 것은 모든 방이 다 차고 더 이상의 손님도 그 호텔에 숙박할 수 없을 때이다.

[해설] 빈칸 뒤에서 호텔의 모든 방들이 다 찼다고 하였다. 따라서 '빈방이 없다'는 뜻이므로 (d)가 정답이다.

[어휘] **allusion** n. 암시

entirety n. 온전함
frequency n. 빈도
vacancy n. 빈방, 구직자리

22. (b)

[해석] 대부분의 명성 있는 호텔들은 매일 각각의 객실을 청소하기 위해 전문적인 <u>청소 담당 관리인(housekeepers)</u>을 고용함으로써 가능한 한 깨끗하게 객실을 유지하려고 한다.

[해설] 객실을 청소하기 위한 전문 관리인을 고용한다고 하였다. 따라서 '호텔 정소 담당 관리인'이라는 뜻의 (b)가 정답이다.

[어휘] **deckhand** n. 갑판원
housekeeper n. 청소관리인
accountant n. 회계사
chauffeur n. 운전기사
prestigious a. 명성있는

23. (a)

[해석] 많은 고객들은 호텔에 머무르는 동안 보석이나 현금, 다른 <u>귀중품(valuables)</u>들을 금고에 둔다.

[해설] 빈칸 앞에 나오는 보석이나 현금과 같은 것들을 지칭하는 어휘가 들어가야 한다. 따라서 '귀중품'이라는 뜻의 (a)가 정답이다.

[어휘] **valuable** n. 귀중품
perishable n. 썩기 쉬운 것들
constable n. 경찰관

24. (c)

[해석] 주차장에 차를 세워서 세 블록 걸어가지 않고 Andrew는 호텔 정문으로 차를 몰고 가서 <u>주차 요원(valet)</u>에게 주차를 맡겼다.

[해설] 호텔정문에서 주차 서비스를 이용한다고 하였으므로 주차 담당자에게 차를 맡긴다는 표현이 적절하다. 따라서 (c)가 정답이다.

[어휘] **pedestrian** n. 보행자, 단조로운
regime n. 통치, 정치
peasant n. 소작농

25. (a)

[해석] 이 지역에서 가장 훌륭한 <u>B&B(bed and breakfast)</u>는 매일 개인 침실과 화장실을 비롯해 세끼 식사를 제공한다.

[해설] 숙박을 위한 침실과 세끼의 식사를 제공한다고 하였다. 따라서 이러한 숙박서비스를 지칭하는 B&B를 나타내는 (a)가 정답이다.

[어휘] **breakfast** n. 아침
cookery n. 요리법
service n. 서비스
feast n. 향연

26. (a)

[해석] 대부분의 사람들은 방대한 지역으로 조그만 건물들이 퍼져 있는 것과는 반대로 중심에 <u>터미널(terminal)</u>이 있는 공항을 선호한다.

[해설] 빈칸 뒤에 이어지는 내용이 조그만 건물들이 펴져있는 것과는 반대라고 하였다. 따라서 중심에 승객들이 오고 갈 수 있는 터미널이 있다는 뜻의 (a)가 정답이다.

[어휘] **terminal** n. 터미널
destruction n. 파괴
depressant n. 진정제
conflict n. 갈등
vast a. 엄청난, 방대한

27. (a)

[해석] 스포츠 세계에서의 끊임없는 <u>갱신(updates)</u>에 대한 필요가 실황중계나, 최신 경기결과를 특징으로 삼는 프로그램을 만들어냈다.

[해설] 스포츠 세계에서 프로그램의 최근 경기결과를 보여주기 위하여 필요한 것이 빈칸에 들어가야 한다. 따라서 최신자료, 갱신의 의미를 지닌 (a)가 정답이다.

[어휘] **live-action** (구어) 생중계의
clip n. (영화) 클립(필름 중 일부분만 따로 떼어서 보여주는 부분)
up-to-the-second 극히 최근(최신)의
accountant n. 회계사
lectern n. 강의대
castaway n. 불량배

28. (d)

[해석] 많은 항공사들이 승무원들이 비행 전 탑승 설명을 하는 반면 다른 항공사들은 녹음된 메시지를 틀어주는 <u>자동기계(automation)</u>를 사용하기 시작했다.

[해설] 빈칸 뒤에 이어지는 내용이 이미 녹음된 메시지를 틀어준다고 하였다. 따라서 선택지 중에서 '자동기계'라는 의미의 (d)가 정답이다.

[어휘] **relegation** n. 좌천
inebriation n. 만취
subjugation n. 복종
automation n. 자동
flight attendant 비행승무원
pre-flight 탑승 전

29. (b)

[해석] 거의 모든 게임 산업회사 특히 <u>가상현실(virtual)</u> 게임회사들은 실제 현실과 아주 비슷한 경험을 만들어 내기를 원한다.

[해설] 비디오 게임회사와 관련하여 실제 현실과 가장 비슷한 가상현실 게임이 적절하므로 '가상의'라는 뜻의 (b)가 정답이다.

[어휘] **reliable** a. 믿을만한
virtual a. 실제상의, 가상의
professional a. 전문적인
terminal a. 최종의

30. (a)

[해석] 컴퓨터 기술자가 노트북을 고치기 위해 도착했을 때, 빨리 파악되는 일반적이고 기본적인 문제부터 <u>수리하기 (troubleshooting)</u> 시작했다.

[해설] 컴퓨터 기술자가 노트북을 고치기 위해 도착했다고 하였다. 따라서 빈칸 뒤에는 컴퓨터의 기본적인 것들을 '수리하다, 고치다'라는 뜻의 (a)가 적절하다.

[어휘] **troubleshooting** n. 수리하기
smooth-talking n. 능숙한 대화
blackmailing n. 협박
sandbagging n. 급습

Chapter 01 Unit 03 The TOP VOCA 07 환경, 자연 / 08 날씨, 자연현상 / 09 교통, 도로

Check Up 1

1. **[정답]** Arctic

　[해석] 북극곰은 북극에 있는 빙하가 녹아서 위험에 놓여 있다.

　[어휘] **Antarctic** n. 남극　　**Arctic** n. 북극
　　endangered a. 위험에 처한

2. **[정답]** harzard

　[해석] 모두들 간접 흡연의 위험을 알고 있다.

　[어휘] **harzard** n. 위험　　**toxin** n. 독소

3. **[정답]** evolution

　[해석] 고고학자들은 인류의 진화를 알아내기 위해 노력하고 있다.

　[어휘] **evolution** n. 진화　　**revolution** n. 혁명

4. **[정답]** emission

　[해석] 정부는 지구 온난화의 원인이 되는 이산화탄소의 배출을 규제할 것이다.

　[어휘] **emission** n. 배출　　**vapor** n. 수증기

5. **[정답]** fertile

　[해석] 식물은 비옥한 토양에서 크게 자란다.

　[어휘] **fertile** a. 비옥한, 기름진　　**barren** a. 척박한, 황량한

6. **[정답]** heredity

　[해석] 사람의 체중이 식습관의 영향을 받는다고 하지만, 유전도 한 요인이다.

　[어휘] **heredity** n. 유전, 유전 형질

7. **[정답]** absorbent

　[해석] 수건은 흡수력이 좋아 청소하는데 유용하다.

　[어휘] **absorbent** a. 흡수성의
　　obsolete a. 더 이상 쓸모가 없는

8. **[정답]** volatile

　[해석] 이 지역에서 지진의 빈도가 불안정하여, 사람들은 탈출했다.

　[어휘] **volatile** a. 불안한, 변덕스러운
　　sterile a. 불임의, 소독한

9. **[정답]** humid

　[해석] 우리는 날씨가 습할 때 더 짜증이 난다.

　[어휘] **humid** a. 습한　　**breezy** a. 산들바람이 부는

10. **[정답]** harness

　[해석] 정부는 에너지 원천으로 태양광, 바람, 조수를 이용하려고 시도한다.

　[어휘] **harness** v. (에너지나 장치 등을) 이용하다
　　exploit v. 부당하게 이용하다

Check Up 2

1. **[정답]** casualities

　[해석] 교통 사고 사상자의 수가 지난밤 사고에 늘었다.

　[어휘] **casualty** n. 사상자　　**casual** n. 평상복

2. **[정답]** drought

[해석] 저수지 바닥은 가뭄이 오래 계속 되면 드러날 것이다.

[어휘] **drought** n. 가뭄   **flood** n. 홍수
reservoir n. 저수지

3. **[정답]** eruption

[해석] 폼페이는 화산 폭발 후에 오랫 동안 완전히 잊혀졌다.

[어휘] **eruption** n. 폭발   **explosion** n. 폭발, 폭파

4. **[정답]** cold front

[해석] 한랭 전선의 이동이 지난밤 눈과 비를 동반했다.

[어휘] **cold front** 한랭 전선   **warm front** 온난 전선

5. **[정답]** tidal wave

[해석] 남부 도시의 산업은 해일로 강타를 맞았다.

[어휘] **tidal wave** 해일   **ebb and flow** 밀물과 썰물

6. **[정답]** precipitation

[해석] 국가의 연평균 강수량은 일정치 않다.

[어휘] **prediction** n. 예측   **precipitation** n. 강수량

7. **[정답]** calamity

[해석] 그들은 친했기 때문에 친구의 죽음은 그녀에게 재앙이었다.

[어휘] **calamity** n. 재앙, 재난

8. **[정답]** typhoon

[해석] 태풍의 피해를 줄이기 위한 방파제 건설이 필요하다.

[어휘] **typhoon** n. 태풍   **tycoon** n. 거물

9. **[정답]** let up

[해석] 비는 잠시 잦아들었지만, 멈추지는 않았다.

[어휘] **let up** 누그러지다   **let down** 기대를 저버리다

10. **[정답]** extinct

[해석] 여러분은 한라산의 사화산으로 당일 여행을 할 수 있다.

[어휘] **extinct volcano** 사화산

Check Up 3

1. **[정답]** stopover

[해석] 당신은 프랑스로 가는 길에 홍콩에서 하루 경유를 할 것이다.

[어휘] **reflection** n. 경유   **pull over** 차를 길가에 대다

2. **[정답]** license plate

[해석] 어떤 지역에서는 사람들이 자동차 번호판 번호를 고를 수 있다.

[어휘] **license plate** 자동차 번호판

3. **[정답]** intersections

[해석] 교차로에 설치된 신호등은 정기적으로 점검 받아야 한다.

[어휘] **intersection** n. 교차로   **dirt road** 비포장 도로
diameter n. 지름

4. **[정답]** DUI

[해석] 그녀는 생일 파티를 갖은 뒤 음주운전으로 면허가 취소됐다.

[어휘] **DUI** (driving under the influence of alcohol) 음주 운전

5. **[정답]** fare

[해석] 어디서 가장 저렴한 부산행 교통 요금을 제공합니까?

[어휘] **fare** n. 교통 요금   **fine** n. 벌금

6. **[정답]** overpass

[해석] 이 거리에 육교가 없기 때문에 교통 사고가 잦다.

[어휘] **overpass** n. 고가도로

7. **[정답]** registration

[해석] 잔금을 치르기 전에 등록 카드에 기입해 주시겠습니까?

[어휘] **registration** n. 등록 신고
register v. 등록하다, 신고하다

8. **[정답]** tailgate

[해석] 앞 차에 바짝 붙어가지 말아요. 매우 위험하고 심각한 결과를 초래할 수 있어요.

[어휘] **tailgate** v. 앞차를 바싹 따라 가다
buckle up 안전벨트를 매다

9. **[정답]** Pull over

[해석] 가스가 바닥이 났네요. 다음 주유소에 차를 세워요.

[어휘] **pull over** 차를 세우다

10. **[정답]** reckless

[해석] 그는 운전 부주의로 죽음을 초래할 수도 있었다.

[어휘] **reckless driving** 운전 부주의
restless a. 가만히 못 있는

01. (d)	02. (a)	03. (b)	04. (a)	05. (a)
06. (a)	07. (c)	08. (a)	09. (b)	10. (d)
11. (b)	12. (a)	13. (b)	14. (c)	15. (d)
16. (d)	17. (b)	18. (c)	19. (a)	20. (b)
21. (a)	22. (a)	23. (c)	24. (a)	25. (a)
26. (a)	27. (a)	28. (c)	29. (b)	30. (a)

01. (d)

[해석] A: 삼 년 전에 심은 day lily가 계속 나올 줄은 몰랐네요.

B: Day lily는 매년 자라나는 <u>다년생(perennial)</u> 식물이기 때문이죠.

[해설] 빈칸 뒤에서 매년 자라난다고 하였다. 따라서 보기의 선택지 중 다년생이라는 뜻의 (d)가 정답이다.

[어휘] **returning** a. 돌아오는

remind a. 남겨진

perpetual a. 끊임없이 계속되는

02. (a)

[해석] A: 공기가 건조하기만 하다면 더워도 상관없지만 오늘은 너무 후덥지근해.

B: 맞아요. 이런 <u>습한(humid)</u> 공기에는 쉽게 땀이 나요.

[해설] A의 대답에서 너무 후덥지근하다고 하였다. 따라서 빈칸 바로 뒤에 이어지는 공기와 함께 쓰여 '습한'이라는 뜻의 (a)가 정답이다.

[어휘] **soak** a. 흠뻑 젖은

swampy a. 습지가 있는, 질퍽질퍽한

rich a.기름진

03. (b)

[해석] A: 나는 제한된 자원에 대한 의존성을 줄이기 위해 고안된 새로운 기술에 대해 많이 읽고 있어.

B: 지구의 <u>화석(fossil)</u> 연료가 없어지기 전에 그런 새로운 기술을 도입하는 것은 좋은 생각인 것 같아.

[해설] 빈칸 뒤에 나오는 연료와 함께 쓰여 문맥상 적절한 의미의 연어가 들어가야 한다. 따라서 석유와 같은 고갈성 자원을 의미하는 화석연료라는 뜻의 (b)가 정답이다.

[어휘] **ancient** a. 고대의

static a. 고정된

arboreal a. 수목의

resource n. 자원, 재원, 수단

04. (a)

[해석] A: 네가 식물재배를 잘하기 때문에 사막지대에 살지 않을 거라고 한 건 무슨 의미였니?

B: 내가 건조한 사막을 즐기기엔 너무 비옥하고 <u>기름진 (fertile)</u> 토양에서 일하는 걸 즐긴다는 의미였어.

[해설] 빈칸 뒤에 나오는 토양을 수식하기에 적절한 형용사를 골라

야 한다. 따라서 쓰여 기름진 이라는 뜻의 (a)가 정답이다.

[어휘] **swollen** a. 부어 오른

animate a. 활기찬

gracious a. 자애로운

05. (a)

[해석] A: 내가 너에게 사준 수박이 유난히 크고 둥글어.

B: 확실히 그래. 너무 커서 종이봉투 윗부분이 툭 튀어 <u>나올 (bulge out)</u> 것 같아.

[해설] 종이봉투에 넣은 수박이 너무 크다고 하였으므로 크기에 맞지 않아 밖으로 불쑥 나왔음을 짐작할 수 있다. 따라서 보기의 선택지 중에 '불쑥 나오다'라는 뜻의 숙어적 표현인 (a)가 정답이다.

[어휘] **keep up** 계속 ~하다

hold on 잡다

hang around 서성거리다

06. (a)

[해석] A: 오늘 일기예보를 못 봤는데, 봤니?

B: 봤어, 오후 내내 비가 올 거라고 <u>예보(forecast)</u>했어.

[해설] A의 질문에서 일기예보(weather prediction)라고 언급하였다. 따라서 보기 중에서 일기예보라는 뜻의 (a)가 적절하다.

[어휘] **frontrunner** n. 선두주자

premier a. 최고의

mandate n. 권한, 지시

07. (c)

[해석] A: 폼페이와 그 도시를 묻어버린 화산재 구름에 대해 읽어 보았니?

B: 음. 봤어. 베수비오수산의 <u>화산 폭발(eruption)</u>은 가장 유명한 천재지변중 하나이지.

[해설] A의 질문에서 화산재 구름(the clouds of ash)을 보았냐는 질문으로 보아 베수비오수산의 화산 폭발이 있었음을 짐작할 수 있다. 따라서 '화산 폭발'이라는 뜻의 (c)가 정답이다.

[어휘] **propulsion** n. 추진력

extension n. 확대

eruption n. 화산 폭발

conclusion n. 결론

08. (a)

[해석] A: 미안해, 너의 파티를 참석할 수가 없었어. 눈보라에 운전하는 것이 매우 위험했거든.

B: 괜찮아, <u>눈보라(flurries)</u>가 오는걸 보고 네가 오지 못할 수도 있겠다고 예상했어.

[해설] A의 대답에서 눈보라(blizzard)에 운전하는 것이 위험해서 파티에 참석할 수 없다고 하였다. 따라서 빈칸 앞에 나오는 snow와 함께 쓰여 눈보라라는 뜻의 (a)가 정답이다.

[어휘] **torrent** n. 급류

rivulet n. 세류
breeze n. 미풍

09. (b)

[해석] A: 학급이 소란스러웠던 것에 비해 우리 선생님은 매우 느긋해 보이시는 것 같아.

B: 내 생각엔 선생님께서 화를 내시기 직전인 것 같아. 폭풍(storm)전의 고요함이랄까.

[해설] 소란스러운 것에 대해 선생님이 매우 느긋해 보인다는 A의 말에 대한 답변이다. 화를 내시기 직전인 것 같다고 하였다. 따라서 곧 화를 낼 것 같은 분위기를 묘사하는 말로 폭풍전야라는 연어적 표현인 (b)가 정답이다.

[어휘] flood n. 홍수
rain n. 비
wind n. 바람

10. (d)

[해석] A: 장맛비가 며칠째 극심한 것 같아.

B: 맞아, 여전히 거세지고 있고 누그러들(let up) 기미가 보이지 않아.

[해설] 극심한 장마가 며칠째 계속되고 있는 말에 대한 대답으로 긍정의 대답을 한 것으로 보아, 그치거나 누그러들 조짐이 보이지 않는다는 내용이 적절하므로 (d)가 정답이다.

[어휘] play out 출연하다, 다 써버리다
drive on 계속가다
cut off 삭감하다
raging a. 격노한, 맹렬한
let up (비, 바람 등이) 잠잠해지다
let down 실망시키다

11. (b)

[해석] A: 잔돈이 없는데 집에 갈 버스는 타야 해.

B: 알았어. 내가 오늘 너의 버스 요금(fare)을 낼게, 내일 갚아줘.

[해설] 잔돈이 없어 버스요금을 낼 수 없다는 A의 말에 대한 대답으로 자신이 돈을 내준다는 내용이 적절하다. 따라서 버스 운임비를 뜻하는 (b)가 정답이다.

[어휘] salary n. 임금
steerage n. 최하급 선실
companion n. 동반자, 동행

12. (a)

[해석] A: 이 두개의 도로가 만나는 곳이 보행자들에게 문제가 되는 지역이야.

B: 맞아. 매우 복잡한 교차로(intersection)인데 통행량을 처리할 적절한 보행자 도로가 없어.

[해설] A의 말에서 두 도로가 만나는 곳이라고 하였으므로 이를 표현하는 (a)가 정답이다.

[어휘] checkpoint n. 검문소

infrastructure n. 사회기반시설
complication n. 복잡(성), 합병증

13. (b)

[해석] A: 예전에 이 길을 꽤 잘 알았는데 몇 년을 떠나 있었어.

B: 걱정 마. 어느 길로 가야 할지 확인할 수 있는 도로(road) 지도를 사면 돼.

[해설] 예전에 잘 알았던 도로였는데 몇 년 동안 떠나 있어서 잘 모르겠다는 말에 대한 대답으로 어느 길로 갈지를 확인할 수 있는 방법이 대답이다. 따라서 map과 함께 쓰여 도로의 사정을 알 수 있는 도로지도를 뜻하는 (b)가 정답이다.

[어휘] drive n. 운전
pavement n. 인도, 포장도로
station n. 역

14. (c)

[해석] A: 극심한 교통 체증 때문에 늦었다는 James의 말을 믿을 수가 없어.

B: 동감이야. 그가 차량이 꼬리에 꼬리를 물었다고(bumper to bumper) 하지만 보통 이 시간에 도로는 그다지 붐비지 않거든.

[해설] 극심한 교통체증 때문에 지각했다고 하였으므로 보기의 선택지 중에서 '교통혼잡'이라는 표현인 (c)가 정답이다.

[어휘] side to side 좌우로
wall to wall 바닥을 완전히 덮는
back to back 서로 등을 맞대고
horrible a. 무서운, 끔찍한

15. (d)

[해석] A: 이제 너의 조카가 함께 있으니 차내에서 안전에 매우 신경을 써야 해.

B: 내가 보장하건데 그가 안전벨트 매는(buckle up) 법을 알고 있어. 그러니 사고가 나도 그는 안전 할꺼야.

[해설] 차를 운전하는 동안 조카의 안전을 걱정하고 있으므로 안전벨트를 '매다'라는 뜻의 (d)가 정답이다.

[어휘] dig in 먹다
try out 테스트 해 보다
leave behind 놓아둔 채 잊다

16. (d)

[해석] 혹독한 추위가 있는 (북극)지역(arctic)에 식물이 거의 없다 하더라도 여전히 인간들과 서식동물이 살고 있다.

[해설] 빈칸 앞에서 혹독한 추위가(the bitter cold)가 있다고 한 것으로 보아 선택지 중에서 북극 지역이라는 뜻의 (d)가 정답이다.

[어휘] volatile a. 변덕스러운
succinct a. 간결한
concentric a. 동심원의
arctic a. 북극의, 극도로 추운

17. (b)

[해석] 태평양의 급작스럽고 강렬한 돌풍은 선원들에게 가장 공포스러운 <u>폭풍(squalls)</u>이다.

[해설] 태평양에서 부는 강렬하고 갑작스런 바람이 공포스런 폭풍 중의 하나라고 하였으므로 돌풍이라는 뜻의 (b)가 정답이다.

[어휘] **tremblers** n. 진동자
squall n. 돌풍
shockwave n. 충격파
swell n. (바다의 큰) 놀

18. (c)

[해석] 지구상의 낮과 밤이 변하는 것은 지구가 그 축을 중심으로 <u>자전(rotation)</u>하기 때문이다.

[해설] 지구의 낮과 밤의 현상을 설명하는 내용으로 내용상 지구의 자전을 나타내는 (c)가 정답이다.

[어휘] **fermentation** n. 발효
flotation n. 부유
migration n. 이주, 이동
(참고)
rotation 과 관련된 연어적 표현들
in[by] rotation 차례로
make a rotation 회전하다[교대하다]

19. (a)

[해석] 지역체 대부분의 거주민이 새로운 공장 계획을 반대하는 것은 공장의 매연 덩어리가 매우 높은 온실가스를 <u>배출(emissions)</u>하기 때문이다.

[해설] 지역체 주민들이 공장의 건설을 반대하는 이유로 매연덩어리들이 높은 온실가스를 배출한다는 내용이 적절하다. 따라서 배출이라는 뜻의 (a)가 정답이다.

[어휘] **proposal** n. 제안
construction n. 건설
contusion n. 타박상

20. (b)

[해석] 사람들이 사과는 나무에서 멀지 않은 곳에 떨어진다고 말하는 의미는 사람의 유전적 <u>형질(hereditary)</u>이 부모에게서 자식에게 쉽게 발견된다는 것을 의미한다.

[해설] 빈칸 뒤에 이어지는 내용으로 보아 부모에게서 자식에 전해진다고 하였으므로 유전적 성질을 언급하고 있음을 알 수 있다. 따라서 보기의 선택지 중에서 빈칸 뒤에 나오는 성질이라는 단어와 함께 쓰여 유전적 형질이라는 뜻의 (b)가 정답이다.

[어휘] **sedentary** a. (사람, 동물이) 한곳에 머물러 사는
energetic a. 정력적인
balanced a. 균형잡힌

21. (a)

[해석] 자욱한 <u>안개(foggy)</u>와 낮은 구름은 파일럿들의 시야를 낮게 만든다.

[해설] 낮은 구름으로 파일럿들의 시야를 가리는 날씨의 상태를 묘사하는 말로 보기의 선택지 중에서 '안개가 낀'이라는 뜻의 (a)가 정답이다.

[어휘] **sparse** a. 드문, 희박한
concentric a. 동심원의
arbitrary a. 임의적인
visibility n. 눈에 보임, 시계
foggy a. 안개 낀
dense a. 밀집한, 짙은

22. (a)

[해석] <u>산사태(avalanches)</u>를 막는 하나의 기술은 다이너마이트를 이용하여 미리 작은 산사태를 일으키는 것이다.

[해설] 빈칸 뒤에 나오는 사태(slides)라는 단어로 짐작하여 산에서 발생하는 산사태를 나타내므로 (a)가 정답이다.

[어휘] **avalanche** n. 사태
fluctuation n. 파동
icecap n. 만년설
timberline n. 수목 한계선

23. (c)

[해석] 눈, 진눈깨비, 우박과 비는 <u>강수(precipitation)</u>의 가능한 형태들이다.

[해설] 눈, 진눈깨비, 우박과 비의 공통적인 현상은 땅으로 하강하는 형태들이므로 물의 형태로 땅으로 내려온다는 뜻의 (c)가 정답이다.

[어휘] **proliferation** n. 확산
consternation n. 실망
deviation n. 벗어남, 편차
sleet n. 진눈깨비
hail n. 우박

24. (a)

[해석] 올해의 허리케인은 이례 없는 재산 손실과 많은 <u>사상자(casualties)</u>를 낳았다.

[해설] 빈칸 앞의 재산상의 손실과 연결되는 뜻으로 인명의 손실을 나타내는 단어로 사상자라는 뜻의 (a)가 정답이다.

[어휘] **casualty** n. 사상자
leniency n. 관대함
absurdity n. 불합리
anxiety n. 염려
property n. 재산, 소유물

25. (a)

[해석] 그 선거는 다수당의 <u>압도적인(landslide)</u> 승리가 확실한 매우 일방적인 것이었다.

[해설] 선거가 한편으로만 너무 기울었다고 하였으므로 다수당의 압도적인 승리를 짐작할 수 있다. 따라서 '압도적인'이라는 뜻의 (a)가 정답이다.

[어휘] **landslide** a. 압도적인
shorthand n. 속기
cliffhanger n. 손에 땀을 쥐게 하는 상황
parkway n. 공원도로
dominant a. 지배적인
one-sided a. 일방적인

26. (a)

[해석] 때때로 보행자들이 선로를 건너는 가장 안전한 방법은 선로 위쪽을 가로지르는 경사진 고가도로(overpass)이다.

[해설] 보행자들이 선로를 건널 수 있는 방법 중 선택지 중 고가도로라는 뜻의 (a)가 정답이다.

[어휘] **canal** n. 운하
glassware n. 유리제품
undercut a. 저가의
crosswalk n. 횡단보도
overpass n. 고가도로, 육교
crossroad n. 네거리 교차로

27. (a)

[해석] 많은 방송국은 헬리콥터를 이용하여 높은 곳에서 차량흐름을 살펴보고 도로에 큰 혼잡(congestion)이 있는지를 보도한다.

[해설] 헬리콥터가 높은 곳에서 차량의 흐름을 살펴보고 있다고 하였으므로 도로상의 혼잡이라는 의미의 (a)가 정답이다.

[어휘] **direction** n. 방향
dependence n. 의존
intelligence n. 지능

28. (c)

[해석] 경찰관이 위반차량을 세웠을 때 일반적으로 두 가지의 서류를 요구한다: 운전면허증과 자동차등록증(registration)이다.

[해설] 경찰관이 교통규칙을 위반한 차량에 요구하는 것으로 운전자의 면허증과 자동차등록증이 가장 적절하므로 (c)가 정답이다.

[어휘] **compilation** n. 모음집
civilization n. 문명
alienation n. 소외감

29. (b)

[해석] 많은 형사소송 사건에서 목격자는 가해자 차량의 번호판(license plate)을 발견함으로써 유용한 정보를 제공한다.

[해설] 빈칸 뒤에 이어지는 plate number와 함께 쓰여 번호판이라는 뜻의 (b)가 정답이다.

[어휘] **metallic** a. 금속의

safety n. 안전
reward n. 보상
witness n. 목격자
guilty a. 유죄의, 죄를 범한
license plate 차량의 번호판

30. (a)

[해석] 그는 아슬아슬하면서도 재미있는 생활을 자랑스럽게 생각한다. 그러나 정지신호를 무시한, 난폭운전(reckless driving)에 대한 그의 유죄판결은 완전히 자신의 좌우명을 적용하며 산다는 것을 보여준다.

[해설] 살아가는 방식이 아슬아슬하다(in the fast lane)는 문장이 앞에 서술되어 있으며, 유죄판결과 관련된 운전은 (a) 난폭운전이다. 따라서 (a)가 정답이다.

[어휘] **conviction** n. 유죄 선고[판결]
in the fast lane 아슬아슬하면서도 재미있는
reckless a. 무모한, 신중하지 못한, 난폭한
expedient a. 편리한, 편의주의적인
shiftless a. 꿈도 야망도 없는, 아무 의욕이 없는
protective a. 보호하는

<table>
<tr><th colspan="5">Make Up TEST Answer Keys</th></tr>
<tr><td>01. (c)</td><td>02. (a)</td><td>03. (c)</td><td>04. (a)</td><td>05. (b)</td></tr>
<tr><td>06. (b)</td><td>07. (b)</td><td>08. (c)</td><td>09. (a)</td><td>10. (c)</td></tr>
<tr><td>11. (a)</td><td>12. (c)</td><td>13. (a)</td><td>14. (b)</td><td>15. (a)</td></tr>
<tr><td>16. (b)</td><td>17. (a)</td><td>18. (c)</td><td>19. (b)</td><td>20. (c)</td></tr>
</table>

01. (c)

[해석] 그 대통령 후보자는 그의 후보자가 한때 스파이였다는 어이없는(ludicrous) 주장을 했다.

[해설] 대통령 후보가 스파이였다는 것은 터무니없는 주장이며 (a), (b)는 '멋진'이라는 같은 의미로 문맥상 어울리지 않는 오답들이다.

[어휘] **ludicrous** a. 터무니없는, 웃기는
gorgeous a. 훌륭한, 멋진
fabulous a. 멋진, 훌륭한
outrageous a. 어이없는, 부당한, 난폭한

02. (a)

[해석] 베고니아는 연중 내내(perennially) 자라기 때문에 새로 심을 필요가 없다.

[해설] 앞 문장에 새로 심을 필요가 없는 이유가 되어야 하므로 (a) 다년생이 옳다.

[어휘] **come up** (종자, 풀이) 싹트다
replant v. 이식하다, 옮겨 심다
perennial a. 다년생의

annual n. 일년생 식물
biennial n. 2년생 식물
universally adv. 어디서나
customarily adv. 습관적으로

03. (c)

[해석] 그 (믿을 수 없을 정도로) <u>훌륭한(incredible)</u> 음악공연은 공연 후 몇 주 동안 계속 이야기 되어졌다.

[해설] 사람들의 입에 오래 동안 회자될 수 있는 공연은 (c) '훌륭한' 공연이다.

[어휘] **incredible** a. (믿을 수 없을 정도로) 훌륭한
incredulous a. 의심 많은, 믿기 힘든
inevitable a. 불가피한, 필연적인
radical a. 근본적인, 철저한, 급진적인

04. (a)

[해석] 화재경보기가 울리자마자 모든 사원들이 그 건물을 <u>비웠다(vacated)</u>. 즉, 빌딩에서 대피하였다.

[해설] 화재경보기가 울렸으므로 사람들이 건물을 (a) '대피하다'가 정답이다.

[어휘] **go off** (알람, 경보 등이) 울리다
vacate v. 비우다, 물러나다, 포기하다
evacuate v. 철수하다, 비우다
interrupt v. 가로막다, 중단하다
alienate v. 멀어지게(소원하게) 하다

05. (b)

[해석] 그 주식 중개인이 고객의 자금을 부당하게 이용했다는 <u>혐의(allegation)</u>가 그의 경력에 치명타를 입혔다.

[해설] 경력에 치명타를 입혔다는 내용으로 보아 (a) 추천이나 (b) 배려는 어울리지 않는다. 따라서 (b) 혐의, 주장이 정답이다.

[어휘] **allegation** n. (증거 없이 누가 부정한 일을 했다는) 혐의[주장]
exploit v. 착취하다, 개발하다
recommendation n. 권고, 추천
implication n. 영향, 함축, 암시, (범죄의) 연루
complication n. 복잡(화), 합병증
consideration n. 사려, 배려, 고려 사항

06. (b)

[해석] 그 가족은 <u>태풍(typhoon)</u>이 오기 전에 집을 판자로 막고 그 도시를 떠났다.

[해설] 태풍과 관련된 어휘이므로 cyclone 이나 (b) 허리케인이 정답이고 (a) 홍수는 범람과 (c) 쓰나미는 해일과 관련이 있다.

[어휘] **board up** (문, 창문 등을) 판자로 막다.
flee (위험·추적자 등에서) 벗어나다, 피하다

07. (b)

[해석] 그 여성은 일을 하나 더 가짐으로써 수입을 <u>증대시키기(boost)</u>로 결심했다.

[해설] 직업을 하나 더 가진다는 것은 수입이 '늘어나는 것'이므로 (b)가 적절하다.

[어휘] **take on** (일을) 떠맡다
boost v. (생산량을) 증대시키다
boast v. 자랑하다
flatter v. 아첨하다, 알랑거리다
replace v. (다른 것의 기능을) 대신[대체]하다
enhance v. 증가시키다

08. (c)

[해석] 그 의사는 아이의 부러진 팔은 곧 나을 것이라고 <u>확신했다(confirmed)</u>.

[해설] 의사가 환자에게 해주는 것은 확신하는 것이므로 (c)가 정답이다.

[어휘] **confirm** v. (특히 증거를 들어) 사실임을 보여주다[확인해 주다]
conform v. (관습 등에) 따르다[순응하다]
assure v. 장담하다, 확언[확약]하다
discourage v. 낙담시키다

09. (a)

[해석] 그 교사는 전체 학급 앞에서 가장 똑똑한 학생의 노력을 <u>칭찬하였다(applauded)</u>.

[해설] 학급에서 학생의 노력에 대해 박수를 보낸다는 것은 (a) 칭찬의 의미이기 때문에 commended가 적절하다.

[어휘] **applaud** v. 박수를 치다
commend v. (특히 공개적으로) 칭찬하다
command v. 명령하다, 지시하다
assess v. (특성, 자질 등을) 재다, (가치, 양을) 평가하다
qualify v. (필요한 교육, 시험 등을 거쳐) 자격[자격증]을 얻다 [취득하다]

10. (c)

[해석] 그 하천은 너무 많은 물이 <u>쇄도해(inundated)</u> 빠르게 범람하기 시작했다.

[해설] 문장 뒤의 overflow와 관련된 단어는 물이 (c) 쇄도하는 것이다.

[어휘] **inundate** v. 감당 못할 정도로 주다[보내다], 침수시키다
overflow v. 넘치다, 넘쳐흐르다
install v. (장비, 가구를) 설치하다
instill v. 스며들게 하다, 서서히 주입시키다
aggravate v. 악화시키다
exaggerate v. 과장하다
deluge v. 쇄도하다, 물에 잠기게 하다

11. (a)

[해석] 그 여자애는 아기에게 너무나 매료되어(captivated) 아기침 대 옆에서 한참 그 아기를 지켜보았다.

[해설] 아기를 한참보고 있다는 것은 '마음을 사로잡았다'는 의미이므로 (a)가 정답이다.

[어휘] **captivate** v. ~의 마음을 사로잡다[매혹하다]
crib n. 유아용 침대 (테두리 난간이 있는)
mesmerize v. 최면을 걸듯 마음을 사로잡다, 완전 넋을 빼놓다
intimidate v. 겁을 주다, 위협하다
relieve v. 안도하게 하다

12. (c)

[해석] 그 자애로운(benevolent) 신사는 마을 고아원을 위한 정기기 모금 행사를 주관했다.

[해설] 접두어 bene-는 good의 의미이고 고아를 위해 기금을 마련하는 행위는 관대한 행동이므로 (c)가 정답이다.

[어휘] **benevolent** a. 자애로운
beneficial a. 유익한, 이로운
beneficent a. 도움을 주는, 친절 한
resourceful a. 기략이 풍부한
determined a. 단호한, 완강한
philanthropic a. 인정 많은, 박애(주의)의

13. (a)

[해석] 그 과학자는 연구실에서 실험하기 위하여 바이러스를 복제하였다(replicated).

[해설] 접두어 re-는 again의 의미이며, 실험실에서 바이러스를 [복제하는 것]이다. 따라서 (a)가 적절하다.

[어휘] **replicate** v. 모사[복제]하다
solicit v. 간청[요청]하다, 얻으려고[구하려고] 하다
commission v. 위임하다, 의뢰[주문]하다
reproduce v. 복제하다, 번식시키다

14. (a)

[해석] 그 여자는 남편의 갑작스런 죽음 이후에 모든 감정이 공허한(void) 상태였다. 즉, 어떤 감정도 느끼지 못했다.

[해설] 남편의 사후 에 오는 감정 상태를 의미하는 것으로는 (b) '공허한'이 정답이다.

[어휘] **void** a. 빈, 헛된, 공허한(empty)
valid a. 유효한[정당한]
discard v. 버리다
inane a. 공허한, 거짓의, 알맹이 없는
confiscated a. 몰수(압수)당한

15. (a)

[해석] 그 대학생들은 아파트 단지의 유일한 현재 거주자들(residents)이다.

[해설] 대학생과 아파트 단지의 관계에서 (a) 거주자임을 알 수 있고 (b) 피난민이나 (c) 이민자는 학생과 어울리지 않는다.

[어휘] **resident** n. 거주자, 살고 있는 사람
tenant n. 세입자, 임차인, 소작인
refugee n. 피난자
immigrant n. (입국) 이주자

16. (b)

[해석] 일기예보는 춥고 비가 오는 주말을 예상했다(foretold).

[해설] 주말의 기상을 말하는 것은 [예보]이고 접두어 pre-는 before의 의미가 있으므로 (b)가 정답이다. (a)는 '~할 여유가 있다' (c)는 '보내다' 또는 '(지식 등을) 후세에 전하다'는 의미로 쓰인다.

[어휘] **forecast** n. (날씨의) 예보
foretell v. 예고[예언, 예시] 하다

17. (a)

[해석] 리무진은 공항에서 호텔까지 외국 귀빈을 모셨다(transported).

[해설] transport는 '운송(수송)하다'이며 자동차와 관련된 어휘로서 transfer가 적절하다. transfer는 '이동하다, 운송하다' 외에 '소유권을 넘기다, 병을 옮기다' 등의 의미도 있다.

[어휘] **dignitary** n. 고위 인사, 고관
transfer n. 옮기다, 나르다
evict v. 퇴거시키다; 축출하다
convict v. 에게 유죄를 입증[선고] 하다
tolerate v. 관대하게 다루다, 묵인[허용]하다

18. (c)

[해석] 그 선생님은 기말고사 전에 학생들이 배운 모든 것을 복습(재정리, 개괄)하였다.

[해설] 선생님이 시험 전에 하는 것으론 [되풀이]를 의미하는 (c) reviewed가 정답이다

[어휘] **recapitulate** v. 요점을 되풀이하다, 요약하다
nominate v. 지명하다
commit v. 범하다, 위탁하다, 맡기다
review v. 검토하다

19. (b)

[해석] 그 사장은 새로운 교육 자료를 제공함으로써 사원들의 훈련(교육)을 용이하게 하였다.

[해설] 회사의 사장이 종업원에게 새로운 교육 자료를 제공하는 이유는 사원들을 일을 더 잘하게 (b) 촉진, 장려하는 것이다. 따라서 (b)가 정답이다.

[어휘] **facilitate** v. 용이하게 하다, 쉽게 하다, 촉진[조장]하다
enervate v. 기운[힘]을 빼앗다 (weaken)
accommodate v. 숙박시키다, 편의를 도모하다, 적응시키다, 조절시키다
aggregate v. 집합하다, 모이다
aggravate v. 악화시키다, 심화시키다

20. **(c)**

[해석] 그 가족은 이웃에 닥친 불행(calamity)을 알았을 때 아낌없는 도움을 주었다.

[해설] 아낌없이 주는 후원이 나왔으므로 어려움을 뜻하는 (c)가 정답이다. (a)는 부담이며 (c)는 전쟁, 질병, 사고의 발생이다.

[어휘] **calamity** n. 큰 재난, 큰 불행(misfortune)
befall v. (좋지 않은 일이) 일어나다, 생기다
outbreak n. 발발, 돌발
catastrophe n. (큰) 불행, 불운, 재난

Chapter 01 Unit 04 The TOP VOCA 10 학교, 교육 / 11 직장 / 12 법

Check Up 1

1. [정답] **flunked**

   [해석] 교수는 낮은 출석률 때문에 학생들 중 3명을 낙제시켰다.

   [어휘] **flunk** v. 낙제시키다   **attendance rate** 출석률
   price n. 가격

2. [정답] **drop**

   [해석] 식당에서 아르바이트를 해야 하기 때문에 생화학 과목을 취소해야만 했다.

   [어휘] **drop** v. 과목 수강을 취소하다

3. [정답] **credits**

   [해석] 당신은 이번 가을 학기에 졸업하려면 5학점이 더 필요하다.

   [어휘] **credit** n. 학점   **point** n. 점수

4. [정답] **undergraduate**

   [해석] 저희는 학부생이 아닌 학사학위 지원자들만 접수 받습니다.

   [어휘] **undergraduate** n. 대학생, 학부생

5. [정답] **cram**

   [해석] 기말 고사를 벼락치기 하지 마세요, 도움이 안 될 거예요.

   [어휘] **cram for** ~를 벼락치기 하다   **ace** v. 일등하다
   loan n. 대출

6. [정답] **attendances**

   [해석] 시간이 갈수록 참석률이 떨어진다.

[어휘] **attendance** n. 참석률   **participation** n. 참가, 참여

7. [정답] **make-up**

   [해석] 우리는 지난주에 수업에 참석을 못했어요, 보충 수업을 해주실 수 있어요?

   [어휘] **make-up** 보충   **regular** a. 정기적인, 정규의

8. [정답] **suspended**

   [해석] 학생들은 폭력 사건이 조사되는 동안 정학 받았다.

   [어휘] **suspend** v. 정학시키다   **commend** v. 칭찬하다

9. [정답] **matriculated**

   [해석] 내 동생은 2009년에 국립 대학에 입학했다.

   [어휘] **matriculate** v. 대학 입학을 허가하다

10. [정답] **enrollment**

   [해석] 대학원 등록자 수가 계속 증가하고 있다.

   [어휘] **enrol(l)ment** n. 등록, 입학

Check Up 2

1. [정답] **openings**

   [해석] 영업부에 빈자리가 거의 없다.

   [어휘] **opening** n. 빈자리   **seat** n. 자리

2. [정답] **proposal**

   [해석] 나는 내부자 거래로 돈을 벌 수 있는 제안을 수락하지 않았다.

   [어휘] **proposal** n. (사업 등의) 제안서

3. [정답] **pink slip**

[해석] 누가 직원을 해고할 권한을 갖고 있나요?

[어휘] **pink slip** 해고 통지서

4. [정답] **market**

[해석] 두 개의 주 회사들이 LCD 패널에 있어 비슷한 시장 점유율을 갖고 있다.

[어휘] **market share** 시장 점유율

5. [정답] **retrench**

[해석] 우리는 직원들 중 일부를 정리해고 해야 했고, 긴축해야 했다.

[어휘] **retrench** v. 긴축하다, 정리해고 하다

6. [정답] **branches**

[해석] 그 식료품 회사는 국내에 가장 많은 지점을 갖고 있다.

[어휘] **branch (office)** n. 지사

7. [정답] **contract**

[해석] 임대 계약을 하기 전에 한 달에 비용이 얼마 드는지 확인하세요.

[어휘] **contract** n. 계약
contractor n. 계약업자, 계약인, 청부업자

8. [정답] **candidate**

[해석] 그녀는 CEO 자리에 가장 적합한 후보이다.

[어휘] **candidate** n. 후보자   **participant** n. 참가자

9. [정답] **maternity**

[해석] 내 상관이 3개월간 출산 휴가를 가면, 난 누가 그녀를 대신할지 모르겠어.

[어휘] **maternity leave** n. 출산 휴가   **fraternity** n. 협회

10. [정답] **transferred**

[해석] 내 동료는 금융을 전공했지만 마케팅 부서로 전근을 갔어요.

[어휘] **transfer** v. 전근하다

Check Up 3

1. [정답] **fugitive**

[해석] 현상금 사냥꾼들은 도망자를 추적 중이다.

[어휘] **fugitive** n. 도망자   **barrister** n. 법정 변호사

2. [정답] **attorney**

[해석] 당신은 묵비권을 행사할 권리가 있으며 변호사를 선임할 권리가 있습니다.

[어휘] **attorney** n. 변호사
prosecutor n. 검사

3. [정답] **bail**

[해석] 용의자는 보석으로 풀리는 것을 거절당했다.

[어휘] **bail** n. 보석(금)   **fine** n. 벌금

4. [정답] **autopsy**

[해석] 부검결과 그녀는 독살되었고 췌장암이 있었다.

[어휘] **pancreatic cancer** 췌장암   **autopsy** n. 부검
corpse n. 사체

5. [정답] **blackmailed**

[해석] 그는 그녀에게 수개월간 뺑소니에 대해 모두에게 말하겠다는 위협으로 협박했다.

[어휘] **blackmail** v. 협박(하다), 약탈(하다)
capture v. 포로로 잡다, 억류하다

6. [정답] **smuggling**

[해석] 갱단이 아프리카에서 국내로 밀수하려다 붙잡혔다.

[어휘] **smuggle** v. 밀수하다
shoplifting n. (가게에서의) 좀도둑질

7. [정답] **custody**

[해석] 엄마가 치열한 공방 끝에 아이들의 양육권을 갖게 되었다.

[어휘] **custody** n. 양육권   **adoption** n. 입양
aisle seat 복도 좌석

8. [정답] **provision**

[해석] 임대차 조항에 따르면, 세입자는 파손에 대한 전적인 책임이 있다.

[어휘] **provision** n. (법률 등의) 조항, 규정   **trial** n. 재판

9. [정답] **decency**

[해석] 그녀가 그만 두기 전까지 우리는 그녀의 무례한 행동을 참아야 한다.

[어휘] **decency** n. 예의, 예절

10. [정답] **pleaded**

[해석] 경찰은 뇌물 수수에 대한 무죄를 주장했다.

[어휘] **plead** v. ~라고 주장하여 변호[항변]하다
sentence v. 선고하다

Practice Test Answer Keys

01. (a)	02. (b)	03. (b)	04. (a)	05. (c)
06. (a)	07. (c)	08. (a)	09. (b)	10. (a)
11. (a)	12. (c)	13. (a)	14. (d)	15. (a)
16. (d)	17. (a)	18. (b)	19. (d)	20. (a)
21. (b)	22. (d)	23. (c)	24. (d)	25. (a)
26. (b)	27. (a)	28. (c)	29. (a)	30. (a)

01. (a)

[해석] A: 많은 미래의 직원들을 평가하는데 넌덜머리가 나.

B: 나도 알아, 지원자(candidates)가 너무 많아서 이름도 제대로 알 수가 없어.

[해설] 장래의 직원들을 평가한다고 한 것으로 보아 지원한 사람임을 알 수 있다. 따라서 '후보자'라는 뜻의 (a)가 정답이다.

[어휘] **candidates** n. 후보, 지원자

nominate a candidate (공직의) 후보를 지명하다

endorse a candidate 후보자를 지지하다

retirees n. 은퇴자, 퇴직자

implications n. 함축

probabilities n. 있을법함, 있음직함

02. (b)

[해석] A: 사장이 새로운 건물에 대한 프로젝트를 좋아하지 않을 것 같아.

B: 걱정 마. 우리가 다음 회의에서 제안서(proposal)를 수정하고 새로운 개정안을 발표할 수 있을 거야.

[해설] 사장이 새로운 프로젝트를 좋아하지 않는 것 같다는 말에 대한 답변으로 수정을 한다고 하였으므로 그들의 생각을 제안한 제안서라는 (b) proposal이 적절하다.

[어휘] **revise** v. 교정하다, 수정하다, 바꾸다

dictation n. 받아쓰기

proposal n. 신청, 제안, 건의

convocation n. 소집, 집회

statute n. 법규, 규정

03. (b)

[해석] A: 오늘 공장 밖에서 수많은 노동자들을 보았어.

B: 노동분쟁(labor dispute) 때문에 파업을 하는 노동자들이야.

[해설] 공장 밖의 많은 노동자들에 대한 묘사로 그들이 파업을 하는 중이라고 하였으므로 그 원인으로 보기의 선택지들 중에서 노동 분쟁이라는 연어적 표현인 (b)가 정답이다.

[어휘] **requirement** n. 요구, 필요

drudge v. 꾸준히 정진하다, ~에게 고된 일을 시키다

04. (a)

[해석] A: 왜 Billy가 이번 주에 일하러 나오지 않았는지 아니?

B: 그는 지난주에 안전규칙을 위반해서 해고되었어(got

sacked).

[해설] Billy가 일하러 나오지 않은 이유로 안전 규칙을 위반했다는 내용으로 짐작해 볼 때 회사에서 해고 되었다는 내용이 적절하므로 (a)가 정답이다.

[어휘] **sack** v. 약탈하다, 앗아가다, 격파하다

drill v. ~에 구멍을 뚫다, 훈련하다

drag v. 끌다, 훑다

stamp v. 짓밟다, 날인하다

05. (c)

[해석] A: 나는 상관이 회사의 구조 조정에 대해 말하는 것을 들었어. 그는 매우 걱정스러워 보였어.

B: 그래, 그는 비용을 절감하기 위해 많은 직원들을 해고(lay off) 할 것이라고 생각해.

[해설] 회사의 구조조정에 대한 결과로서 비용을 절감한다고 하였으므로 빈칸 뒤에 나오는 직원이라는 뜻과 어울려 '해고하다'라는 뜻의 (c)가 정답이다.

[어휘] **downsize** v. 소형화하다, (인원을) 축소하다

pay up 완전히 청산하다, 전액을 납입하다

seek out 찾아내다

lay off 해고, 강제 휴업

step on ~을 밟다, 발을 걸다

06. (a)

[해석] A: 경찰관은 그 남자의 대부분의 물건들을 증거로서 모았어.

B: 알고 있어. 그들은 심지어 사건에 핵심적인 실마리를 담고 있을 거라고 생각해서 컴퓨터를 압수했어(confiscate).

[해설] A의 대답에서 남자의 물건들을 증거로 모았다고 하였으므로 B의 대답에서는 '컴퓨터를 압수하다'라는 표현이 적절하므로 (a)가 정답이다.

[어휘] **possession** n. 소유, 재산

confiscate v. ~을 압수하다, 몰수하다

07. (c)

[해석] A: 나 오늘 텔레비전에서 절도 용의자가 체포되는 것을 봤어.

B: 그래 맞아. 그는 재판이 있을 때까지 경찰 유치장(police custody)에 있을 거야.

[해설] 용의자가 체포되었다는 뉴스를 보았다는 말에 대한 대답으로 용의자가 재판으로 형을 받을 때까지는 유치장에 감금된다는 내용이 적절하므로 (c)가 정답이다.

[어휘] **hospitality** n. 환대, 친절, 이해력

custody n. 보관, 관리, 보호, 감금

08. (a)

[해석] A: 네가 본 사건에 대해서 경찰관에게 말하는 것은 위협적일 수도 있어.

B: 맞아, 법정에서 선서를 하고 증언(testimony)하는 것은

증인으로서의 매우 중요한 일이야.

[해설] A가 목격한 사건에 대해 경찰관에게 말한다고 하였으므로 증인으로서 법정에서 선서를 한다는 내용이 적절하다. 따라서 선택지들 중에서 증언이라는 뜻의 (a)가 정답이다.

[어휘] **intimidate** v. ~을 두려워하게 하다, 협박하다, 위협하다
testimony n. (법정) 선서 증언, 증거, 공표
implication n. 함축, 암시, 연루

09. (b)

[해석] A: 많은 기결수들은 감옥에서 매우 영향력이 있는 편지와 책을 쓰면서 시간을 보내.
B: 그건 사실이야. 투옥되어 있는(behind bars) 시간이 사람들에게 항상 부정적인 경험은 아니야.

[해설] 많은 기결수들이 감옥에서 시간을 보내는 동안 하는 일에 대한 내용이므로 감옥에 갇히다 라는 숙어적 표현인 (b)가 정답이다.

[어휘] **behind bars** 옥중에(서), 수감된
between jobs 실직 상태인

10. (a)

[해석] A: 그 신문은 마약 딜러들이 그들의 사업을 수행하기 위해서 사용하는 과정에 대한 시리즈를 연재하고 있어.
B: 나도 마약이 어떻게 외국으로부터 밀수되는(smuggled in) 지에 대한 설명을 하는 오늘 기사를 보았어.

[해설] 마약딜러들이 사업을 수행하는 과정에 대한 기사를 보았다고 한 것으로 보아 다른 나라에서 '마약을 들여오다'라는 뜻의 관용적인 표현인 (a)가 정답이다.

[어휘] **smuggle in** 밀수입[밀수출] 하다, 밀수하다
dragged out 기진맥진하여

11. (a)

[해석] A: 다음 2년 동안 너의 교육 계획은 무엇이니?
B: 학위(degree)를 받을 때까지 대학공부를 계속할 예정이야.

[해설] 빈칸 앞의 earn과 함께 쓰여 학위를 받다라는 뜻인 (a)가 정답이다.

[어휘] **curriculum** n. 교육과정
copyright n. 저작권
relegation n. 좌천

12. (c)

[해석] A: 이렇게 늦게까지 열심히 공부하는 이유가 있니?
B: 만약 다음 시험을 잘 치르면 아마도 학비에 보탬이 될 장학금(scholarship)을 받을 수 있을 거야.

[해설] 빈칸 뒤에서 학비에 보탬이 된다고 하였으므로 장학금을 '받다'는 표현이 적절하다. 따라서 win과 함께 쓰여 '장학금을 받다'라는 뜻의 (c)가 정답이다.

[어휘] **requirement** n. 필요조건

conclusion n. 결론
deployment n. 전개, 배치

13. (a)

[해석] A: 이번 학년 시간표를 어떻게 짤지 결정하는데 어려움이 많아.
B: 지도 교수님(academic advisor)과 이야기해서 계획을 짜는데 도움을 받을 수 있는지 알아봐.

[해설] 시간표를 짜는데 어려움이 있다는 말에 대해 도움을 받을 수 있는 사람을 지칭하고 있다. 따라서 보기 중에서 지도 교수님이라는 뜻의 (a)가 정답이다.

[어휘] **manipulator** n. 조종자
delineator n. 묘사하는 사람
decider n. 승자를 결정짓는 것

14. (d)

[해석] A: 다음 시험에 대비해 공부를 많이 하고 있니?
B: 아니 아직 하지 못했어. 그래서 그 전날 밤에 벼락치기(cram) 공부를 해야 해.

[해설] 시험대비 공부를 많이 했냐는 질문에 대해 부정적으로 대답을 하였으므로 시험 직전에 공부를 한다는 표현인 (d)가 정답이다.

[어휘] **jump** v. 뛰다
run v. 달리다
look v. 보다
cram v. 억지로 채워 넣다

15. (a)

[해석] A: 저번 과제에서 학생들 간의 점수 차이가 매우 컸어.
B: 그래 알아. 가장 높은 점수 그룹에서 두 번째 점수 그룹으로 많은 탈락(drop-off)이 있었지.

[해설] 큰 점수 차이로 인한 탈락이 많았음을 나타내므로 (a)가 정답이다.

[어휘] **take-off** n. 이륙
shakedown n. 갈취
pickup n. 개선, 사람을 태우러 감
variation n. 변화, 차이
huge a. 엄청난, 방대한
assignment n. 과제 임무

16. (d)

[해석] 현대 시장에서 거의 모든 직업을 얻기 위해서는 잠재적인 직원들이 경력과 능력을 적은 이력서(resume)를 제출해야 한다.

[해설] 요즘 직장을 얻기 위해서는 경력과 능력을 상세하게 적은 빈칸을 제출해야 한다고 하였으므로 보기의 선택지들 중에서 이력서라는 뜻의 (d)가 정답이다.

[어휘] **renouncement** n. 포기
propaganda n. 선전, 선전 방법

determinant a. 결정하는 한정적인 n. 결정자[물], 한정사

17. (a)

[해석] 장래의 고용주에게 인상을 남기기를 바라는 <u>면접을 보는 사람(interviewee)</u>으로서 가능한 한 질문에 완벽하고 정직하게 답하는 것이 좋다.

[해설] 잠재적인 고용주에게 인상을 남겨야 하는 사람으로서 면접을 보는 사람이라는 뜻의 (a)가 정답이다.

[어휘] **interviewee** n. 피회견자, 면접받는 사람
appointee n. 임명[지명]된 사람, [법] (재산권의) 피지정인
alternate v. 번갈아 일어나다, 교체하다
entrant n. 들어가는 사람 신입자[생], 신입 회원, 참가자

18. (b)

[해석] 심장수술에 대한 의사의 <u>전문 지식(expertise)</u>의 정도는 놀라운 성공률과 경험으로 검증된다.

[해설] 수술에 대해 의사를 평가하는 기준으로 제시된 것으로 보아 의사가 가지고 있는 전문 지식의 정도가 적절하므로 (b)가 정답이다.

[어휘] **expertise** n. 전문적 기술[지식]
exportation n. 수출, 수출품
exorcism n. 귀신 쫓아내기, 구마

19. (d)

[해석] 일부 회사들은 일에 방해가 되지 않는 한 재미있고 편안한 분위기를 만들기 위해서 직원들이 <u>빈둥거리는(goofing around)</u> 것을 허용한다.

[해설] 편안한 분위기를 위해 직원들이 일하는 데 방해가 되지 않는 범위 내에서 허용된다는 내용으로 짐작해 볼 때 잠시 딴 짓을 한다라는 의미로 '빈둥거리다'라는 뜻의 (d)가 정답이다.

[어휘] **promote** v. 증진하다, 장려하다, 승진시키다
interfere v. 방해하다, 해치다, 간섭하다, 충돌하다
spook v. (유령) ~에 달라붙다, 위협하다
shift v. 이동하다, 옮기다, 변통하다, 속이다
bounce v. (공) 튀다, 뛰어오르다
goof v. 실패하다, 오해하다, 빈둥거리다

20. (a)

[해석] 회사의 한 직원은 어제 <u>해고 통지서(pink slip)</u>를 받았고, 새로운 직업을 찾아야만 했다.

[해설] 직원이 새로운 직장을 찾는다고 하였으므로 다니던 회사에서 해고통지를 받는다는 내용이 적절하므로 해고통지라는 연어적 표현인 (a)가 정답이다.

[어휘] **pink slip** 해고 통지서, 운전 임시 면허증
last straw 참을 수 없는 마지막(한도)
dead horse 시시한 문제, 가불한 임금
clean sheet 오점이 없는 경력, 백지

21. (b)

[해석] 몇몇의 피고인들은 <u>변호사(attorney)</u>를 고용하지 않고, 대신, 그들 스스로를 법정에서 변호하기로 했다.

[해설] 피고인들이 대리인을 고용하지 않고 스스로를 변호한다고 한 것으로 보아 피고인의 변호를 맡아주는 사람이 정답이다. 따라서 보기의 선택지들 중에서 변호사라는 뜻의 (b)가 정답이다.

[어휘] **attorney** n. 대리인, 변호사
intern n. 인턴, 교육 실습생, 교생

22. (d)

[해석] 심각한 사건에 대해 재판에 출두하지 않은 사람은 법을 회피한 도망자(fugitive)가 된다.

[해설] 중죄 사건에 대해 재판에 참석하지 않은 법의 심판을 피하는 행위가 되므로 법을 회피한 도망자라는 뜻이 적합하다.

[어휘] **guardian** n. 보호자, 수호자 감시인, 보관인
divider n. 분할자, 분배자
fugitive n. 도망자, 망명자
delinquent n. (직무) 태만자 범법자

23. (c)

[해석] 그 남자는 행사에서 셔츠를 입지 않은 것에 대해 <u>외설적인(indecent)</u> 노출(죄)가 적용되어 벌금을 물게 되었다.

[해설] 빈칸 뒤에 나오는 노출이라는 뜻과 어울리며 셔츠를 입지 않았다고 하였으므로 외설적인 이라는 뜻의 (c)가 정답이다

[어휘] **incompetent** a. 무능한, 능력 없는
indecent a. 버릇없는, 추잡한
indecisive a. 결단력이 없는, 우유부단한

24. (d)

[해석] 가끔, 변호사는 감형을 받기 위해 그의 고객에게 범죄에 대해서 <u>유죄 책임을 인정하라고(plead guilty)</u> 충고한다.

[해설] 변호사가 피고인에게 감형을 받기 위해 충고하는 것으로 빈칸 뒤에 이어지는 유죄라는 말과 어울려 유죄를 인정하다라는 뜻의 (d)가 정답이다.

[어휘] **plead** v. 변호하다, 주장하다

25. (a)

[해석] 의사의 <u>부검(autopsy)</u>은 사인이 마약 과다복용과 관련 있다는 것을 밝혀냈다.

[해설] 빈칸 뒤에서 사인을 밝혀냈다는 내용이 이어지므로 빈칸에는 죽은 사람의 사망원인을 밝히는 부검이라는 뜻의 (a)가 정답이다.

[어휘] **overdose** v. ~에게 과도하게 투약하다, (약을) 과잉 투여하다
autopsy n. 검시, 검시 해부, 부검
autonomy n. 자치, 자치권
autocrat n. 독재[전제] 군주

26. (b)

[해석] James는 그가 대부분의 시간을 가르치며 보내는 대학의 교수진(faculty)으로 채용되기를 희망한다.

[해설] 대학에서 강의하는 대학에서 고용되기를 희망한다고 하였으므로 대학의 교수진을 나타내는 (b)가 정답이다.

[어휘] **regiment** n. 연대
dialect n. 사투리
affirmation n. 단언

27. (a)

[해석] 보통 교사들이 학생의 출석(attendance)을 지속적으로 확인하지 않는 경우 학생들은 수업을 빠지는 것에 대한 불이익을 받지 않는다.

[해설] 빈칸 뒤에서 학생들이 수업을 빠지는 것과 관련해 출결을 확인한다는 내용이 적절하므로 (a)가 정답이다.

[어휘] **reflection** n. 반사
permission n. 허가
essence n. 본질
penalty n. 형벌, 처벌
keep track of ~을 놓치지 않고 따라가다, ~을 기록하다

28. (c)

[해석] 학생이 다른 학교로 전학을 원할 때 그 학생의 학업 이수를 확인하기 위한 방법으로 성적증명서(transcript)가 새로운 학교로 발송된다.

[해설] 학생이 전학을 가는 경우 학업이수를 확인하기 위한 서류 중 보기의 선택지 중에 성적증명서라는 뜻의 (c)가 정답이다.

[어휘] **transmission** n. 전파
transfer v. 옮기다
transformation n. 변신, 변형

29. (a)

[해석] 학생들이 선택강좌를 고를 수 있긴 하지만 각각의 학생들에게 의무적으로 요구되는(required) 과목도 있다.

[해설] 학생들의 수업 과정 중 의무적으로 수강해야 하는 필수과목을 설명하고 있으므로 (a)가 정답이다.

[어휘] **delivered** a. 인도의
reprimand a. 문책받은
negate v. 무효화하다
elective class 선택과목
mandatory a. 필수의, 의무적인

30. (a)

[해석] 시험에서 A를 받았을 때 항상 학급에서 일등을 하는(aced) 학생이 있었다.

[해설] 학급에서 항상 일등을 한다고 하였으므로 보기의 선택지 중에서 'A학점을 받다'라는 표현인 (a)가 정답이다.

[어휘] **flashed** a. 번쩍인
skimmed a. 걷어낸
burned a. 탄

Chapter 01 Unit 05 The TOP VOCA 13 주거와 생활 ① / 14 주거와 생활 ② / 15 전화

Check Up 1

1. **[정답]** **place**

[해석] 상품을 주문하고 싶으시면, 1번을 눌러주세요.

[어휘] **place an order** 주문하다
price n. 가격

2. **[정답]** **clumsy**

[해석] 그녀는 항상 서툴러서 제가 항상 돌봐야 해요.

[어휘] **clumsy** a. 서투른, 볼품 없는
ordinary a. 보통의, 평균의

3. **[정답]** **recipient**

[해석] 편지가 우편함에 제대로 놓여지게 수신자를 확인해주세요.

[어휘] **recipient** n. 물건, 편지 등을 받는 사람

chauffeur n. 고용 운전사, 자가용 운전자

4. **[정답]** **receptionist**

[해석] Hastings 의사 선생님과 약속을 잡으려면 접수원에게 먼저 연락하세요.

[어휘] **receptionist** n. 접수원, 응접원

5. **[정답]** **clogged**

[해석] 욕실 하수구가 완전히 머리카락과 화장지로 막혔다.

[어휘] **clog** v. (파이프 · 배수구 등을) 막히게 하다

6. **[정답]** **baby shower**

[해석] 우리 언니는 조카가 태어나기 전에 친구로부터 임신 축하파티 선물을 많이 받았었다.

[어휘] **baby shower** 태어날 아기를 위한 파티

7. [정답] **Mittens**

[해석] 벙어리 장갑은 일반 장갑 보다 열을 유지하는데 더 효과적이다.

[어휘] **mitten** n. 벙어리장갑

8. [정답] **Treat, treated**

[해석] 잘 대접 받고 싶으면 남에게 잘 대접해라.

[어휘] **treat** v. 대접(하다), 향응

9. [정답] **cordially**

[해석] 모두들 제 승진 축하 행사에 정중히 초대합니다.

[어휘] **be cordially invited** 정중히 초대되다

10. [정답] **disposal**

[해석] 쓰레기 처리는 우리가 녹색 환경 정책에 맞선 큰 문제들 중 하나이다.

[어휘] **disposal** n. 처분   **treatment** n. 치료

Check Up 2

1. [정답] **utensils**

[해석] 밤 늦게 광고를 보고는 플라스틱 주방 도구를 샀어요.

[어휘] **utensil** n. (가정에서 사용하는) 기구   **utility** n. 공익사업

2. [정답] **keen**

[해석] Stephanie는 이번 여름 방학 때 해외에 간다는 생각에 푹 빠져 있다.

[어휘] **be keen on** ~에 푹 빠져 있다

3. [정답] **brisk**

[해석] 그들은 우승한 즐거움으로 길거리를 활기차게 걸어 다녔다.

[어휘] **brisk** a. 활기찬, 씩씩한   **risky** a. 위험한

4. [정답] **sublet**

[해석] 언니가 한달 간 머무를 아주 저렴한 임대를 찾고 있어요.

[어휘] **sublet** n. 임대   **subtitle** n. 자막

5. [정답] **protection**

[해석] 비가 올지라도, 자외선 차단제를 발라야 해요.

[어휘] **uv protection** 자외선 차단제
      protest n. 항의, 반대

6. [정답] **siblings**

[해석] 그의 모든 형제 자매들은 의사들이다.

[어휘] **sibling** n. 형제자매

7. [정답] **drain**

[해석] 엄마는 막힌 배수관을 뚫기 위해 배관공을 불렀다.

[어휘] **drain** n. 하수구, 배수구

8. [정답] **odd**

[해석] 그 사람은 복권에 당첨됐는데, 작은 집에 사는 게 이상해.

[어휘] **odd** a. 이상한

9. [정답] **appliance**

[해석] 그는 새로 출시된 모든 가전 제품을 시험해 보려고 한다.

[어휘] **appliance** n. 가전제품   **release** v. 출시하다

10. [정답] **stalled**

[해석] 나는 차가 도로 한가운데 멈춰서 시동이 안 걸려 당황했다.

[어휘] **stall** v. 시동이 꺼지다, 멎다   **install** v. 설치하다

Check Up 3

1. [정답] **reach**

[해석] 총지배인과 연락할 방법을 알려주시겠어요?

[어휘] **reach someone** ~와 연결되다   **patch** v. 덧대다

2. [정답] **hang up**

[해석] 배터리가 없었어요, 전화를 끊은 건 아닙니다.

[어휘] **hang up the phone** 전화를 끊다

3. [정답] **long distance call**

[해석] 장거리 전화를 걸으시려면, 제가 요금을 확인하게 알려주십시오.

[어휘] **long distance call** 장거리 전화   **local call** 시내 전화

4. [정답] **area code**

[해석] 인터넷 고객 센터의 지역 번호를 입력하세요.

[어휘] **area code** 지역번호   **zip code** 우편번호

5. **[정답]** **operator**

   [해석] 엄마는 전화 회사에서 전화 교환원으로 일했었다.

   [어휘] **operator** n. 교환원   **teller** n. 금전 출납계 직원

6. **[정답]** **put it in a nutshell**

   [해석] 이해가 안 되네요. 아주 간단히 말해주시겠어요?

   [어휘] **in a nutshell** 용건만 간단히
   beat around the bush 둘러 말하다

7. **[정답]** **extension**

   [해석] 당신 사무실 내선 번호가 어떻게 돼요?

   [어휘] **extension** n. 내선   **expansion** n. 확대, 팽창

8. **[정답]** **toll-free number**

   [해석] 궁금하신 점이 있으시면, 무료 전화 123-4567로 전화 주세요.

   [어휘] **toll-free number** 무료 전화번호

9. **[정답]** **prank call**

   [해석] 나는 성가신 장난 전화 받느라고 한밤 중에 깼다.

   [어휘] **prank call** 장난 전화

10. **[정답]** **faint**

    [해석] 글씨가 희미했고 읽을 수 없었다.

    [어휘] **faint** a. (소리가) 약한, (목소리가) 가냘픈, 어렴풋한
    illegible a. 읽기 어려운

Practice Test Answer Keys

01. (c)	02. (a)	03. (c)	04. (a)	05. (a)
06. (c)	07. (d)	08. (c)	09. (b)	10. (c)
11. (a)	12. (c)	13. (a)	14. (a)	15. (c)
16. (d)	17. (a)	18. (b)	19. (b)	20. (a)
21. (d)	22. (b)	23. (a)	24. (a)	25. (a)
26. (a)	27. (d)	28. (a)	29. (a)	30. (a)

01. (c)

[해석] A: 너의 형은 꽤 크지만, 품위가 있어 보이진 않아.
   B: 맞아. 그가 걸려 넘어졌던 것으로 보아 그는 꽤 어설픈 (clumsy) 것 같아.

[해설] 형이 키가 큰 것에 비해 우아해 보이지 않는다는 말에 대해 긍정적으로 대답한 것으로 보아 B의 대답에서는 행동이 서툴러서 넘어졌다는 내용이 적합하므로 어색한 이라는 뜻의 (c)가 정답이다.

[어휘] **flimsy** a. (피륙, 종이 등이) 얇은, 여린

---

wobbly a. 흔들거리는, 동요하는
clumsy a. 어색한, 서투른
bubbly a. 거품이 많은, (비유) 명랑한

02. (a)

[해석] A: 어제 차가운 기온 때문에 바깥에서 시간을 보내려 했던 많은 사람들이 놀랐어.
   B: 맞아. 그건 확실히 평소의(ordinary) 여름날은 아니었어.

[해설] 여름인데도 기온이 차갑다고 하였으므로 B의 부정의 어휘와 연결하여 평소와 같은 여름 날씨가 아니라는 뜻의 (a)가 정답이다.

[어휘] **uncompromising** a. 타협하지 않는, 양보하지 않는

03. (c)

[해석] A: 너희 형 결혼식 전의 행사는 꽤 사치스러웠어.
   B: 그래, 모든 종류의 술과 음식이 있던 총각파티(bachelor party)가 특히 호화스러웠지.

[해설] A의 대답에서 결혼 전 행사라고 하였으므로 보기의 선택지들 중에서 총각파티라는 뜻의 (c)가 정답이다.

[어휘] **extravagant** a. 낭비하는, 사치스러운
groomsman n. 신랑의 들러리
usher n. 안내인, 신랑의 들러리, 접수원
bachelor n. 미혼[독신] 남자, 학사
coordinator n. 동격으로 하는 것[사람], 조정자

04. (a)

[해석] A: 최근에 너의 가족들이 창고 세일(garage sale)을 열었다는 것을 들었어.
   B: 그래. 우린 돈도 벌고, 더 이상 쓰지 않는 물건들도 없애 버릴 수 있었어.

[해설] B의 대답에서 쓰지 않는 물건들을 처분도 하고 돈도 벌었다는 내용이므로 집안의 쓰지 않는 물건들을 내다 파는 것을 의미하는 (a)가 정답이다.

[어휘] **time keeper** 시간을 기록하는 사람
money maker 축재가, 돈벌이 되는 일
house boat 집배, 숙박 시설 있는 요트

05. (a)

[해석] A: 너희 선생님이 네가 학교에서 산만하다고 이야기 하시더라. 왜그러는 거니?
   B: 나는 내가 수업 시간에 친구들과 너무 많은 농담을 한다 (joking around)고 생각해요.

[해설] 선생님이 학생이 산만하다고 한 것에 대한 생각으로 수업시간에 친구들과 말을 한다는 표현이 적절하므로 '떠들다'라는 뜻의 (a)가 정답이다.

[어휘] **distraction** n. 정신이 흩어짐, 주의 산만, 방심
laugh off 웃어넘기다, 일소에 부치다
sneak v. 살금살금 들어오다, 숨다

06. (c)

[해석] A: 날씨가 점점 추워지는 것 같아.
　　　 B: 나도 그렇게 느꼈어. 오늘 아침 공기는 (차갑지만) 상쾌한(brisk) 느낌이었어.

[해설] 날씨가 점점 차가워진다는 말에 긍정의 대답을 하였으므로 아침 공기를 묘사하는 말로 '공기가 상쾌한'이란 뜻인 (c)가 정답이다.

[어휘] **swift** a. (일, 진행 등이) 신속한, (움직임이) 빠른
　　　 brisk a. 빠른, 바쁜, 딱딱한, 사무적인, (차갑지만) 상쾌한
　　　 stern a. 엄중한, 근엄한, 심각한

07. (d)

[해석] A: 이웃이 그들의 집에 대한 거대한 프로젝트를 막 시작했어.
　　　 B: 나도 봤어, 그런데 이렇게 바쁜 시기에 집을 고치는 것(renovate)이 현명하다고는 생각지 않아.

[해설] 이웃집이 집을 고치는 거대한 프로젝트를 시작했다는 내용으로 미루어 보아 '집을 새로 고치다'라는 뜻의 (d)가 정답이다.

[어휘] **exfoliate** v. (피부의 죽은 세포를) 벗겨 내다, 박리하다
　　　 propagate v. (사상, 신조, 정보를) 전파하다, (식물을) 번식시키다
　　　 reimburse v. 배상하다
　　　 renovate v. (낡은 건물, 가구 등을) 개조하다

08. (c)

[해석] A: 내 차를 위한 좋은 장소를 찾다니 운이 좋았어.
　　　 B: 내 말이! 그렇게 좋은 주차 공간(parking spot)을 찾았다니 믿을 수 없어.

[해설] 자신의 차를 세울 수 있는 공간을 찾았다고 하였으므로 차를 세울 수 있는 장소를 의미하는 (c)가 정답이다.

[어휘] **launching point** (항공 우주) 발사점
　　　 landing zone 착륙지점
　　　 parking spot 주차공간
　　　 dividing line 분할선

09. (b)

[해석] A: 너희 할머니께서는 분명 나의 어설픈 뜨개질 솜씨를 놀리시면서 재미있어 하셨을 거야.
　　　 B: 나도 알아. 할머니께서 네가 작업하는 게 너무 특이해서 매우 손재주가 없어(all thumbs) 보였다고. 말씀하셨어.

[해설] 뜨개질 솜씨와 관련된 뜻으로 뜨개질을 잘 못한다는 내용이 적합하므로 보기의 선택지들 중에서 손재주를 의미하는 (b)가 정답이다.

[어휘] **be all ears** 열심히 귀를 기울이다
　　　 be all (fingers and) thumbs 손재주가 없다
　　　 knuckles n. 손가락 관절

10. (c)

[해석] A: 에어쇼에서 파일럿의 기술이 놀라웠어.

B: 그래. 어떻게 엔진을 갑자기 멈추지(stalling out) 않고서 그러한 묘기를 하는지 모르겠어.

[해설] 파일럿의 에어쇼에 대한 생각을 나타내는 말로 엔진을 이용한 묘기라고 하였으므로 엔진을 작동시키고 있으면서도 멈추는 쇼였음을 짐작할 수 있다. 따라서 (c)가 정답이다.

[어휘] **keep something up** (물가, 수준 등이) 내려가지 않게 하다
　　　 move on (새로운 일, 주제로) 옮기다[넘어가다]
　　　 stall v. (차량, 엔진이) 멎다

11. (a)

[해석] A: 사업이 너무 빨리 커지는 것에 맞춰서, 어떻게 하면 우리는 모든 고객들의 전화를 받을 수 있을까?
　　　 B: 나는 우리가 안내 데스크에 또 하나의 내선 전화(extension)를 추가해야 한다고 생각해.

[해설] 사업의 확장으로 걸려오는 많은 전화를 받기 위한 해결책으로 연결된 전화수를 늘려야 함을 짐작할 수 있다. 따라서 보기의 선택지들 중에서 '내선전화'라는 뜻의 (a)가 정답이다.

[어휘] **extension** n. (세력, 영향력, 혜택 등의) 확대 , (기간의) 연장 , 내선, 구내전화

12. (c)

[해석] A: 사촌한테 전화하고 싶은데, 그의 전화번호가 기억이 안 나.
　　　 B: 네가 만약 전화 교환원(operator)한테 전화해서 사촌 이름을 말해준다면, 너는 분명히 연락할 수 있을 거야.

[해설] 사촌의 전화번호를 몰라 전화를 할 수 없다고 하자 사촌의 이름으로 번호를 알 수 있는 것으로 보아 번호를 알려주는 전화 교환원이라는 뜻의 (c)가 적절하다.

[어휘] **conductor** n. 지휘자
　　　 manufacturer n. 제조자[사], 생산 회사
　　　 operator n. (장비, 기계를) 조작[운전]하는 사람 , 전화 교환원

13. (a)

[해석] A: 새로운 기술 때문에 확실히 부모님과 연락하는 게 쉬워졌어.
　　　 B: 그건 사실이야. 지금 네가 어디에 있던지 부모님에게 전화할 수 있는 휴대전화(mobile phone)를 가지고 있잖아.

[해설] 새로운 기술로 인해 장소에 상관없이 부모님과의 연락이 쉬워졌다 하였으므로 연락을 용이하게 하는 수단이 정답이다. 따라서 보기의 선택지들 중에서 휴대전화라는 뜻의 (a)가 정답이다.

[어휘] **nomadic** a. 유목의, 방랑의
　　　 synchronize v. 동시에 발생하다[움직이다]

14. (a)

[해석] A: 나의 휴가에 대해서 너무 말해주고 싶어.
　　　 B: 미안한데, 지금은 다 들어줄 시간이 없으니깐 휴가가 어땠는지 간단 명료하게(in a nutshell) 말해봐.

[해설] 휴가가 어땠는지 말해주고 싶다는 A의 말에 대해 시간이 없으니 빨리 말하라고 했으므로 선택지 들 중에서 간결한 이라는 뜻의 숙어적 표현인 (a)가 정답이다.

[어휘] **in a nutshell** 아주 분명히[간단명료하게]
in the loop (중요한 일을 다루는) 핵심[중추]의 일원인
beat around the bush 말을 빙빙 돌리다[변죽을 울리다]

15. (c)

[해석] A: 넌 몇 년 동안 계속 같은 휴대전화를 가지고 있구나.

B: 나도 알아. 하지만 휴대전화를 바꾸기(switch over) 전에 가격이 떨어지기를 기다리는 중이야.

[해설] 몇 년 동안 계속 같은 휴대전화를 가지고 있는 이유에 대해 기다리고 있다는 것으로 짐작해 볼 때, 보기 중에서 새로운 것으로 바꾸기 전에 가격 하락을 기대하고 있다는 내용으로 (c)가 적절하다.

[어휘] **step out** 나가다
switch over 바꾸다, 돌리다
chase off ~을 쫓아내다

16. (d)

[해석] 아파트 입주자들은 케이블 텔레비전 요금을 지불하는 청구서 날짜(billing date) 이후에 대략 2주간의 시간을 가졌다.

[해설] 빈칸 뒤에 케이블 TV 요금을 지불한다는 내용과 빈칸 앞의 대략 2주 정도의 시간이 있다는 내용으로 미루어 청구서 날짜를 의미하는 (d)가 적절하다.

[어휘] **appealing process** 항소 절차
billing date 청구서 작성 날짜

17. (a)

[해석] 여행객들이 했던 가장 큰 실수 중 하나는 장갑(mittens)을 캠핑여행에 가져가지 않은 것이었다. 캠핑 기간 내내 차가운 손가락을 관리하는 것은 매우 고통스러운 경험이었기 때문이다.

[해설] 캠핑기간 내내 손가락이 차가워 매우 고통스러웠다고 하였으므로 손을 보호할 수 있는 장갑을 가져가지 않은 것을 알수 있다. 따라서 장갑이라는 뜻의 (a)가 정답이다.

[어휘] **mittens** n. 벙어리 장갑
handrail n. (계단 등의) 난간
knapsack n. (작은) 배낭
satchel n. (아이들이 어깨에 메는) 책가방

18. (b)

[해석] 운송회사의 효율성을 개선하기 위한 연구에서, 배송할 때 운송 회사(carriers)가 평균 속도가 가장 빠른 도로를 이용할 것을 추천했다.

[해설] 운송회사의 효율성을 개선한다고 하였으므로 가장 빠른 도로를 이용하는 것으로 보아 운송을 담당하는 운송회사가 정답이다.

[어휘] **transponder** n. (전문 용어) (무선) 응답기
carrier n. 항공사, 수송[운송]회사
transmitter n. 전송기, 송신기, 발신기

19. (b)

[해석] 연회장에서 한 여성의 첫아들을 축하하는 출산 축하파티(baby shower) 때문에 젊은 여성에게로 이목이 집중되었다.

[해설] 첫아이의 출산을 축하하는 것이라고 하였으므로 '출산 축하 파티'라는 뜻의 (b)가 정답이다.

[어휘] **banquet** n. (공식) 연회
baby shower 임신한 것을 축하하기 위해 친구들이 아기 용품을 선물하는 축하 파티

20. (a)

[해석] (파티의) 주최자는 만약 모든 사람이 초대에 대한 회신(R.S.V.P.)을 주지 않는다면 얼마만큼의 식사를 준비할 지 결정 하는 데 어려움을 겪을 것이다.

[해설] 얼마만큼의 식사를 준비해야 할지를 몰라서 어려움을 겪는다고 했으므로, R.S.V.P. (=Reply, if you please.)가 적절하다.

[어휘] **R.S.V.P.** (초대장에서) 회답 주시기 바랍니다
F.A.Q (=Frequently Asked Questions) 자주 묻는 질문들
F.Y.I (=For Your Information) 참조로
A.S.A.P (=As Soon As Possible) 가급적 빨리

21. (d)

[해석] 거대한 오크나무는 매력적인 경치를 자아낼 뿐만 아니라 태양으로부터의 시원한 그늘(shade)도 준다.

[해설] 오크나무의 장점을 묘사하는 말로 크기 대문에 햇빛으로부터 그늘막을 준다는 내용이 적절하므로 (d)가 정답이다.

[어휘] **slant** n. 비스듬함, (특히 편향된) 관점

22. (b)

[해석] 타이어 펑크 이후에, 버스 운전자는 승객들에게 손상된 타이어를 여분의 타이어(spare tire)로 교체하는 것을 도와달라고 요청했다.

[해설] 타이어가 펑크가 난 것으로 보아 손상된 것을 다른 것으로 교체했음을 알 수 있다. 따라서 여분의 타이어라는 표현인 (b)가 정답이다.

[어휘] **blowout** n. (자동차 바퀴의) 펑크

23. (a)

[해석] 행사 준비 위원회의 주된 역할은 행사장을 색테이프, 장식물 그리고 전등으로 장식하는(decorate) 것이었다.

[해설] 행사 준비 위원회가 행사장을 준비하는 일을 나타내는 것으로 색테이프와 장식물 등을 이용하여 장식한다는 내용이 적절하므로 (a)가 정답이다.

[어휘] **streamer** n. (장식용) 색 테이프
ornament n. (방, 정원 등의) 장식품
consummate v. (결혼식 후) 첫날밤을 치르다 a. (기교가) 완벽한, (고도로) 능숙한
congregate v. 모이다

24. (a)

[해석] 집주인이 지불하는 아파트 거주 비용 중의 하나는 전기와 수도 서비스에 대한 <u>공과금(utility bill)</u>이다.

[해설] 아파트 거주 비용이라고 한 것 중에서 전기와 수도와 관련된 요금을 지칭하는 (a)가 정답이다.

[어휘] **utility** n. (수도, 전기, 가스 같은) 공익사업
reliability n. 신뢰할 수 있음, 믿음직함, 신뢰도, 확실성
reimbursement n. 갚음, 변제, 상환, 배상

25. (a)

[해석] 매니저는 서둘러 나가면서 직원들에게 말도 하지 않은 것으로 보아 러시아워를 피하기 위해 퇴근하는 것에 매우 <u>신경 쓰는(keen)</u> 것처럼 보였다.

[해설] 러쉬아워를 피하는 것에만 열중하여 퇴근하러 나가는 길에 인사도 하지 않은 것으로 보아 '~에 신경 쓰다'라는 뜻의 (a)가 정답이다.

[어휘] **keen** a. 간절히 ~하고 싶은, ~을 열망하는
elaborate a. 정교한 정성을 들인 v. (더) 자세히 말하다, 상술하다
delicate a. 연약한, 여린, 다치기 쉬운

26. (a)

[해석] 호텔 안내데스크의 직원들은 전화통화 상에서 예의 바르고 공손한 말과 <u>친절함(hospitality)</u>을 보여주도록 교육 받았다.

[해설] 호텔 안내데스크의 직원들이 교육 받은 것으로 빈칸 뒤에 이어지는 내용이 공손한 말투라고 했으므로 선택지들 중에서 이와 비슷한 공손함 이라는 뜻의 (a)가 정답이다.

[어휘] **hospitality** n. 환대, 후대
bigotry n. 심한 편견
immunity n. 면역력
leniency n. 관대, 관용, 너그러움, 자비(로움)

27. (d)

[해석] <u>국제전화(overseas call)</u> 요금은 국내전화 요금의 거의 세 배이다.

[해설] 빈칸 뒤에 나오는 domestic number(국내 전화)요금과 비교할 만한 것으로 선택지들 중에서 국제 전화라는 뜻의 (d)가 정답이다.

[어휘] **overseas call** 국제전화

28. (a)

[해석] 많은 전문직 종사자들에게 음성메시지를 듣고 가능한 빨리 <u>회신 전화(return call)</u>를 하는 것은 일반적인 예의이다.

[해설] 전문직 종사자들이 음성메시지를 듣고 난 다음에 가능한 한 빨리 해야 하는 것이 내용의 핵심이다. 따라서 메시지를 듣고 난 다음에 답하는 전화를 해야 한다는 내용이 적절하므로 (a)가 정답이다.

[어휘] **renewal** n. 재개, 부활
revival n. 회복, 부활

29. (a)

[해석] 더 큰 많은 도시들은 우편 서비스를 위해 몇 개의 <u>우편 번호(zip code)</u>를 가지고 있다, 반면에 작은 마을들은 아마 하나만 가지고 있을 것이다.

[해설] whereas(반면에)의 접속사로 보아 작은 마을과 큰 도시의 우편 서비스를 비교하고 있다. 따라서 보기 중에서 빈칸 뒤에 나오는 code와 함께 쓰여 우편번호라는 뜻의 (a)가 정답이다.

[어휘] **zip code** 우편번호

30. (a)

[해석] 두 명의 매니저 중 한 명은 모임이 사무실에서 있다고 생각했고, 다른 한 명은 식당이라고 생각했기 때문에 <u>서로 오해했음(lines crossed)</u>에 틀림없다.

[해설] 두 명의 매니저가 서로 모임이 있는 장소에 대한 의견을 달랐다는 내용으로 보아 '서로 혼선되다'라는 관용적 표현인 (a)가 정답이다.

[어휘] **get(have) one's lines crossed** 전화가 혼선되다, 오해하다, 잘못 생각하다
tables are turned 주객이 전도되다, 뒤바뀌다

Check Up 1

1. [정답] **insomnia**
   [해석] 나 스트레스에 시달려왔어. 불면증에 걸린 것 같아.
   [어휘] **insomnia** n. 불면증
   euthanasia n. 안락사

2. [정답] **preserve**
   [해석] 정부는 언어, 예술, 건축의 역사를 보존하려고 노력한다.
   [어휘] **preserve** v. 보존하다
   reserve v. 예약하다

3. [정답] **prompt**
   [해석] 저희는 환불에 대한 귀하의 즉각 답변을 요청합니다.
   [어휘] **prompt** a. 즉시[선뜻] ~하는, 즉석의
   faint a. 희미한, 아주 적은

4. [정답] **effect**
   [해석] 당신은 부작용에 대하여 의사와 상담해야 합니다.
   [어휘] **side effect** 부작용

5. [정답] **inception**
   [해석] 회사는 시작부터 적자에 있었다.
   [어휘] **inception** n. 시초, 발단, 개시
   infection n. 전염, 병균 감염

6. [정답] **corruption**
   [해석] 그 검사는 경찰의 부패와 맞서 싸우겠다고 약속했다.
   [어휘] **corruption** n. 타락, 퇴폐, 부패
   interruption n. 방해, 장애

7. [정답] **fit**
   [해석] John은 매일 수영을 함으로써 건강을 지키려고 한다.
   [어휘] **fit** a. 건강이 좋은

8. [정답] **cavity**
   [해석] 나는 최근에 어금니에 충치가 생겼다.
   [어휘] **cavity** n. 충치
   denture n. 틀니

9. [정답] **pills**
   [해석] 그녀는 수면제 과다복용으로 사망했다.
   [어휘] **sleeping pill** 수면제

   remedy n. 처리 방안

10. [정답] **addicted**
   [해석] 담배회사들의 광고는 많은 사람들이 건강에 좋지 않다는 것을 알면서도 담배에 중독 되도록 만든다.
   [어휘] **addicted to** ~에 중독된
   addictive a. 중독적인

Check Up 2

1. [정답] **chronic**
   [해석] 나는 작년 승진한 이후로 편두통이 있었어. 의사 말로는 만성 질환일 수도 있대.
   [어휘] **chronic disease** 만성질환
   migraine n. 편두통

2. [정답] **pediatrician**
   [해석] 내 여동생은 소아과 의사로 아이들을 의해 의료 봉사 활동에 지원했다.
   [어휘] **pediatrician** n. 소아과 의사
   optometrist n. 검안사

3. [정답] **medication**
   [해석] 저는 맥주를 마실 수 없어요, 왜냐하면 약물 치료 중이거든요.
   [어휘] **be on medication** 약물 치료를 받고 있다
   mediation n. 조정, 중재

4. [정답] **cardiovascular**
   [해석] 정기적인 운동은 심장 마비를 일으키는 심혈관 질환을 낮추는데 도움이 된다.
   [어휘] **cardiovascular** a. 심혈관의
   carbonated a. 탄산이 든

5. [정답] **circulation**
   [해석] 콜레스테롤을 낮추는 것은 혈액 순환을 개선시킨다.
   [어휘] **circulation** n. 혈액순환
   coagulation n. 응고

6. [정답] **section**
   [해석] 그 아이는 제왕절개 수술로 태어났다.
   [어휘] **caesarean section** 제왕절개 수술

7. [정답] osteoporosis

[해석] 골밀도 검사는 골다공증을 진단하는 확실한 테스트이다.

[어휘] **osteoporosis** n. 골다공증
orthopedics n. 정형외과

8. [정답] Optometrists

[해석] 검안사들은 안경을 만들기 위해서 시력을 측정한다.

[어휘] **optometrist** n. 검안사
oculist n. 안과의사

9. [정답] claustrophobia

[해석] Patrick은 엘리베이터나 터널에 있을 때마다 폐소 공포증을 느낀다.

[어휘] **claustrophobia** n. 폐소 공포증
agoraphobia n. 광장 공포증

10. [정답] Moles

[해석] 점이란 사람 피부에 있는 검은 국소부위를 말한다.

[어휘] **mole** n. 사마귀, 점

Check Up 3

1. [정답] proofread

[해석] 보고서를 제출하기 전에 적어도 두 번은 교정을 보도록 하세요.

[어휘] **proofread** v. 교정하다
readjust v. 다시 적응하다

2. [정답] inconsistency

[해석] 증인의 진술에 많은 모순이 있어, 배제 되었다.

[어휘] **inconsistency** n. 모순
consistency n. 일관성

3. [정답] pellucid

[해석] 주병 정황으로 봤을 때, 당신의 의도가 순수하지 않네요.

[어휘] **pellucid** a. 투명한, 맑은, 명료한
prelude n. 서막, 전주곡

4. [정답] norms

[해석] 사회 규범은 사람들이 준수하길 기대되어지는 규칙이다.

[어휘] **social norm** 사회 규범

5. [정답] Plagiarism

[해석] 표절행위는 무거운 벌금으로 금지되어야 한다.

[어휘] **plagiarism** n. 표절
bilingualism n. 2개 국어 병용

6. [정답] rhymes

[해석] "wing"은 "king"과 운이 맞다.

[어휘] **rhyme** v. 운이 맞다, 각운을 이루다
rhythms n. 리듬

7. [정답] introvert

[해석] 그는 대부분의 시간을 친구가 별로 없이 지내온 내성적인 사람이었다.

[어휘] **introvert** n. 내성적인 사람
extrovert n. 외향적인 사람

8. [정답] ingenious

[해석] 그녀는 기발하고 똑똑한 여자아이이다.

[어휘] **ingenious** a. 독창적인, 정교한
ingestive a. 음식 섭취의

9. [정답] subscribe

[해석] 귀사의 신문을 정기구독하고 싶습니다. 얼마죠?

[어휘] **subscribe to** 정기 구독하다
describe v. 묘사하다

10. [정답] announcement

[해석] 공식발표에 따르면 한 달 동안의 유혈 폭력 사태는 적어도 100명의 사망자를 야기시켰다.

[어휘] **announcement** n. (공식적인) 발표, 선언

Practice Test Answer Keys

01. (b)	02. (a)	03. (a)	04. (a)	05. (a)
06. (a)	07. (c)	08. (d)	09. (b)	10. (a)
11. (b)	12. (a)	13. (d)	14. (a)	15. (a)
16. (a)	17. (c)	18. (a)	19. (a)	20. (b)
21. (c)	22. (c)	23. (a)	24. (a)	25. (b)
26. (b)	27. (a)	28. (b)	29. (a)	30. (a)

01. (b)

[해석] A: 내 손이 추위 때문에 무감각해지기 시작했어.
B: 너는 손가락의 혈액순환(circulation)이 충분하게 되게 계속 움직여야만 해.

[해설] 손이 추위로 인해 무감각해 진다고 호소하자 계속 움직여야
한다고 충고한 것으로 보아 손가락의 혈액의 순환을 원활하
게 한다는 의미가 적절하다. 따라서 순환이라는 뜻의 (b)가
정답이다.

[어휘] **circulation** n. 순환, 유통, 발행 부수
condensation n. 응축, 압축

02. (a)

[해석] A: 어제보다는 좀 나아졌다는 걸 느껴?
B: 그래, 나 어제 척추 지압사(chiropractor)에게 갔었고 그
가 내 아픈 목을 치료해줬어.

[해설] 아픈 목을 치료받았다고 하였으므로 목을 치료해 주는 지압
사인 (a)가 정답이다.

[어휘] **chiropractor** n. 지압사
practitioner n. 개업의, 변호사
receptionist n. 접수원, 응접원

03. (a)

[해석] A: 의사가 아무 문제 없다고 했는데, 나는 아직 좋지 않아.
B: 혹시 그 의사가 놓친 게 있을 수도 있으니까 다른 의사의
진단(second opinion)을 받아야만 해.

[해설] 의사가 문제가 없다고 했는데도 여전히 좋지 않다고 하자,
다른 의사의 의견도 들어봐야 한다는 내용이 되어야 한다.
따라서 '다른 의사의 진단을 받다'라는 연어적 표현인 (a)가
정답이다.

[어휘] **arbitration** n. 중재
altercation n. 언쟁, 격론

04. (a)

[해석] A: 새 신발에 문제 있어?
B: 나 무좀(athlete's foot)이 있는데, 그게 새 신발 때문에
생긴건 아니야.

[해설] '무좀에 걸리다'는 have athlete's foot 라는 관용적 표현으
로 쓸 수 있다. 따라서 (a)가 답으로 적절하다.

[어휘] **athlete's foot** 무좀
achilles' heel ~의 치명적인 약점, ~의 아킬레스건

05. (a)

[해석] A: 너희 할머니 통증은 어떻게 치료하고 계시니?
B: 간호사가 약 복용량을 늘리기(up the medication)로 결
정했고, 그게 꽤 도움이 되는 것 같아.

[해설] 할머니의 통증을 치료하는 방법으로 도움이 되었다고 한 것
으로 보아 보기의 선택지들 중에서 (a)가 가장 적절하다.

[어휘] **round the bend** 《구어》 미친, 머리가 돈, 《미국·속어》 술[마약]
에 취해
up the ante 분담금[자금]을 인상하다, (합의하기 위하여) 양보하다

06. (a)

[해석] A: 선생님이 사업을 독재에다 비유했을 때 혼란스러웠어.
B: 나도 그래. 비즈니스를 가족단위와 같은 더 나은 은유적
표현(metaphor)으로 언급했으면 더 좋았을 텐데.

[해설] A의 말에서 비즈니스와 독재를 비유한다고 하였으므로 좀
더 나은 이해를 위해 적절한 비유를 한 은유라는 표현이 정
답이므로 선택지들 중에서 (a)가 정답이다.

[어휘] **monarchy** n. 군주 정체[정치], 군주제
metaphor n. 은유, 암유
homophone n. 동음이자, 동음이의어
derivative n. 파생어
tangent a. 정접하는, 접선의

07. (c)

[해석] A: 거의 대부분 난 내 아들이 무슨 말을 하는지 거의 모르겠
어.
B: 무슨 말인지 알아, 요즘 아이들은 속어(slang)를 너무 많
이 사용해서 혼란스러워.

[해설] 아들이 사용하는 말이 요즘 아이들이 즐겨 쓰는 말이라는
표현이므로 속어라는 뜻의 (c)가 정답이다.

[어휘] **enunciation** n. 발음 (방법), 똑똑한 말투
slang n. 속어, 상말, 슬랭

08. (d)

[해석] A: 너희 가족이 보는 오후 TV쇼들 중 일부는 아주 극적이야.
B: 그래. 그들이 제일 좋아하는 드라마(soap opera)의 주인
공들이 내가 보기엔 아주 비현실적이야.

[해설] 가족들이 보는 TV프로그램들 이라고 했으므로 연속 TV 드
라마라는 뜻의 숙어적 표현인 (d)가 정답이다.

[어휘] **symphony** n. 교향곡
soap opera 연속 홈 (멜로) 드라마

09. (b)

[해석] A: 내가 이 기사에 대한 조사에서 대단히 새로운 실마리를
찾은 것 같아.
B: 정말? 뭐가 특종(scoop)인데?

[해설] 기사에 대한 뭔가 새로운 단서를 찾아 무엇인지 질문하는
것으로 보아, (b)가 적절하다.

[어휘] **scoop** v. 푸다, 뜨다 n. 특종, 국자
dredge v. 준설하다, 물 밑바닥을 훑다

10. (a)

[해석] A: 난 TV도 없는데 어떻게 내가 제일 좋아하는 팀의 경기를
알아낼지 모르겠어.
B: 정기적으로 업데이트를 하는 스포츠 잡지를 구독해봐
(subscribe to).

[해설] TV가 없어 자신이 좋아하는 팀의 경기를 알 수 없다고 하자
정기적인 업데이트를 하는 잡이를 신청해서 보라고 추천하

므로 '정기 구독하다'라는 뜻의 (a)가 정답이다.

[어휘] **hash out** ~을 철저히 논의하다, 잘 논의하여 해결하다
subscribe to ~을 정기구독하다

11. (b)

[해석] A: 왜 너희 형이 팔에 붕대를 감았니?
B: 그는 지난 주 교통사고에서 <u>다쳤어(injured)</u>.

[해설] 형이 팔에 붕대를 감고 있는 이유를 묻자 지난주에 있었던 교통사고와 관련하여 사고를 당하다라는 뜻의 (b)가 정답이다.

[어휘] **injure** v. 상처를 입히다, 다치게 하다, 부상시키다
detain v. 못 가게 붙들다, 기다리게 하다, 유치[구류, 감금]하다
relay v. 중계 방송하다

12. (a)

[해석] A: 네 상태는 전염성은 아니라고 들었어.
B: 그래. 나와 <u>접촉해도(contact)</u> 해롭지 않다는 걸 알아서 너는 더 안심 해도 돼.

[해설] B의 상태가 전염성이 아니라고 한 것에 대한 긍정의 대답으로 안심이 된다고 하였으므로 서로 접촉을 해도 괜찮다는 내용이 적절하다. 따라서 (a)가 정답이다.

[어휘] **contagious** a. (접촉) 전염성의, 보균자의
longevity n. 장수

13. (d)

[해석] A: 올해 특별한 목표 가지고 있나요?
B: 전반적인 건강 향상을 위해서 <u>체중 감량(lose weight)</u>을 할 수 있기를 정말 바래요.

[해설] 올해의 계획에 대해 묻자 자신의 건강 향상을 원한다고 하였으므로 빈칸 앞에 나오는 lose와 함께 쓰여 체중 감량하다 라는 뜻의 관용적 표현인 (d)가 정답이다.

[어휘] **volume** n. 부피, 양, 크기

14. (a)

[해석] A: 너희 아버지 요즘에 괜찮으셔?
B: 아, 그래, 그는 아주 <u>건강(healthy)</u>하셔.

[해설] 아버지의 건강을 묻는 말에 대한 대답으로 건강하다라는 뜻의 (a)가 정답이다.

[어휘] **valiant** a. 용맹스런, 씩씩한

15. (a)

[해석] A: 난 내 사촌이 이번 달에 많이 날씬해 진 것이 너무 자랑스러워.
B: 그는 정말 좋아 보여. 곧, 그는 완전히 새로운 <u>옷을 입을 (fit into)</u> 수 있을 거야.

[해설] 사촌이 날씬해졌다는 말에 대한 답으로 빈칸 뒤에서 새로운 옷과 관련해서 입다 라는 뜻의 (a)가 정답이다.

[어휘] **fit into** ~에 꼭 들어맞다, 적합[적응]하다 어울리다
keep away 가까이 못하게 하다, 가까이하지 않다, 피하다
put back ~을 되돌려주다, ~을 방해하다, 거절하다
play on 이용하다, 자극하다, 익살을 부리다

16. (a)

[해석] 많은 여행객들이 강한 <u>폐쇄공포증(claustrophobia)</u>을 가지고 있었기 때문에 비좁고, 창이 없는 엘리베이터 안으로 떼를 지어 들어가는 것을 거부했다.

[해설] 비좁고 창이 없는 엘리베이터 안으로 들어가는 것을 거부하는 것으로 보아 밀폐된 공간에 대한 두려움을 뜻하는 폐쇄공포증이라는 뜻의 (a)가 정답이다.

[어휘] **claustrophobia** n. [정신의학] 밀실 공포증
scoliosis n. [병리] 척추 측만
dementia n. [정신의학] 백치, 치매
inflammation n. [병리] 염증

17. (c)

[해석] 많은 선수들이 심각한 골절로 고통 받은 이후에 가장 경험 많은 <u>정형 외과의(orthopedist)</u>에게 진찰받기를 강하게 원했다.

[해설] 많은 운동선수들이 골절로 고통을 겪고 나서 진찰을 받는다고 하였으므로 뼈와 관련된 진료를 하는 정형외과 의사라는 뜻의 (c)가 정답이다.

[어휘] **orthopedist** n. 정형 외과 의사
radiologist n. 방사능 연구자

18. (a)

[해석] 치료되지 않은 채 방치된 피부의 상태는 너무나 심각해질 수 있어서 심지어 적격한 <u>피부과 전문의(dermatologist)</u>도 치료할 수 없을 것이다.

[해설] 빈칸 앞 뒤에서 피부의 상태가 너무 심각하여 도울 수 없다는 내용으로 피부과 의사인 (a)가 적절하다.

[어휘] **dermatologist** n. 피부과 의사
apologist n. (그리스도교의) 호교론자, 변증자
allergist n. 알레르기 전문 의사

19. (a)

[해석] 산모와 아이의 잠재적인 위험을 피하기 위해서, <u>제왕절개 수술(Caesarian section)</u>이 시행될 수 있다.

[해설] 산모와 아이의 위험을 피하기 위해 출산 전에 이루어지는 수술로 제왕절개 수술을 의미하는 (a)가 정답이다.

[어휘] **caesarian** a. 제왕 절개의[에 의한], 카이사르의(로마) 황제의
utopian a. 유토피아의, 실현 불가능한
pavlovian a. 파블로프 (학설)의, 조건 반사(설)의

20. (b)

[해석] 그 권투선수는 상처와 멍으로부터 회복했지만, 여전히 육체

적 피해의 결과로서 <u>만성적인(chronic)</u> 두통을 겪고 있다.

[해설] 권투선수가 상처는 회복되었지만 여전히 두통을 경험한다
는 내용으로 보아 선택지들 중에서 두통과 함께 쓰여 만성
적인 두통이라는 표현인 (b)가 정답이다.

[어휘] **corrosive** a. 부식성의, (정신적으로) 좀먹는

chronic a. 장기간에 걸친, 만성적인

thermal a. 열의, 온도가 뜨거운

abdominal a. 배의, 복부의

21. (c)

[해석] 학생들은 <u>표절(plagiarism)</u>의 비난을 피하기 위해 그들 자료
의 출처를 인용하는데 주의를 기울였다.

[해설] 남의 것을 인용할 때 출처를 밝히지 않는 것을 표절이라고
하므로 (c)가 정답이다.

[어휘] **favoritism** n. 편애, 편파

revision n. 개정, 교정, 정정

plagiarism n. 표절, 도용

publication n. 발표, 출판, 발행

22. (c)

[해석] 대부분의 작가들은 최종 마감일 전에 누군가에게 작품의 오
류를 <u>교정하게(proofread)</u> 한다.

[해설] 최종 마감일 전에 작가가 자신의 작품을 수정하는 것을 의
미하는 것으로 원고를 교정하다라는 뜻의 (c)가 정답이다.

[어휘] **brainstorm** n. (발작적) 정신 착란, 영감

ghostwrite v. 대필[대작]하다

proofread v. 교정보다

23. (a)

[해석] 한 사람의 이름을 정확하게 <u>발음하는(pronunciation)</u> 것이
면접에서 아주 중요하다.

[해설] 빈칸 뒤에 나오는 이름과 관련하여 이름을 부른다라는 뜻의
(a)가 정답이다.

[어휘] **pronunciation** n. 발음, 발음법

deliberation n. 숙고

tribulation n. 재난, 고난

formulation n. 공식[정식]화

24. (a)

[해석] TV의 영향력 중의 하나는 특정 문화에서 용인된 관습과 사
회적 <u>개념(norms)</u>을 나타내는 것이다.

[해설] TV의 영향력 중의 하나로 특정 문화의 관습을 나타낸다고
하였으므로 관습과 비슷한 의미인 사회적 개념을 뜻하는
(a)가 정답이다.

[어휘] **norms** n. 표준규범, 전형일반 수준

determinant n. 결정자[물]

elaboration n. 공들임, 복잡함, 정교

initiation n. 입회, 입문, 취임

25. (b)

[해석] 구독료를 줄이는 목적은 판매를 늘리고 경쟁을 <u>낮추는데
(flatten)</u> 있다.

[해설] 구독료를 줄이는 목적으로 판매량을 늘이고 타 경쟁업체와
의 경쟁을 완화하는 데 목적이 있으므로 '낮추다'라는 뜻의
(b)가 정답이다.

[어휘] **ruffle** v. 구기다, 당황하게 하다

flatten v. 평평하게 하다, 단조롭게 하다, 무미건조하게 하다

inflate v. 부풀게 하다, (물가를) 올리다, (통화를) 팽창시키다

boost v. 밀어 올리다, 후원하다

26. (b)

[해석] 요즘 대부분의 음식들은 맛과 모양을 보존하기 위한 합성
<u>첨가물(additive)</u>을 포함하고 있다.

[해설] 음식의 맛과 모양을 유지하기 위한 것으로 보기 중에서 합
성 첨가물이라는 뜻의 (b)가 정답이다.

[어휘] **additive** n. (식품·휘발유 등에의) 첨가물, 첨가제

27. (a)

[해석] 만약 <u>어금니(molar)</u>가 감염이 된다면, 더 많은 손상을 막기
위한 신경치료가 필요하다.

[해설] 감염으로 인한 손상을 막기 위한 방법으로 치료가 필요하다
고 했으므로 어금니의 치아 중 어금니를 뜻하는 (a)가 정답
이다

[어휘] **canal** n. 도관, 운하, 인공 수로

molar n. 어금니, 구치

scapula n. 견갑골, 어깨뼈

clavicle n. 쇄골

nostril n. 콧구멍

28. (b)

[해석] 마약에 <u>중독되는(addicted)</u> 사람의 주요한 원인은 넘쳐나는
시간과 돈이라고 알려져 있다.

[해설] 빈칸 뒤에 나오는 to와 함께 쓰여 ~에 중독되다라는 뜻의 관
용적 표현으로 '마약에 중독되다'라는 의미의 (b)가 정답이
다.

[어휘] **addicted** a. 마약 등을 상용하여, (~에) 중독되어, 빠져

conflicted a. (감정 등이) 상충된, 갈등이 있는, 모순된

inflict v. (벌 등을) 주다, 과하다

29. (a)

[해석] James는 <u>수면제(sleeping pill)</u> 복용 후 최소 8시간 동안 운
전을 해서는 안되었다.

[해설] 빈칸 뒤에 나오는 pills로 보아 약의 종류이며 최소 8시간 동
안 운전을 하면 안된다고 하였으므로 보기 중에서 수면제라
는 뜻의 (a)가 정답이다.

[어휘] **at least** 적어도

30. (a)

[해석] 몇몇의 약들은 원래 상태만큼 문제가 될 수 있는 잠재적인 <u>부작용(side effects)</u>을 가지고 있다.

[해설] 약들이 문제가 될 수 있는 것을 가지고 있다고 하였으므로 보기의 선택지들 중에서 부작용이라는 뜻의 (a)가 정답이다.

[어휘] **side effects** 부작용
burn the midnight oil 밤 늦게까지 일[공부]하다
brass tacks 요점, 중대한 일

Make Up TEST Answer Keys

01. irritable	02. eccentric	03. hilarious
04. furious	05. nocturnal	06. extrovert
07. apathy	08. transition	09. famine
10. endeavor	11. mobilize	12. exhibit
13. browse	14. contaminate	15. substitute
16. obligation	17. bias	18. commotion
19. itinerary	20. revolution	

01. **[해설]** 쉽게 화를 내는 의미이므로 irritable이다

02. **[해설]** 특별한 또는 이상한 것이므로 eccentric이다.

03. **[해설]** 아주 재미있는의 의미이므로 hilarious이다.

04. **[해설]** 매우 화가 난의 의미이므로 furious이다.

05. **[해설]** 밤에 활동적인의 의미이므로 nocturnal이다.

[어휘] **irritable** a. 화를 잘 내는, 안달하는
furious a. 화내어 날뛰는, 격노한
nocturnal a. 밤의, 야간의, 야행성의
hilarious a. 유쾌한, 즐거운, 몹시 재미있는
eccentric a. 별난, 괴벽스러운

06. **[해설]** 매우 외향적인 사람은 extrovert이다.

07. **[해설]** 정서적인 관심이 결여된 것은 무감정이므로 apathy이다.

08. **[해설]** 어떤 것이 한 단계에서 다음으로 가는 것은 변화이므로 transition이다

09. **[해설]** 식량이 매우 부족함의 의미는 famine이다.

10. **[해설]** 어떤 것을 하고자 시도하는 것인 노력은 endeavor이다.

[어휘] **extrovert** n. 외향적인 사람, 사교적인 사람
introvert n. 내성적인 사람
endeavor n. 노력, 시도
famine n. 기근, 굶주림
feminine a. 여자의, 여성의
apathy n. 무감동, 무감정
antipathy n. 반감, 혐오
empathy n. 감정 이입, 공감
transition n. 변천, 이행, 변화

11. **[해설]** 군대 등에서 집단으로 사람을 모으는 것은 동원이나 집합이므로 mobilize이다.

12. **[해설]** 대중들에게 물건을 보이는 것은 전시하는 것이므로 exhibit이다.

13. **[해설]** 어떤 물건들을 훑어보는 것은 둘러보는 의미인 browse이다.

14. **[해설]** 어떤 물건을 더럽게 만드는 것은 오염이나, 더럽히는 것이므로 contaminate이다.

15. **[해설]** 다른 물건을 대신해 쓰는 것은 대신이나 대용으로 쓰는 것은 substitute이다.

[어휘] **browse** v. (가게 등에서) 상품을 쓱 훑어보다
substitute v. 대신으로 쓰다, 대용하다
mobilize v. 동원하다, (지지, 힘 등을) 결집하다
exhibit v. 전시[전람] 하다, 출품[진열, 공개]하다
contaminate v. 오염시키다, 더럽히다

16. **[해설]** 반드시 해야 할 일은 의무이므로 obligation이다.

17. **[해설]** 하나를 지지하며 다른 사람이나 물건에게 지니는 부당한 생각은 편견이므로 bias이다.

18. **[해설]** 시끄러움과 혼란을 주는 행위는 소동이므로 commotion이다.

19. **[해설]** 언제 어디에 어떤 곳을 가야 하는지는 여행 스케줄이 되므로 itinerary이다.

20. **[해설]** 어떤 변화를 일으키는 연속적인 행동들이란 의미로 혁명이나 대변혁의 revolution이다.

[어휘] **commotion** n. 동요, 소요, 소동
bias n. 선입견, 편견
obligation n. 의무, 구속, 책임
itinerary n. 여행 스케줄, 방문지 리스트
revolution n. (정치상의) 혁명, 대변혁

Check Up 1

1. [정답] **emancipation**

[해석] 그녀는 가부장제에 맞서 여성 해방을 위해 삶을 바쳤다.

[어휘] **emancipation** n. 해방
emendation n. 교정, 수정
patriarchy n. 가부장제

2. [정답] **hierarchy**

[해석] 관료제는 여전히 경영진 조직에 만연해 있다.

[어휘] **hierarchy** n. 계급제도, 조직
anarchy n. 무정부 상태

3. [정답] **primeval**

[해석] 학생들은 동식물을 관찰하기 위해 원시림으로 현장 학습을 간다.

[어휘] **primeval** a. 원시의, 태고의
prompt a. 신속한

4. [정답] **regime**

[해석] 많은 이들이 군사 정권하에 반역자라는 이름으로 목숨을 잃었다.

[어휘] **regime** n. 정체, 제도

5. [정답] **relics**

[해석] 경주는 수백 년간 감춰졌던 많은 유물이 있는 역사적인 장소이다.

[어휘] **relics** n. 유물
lyric a. 서정시의

6. [정답] **fossil**

[해석] 우리는 화석 연료가 무한하다고 믿었지만 이제 우리는 그들이 실제로는 유한하다는 것을 깨달아야 한다.

[어휘] **fossil** 화석

7. [정답] **turmoil**

[해석] 미국에서 그 때는 혼란의 시대였다.

[어휘] **turmoil** n. 소란, 소동, 소요

8. [정답] **archaeologist**

[해석] 고고학자란 건물, 무덤, 도구 등을 찾으면서 고대 문화를 연구하는 사람이다.

[어휘] **archaeologist** n. 고고학자

9. [정답] **flourish**

[해석] 이번 여름에 선적 회사들이 번영할 것이다.

[어휘] **flourish** v. 번영하다
flake v. 벗겨지다

10. [정답] **tribe**

[해석] 그 부족은 수 백년 동안 곰을 사냥해 왔다.

[어휘] **tribe** n. 부족, 종족
bribe n. 뇌물

Check Up 2

1. [정답] **discrimination**

[해석] 인종, 성별을 이유로 한 차별은 없어져야 한다.

[어휘] **discrimination** n. 차별
discussion n. 토론, 논의

2. [정답] **offensive**

[해석] 준결승에서 우리팀의 공세 방어가 승리로 이끌었다.

[어휘] **offensive defense** 공세 방어
offending a. 불쾌하게 하는

3. [정답] **bigotry**

[해석] 우리 주변에는 편견에 굴복하거나 그렇지 않은 사람들이 있다.

[어휘] **bigotry** n. 완고한 신념
biology n. 생물학

4. [정답] **novice**

[해석] 나는 컴퓨터에 대해 아무것도 모르는 초보자들을 위한 책을 샀어.

[어휘] **novice** n. 초보자
expert n. 전문가

5. [정답] **mandatory**

[해석] 학생들에게 있어 수업에 참석하는 것은 강제적이지 않다.

[어휘] **mandatory** a. 강제적인
monetary a. 통화의, 화폐의

6. [정답] **detention**

[해석] 그 지방법원 판사는 구치소에서 풀어달라는 Peter의 간청을 무시했다.

[어휘] **detention center** 구치소

7. [정답] ominous

   [해석] 한국에서는 숫자 4는 불길한 것으로 여겨진다.

   [어휘] **ominous** a. 불길한
   omnibus a. 많은 것을 포함하는

8. [정답] bully

   [해석] 학교의 짓궂은 아이가 Kate를 놀리자, 그녀는 울음을 터뜨렸다.

   [어휘] **bully** n. 약한 자를 괴롭히는 사람
   belly n. 배

9. [정답] melting

   [해석] 미국은 다양한 문화와 인종이 뒤섞여 있는 나라로 일컬어진다.

   [어휘] **melting pot** 다양한 인종 · 문화가 뒤섞인 나라
   molt v. 털을 갈다, 탈피하다

10. [정답] pessimistic

   [해석] 우리 형은 다혈질이며 지나치게 비관적이다.

   [어휘] **pessimistic** a. 비관적인
   optimistic a. 낙관적인

Practice Test Answer Keys

01. (a)	02. (d)	03. (b)	04. (a)	05. (c)
06. (a)	07. (a)	08. (d)	09. (c)	10. (a)
11. (a)	12. (d)	13. (c)	14. (a)	15. (d)
16. (b)	17. (b)	18. (a)	19. (a)	20. (a)

01. (a)

[해석] A: 우리 아버지는 지금 정부의 무거운 세금 정책에 동의하지 않으셔.
B: 지금의 정권(regime)이 전 정권보다 시민들에게 세금을 메기는 것에 훨씬 더 열심인 것은 사실이야.

[해설] 현정부의 과중한 세금부과에 동의하지 않는다고 하였으므로 지금의 정권은 세금 책정하는 데만 열중한다는 내용이다. 따라서 정권이라는 뜻의 (a)가 정답이다.

[어휘] **regime** n. 제도정체, 체제, 통치 방식통치[지배] 기간
assembly n. (사교 · 종교 등을 위한) 집회, 회합, 회의

02. (d)

[해석] A: 너는 교과서가 프랑스 점령에서의 군대의 역할의 중요성을 소홀히 했다고 생각지 않니?
B: 그래, 나는 그 특별 침략(invasion)이 상당부분 교과서에서 무시되었다고 생각해.

[해설] 프랑스 점령에서의 군대의 역할에 대한 내용이므로 침략이라는 표현의 (d)가 정답이다.

[어휘] **integration** n. (부분 · 요소의) 통합, 완성, 완전
submission n. 복종, 항복, 순종
infestation n. 침략, 횡행, 만연
invasion n. (적군의) 침입, 침략

03. (b)

[해석] A: 나는 중세시대가 가끔씩 암흑시대로 불린다고 들었어.
B: 그 시대는 또한 농노제도를 촉진시켰던 사회적 구조 때문에 봉건시대(feudal age)라고도 알려져 있어.

[해설] 중세시대를 지칭하는 말로서 농노를 촉진시킨 사회적 구도를 가진 이 시대를 지칭하는 말로 봉건시대라는 뜻의 (b)가 정답이다.

[어휘] **nomadic** a. 유목의, 방랑의
feudal a. 봉건 (제도)의
urbanization a. 도시의, 도시 특유의

04. (a)

[해석] A: 나는 지구 기후의 장, 단기 변화에 대한 우리 수업에서의 토론을 잘 이해하지 못하겠어.
B: 나도 그래, 특히 우리가 기술적으로는 빙하기(ice age)에 있다는 것을 의미하는 양 극지방의 습도 부분에 대해서는 모르겠어.

[해설] 극지방의 습도와 관련한 지구기후의 변화를 설명하는 말로서 보기 중에서 빙하기를 지칭하는 (a)가 정답이다.

[어휘] **elaborate** a. 공들인, 복잡한

05. (c)

[해석] A: 몇 몇의 새로운 과학자들이 마을에서 고대 건물들의 폐허를 조사하기 시작했어.
B: 나는 그들이 다음 몇 달 동안 얼마나 많은 흥미로운 유물들을 발굴(digging up)할지.

[해설] 과학자들이 고대 건물의 폐허들을 조사한다고 하였으므로 그 결과적으로 흥미로운 유물들을 찾아낸다는 말이 적절하다. 따라서 발굴하다라는 뜻의 숙어적 표현인 (c)가 정답이다.

[어휘] **dry out** ~을 (완전히) 말리다, 마르다
dig up [황무지 따위]를 파서 일구다, ~을 조사해 내다, 발견하다, 밝혀내다

06. (a)

[해석] A: 새로운 여행 규제로 가족을 방문할 수 없어서 너무 스트레스를 받아.
B: 무슨 말인지 알아. 사랑하는 누군가와 계속 이렇게 떨어져 있는 것은 거의 참을 수 없어(unbearable).

[해설] 새로운 여행 규제로 인해 가족을 방문할 수 없어서 스트레스를 받는다고 하였으므로 사랑하는 사람들과 떨어져 있는

것이 고통스러움을 짐작할 수 있다. 따라서 참을 수 없는의
(a)가 정답이다.

[어휘] **unbearable** a. 견딜 수 없는, 참기 어려운
secluded a. (장소가) 외딴 (곳에 있는)
affable a. 상냥한, 붙임성 있는

07. (a)

[해석] A: 난 네가 어떻게 힘든 시간들을 당연한 걸로 받아들이는
지 모르겠어.
B: 내 생각에 그건 부분적으로 내가 항상 긍정적으로
(optimistic) 있기 위해서 노력하기 때문일거야.

[해설] 힘든 시간을 당연하게 받아들이는 것에 대해 의아해 하자 B
는 항상 좋은 생각을 한다는 내용이 적절하므로 긍정적인
이라는 뜻의 (a)가 정답이다.

[어휘] **stride** n. 큰 걸음, 활보
antagonistic a. 반대의, 상반되는

08. (d)

[해석] A: 내 의견으로는 죄수들에 대한 엄격한 보안 조치들은 너
무 한 것 같아.
B: 맞아. 경미한 범죄로 재판을 기다리는 많은 사람들은 결
코 구치소(detention center)를 떠날 수 없어.

[해설] A의 '죄수들에 대한 보안 조치가 엄격하다'는 의견에 B가 동
의하고 있다. 빈칸 앞에서 재판을 기다리는 사람들이 떠날
수 없다고 했으므로, '붙잡아 둠, 구금'이라는 (d)가 적절하
다.

[어휘] **modification** n. (부분적) 변경 【문법】 수식, 한정
detention n. 저지, (판결 전의) 구치, 유치

09. (c)

[해석] A: 나는 항상 사람들을 가장 적절한 말로 표현함으로써 사
람들을 존중하기 위해 신경 쓰고 있어.
B: 그래, 나는 네가 항상 솔직히(plainly) 바르기 위해서 노
력한다는 걸 알아.

[해설] A가 사람들을 적절한 말로 존경하려 한다 했으므로, 문맥상
정치적으로 올바르게 노력한다는 내용이 와야 한다. 따라서
(c)가 적절하다.

[어휘] **terminology** n. 용어, 용어법
eternally adv. 영원[영구]히, 끊임없이
plainly adv. 명백히, 솔직히

10. (a)

[해석] A: James는 마침내 그를 괴롭히는 형들에게 맞섰어.
B: 나는 그가 마침내 맞서서 괴롭힘 당한다(bullied around)
는 것을 거부해서 기뻐.

[해설] James가 그를 괴롭히는 형들에게 맞서서 대항했다고 한 것
으로 보아 빈칸에는 괴롭힘을 당한다는 숙어적 표현인 (a)가
정답이다.

[어휘] **draw out** 끌어내다, 뽑아내다

11. (a)

[해석] 미국 남북 전쟁의 가장 중요한 순간 중의 하나는 미국 내에서
의 그러한 관습을 공식적으로 끝낸 노예 해방(emancipation)
이다.

[해설] 미국 남북 전쟁의 중요한 순간으로 미국내의 병폐 중 하나
였던 노예제도를 폐지했다는 내용이 적절하므로 해방이라
는 뜻의 (a)가 정답이다.

[어휘] **emancipation** n. (노예 등의) 해방
justification n. (행위의) 정당화, 정당성을 증명함

12. (d)

[해석] 많은 모험담들(sagas)은 길고, 호기심을 자극하는 한 나라
에서 다른 나라로의 이주 이야기이다.

[해설] 빈칸 뒤에 나오는 tales(이야기)로 보아 한나라에서 다른 나
라로의 이야기를 뜻하는 모험담이라는 뜻의 (d)가 정답이
다.

[어휘] **quip** n. 재치 있는 말, 신랄한 말
epitaph n. 비명, 비문
saga n. (중세 북유럽의) 전설 , 무용담

13. (c)

[해석] 몇몇의 족장들은 군사적 보호의 대가로 큰 왕국에 공물
(tribute)을 강제로 바쳤다.

[해설] 족장들이 군사적 보호의 대가로 강대국에게 강제로 바친 것
을 뜻하는 것으로 공물을 뜻하는 (c)가 정답이다.

[어휘] **tribunal** n. 법정, 심판 위원회
trident n. 삼지창
tribute n. 감사[칭찬, 존경, 애정]의 표시나 찬사 증정물, 바치는 물건
triad n. 3인조, 세 개 한 벌

14. (a)

[해석] 가장 많이 연구된 식민지화의 영역 중 하나는 현지 부족
(tribes)의 문화에 식민지화가 미친 효과이다.

[해설] 빈칸 앞에 나오는 native와 함께 쓰여 현지 부족이라는 표현
을 만드는 (a)가 정답이다.

[어휘] **collaboration** n. 협동, 합작

15. (d)

[해석] 정부 관료들은 계급 투쟁(class warfare)이 전통적인 계급
구조에 대한 반발의 결과로서 확산 될 건지에 대해서 점점
더 걱정을 하게 되었다.

[해설] 빈칸 뒤에 나오는 내용으로 보아 전통적인 계급 구조에 대
한 반발로서 확산될 수 있다고 하였으므로 계급 투쟁을 의
미하는 연어적 표현인 (d)가 정답이다.

[어휘] **backlash** n. 역회전
hierarchical a. 계층제의성직자 위계제 정치의

bull market 상승 시세, 강세 시장

dust bowl (모래 폭풍이 부는) 황진 지대

class warfare 계급 투쟁

16. (b)

[해석] 단지 피부색 때문에 일어나는 폭력 같은 <u>편견(bigotry)</u> 행위들이 몇몇 도시에서 감소했다.

[해설] 폭력과 같은 행위들을 지칭하는 뜻으로 보기의 선택지중에서 편견 행위라는 듯의 (b)가 정답이다.

[어휘] **patriarchy** n. 가장[족장] 정치[제도], 부주제

bigotry n. (편협한) 신앙완고, 고집불통

affiliation n.합병, 합동

17. (b)

[해석] 많은 졸업생들이 직면하는 어려운 문제는 취업하기 보다는 더 높은 학위를 <u>추구하는(pursue)</u> 결정이다.

[해설] 취업 보다 더 높은 학위를 하겠다는 결정으로 미루어 보아, '추구하다'라는 의미의 (b)가 적절하다.

[어휘] **digest** v. 잘 이해하다, 요약하다

pursue v. 쫓다, 따라다니다

engulf v. ~을 빨아들이다, 삼키다

18. (a)

[해석] 최근에 많은 직장에서의 차별이 감소한 반면에, 여전히 특정한 집단에 대한 <u>편견(prejudices)</u>은 완전히 지우기 어렵다.

[해설] 직장 내에서의 차별이 많이 감소하였는데도 불구하고 여전히 특정집단에 대한 차별이나 잘못된 인식이 남아있다고 하였으므로 편견이라는 뜻의 (a)가 정답이다,

[어휘] **prejudice** n. 편견 적대감

preposition n .[문법] 전치사

19. (a)

[해석] <u>차별 폐지(affirmative action)</u> 문제는 특정 집단을 선호하지 않고 다양성을 완벽히 증진시키는 것은 어렵기 때문에 예민한 것이다.

[해설] 특정 집단만은 선호하지 않는다고 하였으므로 차별을 두지 않는다는 내용이므로 빈칸 뒤에 나오는 action과 함께 쓰여 차별 폐지라는 뜻의 (a)가 정답이다.

[어휘] **affirmative** a. 긍정의, 확언적인, 단정적인

contemplative a. 정관적[관조적]인, 명상적인

reconstructive a. 재건의, 부흥의, 개조의

elaborative a. 공들인, 정교한

20. (a)

[해석] 미국은 많은 배경들이 한 나라 안에서 섞여있기 때문에 거대한 용광로(melting pot)로 불리어 왔다.

[해설] 미국의 문화를 지칭하는 말로서 다양한 배경을 가진 문화가 한 나라안에 섞여 존재한다는 의미의 (a)가 정답이다

[어휘] **melting pot** 도가니

Chapter 02 Unit 08 The TOP VOCA 21 동사+명사 / 22 형용사+명사 / 23 동명사+명사

Check Up 1

1. [정답] **commit a crime**

   [해석] 경찰이 없으면 누가 범죄를 저지르지 않겠어?

   [어휘] **commit a crime** 죄를 짓다

2. [정답] **bring a suit**

   [해석] 당신은 너무 많은 걸 요구하시네요, 만약 작은 결함에 소송을 건다고 해도 개의치 않아요.

   [어휘] **bring a suit (against)** 소송을 걸다

   minor a. 사소한, 작은

   flaw n. 결함

3. [정답] **apply ointment**

   [해석] 설명서에 따르면 벌레 물린 데나 근육통에 연고를 바르라고 되어있다.

   [어휘] **make a remittance** 송금하다

   apply ointment 연고를 바르다

4. [정답] **keep in mind**

   [해석] 당신 말씀이 감동적이네요, 기분이 안좋을 때 명심하겠습니다.

   [어휘] **keep in mind** 명심하다

   keep one's word 약속을 지키다

5. [정답] **reach**

   [해석] 감독은 주연을 빨리 결정할 수 없었다.

   [어휘] **reach a decision** 결론에 다다르다

6. [정답] **make an effort**

[해석] 더 많은 자신감을 얻기 위해서는 당신은 노력하는 수밖에 없다.

[어휘] **make an effort** 노력하다
slack up your effort 노력을 게을리 하다

7. [정답] **made a journey**

[해석] 그녀는 세계일주를 했다.

[어휘] **make a journey** 여행을 떠나다
make a promise 약속을 하다

8. [정답] **fix**

[해석] 방금 사무실에서 상여금을 받았으니 저녁준비는 하지 말아요. 고급 레스토랑에서 외식합시다.

[어휘] **fix dinner** 저녁식사를 만들다

9. [정답] **answer the door**

[해석] 그는 컴퓨터를 하다가 말고 문을 열어주러 갔다.

[어휘] **answer the door** 문을 열어주다
save one's face 체면을 지키다

10. [정답] **meet demand**

[해석] 수요를 채울 만큼의 충분한 양의 큰 물고기가 더이상 바다에 없다.

[어휘] **meet demand** 요구를 충족시키다
weigh the consequences 결과를 신중히 고려하다

Check Up 2

1. [정답] **common knowledge**

[해석] 그는 얻을 수 있는 모든 것을 읽어서, 상식이 풍부하다.

[어휘] **common knowledge** 상식적인 것

2. [정답] **fatal**

[해석] 그는 초기에 암 진단을 받았지만, 불치병에 걸렸다고 생각했다.

[어휘] **fatal disease** 불치병
petal n. 꽃잎

3. [정답] **first aid**

[해석] 손가락이 베었을 때, 즉시 응급 치료를 받으세요.

[어휘] **first aid** 응급조치

4. [정답] **complimentary**

[해석] 너의 부모님 20주년 기념 초대권이야.

[어휘] **complimentary ticket** 초대권
complementary a. 상호 보완적인

5. [정답] **big**

[해석] 그녀는 비밀이라고 한 것들을 말하는 것을 보니 입이 가벼운 사람임에 틀림 없어.

[어휘] **big mouth** 수다쟁이, 비밀 누설자

6. [정답] **blind date**

[해석] 나의 부모님은 소개팅으로 서로를 처음 만났다.

[어휘] **blind date** 안면이 없는 남녀의 데이트

7. [정답] **capital punishment**

[해석] 많은 사람들이 사형제도는 야만적이라고 생각한다.

[어휘] **capital punishment** 사형, 극형
special amnesty 특사
barbaric a. 야만적인

8. [정답] **foregone conclusion**

[해석] 대부분의 투표자들이 그 결과는 뻔한 결론이라고 생각한다.

[어휘] **foregone conclusion** 뻔한 결론
good buy 싸게 잘 산 물건

9. [정답] **deserted**

[해석] 한 노인이 인적이 드문 거리를 거닐며 하늘을 올려다 보았다.

[어휘] **deserted street** 인적이 드문 거리
determined a. 단호한, 단단히 결심한

10. [정답] **Adverse**

[해석] 어려운 여건이 나의 아버지가 사업을 그만두게 만들었다.

[어휘] **adverse circumstances** 역경

Check Up 3

1. [정답] **wedding reception**

[해석] 우리는 결혼 피로연으로 스윙 밴드를 예약했어.

[어휘] **wedding reception** 결혼 피로연

2. [정답] **freezing point**

[해석] 소금을 넣으면 물의 어는 점이 낮아진다.

[어휘] **boiling/freezing point** 끓는 점/어는점

3. [정답] **housewarming party**

   [해석] 새 집에 정리가 끝나면, 집들이를 하도록 해.

   [어휘] **housewarming party** 집들이

4. [정답] **strategy**

   [해석] 당신의 새 마케팅 전략이 제품 시장 점유율에 영향을 미친다고 생각하지 않아요.

   [어휘] **strategy** n. 전략
   tragedy n. 비극

5. [정답] **division**

   [해석] S-Shipping은 작년에 문을 닫기 전 선적 부문을 반 세기 동안 운영해왔었다.

   [어휘] **shipping division** 선적 부서
   diversion n. 바꾸기, 전환

6. [정답] **drinking water**

   [해석] 그는 사막 한가운데서 물을 마시지 못해서 목이 말라가고 있다.

   [어휘] **tainted water** 오염 된 물

7. [정답] **checking account**

   [해석] 이 은행에서 당좌 계좌를 개설하고 싶습니다.

   [어휘] **checking account** 당좌 계좌

8. [정답] **sweeping**

   [해석] 작년, 대통령 선거는 그의 압승으로 끝났다.

   [어휘] **sweeping victory** 완전한 승리

9. [정답] **spitting image**

   [해석] 그녀는 어머니를 쏙 닮았다.

   [어휘] **spitting image** 판박이
   virtual a. 사실의

10. [정답] **purchasing power**

    [해석] 십대들의 구매력이 급격히 증가하였다.

    [어휘] **purchasing power** 구매력

Practice Test Answer Keys

01. (c)	02. (d)	03. (b)	04. (a)	05. (c)
06. (a)	07. (b)	08. (d)	09. (b)	10. (a)
11. (a)	12. (c)	13. (a)	14. (b)	15. (b)
16. (d)	17. (a)	18. (b)	19. (b)	20. (d)
21. (d)	22. (a)	23. (a)	24. (c)	25. (a)
26. (c)	27. (a)	28. (d)	29. (a)	30. (b)

01. (c)

[해석] A: 이 등반은 너무 힘들어, 잠깐 멈춰서 쉬어야겠어.
B: 좋은 생각이야. 일단 한번 숨을 고르고(catch one's breath) 나면, 우리는 정상까지 갈 수 있을 거야.

[해설] 등반이 힘들어서 쉬어야겠다고 하자 B는 긍정의 대답을 하였으므로 '숨을 고르다'라는 숙어적 표현인 catch one's breath '한숨 돌리다' 이므로 (c)가 정답이다.

[어휘] **catch one's breath** 헐떡이다, 한숨 쉬다

02. (d)

[해석] A: 나는 새 자켓을 사기를 오랫동안 기다려왔어.
B: 만약 인터넷에서 주문한다(place an order)면, 매장에서 사는 것보다 싸게 살 수 있을 거야.

[해설] 주문하다(place an order)라는 숙어적 표현으로 (d)가 정답이다.

[어휘] **draw (up) in order** v. 정렬시키다
place an order with A for B A에게 B를 주문하다

03. (b)

[해석] A: 나는 몇 달 동안 기타를 배우기 위해 노력해왔는데, 진전이 없어.
B: 아마 네가 강사로부터 레슨을 받는다(take lessons)면 좋아질 거야.

[해설] 몇 달 동안 배운 기타가 진전이 없다고 하자 강사에게 배운다면 좋아질 것이라고 하므로 lesson과 함께 쓰여 '수업을 받다'라는 뜻의 (b)가 정답이다.

[어휘] **progress** n. 진전, 진보
instructor n. 강사, 교사
improve v. 향상하다

04. (a)

[해석] A: 최근에 사업이 잘되고 있으니 축하하는 게 좋을 것 같아.
B: 그래. 모든 직원들과 그들의 가족들을 위해서 오늘밤 파티를 열자(throw a party).

[해설] 사업이 잘되는 것을 축하한다고 하였으므로 파티를 열다 라는 뜻의 관용적 표현인 (a)가 정답이다.

[어휘] **go the distance** 끝까지 해내다, 최후까지 시합을 하다

05. (c)

[해석] A: 나는 정말로 네가 <u>고소를 해서(press charges)</u> 신용사기로 잃은 돈의 일부분을 찾기 위해 노력해야 한다고 생각해.

B: 네 말이 맞아. 나는 회사를 상대로 소송을 제기 해야겠어.

[해설] 신용사기로 인해 잃은 돈을 찾기 위해 고소를 해야 한다는 제안에 대해 긍정의 대답을 하고 있으므로 소송을 제기하다라는 내용이 적절하다. 따라서 (c)가 정답이다.

[어휘] **press a charge[charges]** 남을 고발[고소]하다

06. (a)

[해석] A: 네가 연극 오디션 준비를 시작한 이후로 너를 많이 보지 못했어.

B: 나도 알아. 연극에서 <u>주연 배우(lead role)</u>를 목표로 하는 것은 많은 노력과 대사 암기가 필요해.

[해설] 연극 오디션 준비로 자주 보지 못했다는 A의 말에 대한 대답으로 많은 노력과 대사 암기가 필요하다고 하였으므로 중요한 배역을 맡았음을 알 수 있다. 따라서 주연 배우라는 뜻의 (a)가 정답이다.

[어휘] **prepare for** ~을 준비하다

lead role 주인공

play n. 연극

memorization n. 암기

07. (b)

[해석] A: 어제의 큰 뉴스거리는 전부 오늘날 대도시의 경제 상황에 관한 것이었어.

B: 그 기사는 우리가 직면하고 있는 <u>현재의 문제들(current issues)</u>의 중요성을 보여주기 때문에 좋았어.

[해설] 빈칸 뒤에 이어지는 문제와 함께 쓰여 현재의 문제라는 연어적 표현인 (b)가 정답이다.

[어휘] **steadfast** a. 고정된, 흔들리지 않는

temporary a. 일시적인, 잠시의, 순간의

08. (d)

[해석] A: 나는 John이 기자의 질문에 얼버무리는 것을 보고 확신이 들지 않았어.

B: 맞아. 그는 심지어 <u>결정적인(conclusive)</u> 대답도 하지 않았어.

[해설] John이 대답을 제대로 하지 않은 것에 확신이 들지 않는다고 하자 긍정의 대답을 하고 있으므로 '결론적인'이라는 뜻의 (d)가 적절하다.

[어휘] **bewilder** v. 당황하게 하다, 어리둥절하게 하다

conclusive a. 결정적인, 단호한

09. (b)

[해석] A: 나는 현미경을 제대로 사용하는 방법을 몰라서 생물학이

힘들어.

B: 우리가 공부하는 대부분의 물체들은 <u>육안(naked eye)</u>으로 보이지 않으니 얼마나 어려울지 알겠어.

[해설] 현미경을 통해서 물체를 볼 수 있다는 말은 그냥은 보이지 않는다는 것은 짐작할 수 있다. 따라서 육안이라는 표현인 (b)가 정답이다.

[어휘] **unkempt** a. (머리가) 빗질하지 않은, (복장 · 모습 등이) 깔끔하지 못한

10. (a)

[해석] A: 회사가 너를 해고시키면, 넌 보상을 받게 되니?

B: 다행히도 나는 좋은 조건의 주식 <u>매수권(buy out)</u>을 받게 될 거야.

[해설] 회사가 해고하는 보상으로 받게 되는 것으로 주식 매수권이라는 표현으로 (a) buy out이 적절하다.

[어휘] **buy out** 회사 (주식)의 매점

stake out (경찰의) 감시, 감시인

send off (역 등에서의) 전송, 송별

11. (a)

[해석] A: 어제 월급 받았어. 현금 가지고 있지 않니?

B: 아니, 내 <u>예금계좌(savings account)</u>에 저축했어.

[해설] 어제 받은 월급을 현금으로 가지고 있지 않냐는 질문에 대한 답으로 아니라고 했으므로 보기의 선택지 들 중에서 저축했다는 내용이 적절하다. 따라서 '저축 예금 계좌에 예금하다'라는 뜻으로 (a)가 정답이다.

[어휘] **deposit** v. 예금하다

savings account 저축성 예금 계좌

12. (c)

[해석] A: 우리 여행 중에 타는 기차에서 가장 마음에 들었던 부분이 뭐니?

B: 나는 멋진 <u>식당차(dining car)</u>의 은식기류와 장식이 좋았어.

[해설] 기차 여행 중에 가장 마음에 드는 부분을 묻는 질문에 대한 답으로 빈칸 앞에서 은식기라고 말한 것으로 보아 음식을 먹을 수 있는 곳임을 짐작할 수 있다. 따라서 식당차라는 의미의 (c)가 정답이다

[어휘] **silverware** n. 은제품

decoration n. 장식

dining car (철도) 식당차

13. (a)

[해석] A: 학교친구들과 휴가 재미있게 보냈어?

B: 그래, 근데 여행 중에 예상하지 못했던 <u>비용(expenses)</u>으로 거의 돈이 다 떨어졌었어.

[해설] 친구들과의 휴가도중 생긴 예상치 못한 것으로 파산에 이르렀다는 것으로 보아 비용이 초과되었음을 알 수 있다. 따라

서 비용이라는 의미의 (a)가 정답이다.

[어휘] **expense** n. 지출, [보통 pl.] (소요) 경비
gratuity n. 팁, 선물

14. (b)

[해석] A: 넌 아버지랑 똑같이 생겼구나. 사람들이 그런 말 많이 하니?
B: 그래요. 그리고 할아버지도 쏙 닮았다(spitting image)고 해요.

[해설] 아버지랑 많이 닮았다는 말을 많이 듣는다고 했으므로 할아버지와도 많이 닮았다는 표현으로 '쏙 빼다 닮았다'는 관용적 표현인 (b)가 정답이다.

[어휘] **shining example** 훌륭한 본보기
spitting image 빼닮음, 빼닮은 것
cry wolf 거짓 경보를 울리다

15. (b)

[해석] A: 당신은 이사 후에 돈을 새로운 은행에 넣을 것입니까?
B: 그래요, 그게 내가 계좌를 비우는(empty out) 이유입니다.

[해설] 이사 후에 돈을 새로운 은행에 넣을 거냐는 질문에 대해 긍정의 대답을 했으므로 지금의 계좌에서 돈을 뺄 것임을 짐작할 수 있다. 따라서 '계좌를 비우다'라는 뜻의 관용적 표현인 (b)가 정답이다.

[어휘] **bring together** ~을 긁어 모으다, 묶다

16. (d)

[해석] 부모님들은 보모에게 대문 밖에 누구인지 정확히 알지 못한다면 문을 열지(answer the door) 말라고 충고했다.

[해설] 대문 밖에 온 사람을 확인하고 그 사람이 누구인지 정확하지 않으면 문을 열어주지 말라는 내용이므로 '문을 열어주다' 라는 숙어적 표현인 (d)가 정답이다.

[어휘] **advise** v. 충고하다
unless prep. ~하지 않는 한(=if not)
exactly adv. 정확히

17. (a)

[해석] 지난해는 많은 학생들이 선거에서 투표를 할(cast a ballot) 수 있는 나이가 된 첫 해였다.

[해설] 선거에서 투표하다(cast a ballot) 라는 숙어적 표현으로 (a)가 정답이다.

[어휘] **cast a ballot** 투표하다

18. (b)

[해석] 대부분의 정치가들은 그들이 지킬 수 없는 약속을 하지(make promises) 않기 위해서 신경을 많이 쓴다.

[해설] 정치가들이 자신들이 지킬 수 없는 것은 하지 않도록 신경 쓴다고 하였으므로 선택지 중에서 약속을 하다라는 뜻의

(b)가 정답이다.

[어휘] **proscription** n. (관습 등의) 금지법률, 보호[인권]의 박탈

19. (b)

[해석] 그의 부인이 늦게까지 일하기 시작한 이후로, Robert는 자신이 거의 밤마다 요리와 저녁을 준비(fix dinner)하는 것을 즐긴다는 것을 알았다.

[해설] 빈칸 앞에서 요리를 하다(enjoyed cooking)라고 하였으므로 이와 관련하여 저녁을 차리다 라는 뜻의 (b)가 정답이다.

[어휘] **eat words** 앞서 한 말을 취소하다

20. (d)

[해석] 개인적으로 당혹스러운 상황에서, 체면을 세우고(save face) 좋은 명성을 유지하는 것은 어렵다.

[해설] 빈칸 뒤에 and로 연결된 내용이 명성을 유지한다고 하였으므로 이와 비슷한 의미로 체면을 세우다라는 숙어적 표현인 (d)가 내용상 적절하다.

[어휘] **keep track** ~의 진로를 쫓다, ~을 놓치지 않고 따라가다
save face 체면을 지키다, 체면이 서다

21. (d)

[해석] 그 커플은 라디오 토크쇼 퀴즈에서 상으로 경기 초대권(complimentary tickets)을 획득할 수 있었다.

[해설] 커플이 토크쇼 퀴즈에서 상으로 받은 것이라고 하였으므로 경기관람권이라는 연어적 표현인 (d)가 정답이다.

[어휘] **compliance** n. (요구, 명령 등에 대한) 응낙, 친절
offset v. 차감 계산하다, (장점이 단점을) 별충하다
complimentary tickets 우대권, 초대권

22. (a)

[해석] 집에서 체온을 재는 것은 건강 상태에 대한 전반적인 것을 알려주지만, 정확한 체온을 알기 위해서는 의료용(clinical) 온도계를 반드시 사용해야 한다.

[해설] 집에서 체온을 재는 것은 정확한 정보를 제공하지 않으므로 정확한 체온을 측정하기 위해서는 의료용 체온계가 필요하다는 내용이다. 따라서 '의료용'의 이라는 뜻의 (a)가 정답이다.

[어휘] **longitudinal** a. 경도[경선]의

23. (a)

[해석] 많은 사람들이 생각지도 못하게 보이는 본능적인 반응(instinctive response)은 여행할 때 중요한 거리와 이정표들을 적어 두는 것이다.

[해설] 빈칸 뒤에서 생각지도 못하고 사람들이 보이는 반응(response)이라고 하였으므로 보기의 선택지 중에서 의식하지 않고 나오는 이라는 뜻의 본능적인 이라는 (a)가 정답이다.

[어휘] **proscriptive** a 인권을 박탈하는, 금지의
　　retroactive a. 반동하는, (법률, 승급 등의 효력이) 소급하는

24. (c)

[해석] 한 사람의 보행자도 없는(deserted) 거리와 텅 빈 가게들로 마을은 으스스해 보였다.

[해설] 길거리에도 사람들이 다니지 않고 가계가 비었다는 것으로 짐작해볼 때 분위기로 적절한 것은 (c)이다.

[어휘] **dilapidated** a. 황폐한, (집 등이) 기울어진, 초라한
　　resurface v. 표면을 갈아 붙이다, (도로의 표면을) 재포장하다
　　deserted a. 인적이 끊긴, 사람이 살지 않는
　　bustling a. 부산스러운, 떠들썩한, 소란한

25. (a)

[해석] 당신이 한번도 만난 적이 없는 사람과 데이트 하는 것은 무서울 수도 있지만 이러한 종류의 소개팅(blind dates)은 당신을 더 공손하도록 한다.

[해설] 한번도 만나본 적이 없는 사람과 만나는 것을 뜻하는 것으로 소개팅이라는 뜻의 관용적 표현인 (a)가 정답이다.

[어휘] **go out with** ~와 데이트하다
　　intimidating a. 두렵게 하는
　　blind date 소개팅
　　encourage v. 격려하다
　　polite a. 공손한

26. (c)

[해석] 후진국 사람들의 가장 큰 건강과 관련된 걱정 중 하나는 깨끗한 식수(drinking water)를 얻는 것이다.

[해설] 빈칸 뒤에 나오는 water와 함께 쓰여 연어적 표현으로 식수를 뜻하는 (c)가 정답이다.

[어휘] **concern** n. 걱정, 우려
　　gain access to ~에 접근하다

27. (a)

[해석] 많은 신입 사원들은 물건들이 분류되고 발송되는 배송 부서

(shipping division)에서 일을 시작한다.

[해설] 빈칸 뒤에서 물건들이 분류되고 발송되는 부서임을 설명하므로 이를 지칭하는 배송부서라는 뜻의 (a)가 정답이다.

[어휘] **shipping** n. [집합적] 선박(수)

28. (d)

[해석] 많은 학생들이 기억하지 못하는 비용은 입학허가를 받기 위해 노력할 때 드는 원서비(applying fee)이다.

[해설] 입학 허가를 받기 위해 드는 비용이라고 하였으므로 입학하기 위해 작성한 원서비라는 뜻의 (d)가 정답이다.

[어휘] **applying fee** (입학) 원서비
　　acceptance n. 허가, 수락

29. (a)

[해석] 결혼 피로연(wedding reception)에서 대부분의 사람들은 음식과 음악 그리고 춤추는 것을 원했다.

[해설] 많은 사람들이 부부가 된 커플이 파티에서 춤추기를 원했다는 것으로 미루어 보아 결혼식이 끝난 후 치러지는 피로연임을 알 수 있다.

[어휘] **eager** a. 열렬한, 간절한
　　wedding reception 결혼식 피로연
　　gathering n. 모임
　　welcome n. 환영
　　treatment n. 치료, 대우

30. (b)

[해석] 만약 우리팀이 다음 주 게임에서 싸울 수 있는 기회(fighting chance)를 가진다면, 그들은 최고의 선수를 건강하게 유지해야 한다.

[해설] 최고의 선수의 건강을 관리해야 한다는 내용으로 보아 다음 주에 있는 경기에서 싸울 수 있다는 내용이 적절하므로 싸울 기회라는 뜻의 (b)가 정답이다.

[어휘] **fighting chance** (노력 여하로 얻을 수 있을지도 모를) 성공의 가능성

Chapter 02 Unit 09 The TOP VOCA 24 전치사+명사 / 25 명사+명사 / 26 빈출 이어동사 ①

Check Up 1

1. [정답] **on purpose**

[해석] 제가 고의로 당신 발을 밟은 건 아닙니다.

[어휘] **on purpose** 고의로

2. [정답] **out of stock**

[해석] 죄송하지만, 찾고 계시는 제품은 품절입니다.

[어휘] **out of stock** 재고가 바닥난
　　out of question 확실한

3. [정답] **at stake**

[해석] 당신의 거짓말이 당신의 정치적 입지를 위태롭게 했네요.

[어휘] **at stake** 위태로운
at once 즉시

4. [정답] **on duty**

[해석] 약속을 미뤄야겠어요. 오늘 저녁 근무해야 해요.

[어휘] **on duty** 근무 중의
on sale 특가 판매하는

5. [정답] **on edge**

[해석] 그녀는 면접 결과를 기다리고 있어서 정말 예민하다.

[어휘] **on edge** 예민한
cutting edge 최첨단

6. [정답] **at odds with**

[해석] 정부는 그 문제를 놓고 시민단체와 마찰을 빚고 있다.

[어휘] **at odds with** ~와 사이가 나쁜
on account of ~때문에

7. [정답] **at the moment**

[해석] 그는 지금 자리에 안 계십니다. 메시지를 남기시겠어요?

[어휘] **at the moment** 지금 당장
at (the) most 기껏해야, 많아야

8. [정답] **scale**

[해석] 올림픽 개막식은 성대하게 치러졌다.

[어휘] **on a large scale** 대규모로

9. [정답] **at first hand**

[해석] 나는 몇 가지 문제점들을 직접 목격했다.

[어휘] **at first hand** 직접적으로
out of one's mind 정신이 나간

10. [정답] **out of order**

[해석] 에스컬레이터가 또 고장났나 봐요.

[어휘] **out of order** 고장 난
out of place 잘못 놓인

Check Up 2

1. [정답] **motion sickness**

[해석] 배에 탈 때 마다, 나는 멀미로 고생한다.

[어휘] **motion sickness** 멀미
morning sickness 입덧

2. [정답] **summit talk**

[해석] 행정부는 정상 회담에서 양국간의 외교 관계가 순조롭게 되길 희망한다.

[어휘] **summit talk** 정상 회담
smoothly adv. 순조롭게

3. [정답] **ballot**

[해석] 선거가 끝나는 즉시, 선거 관리인들은 투표함을 봉한다.

[어휘] **ballot** n. 선거, 투표
ballet n. 발레

4. [정답] **bear market**

[해석] 내가 가진 모든 돈을 주식에 투자했지만, 약세 시장으로 난 모든 것을 잃었다.

[어휘] **bull market** (증권) 강세 시장
bear market (증권) 약세 시장

5. [정답] **Illiteracy rates**

[해석] 문맹률이 낮아지고 있다. 왜냐하면 15세 미만의 모든 아이들이 학교에 가야하기 때문이다.

[어휘] **illiteracy rate** 문맹률

6. [정답] **population**

[해석] 서울은 동북 아시아에서 인구밀도가 가장 높은 곳 중 하나이다.

[어휘] **population density** 인구 밀도
popularity n. 인기

7. [정답] **surprise attack**

[해석] 그들은 기습공격으로 궁전을 장악했다.

[어휘] **surprise attack** 기습 공격
shock therapy 충격 요법

8. [정답] **farewell party**

[해석] 퇴임하는 학교장을 위한 송별회가 열렸다.

[어휘] **farewell party** 송별회

9. [정답] **expectancy**

[해석] 여성의 평균수명이 남성보다 더 길다.

[어휘] **life expectancy** 예상 수명

10. [정답] **speed merchant**

[해석] Thomas는 두려움을 모르는 스피드 광이자 타고난 운

동선수이다.

[어휘] **chance customer** 우연히 들린 손님
speed merchant 속도광

Check Up 3

1. [정답] **called for**

[해석] 부모들은 야간 학습에 대한 즉각적인 설명을 요구했다.

[어휘] **call for** 요구하다
call off 철수하다

2. [정답] **brought about**

[해석] 그가 요즘 이상해, 무엇이 그를 변하게 했을까?

[어휘] **bring about** 야기하다, 초래하다
bring in ~을 관여하게 하다

3. [정답] **count on**

[해석] 당신이 걱정할 건 없어요, 저만 믿으세요.

[어휘] **count on** ~에 의지하다, 믿다

4. [정답] **figure out**

[해석] 계산이 복잡한데, 수익을 어떻게 알아내지?

[어휘] **figure out** 알아내다, 이해하다

5. [정답] **beef up**

[해석] 멕시코 정부는 마약에 대한 전쟁을 강화하기로 결정했다.

[어휘] **beef up** 강화하다
break up 끝이나다

6. [정답] **brush up on**

[해석] 난 베를린에 가기 전에 독일어 공부를 다시해야 해.

[어휘] **brush up on** 다시 공부하다, 복습하다
cut down on (양이나 금액을) 줄이다

7. [정답] **adjust to**

[해석] 그녀는 그 비극적인 자동차 사고 이후, 휠체어에 적응하려고 애썼다.

[어휘] **adjust to** 익숙해지다, 적응하다
attend to 돌보다, 주의하다

8. [정답] **come across**

[해석] 이 길을 따라 쭉 가다 보면 시청이 나올 겁니다.

[어휘] **come across** 우연히 만나다
get along with (~와) 사이좋게 지내다

9. [정답] **come down with**

[해석] 그는 독감에 걸렸다.

[어휘] **come down with** (전염) 병에 걸리다
blow off 바람이 불어서 흩날리다

10. [정답] **break away**

[해석] 부모님께로부터 독립하는 게 쉽지 않다고 느꼈다.

[어휘] **break away** 도망치다
break into 침입하다

Practice Test Answer Keys

01. (a)	02. (a)	03. (c)	04. (a)	05. (a)
06. (a)	07. (b)	08. (a)	09. (d)	10. (a)
11. (a)	12. (b)	13. (a)	14. (c)	15. (a)
16. (a)	17. (b)	18. (b)	19. (c)	20. (b)
21. (c)	22. (a)	23. (d)	24. (a)	25. (d)
26. (a)	27. (d)	28. (c)	29. (b)	30. (b)

01. (a)

[해석] A: 어제 너희 동네에 있었는데, 네가 정확히 어느 빌딩에 살고 있는지 기억할 수 없었어.
B: 우리 집은 교차로에서 가장 가까운 아파트 단지(apartment complex)야.

[해설] apartment와 함께 쓰여 아파트들이 모여있는 '대단지'라는 표현인 (a)가 정답이다.

[어휘] **complex** n. (건물 등의) 단지
stall n. 칸막이한 작은 방, 마구간

02. (a)

[해석] A: 교수님이 매우 단호하셔서 나는 시험일에 수업을 빠질 수 없었어.
B: 이 학교는 어떠한 보충(make-up) 시험도 허용하지 않기 때문이야.

[해설] 시험일에 수업을 빠질 수 없는 이유에 대해 학교에서 허용하지 않는다는 대답으로 보아 시험 이외의 어떤 보충시험도 허용하지 않음을 알 수 있다. 따라서 보충시험이라는 뜻의 (a)가 정답이다,

[어휘] **make-up** n. 재[추가]시험
tryout n. 시험적 실시[사용], (스포츠의) 실력[적격] 시험

03. (c)

[해석] A: 우리는 내일 학급 선거를 열고 싶은데, 그 전에 우리는 비밀 유지를 확실히 해야 해.
B: 우리가 투표함(ballot box)에 용지를 넣고 함을 봉인할 때까지 문제가 있어서는 안돼.

[해설] 학급 선거의 비밀 유지를 위한 방법으로 투표함을 넣는 곳으로 이를 봉한다고 하였으므로, 보기의 선택지 주에서 투표함이라는 뜻의 (c)가 정답이다.

[어휘] **confidentiality** n. 기밀성
consensus n. 일치, 여론
ballot n. 투표, 투표 용지

04. (a)

[해석] A: 나라의 경제가 요즘 정말 호황이야.
B: 나도 알아, 이 상승 장세(bull market)로 투자자들이 자신감을 가지고 있어.

[해설] 경제가 호황이라서 투자자들이 자신감을 갖고 있다는 말로 미루어 보아 이러한 시장을 일컫는 말로 상승 장세라는 뜻의 (a)가 정답이다

[어휘] **bull market** [증권] 상승 시세, 강세 시장

05. (a)

[해석] A: 이웃집은 어떻게 개가 도망가지(running away) 못하도록 하지?
B: 그들은 개들이 마당을 떠날때 전기 충격을 발생시키는 새로운 목걸이를 개에게 달았어.

[해설] 마당을 떠나는 개가 전기 충격을 발생시키는 목걸이를 달고 있는 것으로 보아 개가 도망못가도록 한다는 내용이 적합하다. 따라서 '도망가다'라는 뜻의 연어적 표현인 (a)가 정답이다.

[어휘] **run away** ~에서 달아나다, 잘못되다
start out 튀어나오다, ~에 착수하다
stay down 내려진 채로 있다, 유급하다

06. (a)

[해석] A: 난 수업시간에 여전히 수업 내용을 잘 이해하지 못하기 때문에 말하지 않아.
B: 그건 아마 좋은 생각일거야. 헷갈릴 때 대답해서 바보가 되고(come off) 싶진 않을 거야.

[해설] 모르는 것을 대답하지 않는 것은 바보이고 싶지 않는 것이므로, '되다, 떨어지다'라는 come off로 (a)가 적절하다.

[어휘] **come off** 가 버리다, 떨어지다, 들어맞다
keep off ~을 접근시키지 않다, ~을 피하다

07. (b)

[해석] A: 나와 함께 휴가때 농장을 떠나는 건 어때?
B: 이맘때쯤 농장에서 하는 일은 내가 돌봐야 하는(attend to) 많은 일들을 포함하고 있어.

[해설] 전치사 to와 함께 쓰이는 동사로 '처리하다, 돌보다'라는 뜻의 attend to로 (b)가 적절하다.

[어휘] **occupy** v. (장소를) 차지하다, (시일을) 소비하다

08. (a)

[해석] A: 우리는 Karl과 Joe를 오늘 떨어뜨려 놓을 필요가 있어, 그들은 일주일 내내 논쟁 중이거든.
B: 그래. 그들 사이의 싸움에 끼여 들고(break up) 싶지 않아.

[해설] 싸움에 끼어들고 싶지 않다는 의미이므로, '~에 끼어들다, 갈라 놓다'라는 (a)가 적절하다.

[어휘] **break up** ~을 분리하다, ~을 끝내다
divvy up 분배하다
tear up 뿌리째 뽑다, 잡아 벗기다

09. (d)

[해석] A: 너는 네 아버지와 비슷한 직업을 가질거니?
B: 그래. 나는 아버지와 같은 기술자가 되어서 그의 뒤를 따르고(follow in) 싶어.

[해설] 아버지와 비슷한 직업을 가질 거냐는 A의 질문에 B가 아버지의 뒤를 따르고 싶다는 내용이다. 따라서 '따르다, 이어가다'라는 (d)가 적절하다.

[어휘] **mark out** 구획[설계, 계획]하다
burn up 활짝 타오르다, 태워버리다
follow in 남의 발자국[뒤]을 따라가다, 남의 선례를 따르다

10. (a)

[해석] A: 나는 어제 단체회의를 빠지고 낚시 가서 재미있게 보냈어.
B: 너는 재미있었겠지만 그렇게 멤버들을 바람 맞히는(blow off) 것은 예의가 아니었어.

[해설] A가 모임에 빠졌다 했고, B가 그 같은 행동은 예의가 아니다 고 하는 상황이다. 따라서 '~를 취소하다, 바람 맞히다'라는 뜻의 (a)가 적절하다.

[어휘] **blow off** 불어 흩날리다, 참석을 취소하다
carry off (상품, 명예를) 획득하다, (역할, 임무를) 훌륭히 해내다

11. (a)

[해석] A: 이번 주말 계획이 뭐야?
B: 지금은(at the moment), 아무 것도 없어.

[해설] 주말 계획이 무엇이냐고 묻는 것에 대해 지금 당장은 계획이 없다는 내용이 적절하므로 지금 이 순간이라는 뜻의 (a)가 정답이다.

[어휘] **at the moment** 당장에는, 바로 지금

12. (b)

[해석] A: 가게에서 필요한 것 샀어?
B: 아니, 불행히도 내가 필요한 많은 물건들은 재고가 없었어(go out of stock).

[해설] 가게에서 필요한 물건을 샀냐는 질문에 부정의 대답을 한 것으로 보아 물건이 없었음을 짐작 할 수 있다. 따라서 보기 중 재고가 없다라는 숙어적 표현인 go out of stock으로 (b)

가 적절하다.

[어휘] **staple** n. 주요 산물, 주성분

13. (a)

[해석] A: 목이 말라서 음료수 마시고 싶었는데, 자판기에 돈이 들어가지 않아.
B: 이런. 기계 고장(out of order)이라는 설명을 붙여야겠다.

[해설] 음료수 자판기에 돈이 들어가지 않는 것으로 보아 작동이 제대로 되지 않음을 알 수 있다. 따라서 작동이 되지 않는다는 뜻의 (a)가 정답이다.

[어휘] **out of order** 부적절한, 고장이 난

14. (c)

[해석] A: 사장님이 무슨 이유인지 매우 화가나 보여.
B: 내 생각에 그는 최근에 마감일 때문에 초조한(on edge) 것 같아.

[해설] 사장님이 화가 나 보인다는 말에 대한 대답으로 마감일에 대한 부담감 때문이라고 한 것으로 보아 불안하고 초조한 것임을 짐작할 수 있다. 따라서 '초조한'이라는 뜻의 (c)가 정답이다.

[어휘] **off color** 색이 바랜, 안색이 안 좋은, 기운 없는
off beat 색다른, 별난, 엉뚱한, 기이한
on edge 흥분하여, 안절부절못하여, 불안하여

15. (a)

[해석] A: 나는 새 신발을 사고 싶어, 근데 내가 지금 그걸 살 형편이 되는지 모르겠어.
B: 세일(on sale)할 때까지 기다리는 게 좋겠어.

[해설] 새 신발을 사고 싶지만 현재 여유가 되지 않다는 말에 대한 대답으로 기다리라고 한 것으로 보아 세일 할 때가 가장 적합하다. 따라서 세일 중이라는 숙어적 표현인 (a)가 정답이다.

[어휘] **afford** v. ~할 여유가 되다
on sale 할인 중인
below deck 주갑판 밑에

16. (a)

[해석] 전쟁의 가장 큰 전환점은 다른 편을 완전히 무방비 상태로 붙잡았던 기습(surprise) 공격이었다.

[해설] 전쟁에서 다른 편을 무방비 상태로 만든 것으로 보아 갑작스런 공격이라는 뜻의 연어적 표현으로 (a)가 정답이디.

[어휘] **surprise attack** [군사] 기습

17. (b)

[해석] 책이 있어야 할 곳에 없는 대부분의 경우에, 대출 데스크(circulation desk)의 누군가가 찾는 것을 도와 줄 것이다.

[해설] 책이 있어야 할 곳에 없는 경우에 도움을 주는 사람을 찾을 수 있는 곳으로 안내를 해 주는 곳인 대출 데스크라는 뜻의

(b)가 정답이다.

[어휘] **circulation** n. 발행 부수, 보급[판매] 부수

18. (b)

[해석] 많은 임산부들이 입덧(morning sickness)을 경험하지만, 어떤 이들은 임신 중에 메스꺼움을 느끼거나, 혹은 전혀 그렇지 않기도 한다.

[해설] 어떤 산모들이 임신 중에 메스꺼움을 느끼는 것을 표현하는 것으로 '입덧'이라는 연어적 표현으로 (b)가 정답이다.

[어휘] **morning sickness** 입덧

19. (c)

[해석] 국가 교육 부진의 가장 분명한 이유 중의 하나는 증가하는 문맹률(illiteracy rate) 때문이다.

[해설] 국가 교육 부진의 분명한 이유로 읽고 쓸 줄 아는 능력이 낮음을 뜻하는 (c)가 정답이다.

[어휘] **illegitimacy** n. 위법, 비합법
illumination n. 조명, 해명
illiteracy n. 문맹무식, (넓은 의미로) 무학

20. (b)

[해석] 많은 어린이들은 전례동요와 동화들(fairy tales)이 종종 역사의 폭력적이고 비극적인 부분에 근거한다는 것을 알지 못한다.

[해설] 빈칸 앞에 나온 and와 연결된 전례동화와 비슷한 것으로 보기 중에서 fairy와 함께 쓰여 동화를 나타내는 (b)가 정답이다.

[어휘] **fairy tales** 동화, 옛날 이야기, 꾸민 이야기

21. (c)

[해석] Kim은 거의 모든 사람과 잘 지냈기 때문에 고등학교 1학년 생활에 매우 잘 적응했다(get along with).

[해설] Kim이 고등학교 1학년 생활을 잘한 것은 사람들과 사이가 좋았음을 알 수 있다. 따라서 ~와 잘 지내다라는 뜻의 관용적 표현으로 (c)가 정답이다.

[어휘] **astride** prep. ~에 걸터앉아

22. (a)

[해석] 의료 기술의 진보로 결과적으로 많은 유럽인들이 아프리카로 여행가서 치명적인 질병에 걸리지(come down with) 않았다.

[해설] 빈칸 뒤에 나오는 치명적인 질병과 관련하여 질병에 걸리다라는 관용적 표현으로 (a)가 정답이다.

[어휘] **come down with** (전염)병에 걸리다
leave out ~을 빼다, 생략하다
snatch up 늘름 집어 들다

23. (d)

[해석] 3일 동안 계속된 끔찍한 날씨 때문에 프로듀서들은 야외 공연을 <u>취소하고(call off)</u> 모든 팬들에게 우천 교환권을 주었다.

[해설] 3일 동안 계속된 안 좋은 날씨로 우천 교환권을 주었다는 내용으로 보아 야외 공연을 취소했다는 내용이 적절하므로 off 와 함께 쓰여 '취소하다'라는 뜻의 숙어적 표현인 (d)가 정답이다.

[어휘] **call off** 물러가게 하다, [약속, 예약 따위]를 취소하다

24. (a)

[해석] 대부분의 유권자들은 매우 어린 후보자의 선출이 젊은이들에게 호의적인 <u>변화를 가져오기(bring about)</u>를 희망했다.

[해설] bring과 함께 쓰여 '변화를 일으키다'라는 숙어적 표현으로 (a)가 정답이다.

[어휘] **bring about** ~을 가져오다, 초래하다
bring away (물건, 사상, 인상을) 가지고 돌아오다
bring back ~을 도로 찾다, 돌려주다[to]

25. (d)

[해석] 그 팀의 코치는 그의 팀이 스스로 나타난 기회를 <u>이용하지(cash in)</u> 못하는 것을 한탄했다.

[해설] 팀의 코치가 한탄한 것으로 보아 팀이 기회를 제대로 활용하지 못했음을 짐작할 수 있다. 따라서 빈칸 앞에나온 부정의 뜻으로 활용하지 못했음을 나타내는 (d)가 정답이다.

[어휘] **stash** v. (물건을) 살며시 치우다, 감추다
cash in on ~으로 돈을 벌다, ~을 이용하다

26. (a)

[해석] 장거리 운행시 안전규칙은 응급상자를 <u>항상 쓸 수 있게(on hand)</u> 가지고 다니는 것이다.

[해설] 장거리 운행시 주의해야 할 안전 규칙에 대한 지시이므로 응급시에 필요한 '응급상자를 항상 휴대하다'라는 표현이 적합하므로 (a)가 정답이다.

27. (d)

[해석] 그 남자는 절도로 체포되었지만, <u>고의로(on purpose)</u> 물건들을 가져가지 않았다고 주장했다.

[해설] 접속사 but과 절도로 체포된 남자가 주장한 내용이 연결되어야 하므로 자신의 의도가 아니었다는 내용이 가장 적절하다. 따라서 고의로라는 뜻의 숙어적 표현인 (d)가 정답이다.

[어휘] **on duty** 근무 중, 일하고 있는
on trial 시험 중, 재판에 회부된
on purpose 고의로, 일부러

28. (c)

[해석] 가족들의 집수리 계획이 그들의 예산을 넘어섰을 때, <u>필요(necessity)</u>에 의해서 대출을 받았다.

[해설] 집수리 계획이 예산을 넘었다는 말로 미루어 돈이 부족함을 알 수 있다. 따라서 필요에 의해 돈을 빌리는 내용이 적절하므로 (c)가 정답이다.

[어휘] **propensity** n. 경향, 성향, 기호
necessity n. 필요성, 불가피(성)
intensity n. 강렬, 강도(strength), 효력

29. (b)

[해석] 우리는 <u>즉시(at once)</u> 출발하지 않는다면, 등록 마감시간까지 도착하지 못할 것이다.

[해설] 등록 시간까지 도착을 못 할거라는 말로 짐작하여 지금 당장 출발하지 않으면 도착을 못한다는 내용이 적절하므로 '즉시'라는 뜻의 (b)가 정답이다.

[어휘] **on guard** 당번으로
at once 곧, 즉시
under cover 봉투에 넣어서, 몰래
off road 일반[포장] 도로를 벗어난

30. (b)

[해석] 시험 전날에 선생님이 4쪽의 새로운 숙제를 내셨을 때, 대부분의 학생들은 그녀가 <u>정신이 나갔다고(out of one's mind)</u> 생각했었다.

[해설] 시험 전날에 선생님이 낸 과도한 숙제로 인해 학생들은 선생님이 제정신이 아니었다고 생각했다는 내용이 흐름상 적절하므로 관용적 표현인 (b)가 정답이다.

[어휘] **conscience** n. 양심, 도의심, 선악의 판단력

Make Up TEST Answer Keys

01. (c)	02. (a)	03. (c)	04. (b)	05. (a)
06. (b)	07. (a)	08. (a)	09. (a)	10. (b)
11. (a)	12. (b)	13. (c)	14. (a)	15. (a)
16. (b)	17. (a)	18. (a)	19. (a)	20. (c)

01. (c)

[해석] 그 노부인은 낡은 잡지가 들어있는 상자를 쓰레기통에 <u>버렸다.</u>

[해설] 쓰레기통에 들어가는 것은 '버리다'의 의미이므로 (c)가 정답이다.

[어휘] **donate** v. 기부[기증] 하다
confirm v. 확인하다, 확증하다
discard v. 버리다

02. (b)

[해석] 그 아이는 선생님이 전체 학급에서 그가 시험에 낙제했다는

것을 알렸을 때 <u>창피함(모욕감)</u>을 느꼈다.

[해설] 시험에 낙제했다는 것을 알린다는 것은 창피(모욕감)을 주는 것이므로 (a)가 정답이다.

[어휘] **humiliate** v. 굴욕감을 느끼게 하다, 창피를 주다
humility n. 겸손
assault v. 폭행하다
perpetrate v. (나쁜 짓, 과오 등을) 범하다, 저지르다

03. (c)

[해석] 사람들은 <u>일란성 쌍둥이</u>들을 종종 구분하지 못한다.

[해설] mistake와 어울리는 표현으로는 일란성 쌍둥이인 (c)가 정답이며, (a)와 (b)는 문맥과 어울리지 않는다.

[어휘] **compatible** a. 양립할 수 있는
comparable a. ~에 필적하는, ~에 비길 만한
insightful a. 통찰력이 있는, 식견 있는
identical a. 일란성의, 동일한
fraternal twins 이란성 쌍둥이
identical twins 일란성 쌍둥이

04. (b)

[해석] 10대는 부모님께 파티에서 제 시간에 집에 오지 못한 이유를 <u>그럴 듯하게</u> 설명했다.

[해설] 아이들이 제 시간에 오지 못한 변명을 하는 내용이므로 (b) '그럴듯한' 이 정답이다. (a)는 '장래성 있는' 이며 (c)는 '건방진' 이므로 문맥과 맞지 않는다.

[어휘] **promising** a. 장래성 있는, 전도유망한
plausible a. 그럴듯한, 정말 같은
presumptuous a. 주제넘은, 건방진

05. (a)

[해석] 경찰은 도주하는 도둑의 차량을 <u>따라잡으려</u> 했다.

[해설] 경찰이 도둑을 추적한다는 내용이므로 (a) '따라잡다'가 정답이다. (b)는 '변상하다' (c)는 '놀라게 하다'는 의미이다.

[어휘] **getaway** n. 도주, 도망
overtake v. 따라잡다, 따라붙다
reimburse v. 변상[배상]하다
startle v. 깜짝 놀라게 하다, 펄쩍 뛰게 하다

06. (b)

[해석] 그 <u>담당자</u>는 그 회사의 주식 시장 투자액을 계속 기록하고 있었다.

[해설] 주식시장의 흐름을 추적하는 것은 (a) 측량 기사, (c) 항법사는 어울리지 않는다. 따라서 '등록관, 담당자'의 의미인 (b)가 정답이다.

[어휘] **kept track of** ~의 흔적을 더듬다
surveyor n. 측량사, 측량 기사
registrar n. 기록원, 등기 공무원
navigator n. 항공사(士), 항법사

07. (a)

[해석] 그 회계담당자의 결정은 회사 부회장에 의해 <u>기각되었다</u>.

[해설] 회계원의 의사 결정과 관련된 표현으로 (b) '보험에 들다' (c) '보충하다'는 의미는 문맥상 어색하므로 '기각하다'라는 의미의 (a)가 정답이다.

[어휘] **treasurer** n. 회계원, 출납계원
overrule v. 뒤엎다, 파기하다, 기각하다
insure v. 보험에 들다, 보증하다
replenish v. 보충[보급]하다

08. (a)

[해석] 그 <u>고집불통의</u> 아이는 계속적으로 자기만의 방식을 요구하였다.

[해설] 뒤에 나오는 표현 demand her own way '생억지를 쓰다'와 어울리는 아이는 (a)의 '고 집센' 아이이다. (b) '순간 적인', (c) '겸손한'은 문맥과 어울리지 않는다.

[어휘] **demand one´s own way** 생억지를 쓰다
headstrong a. 완고한, 고집 센
transient a. 일시의, 순간적인
condescending a. 겸손한, 저자세의

09. (a)

[해석] 그 집주인은 집세를 내지 않았기 때문에 그 부부를 <u>쫓아내야만</u> 했다.

[해설] 집세를 내지 않은 이유가 나오기 때문에 (b) '낭비하다'와 (c) '반박하다'는 어색하고 (a)의 '쫓아내다'가 적절하다.

[어휘] **landlord** n. 집주인, 건물 소유주
tenant n. 세입자
evict v. 퇴거시키다, (일반적으로) 축출하다
squander v. 낭비하다, 탕진하다, 함부로 쓰다
contradict v. 부정[부인] 하다, 반대하다

10. (b)

[해석] 그녀는 <u>눈에 띄고</u> 싶어서 눈부신 붉은 드레스를 입었다.

[해설] 눈부신 드레스를 입으면 사람들의 주목을 받게 되므로 (b) '눈에 띄는'이 정답이다. (a) 여분의, (c) 무리지어 사는의 의미는 문맥상 어울리지 않는다.

[어휘] **dazzling** a. 눈부신, 휘황찬란한
superfluous a. 여분의, 과잉의
conspicuous a. 눈에 띄는, 뚜렷한
gregarious a. 무리지어 사는, 군거성의

11. (a)

[해석] 그 <u>낡은</u> 호텔은 페인트가 벗겨졌고 금이 간 유리창이 있었다.

[해설] 페인트가 벗겨지고 유리에 금이 간 호텔이므로 '허물어진'의 의미인 (a)가 적절하다. (b)나 (c)는 빈칸에 어울리지 않는다.

[어휘] **cracked** a. 깨진, 부스러진
rundown a. (사람이) 건강을 해친, 지친, 병든, 황폐한
mediocre a. 보통의, 평범한
intricate a. 얽힌, 복잡한

12. (b)
[해석] 여행사 직원의 임무는 흥분한 여행객 일행들을 <u>관리하는</u> 것이었다.

[해설] 흥분된 관광객을 여행사 직원이 설득시킨다는 내용이므로 (b) '다루다, 관리하다'가 적절하다. (a)는 '(액체 등에) 가라앉히다', (c)는 '보존하다, 예약하다' 이므로 어색하다.

[어휘] **immerse** v. 가라앉히다, 적시다
reserve v. 남겨[떼어] 두다, 보존하다

13. (c)
[해석] 새로운 도시로 이사하자마자 그는 미지의 도시를 <u>답사하고</u> 싶어 했다.

[해설] 미지의 도시로는 탐사, 답사, 탐험을 하는 것이므로 (c)가 정답이다. (a)의 '결심하다', (b)의 '개선시키다'는 문맥과 어울리지 않는다.

[어휘] **resolve** v. 결심하다, 결정하다
revolve v. 회전하다, 선회하다
improve v. 개선시키다

14. (a)
[해석] 그 쓰러진 병사는 많은 생명을 빼앗아간 전쟁의 또 다른 한 명의 <u>사상자</u>였다.

[해설] 전쟁에서 쓰러진 사람은 (a) 사상자이다.

[어휘] **casualty** n. 사상자, (전시의) 인적 손실
suspect n. 용의자, 요주의 인물
nominee n. 지명된 사람

15. (a)
[해석] 그 CEO는 회사에 대한 그녀의 비전을 <u>정의 해달라</u>는 것을 요청 받았다.

[해설] 회사의 장래 전망을 말하는 것이므로 (b) '복잡하게 하다', (c) '즉흥 연주나 말을 하다'는 문맥상 어울리지 않고, (a)의 '정의를 내리다'가 정답이다.

[어휘] **define** v. 정의를 내리다, (말의) 뜻을 명확히 하다
confine v. 한정하다, 제한하다
refine v. 정련[제련] 하다
complicate v. 복잡하게 하다, 뒤얽히게 만들다
improvise v. 즉석에서 하다, 연주하다

16. (b)
[해석] 그 식당은 종업원이 게으르고 비협조적이었기에 <u>해고해야</u> 만 했다.

[해설] lazy와 uncooperative라는 단어와 어울리는 종업원에게 할 말한 조치는 (b)의 '해고시키다'이다. (a) 질식 시키다, (c) 거주하다는 문맥상 어색하다.

[어휘] **uncooperative** a. 비협조적인
suffocate v. ~의 숨을 막다, 질식(사)시키다
inhibit v. 억제하다, 제지하다
inhabit v. ~에 살다, 거주[서식]하다

17. (a)
[해석] 그 의사는 검진결과를 살펴본 후 환자의 <u>진단</u>을 내렸다.

[해설] 환자에게 의사가 하는 것은 '진단'을 내리는 것이기에 (b)협상이나 (c)짐은 문맥상 어울리지 않는다.

[어휘] **diagnosis** n. 진단(법)
negotiation n. 교섭, 협상
burden n. 무거운 짐, 짐

18. (a)
[해석] 그 가족의 <u>평범한 일상</u>은 할머니가 도시로 오실 때 마다 깨졌다.

[해설] 가족의 매일 매일과 관련된 단어로서 (b) 일치, (c) 경계는 부적절하다. 따라서 정답은 (a)의 일상이다.

[어휘] **consensus** n. 일치, 합의, 일치된 의견
census n. 인구조사
boundary n. 경계(선), 경계표

19. (a)
[해석] 그 형사는 목격자에게 젊은 여자를 납치한 남자의 신원을 <u>확인해</u> 줄 것을 요청했다.

[해설] 탐정과 납치의 관계로 미루어 보아 목격자에게 (a) '확인하다'는 내용이 적절하다. (b) '고립시키다', (c) '들이 닥치다'는 문맥상 어색하다.

[어휘] **identify** v. 확인하다, (~임을) 알다, 감정하다, 증명하다, 식별하다
isolate v. 고립시키다, 격리[분리]시키다
intrude v. 억지로 (남의 곳에) 들이닥치다

20. (c)
[해석] <u>지진</u>이 너무 강해서 도시의 모든 건물들의 기반을 흔들었다.

[해설] 도시 건물의 기반을 흔드는 것은 (a) 산사태의 흙더미, (b) 가뭄은 어색하다. 따라서 (c) 지진이 정답이다.

[어휘] **mudslide** n. 이류(산사태 때 걷잡을 수 없이 흘러내리는 진흙 더미)
drought n. 가뭄
earthquake n. 지진
seismology n. 지진학

Check Up 1

1. **[정답] keep in touch with**

   [해석] 오랜만이야, 너와 어떻게 연락을 해야 하니?

   [어휘] keep in touch with ~와 연락을 취하다
   keep away from ~을 멀리하다

2. **[정답] jack up**

   [해석] 제조업체들은 원자재 가격 상승으로 가격을 대폭 인상하도록 서둘렀다.

   [어휘] jack up 가격을 올리다
   let up 비가 그치다

3. **[정답] make up for**

   [해석] 대중 연설에 약점을 보충하기 위해, 나는 대담하게 말하려고 노력한다.

   [어휘] make up for 보충하다
   make down 할인하다

4. **[정답] iron out**

   [해석] 당신이 전체 프로젝트를 망쳤어요, 우선순위에 따라 문제를 해결하세요.

   [어휘] iron out 문제를 해결하다
   let out 비밀을 누설하다

5. **[정답] idles away**

   [해석] 심각해요, 내 동생은 컴퓨터 게임 하느라 빈둥거려요.

   [어휘] idle away 빈둥거리며 보내다
   run away 도망가다

6. **[정답] jumped at**

   [해석] 새로운 일자리를 제의 받자, Tim은 흔쾌히 그 기회를 잡았다.

   [어휘] jump at (초대, 일자리 등에) 흔쾌히 응하다

7. **[정답] lay off**

   [해석] 올해 초 그녀의 기업은 직원 20명을 해고해야만 했다.

   [어휘] lay off 해고하다
   nod off 졸다

8. **[정답] make fun of**

   [해석] 장애우들을 놀리면 안된다.

   [어휘] make fun of 놀리다
   make out 해나가다

9. **[정답] named after**

   [해석] 이 거리는 그의 업적을 기리기 위해 그의 이름을 따서 지어졌다.

   [어휘] name after ~을 본뜨다

10. **[정답] holding back**

    [해석] 패배한 팀과 그 팬들은 눈물을 삼키며 경기장을 떠났다.

    [어휘] hold back (감정 등을) 억누르다
    hold over 버티다

Check Up 2

1. **[정답] wipe off**

   [해석] 회사는 올해 말까지 빚을 청산하라고 요구 받았다.

   [어휘] rinse off 씻어내다
   wipe off (부채 등을) 청산하다

2. **[정답] turned out**

   [해석] 그녀의 새 남자친구가 백만 장자임이 밝혀졌다.

   [어휘] turn out ~이 되다
   turn off 끄다

3. **[정답] piled up**

   [해석] 내 언니는 패션업계에 종사해서, 패션 잡지들이 책상에 쌓여 있다.

   [어휘] pile up 축적하다
   save up 저축하다

4. **[정답] wrap up**

   [해석] 당신은 내일까지 이 프로젝트를 마쳐야 합니다.

   [어휘] wrap up (일, 회의 등을) 매듭짓다
   use up 다 소모하다

5. **[정답] touched on**

   [해석] 회의 때 사장님은 수익을 올릴 몇 가지 방안을 간단히 다루셨다.

   [어휘] touch on (문제를) 약간만 다루다
   trudge along 터벅터벅 걷다

6. **[정답] tagged along**

   [해석] 그 아이는 엄마의 뒤를 졸졸 따라다녔다.

[어휘] **tag along** 붙어다니다
queue up 줄서다

7. [정답] **put out**

[해석] 그는 어젯밤 불을 끄기 위해 소화기를 사용했다.

[어휘] **put out** (소화기로) 불을 끄다
order out 주문하다

8. [정답] **pull over**

[해석] 그 괴팍한 노인이 내 차를 따라오기 시작했고 나에게 욕을 해대며 갓길에 차를 세우라고 소리쳤다.

[어휘] **pull over** 차를 대다
stop over 잠시 머무르다

9. [정답] **wake her up**

[해석] 그녀의 남편은 팔꿈치로 쿡쿡 찔러 그녀를 깨웠다.

[어휘] **wake up** 깨우다

10. [정답] **pass on**

[해석] 할인액 중 많은 부분이 고객들에게 전달되지 않고 소매 상들의 호주머니로 들어간다.

[어휘] **write off** 빚을 탕감하다
pass on 넘겨주다

Check Up 3

1. [정답] **broke through**

[해석] 대통령은 법률 개정 반대를 극복했다.

[어휘] **break through** (어려움 등을) 극복하다
bring over 이리로 가져오다, (집으로) 데려오다

2. [정답] **cut in**

[해석] 내가 말할 때 끼어들지 마요.

[어휘] **cut in** 불쑥 끼여들다
rub off 옮다, 전염되다

3. [정답] **see you off**

[해석] 잠시만 기다려요! 꼭 당신을 배웅해 주고 싶어요.

[어휘] **see off** 배웅하다

4. [정답] **put you through**

[해석] 잠시 기다려 주시겠어요? Sanderson씨께 연결해 드리 겠습니다.

[어휘] **put through** (전화를) 연결해 주다

5. [정답] **fed up**

[해석] 변명하지 마요! 넌더리가 나네요.

[어휘] **fed up** 신물나다, 넌더리가 나다
catch up ~의 발목을 잡다

6. [정답] **carry out**

[해석] 이라크는 어떠한 폭력행위도 실행하지 않기로 약속해 야 했다.

[어휘] **carry out** 실행하다
hang out (시내 등을) 돌아다니다

7. [정답] **boiled over**

[해석] Mary의 남자친구가 그녀의 20번째 생일을 깜박했을 때 그녀는 노발대발했다.

[어휘] **boil over** 노발대발하다
brim over 가장자리가 넘치다

8. [정답] **skimmed through**

[해석] 그는 아침에 스포츠면을 빠르게 훑었다.

[어휘] **skim through** 대충 (읽어) 넘기다
go through (고난 등을) 겪다, 경험하다

9. [정답] **build up**

[해석] 우리는 우리의 외교 능력을 점차 늘려 나가야 한다.

[어휘] **build up** 더 높이 쌓다, 쌓아 올리다
mess up 엉망으로 만들다

10. [정답] **reaching out**

[해석] 한 젊은 남자가 창문 바깥쪽을 닦으려고 손을 뻗고 있 다.

[어휘] **reach out** 내뻗다
catch out ~를 곤란하게 만들다

Practice Test Answer Keys

01. (c)	02. (a)	03. (c)	04. (a)	05. (c)
06. (d)	07. (a)	08. (b)	09. (b)	10. (c)
11. (a)	12. (d)	13. (d)	14. (a)	15. (c)
16. (c)	17. (a)	18. (c)	19. (a)	20. (b)
21. (a)	22. (b)	23. (d)	24. (c)	25. (a)
26. (d)	27. (c)	28. (d)	29. (b)	30. (a)

01. (c)

[해석] A: 내일이 공장 첫 출근이야, 나 정말 긴장돼.
B: 긴장 풀어. 만약 네가 너무 긴장한다면, 너는 더 자주 실

수할(mess up)거야.

[해설] 내일이 첫 출근이라 너무 긴장된다는 것에 대한 대답으로 긴장을 많이 하면 더 많은 실수로 인해 일을 망칠 것임을 알 수 있으므로 '망치다'라는 뜻의 (c)가 정답이다.

[어휘] **upright** a. 긴장한

02. (a)

[해석] A: 특정한 지역의 이웃들이 대피 명령을 받았다고 들었어.
B: 최근의 폭우 때문에 댐이 아마도 물을 <u>저수하지(hold back)</u> 못할 수도 있기 때문이야.

[해설] 특정지역의 주민들이 대피 명령을 받은 것으로 보아 폭우로 인해 댐이 물을 버텨내지 못한다는 말이 적절하므로 보기의 선택지 중에서 '물을 저수하다'라는 뜻의 (a)가 정답이다.

[어휘] **hold back** (~에) 참가하지[관계하지] 않다, 간직해 두다
keep around 가까운 곳에 두다
shove off 배를 밀어내다
stay in 외출하지 않다, (벌로서 학교에) 남아 있다

03. (c)

[해석] A: 왜 소방관들이 불타고 있는 빌딩의 창문을 깨고 있어?
B: 실내를 채우고 있는 연기를 <u>내보내기(let out)</u> 위해서 때때로 하는 거야.

[해설] 불타고 있는 건물의 창문을 깼다고 하였으므로 '실내의 연기를 밖으로 내보낸다'는 내용이 적절하므로 (c)가 정답이다.

04. (a)

[해석] A: Henry는 일상의 사소한 문제들에 너무 화를 내.
B: 그래. 그는 항상 모든 작은 일들로 소란을 떨어.

[해설] Henry는 사소한 일에 화를 많이 낸다는 내용으로 보아 '작은 일에도 야단법석을 떤다'라는 숙어적 표현인 (a)가 정답이다.

[어휘] **detail** n. 사소한 것, 작은 일
make a fuss 야단 법석을 떨다
stake a claim 권리[소유권]을 주장하다

05. (c)

[해석] A: 네 아들의 이름을 결정하는 것에 관련된 가족 역사 같은 거 있어?
B: 내 생각에 아마도 그의 할아버지 이름을 따서 <u>작명할 (name)</u> 것 같아.

[해설] 아들의 이름을 결정하기 위해 가족 내에서 따르는 역사 있냐는 질문에 대한 대답으로 할아버지의 이름을 따서 지었다는 내용이 적합하므로 '~의 이름을 따서 짓다'라는 숙어적 표현인 (c)가 정답이다.

[어휘] **involved with** ~와 관련한
select v. 선택하다, 고르다
propose v. 제안하다
describe v. 묘사하다

06. (d)

[해석] A: 봐. 저기 도로 앞에 경찰차와 응급차 한 무리가 있어.
B: 아, 그렇네. 방해하지 않도록 차를 도로 옆에 <u>세워야겠어 (pull over)</u>.

[해설] 도로 앞에 있는 경찰차와 응급차에 방해가 되지 않기 위해 운행을 하지 않고 '(차를) 길가에 대다' 라는 뜻의 숙어적 표현인 (d) pull over가 정답이다.

[어휘] **interfere** v. 방해하다, 간섭하다
come around 주변에 돌아오다, 깨어나다
stand down 물러나다, 사임하다
clear off 달아나다, 깨끗이 치우다

07. (a)

[해석] A: 나는 내가 사고 싶은 차를 살 여유가 절대 없을것 같아.
B: 걱정하지마. 지금 <u>저축(save up)</u>을 시작하면, 너는 결국 충분한 돈을 가지게 될거야.

[해설] 지금은 사고 싶은 차를 살 수 없지만 결국엔 충분한 돈을 가질 수 있다고 하였으므로 선택지들 중에서 '저축하다'라는 뜻의 이어 동사인 (a)가 정답이다.

[어휘] **afford** v. ~할 여유가 있다
eventually adv. 결국, 마침내
hide v. 숨다

08. (b)

[해석] A: 기차는 내일 아침 5시에 떠나.
B: 그럼 제 기간에 기차를 타기 위해 우리는 4시 30분 전에 <u>일어나(wake up)</u>야겠네.

[해설] 내일아침 5시 기차를 타기 위해 4시30분전에 일어나야 한다는 내용이 적절하므로 '일어나다'라는 뜻의 (b)가 정답이다.

[어휘] **in time** 제 시간에, 시간 내에
stir v. 젓다, 섞다
roll v. 굴리다

09. (b)

[해석] A: 남동생이 오늘밤 우리랑 <u>같이 다니는(tag along)</u>거 신경 쓰지 않았으면 좋겠어.
B: 아니, 괜찮아. 그와 함께 시간을 보내는 것을 좋아해.

[해설] B의 대답에서 남동생이 같이 시간을 보내는 것을 즐긴다고 대답하였으므로 '같이 어울려서 붙어 다니다'라는 뜻의 숙어적 표현인 (b)가 정답이다.

[어휘] **latch** v. 자물쇠로 걸다
hitch v. (지나가는 차를) 얻어 타다

10. (c)

[해석] A: 복잡한 수학 계산 때문에 혼란스러워.
B: 정답 찾는 것에 대해서 걱정하지마. 그냥 계산을 쉽게 하도록 <u>반올림 해(round off)</u>.

[해설] 복잡한 수학 계산 문제 때문에 혼란스럽다고 하자 정답을

찾는 방법으로 반올림한다는 내용이 적합하므로 이어 동사
로 '반올림하다' 라는 뜻의 (c)가 정답이다.

[어휘] **complex** a. 복잡한

confused a. 혼동된

decimal n. 소수

smooth out (문제, 장애를) 없애다

scrape away ~을 문질러 대다

grind down 학대하다, 갈아 으깨다

11. (a)

[해석] A: 새로운 아파트를 결정할 때 무엇을 해야 할지를 모르겠
어.
B: 그냥 오랫동안 신중히 생각하고(deliberate over) 나서
선택을 해야 해.

[해설] 새로운 아파트를 결정할 때 무엇을 할지 모르겠다는 말에
대한 대답으로 오랫동안 고심하고 결정해야 한다는 충고의
내용으로 보아 '신중히 생각하다'라는 뜻의 (a)가 정답이다.

[어휘] **convince** v. 설득하다

confer v. 상의하다, 수여하다

12. (d)

[해석] A: 학생들이 얼마나 공부를 안 하는지 믿을 수 없을 수가 없
어.
B: 무슨 말인지 알겠어. 그들은 심지어 용어집에서 용어들
을 찾지도(look up) 않아.

[해설] 학생들이 공부를 하지 않는다고 하면서 학생들이 용어 조차
도 용어집에서 확인해 보지 않는다는 내용이 적절하므로 '사
전 들에서 찾아보다'라는 숙어적 표현인 (d)가 정답이다.

[어휘] **glossary** n. 용어 사전

glance v. 힐끗 보다

13. (d)

[해석] A: 가끔씩 그가 대화에 끼어드는 방식 때문에 그와 대화하
는 것이 매우 화가 나.
B: 나도 알아. 그는 다른 사람이 말하는 모든 주제마다 끼어
들려(cut in)고 해.

[해설] A가 그의 대화방식이 마음에 들지 않는다는 것으로 짐작하
여 다른 사람이 말하는 것을 들어주지 않고 모든 주제마다
끼어든다는 뜻이 적절하다. 따라서 '불쑥 끼어들다' 라는 뜻
의 이어 동사인 (d)가 정답이다.

[어휘] **madden** v. 화나게 하다

interrupt v. 방해하다, 간섭하다

slice v. 얇게 썰다

tear v. 찢다

wedge v. 끼워 넣다

14. (a)

[해석] A: 학교 끝나고 우리 집에 올래?
B: 난 그냥 공원에서 놀고(hang out) 싶은데.

[해설] 방과후에 자신의 집에 놀러 오라는 말에 대해 그 대신에 공
원에서 놀고 싶다고 말하는 내용으로 보아 '돌아다니다'라는
뜻의 (a)가 정답이다.

[어휘] **keep away** 가까이 하지 않다

buzz around 부산하게 돌아다니다

15. (c)

[해석] A: 수술 이후에 무릎 괜찮아요?
B: 가만히 앉아 있을 때는 통증이 없는데, 집 안을 돌아다니
면(get around) 여전히 아파요.

[해설] 무릎 수술을 하고 난 뒤 가만히 있을 때는 아프지 않다고 한
것에 대해 but 이라는 접속사로 연결되었으므로 '집안을 돌
아다니다(get around)'라는 뜻의 숙어적 표현인 (c)가 정답
이다

16. (c)

[해석] 검사 결과가 유전병의 가능성을 나타냈을 때, 의사는 환자
가족의 병력을 물어보기로(inquire) 결정하였다.

[해설] 검사결과에 따라 의사는 환자에게 가족병력에 대해 질문을
할 것이라는 내용이 적절하므로 '묻다'라는 뜻의 (c)가 정답
이다

[어휘] **indicate** v. 나타내다

hereditary a. 유전적인

browse v. 훑어보다

wonder v. 궁금해하다

inquire v. 묻다

17. (a)

[해석] 헛된 꿈으로 시간을 허비하는(idle away) 학생들은 보통 숙
제 준비를 하지 않는다.

[해설] 헛된 꿈을 꾸면서 숙제 준비를 하지 않는다고 하였으므로
'숙제 할 시간을 허비한다'는 뜻의 (a)가 정답이다.

[어휘] **daydream** v. 공상에 잠기다

idle away 시간을 헛되이 보내다

coast v. (동력을 쓰지 않고) 움직이다

18. (c)

[해석] 매니저는 자신의 존재가 종업원들의 일을 방해할(interfere
with) 수도 있다고 생각해서 그의 종업원들이 일하는 것을
가까이서 관찰하는 것을 좋아하지 않는다.

[해설] 매니저의 존재로 종업원들이 일하는데 오히려 방해가 될 수
있다는 내용이 적절하므로 빈칸 뒤의 with와 함께 쓰여 '방
해하다'라는 뜻의 (c)가 정답이다.

[어휘] **presence** n. 존재

intertwine v. 뒤얽히다, 엮이다

interchange v. 교환하다

19. (a)

[해석] 몇몇의 손님들은 어디에 앉던지 신경을 안 쓰는 반면에, 많은 사람들은 테이블 말고 부스에 앉기를 고집한다(insist on).

[해설] 많은 손님들이 테이블보다는 부스에 앉기를 원한다는 내용이 적절하므로 보기 중에서 빈칸 뒤의 on와 함께 쓰여 '고집을 부리다'라는 뜻의 (a)가 정답이다.

[어휘] **patron** n. 손님, 단골
affirm v. 단언하다
determine v. 알아내다, 결정하다
require v. 요청하다

20. (b)

[해석] 외국인 외교관은 평화회담을 잘 처리하기(iron out) 위해 힘쓰는 어려운 임무를 맡았다.

[해설] 숙어적 표현으로 '원만하게 해결하다'라는 뜻의 iron out이 정답이다.

[어휘] **diplomat** n. 외교관

21. (a)

[해석] 사람들은 새 영화를 너무나 기대해서, 상영 몇 시간 전부터 극장 밖에서 줄을 서기(queue up) 시작했다.

[해설] 사람들이 새 영화에 대한 기대가 너무 커서 상영 몇 시간 전부터 기다리는 상황이다. 따라서 극장 밖에서 '줄을 서서 기다리다' 라는 뜻의 숙어적 표현인 (a)가 정답이다.

[어휘] **queue up** 줄지어 기다리다
mold v. 본을 뜨다

22. (b)

[해석] Douglas씨가 3일간의 휴가 후 사무실에 출근했을 때, 그는 서류 문서들이 책상 위에 쌓여있는(pile up)걸 알았다.

[해설] Douglas씨가 3일간의 휴가를 마치고 사무실에 돌아왔을 때 책상 위에 문서들이 놓여있는 것을 보았다는 내용이 적절하므로 보기 중에서 쌓여 있다라는 뜻의 이어 동사인 (b)가 정답이다.

[어휘] **lay about** ~를 공격하다
pile up 쌓이다
scatter around 흩뜨리다
break down 고장나다

23. (d)

[해석] 판사가 판결을 내리자마자, 양측의 변호사들은 판결의 여러 상세한 부분에 대해서 이의를 제기하기(object to) 시작했다.

[해설] 판사의 판결 이후에 양측의 변호사들이 자신의 주장을 제기하는 것으로 보아 판결에 대해 '이의를 제기하다'라는 뜻으로 빈칸 뒤의 to와 함께 쓰이는 숙어적 표현인 (d)가 정답이다.

[어휘] **sentence** n. 판결
project v. 기획하다
subject n. 주제, 대상, 과목
reject v. 거절하다

24. (c)

[해석] 대부분의 프로 운동 선수들은 오프시즌에도 매일 운동한다(work out).

[해설] 오프 시즌일지라도 운동선수들은 쉬지 않고 운동을 한다는 내용이 적절하다. 따라서 '운동하다'라는 뜻의 (c)가 정답이다.

[어휘] **lash** v. (채찍으로) ~을 때리다
work out 운동하다

25. (a)

[해석] 금요일 오후의 주간 미팅 동안에, 사장님은 주말을 최대한 빨리 즐기기 위해서 회의를 서둘러 마무리한다(wrap up).

[해설] 금요일 오후의 미팅에서 사장님이 주말을 빨리 즐기고 싶다고 하였으므로 '회의를 마친다'라는 숙어적 표현인 (a)가 정답이다.

[어휘] **wrap up** ~을 매듭짓다, 결론 내다

26. (d)

[해석] 가끔 팀에서 축적된 긴장은 극심한 논쟁이나 싸움으로 끓어 넘칠(boil over) 수 있다.

[해설] 팀에서 축적된 긴장이 결국에 극심한 논쟁이나 싸움으로 커질 수 있다는 내용이 적절하다. 따라서 보기 중에서 '끓어 넘치다' 라는 이어동사인 (d)가 정답이다.

[어휘] **tension** n. 긴장
explode v. 폭발하다
boil over 끓어 넘치다

27. (c)

[해석] 폭풍우 이후에, 사람들은 텐트를 싸서 떠나기 전에 말리기로(dry off) 결정했다.

[해설] 폭풍우가 지나고 난 후 텐트를 싸서 떠나기 전에 물기를 제거해야 하므로 '말리다'라는 뜻의 (c)가 정답이다.

[어휘] **blow off** 취소하다, 바람맞히다
run off 흘러 넘치다
dry off 말리다

28. (d)

[해석] 군중들은 선거에서 당선된 정치가가 목적이 분명치 않은 말을 두서없이 연설하는(ramble on) 것 같아서 진정으로 느끼지 않았다.

[해설] '선거에서 당선된 정치가가 아무 목적 없이 말하고 있다'고 하였으므로 '두서없이 말하다' 라는 뜻의 (d)가 적절하다.

[어휘] **tremble** v. 떨리다, 흔들리다

gamble v. 도박하다

stumble v. 발에 걸리다

ramble v. 횡설수설하다

29. (b)

[해석] 대부분의 변호사들은 서두 논거를 시작하는 초반에 사건을 <u>호소력 있게(build up)</u> 하기 위해서 매우 강한 어구를 사용한다.

[해설] 대부분의 변호사들이 변호 초반에 사건을 '호소력 있게 한다'는 표현으로 관용적 표현인 (b)가 적절하다.

[어휘] **phrase** n. 구, 구절

statement n. 진술, 성명서

stock up ~을 채우다

build up ~을 강력하게 하다

construct v. 건설하다, 구성하다

pile up 쌓이다, 많아지다

30. (a)

[해석] 몇몇의 유명인사들은 자선 기금을 시작함으로써 가난하고 도움이 필요한 사람들에게 <u>다가서기(reach out)</u> 위해 노력한다.

[해설] '유명인사들이 자선 기금을 시작하고 나서 도움을 필요로 하는 사람들에게 더 많이 다가갈 수 있다'는 내용이 적절하므로 숙어적 표현인 (a)가 정답이다.

[어휘] **celebrity** n. 유명인사

reach out ~에 다가가다

lash out 후려치다

stretch out 몸을 뻗다

speak out 공개적으로 밝히다

Chapter 02 Unit 11 The TOP VOCA 30 혼동을 일으키는 이어동사 / 31 빈출 이디엄 ① / 32 빈출 이디엄 ②

Check Up 1

1. [정답] **picking**

[해석] 그는 너무 긴장해서 자꾸 손목 시계를 만지작거렸다.

[어휘] **pick at** (음식을) 깨작거리다, 집적거리다

pack v. (짐을) 싸다[꾸리다]

2. [정답] **cast aside**

[해석] 운전자는 타이어에 낀 돌멩이들을 던져 버렸다.

[어휘] **cast aside** 옆으로 내던지다, 거절[거부]하다

set aside 떼어놓다, 예비하다

3. [정답] **Drop by**

[해석] 원하신다면 들르세요, 당신은 항상 환영입니다.

[어휘] **drop by** 들르다

drop out (전체에서) 떨어져 나가다, 중퇴하다

4. [정답] **called in**

[해석] 결함이 있는 제품들은 제조사들이 회수해야 한다.

[어휘] **call in** 불러들이다, (불량제품 등을) 회수하다

sit in (회의, 강의 등에 권리 · 의무 없이) 참가[청강]하다

5. [정답] **sneaking around**

[해석] 놀랐잖아요. 왜 슬그머니 나가는 거예요?

[어휘] **scare** v. 겁주다, 놀라게 하다

sneak around ~를 피해 살그머니 가다

round off ~을 (잘) 마무리 짓다[완료하다]

6. [정답] **towed away**

[해석] 위반 차량은 소유자의 비용으로 견인될 것입니다.

[어휘] **violator** n. 위반자, 위배자

tow away 끌어가다, 견인해 가다

slip away 사라지다[없어지다], 죽다

7. [정답] **throw in**

[해석] 책상을 50달러에 사실 수 있어요. 그러면 제가 의자는 덤으로 드릴게요.

[어휘] **throw in** (덤으로 물건을) 끼워 주다

throw away 버리다[없애다]

as well (~뿐만 아니라, ~은 물론) ~도

8. [정답] **nibbled at**

[해석] 어린 소년이 쟁반에서 파이를 가져가서 야금야금 먹었다.

[어휘] **nibble at** 입질하다

9. [정답] **marked down**

[해석] 모든 상품의 가격이 5% 인하되었다.

[어휘] **mark down** (값을) 인하하다

look down 내려다보다, 경멸하다

10. [정답] **standing by**

[해석] 비상사태에 대비하여 구조대원들이 건물 앞에서 대기하

고 있었다.

[어휘] **squad** n. (선수)단, (군대의) 분대, (특정 작업을 하는) 반[소집단]
stand by 대기하다, 곁에 서 있다
play by (규칙 등)에 따라 경기하다

Check Up 2

1. [정답] **second thought**

[해석] 다시 생각하지 말아요, 우리는 더 이상 계획을 변경할 수 없어요!

[어휘] **second thought** 재고

2. [정답] **off the top of my head**

[해석] 우리가 만난 날짜가 금방 생각나지 않네요.

[어휘] **off the top of one's head** 당장은, 즉시

3. [정답] **Hold your horses**

[해석] 진정해! 호들갑 떨지마!

[어휘] **hold one's horses** 진정하다
Keep your chin up! 힘내!
fuss n. 호들갑, 법석, 야단

4. [정답] **called in sick**

[해석] Susan은 오늘 프레젠테이션을 못해요, 오늘 아침에 병결을 알렸거든요.

[어휘] **call in sick** 병결을 알리다
play sick 꾀병 부리다

5. [정답] **keep me posted**

[해석] 이번 주말에 저는 떠날 예정이니 무슨 일 생기면 알려주세요.

[어휘] **out of town** (출장 등으로) 도시를 떠나서
keep ~ posted 근황을 알리다
give a ride 차에 태워주다

6. [정답] **breaks down**

[해석] 그러면 그 중고차를 사. 대신에 고장 나더라도 내 탓은 하지마.

[어휘] **second-hand** a. 중고의
break down 고장나다
bend down 밑으로 구부리다

7. [정답] **talk back**

[해석] "그런 식으로 말대답하지 말아라!"라고 선생님께서 그녀에게 고함치셨다.

[어휘] **talk back** 말대답하다
give ~ a hand ~를 도와주다

8. [정답] **pleading for mercy**

[해석] 그 노파는 무릎을 꿇고 선처를 구했다.

[어휘] **kneel** v. 무릎을 꿇다
plead for mercy 선처를 구하다
make both ends meet 분수에 맞게 살다

9. [정답] **pocketed my pride**

[해석] 너와 사랑에 빠졌을 때 자존심 같은 것은 다 버렸다.

[어휘] **pocket pride** 자존심을 버리다
pick somebody's pocket ~을 대상으로 소매치기를 하다

10. [정답] **scratch the surface of**

[해석] 수박 겉핥기 식으로 무엇을 한다면 당신은 전문가가 될 수 없다.

[어휘] **scratch the surface** (연구 등에서) 겉핥기만 하다
dig deep into 깊이 파고들다

Check Up 3

1. [정답] **no dice**

[해석] 그들은 최선을 다해 사장 성격을 받아들였지만 소용 없었다.

[어휘] **put up with** 참다, 받아들이다
no dice 가능성 없음
of course 물론

2. [정답] **bottom line**

[해석] 중요한 건 우리가 얼마나 예산을 깎을 수 있는가이다.

[어휘] **buttom line** 요점
layer n. 막, 층

3. [정답] **nuts**

[해석] 집중할 수가 없어! 이웃에서 개짖는 소리가 날 미치게 해!

[어휘] **nuts** n. 정신나간 사람
nutshell n. 요약

4. [정답] **guts**

[해석] 너는 선생님한테 진실을 말할 배짱이 없어.

[어휘] **guts** n. 용기, 배짱
gull n. 갈매기

5. [정답] **odds and ends**

   [해석] 우리가 더 작은 집으로 이사를 가므로 온갖 잡동사니들을 버려야 한다.

   [어휘] **odd and even** 홀수, 짝수 놀이
   odds and ends 잡동사니

6. [정답] **rain or shine**

   [해석] 비가 오나 눈이 오나 부모님들은 항상 자식 걱정뿐이다.

   [어휘] **rain or shine** 비가 오나 눈이 오나
   hem and haw 망설이다

7. [정답] **touch**

   [해석] 가난한 집에서 태어났지만, 그는 돈벌이에 재능을 나타내 서른이 될 무렵에는 백만장자가 되었다.

   [어휘] **Midas touch** 돈 버는 재주

8. [정답] **bottleneck**

   [해석] 그 회사는 생산의 애로를 타개하고자 하고 있다.

   [어휘] **bottleneck** n. 전체 과정의 지연을 야기하는 문제
   turtleneck n. 터틀넥(스웨터)

9. [정답] **boat**

   [해석] Maria와 Rose는 처지가 같다. 둘 다 필사적으로 직업을 찾고 있는 중이다.

   [어휘] **same boat** 같은 상황　**look for** 찾다
   desperately adv. 필사적으로, 절망적으로

10. [정답] **multi-tasking**

   [해석] 팩스, 복사, 프린트까지 가능한 다기능 레이저 프린터로 나의 사무실 장비를 통합하였다.

   [어휘] **consolidate** v. 통합하다, 굳히다[강화하다]
   multi-tasking n. 동시에 여러 개 일을 하기
   multicultural a. 다문화의

Practice Test Answer Keys

01. (a)	02. (d)	03. (a)	04. (a)	05. (b)
06. (a)	07. (c)	08. (d)	09. (a)	10. (b)
11. (a)	12. (c)	13. (a)	14. (b)	15. (c)
16. (d)	17. (c)	18. (c)	19. (b)	20. (a)
21. (b)	22. (d)	23. (a)	24. (c)	25. (b)
26. (a)	27. (b)	28. (a)	29. (d)	30. (a)

01. (a)

[해석] A: 우리의 업무용 컴퓨터에 깔린 새로운 소프트웨어의 목적은 무엇입니까?

B: 출·퇴근 시간을 기록함으로써 우리의 업무시간을 기록하는데 사용하도록 되어 있습니다.

[해설] 빈칸 뒤의 of와 함께 문맥상 자연스러운 이어동사를 묻는 문제이다. 두 사람은 컴퓨터에 인스톨 된 새로운 프로그램의 목적에 대해서 대화를 나누고 있는데, B의 대답에서 출퇴근 시간을 기록함으로써 업무한 시간을 '기록 한다'라는 의미가 되는 것이 적절하다. 따라서 빈칸에는 '~을 기록하다'는 의미의 keep track이 들어가야 한다.

[어휘] **work computer** 업무용 컴퓨터
be supposed to ~하도록 되어 있다(해야 한다)
clock in 출근하다
clock out 퇴근하다
keep track of ~을 기록하다
grab hold of ~을 (움켜) 잡다(잡고 있다)
make use of ~을 이용하다
exchange blows 치고 받다

02. (d)

[해석] A: 나는 Brooks씨가 모든 사람 앞에서 자신의 동료들에게 소리 지르기 시작하였을 때 정말 당황스러웠어.

B: 나도 알아. 직장에서 그렇게 소란을 피운 사람은 본 적이 없어.

[해설] 의미상 빈칸에 알맞은 동사를 묻는 문제이다. 두 사람은 Brooks씨가 다른 사람 앞에서 자신의 동료들에게 소리 지르는 상황에 대해서 이야기 하고 있는데, B의 대화 내용은 Brooks씨와 같이 '소란을 피우는' 사람을 보지 못했다는 뜻으로 이해하는 것이 적절하다. '소란을 피우다'는 make a scene이므로 빈칸에 적절한 동사는 make이다.

[어휘] **awfully** adv. 정말, 몹시
populate v. 살다, 거주하다, 이주시키다
display v. 전시 · 전열하다, 내보이다
make a scene 한바탕 소란을 피우다

03. (a)

[해석] A: 가끔 나는 교수님께 내 입장을 해명하고 싶지만 그는 내가 방해하려고 하면 매우 싫어해.

B: 그건 교수님이 어떤 이유에서든 자신에게 말대꾸하는 것을 견디시지 못해서야.

[해설] 문맥상 교수님에게 '자신의 입장을 밝히다'라는 의미가 되어야 자연스럽다. 그러나 talk back은 '말대답하다'는 의미로서 빈칸의 문맥상 가장 적절하다. 따라서 정답은 (a)이다. describe는 '말하다, 서술하다, 묘사하다', wonder는 '궁금해 하다, 놀라다', call back은 '다시 전화하다'라는 의미이므로 빈칸에 들어갈 수 없다.

[어휘] **explain oneself to** 자신의 입장을 해명하다
interrupt v. 방해하다, 차단하다
tolerate v. 참다, 견디다

04. (a)

[해석] A: 가능한 한 빨리 휴가 떠나고 싶어.

B: 좀 서두르지 말고 침착해. 우리가 필요한 것이 다 준비되었는지 확인해야만 해.

[해설] 의미상 빈칸에 가장 알맞은 명사를 묻는 문제이다. 대화 내용상 화자들은 여행을 떠날 때는 침착하게 필요한 모든 것이 준비되었는지 확인해야 한다는 의미이므로, 문맥상 빈칸에는 A가 너무 조급하게 서두르는 것에 대해서 '침착해'라는 말이 들어가는 것이 적절하다. '침착하다, 서두르지 않다'라는 표현은 hold one's horses이므로 빈칸에 적절한 명사는 horses이다.

[어휘] **leave for vacation** 휴가를 떠나다

hold one's horses 참다, 침착하다, 서두르지 않다

05. (b)

[해석] A: 네가 와서 기뻐. 오늘 네가 나를 보러 올 수 없다고 생각했어.

B: 운좋게도 수업이 일찍 끝나서 올 수 있었어.

[해설] 전치사 of와 함께 문맥상 자연스러운 이어동사를 묻는 문제이다. 대화에 따르면 빈칸에는 수업 때문에 늦을 수 있었으나 운 좋게 '수업이 일찍 끝났다'라는 의미가 되어야 자연스럽다. '수업이 일찍 끝나다'는 get out of class이므로 빈칸에 적절한 이어동사는 get out이다.

[어휘] **throw over** 버리다, 던지다, 내동댕이치다

get out of class 수업을 빼먹다, 수업이 끝나다

bring about 야기하다, 유발 · 초래하다

come along 도착하다, 생기다, 나타나다

06. (a)

[해석] A: 우리의 새로운 부장은 자신이 했던 모든 일에서 성공한 것처럼 보여.

B: 나도 동의해. 그는 정말 성공하는 재능이 있어.

[해설] 의미상 빈칸에 적절한 명사를 묻는 문제이다. 대화 내용에 따르면 A의 매니저는 '하는 일마다 성공한다'는 의미가 되어야 자연스럽다. 'have the Midas touch'는 '돈버는 재능이 있다, 성공하는 재능이 있다'라는 의미이므로 빈칸에는 Midas가 들어가야 한다.

[어휘] **Midas touch** 돈버는 재능이 있는

07. (c)

[해석] A: 저는 모든 팀 연습에 참가하고서도 경기를 할 수 없다는 데 싫증났어요.

B: 네가 무슨 말 하는지 알겠어. 그런 후보 선수가 되는 것이 그다지 즐거울 수는 없지.

[해설] 문맥상 빈칸에 알맞은 명사를 묻는 문제이다. 대화 내용을 보면 '열심히 연습에 참가하였음에도 불구하고 주전이 되지 못하는데, 후보 선수는 그다지 즐거울 수가 없다'라는 의미가 되어야 자연스럽다. 후보선수라는 표현은 'bench warmer'이므로 빈칸에 적절한 명사는 bench이다.

[어휘] **practice** n. 연습

bench warmer 후보 선수

08. (d)

[해석] A: 우리 선생님은 오늘 우리에게 무리한 요구를 하셨어.

B: 맞아. 하루만에 완전히 새로운 자료를 찾는 것은 어려울 일이 될 거야.

[해설] 의미상 빈칸에 알맞은 명사를 묻는 문제이다. 빈칸 앞의 tall과 함께 쓰여 의미상 자연스러운 명사를 골라야 한다. 따라서 '어려운 주문, 무리한 요구'라는 의미를 이루는 명사는 order가 적절하다.

[어휘] **tall order** 어려운 주문, 무리한 요구

completely adv. 완전히

09. (a)

[해석] A: 이 도로의 문제는 하루의 특정 시간에 늘 너무 붐빈다는 것이다.

B: 그건 몇몇 다른 도로가 하나의 차선으로 모여서 병목현상을 야기하기 때문이야.

[해설] 빈칸에 적절한 명사를 묻는 문제이다. 대화의 내용을 보면, A와 B는 '도로가 합쳐지기 때문에 이 도로는 하루의 일정 시간에 늘 붐빈다'고 이야기하고 있다. 따라서 빈칸에는 '병목현상'이라는 뜻을 갖는 bottleneck이 가장 자연스럽다.

[어휘] **feed into** 모이다

mosh pit (무대 바로 앞부분의) 청중들이 춤추는 곳

nutshell n. 견과의 껍질, 아주 작은 그릇(집)(in a nutshell 아주 분명히, 간단히) v. 요약하다, 간결이 말하다

teamwork n. 팀워크, 협동작업

10. (b)

[해석] A: 이번 겨울이 내가 기억하는 가장 추운 겨울이야.

B: 나도 동의해. 매일 아침 외출하기 전에 코트, 스카프, 목도리, 모자 그리고 장갑으로 따뜻하게 껴입어야 해.

[해설] 전치사 in과 함께 쓰여 적절한 의미를 만드는 이어 동사를 묻는 문제이다. 대화 내용은 추운 겨울 아침에는 코트, 스카프 등으로 '온몸을 따뜻하게 감싸다'라는 의미가 되어야 자연스럽다. 따라서 빈칸에는 '따뜻하게 둘러싸다'는 의미의 bundle up이 들어가는 것이 가장 적절하다.

[어휘] **dress down** 간편한 옷을 입다, 나무라다

bundle up 따뜻하게 껴입다

stay put 가만히(그대로) 있다

mess around 빈둥대다, 가지고 놀다

11. (a)

[해석] A: 왜 문에서 가장 가까운 장소에 차를 주차시킬 수 없는 거야?

B: 그 자리는 비상차량을 위한 차선이야. 그곳에 주차된 민간차량은 견인될 거야.

[해설] 의미상 적절한 동사를 묻는 문제이다. 대화 내용을 보면, '비

상차량 주차구역에 주차한 차량은 주차 위반으로 견인된다'
는 의미이다. 따라서 빈칸에는 '견인하다'라는 의미의 towed
away가 들어가는 것이 가장 적절하다.

[어휘] **emergency** n. 비상(사태)

park v. 주차하다

cart v. 운반하다, 데려가다

12. (c)

[해석] A: 직장을 잃은 후 빚지게 될까봐 걱정돼?

B: 아니, 아직은 이런 종류의 상황을 대비한 저축이 남아 있
어.

[해설] 전치사 for와 함께 문맥상 빈칸에 적절한 이어동사를 묻는
문제이다. A는 '직장을 잃은 후에 파산하는 것에 대해서 걱
정하느냐'고 묻는 반면, B는 '이러한 상황을 대비하여 일정
한 저축이 있다'는 내용의 대답이 되어야 자연스럽다. 따라
서 빈칸에는 '모아 놓은' 저금이라는 의미의 set aside가 적
절하다.

[어휘] **in debt** 빚을 진

savings n. 저축, 저금

bring along 데리고 가다, 가지고 오다

push back 미루다, 밀어 넣다

set aside 한쪽으로 치워놓다, 남기다

hold off 시작하지 않다, 미루다

13. (a)

[해석] A: 저는 오늘 오후에 사장님 사무실에 들어가는 것에 관해
서 정말 스트레스를 받아요.

B: 걱정 마세요, 이번 주에 그녀는 잠깐의 담소를 개인적으
로 나누기 위해 모든 사람을 부르고 있어요.

[해설] 문맥상 빈칸에 적절한 명사를 묻는 문제이다. 대화 내용을
보면, '보스는 잠깐의 담소를 위해 전 직원들을 개별적으로
호출하다'는 의미이다. 따라서 빈칸 다음의 전치사 in과 함
께 쓰여 '부르다, 호출하다'는 의미가 될 수 있는 동사 call이
정답이다.

[어휘] **individually** adv. 개별적으로, 개인적으로

call in (특히 직장에)전화를 하다, 부르다, ~을 회수하다

14. (b)

[해석] A: 새로운 프로젝트에 대해 내가 조언을 했을 때 Mark는 정
말 비협조적인 것 같았어요.

B: 맞아요, 저도 눈치 챘어요. 그는 늘 다른 사람들의 생각
을 깎아 내려요.

[해설] 문맥상 빈칸에는 '흠잡다, 좋지 않게 이야기하다, 깎아 내리
다' 등의 의미를 갖는 어구가 들어가야 한다. talk up은 '~을
좋게 말하다', run behind는 '~보다 뒤쳐지다', beef up은 '~
을 보강하다'라는 의미인 반면, shoot down은 '~을 격추하
다, 비판하다'라는 의미이다. 따라서 정답은 shooting down
이 된다.

[어휘] **uncooperative** a. 비협조적인

notice n. 의식하다, 주목하다

talk up 을 좋게 말하다

run behind ~보다 뒤쳐지다

beef up ~을 보강하다

shoot down ~을 격추하다, 비판하다

15. (c)

[해석] A: 내일 스케이트 타러 가게 되어 흥분되니?

B: 사실은 내가 얼음 위에 넘어져서 다칠까봐 꽤 걱정돼.

[해설] 문맥상 빈칸 뒤의 down과 함께 쓰여 적절한 의미를 만드는
동사를 묻는 문제이다. B는 스케이트를 타면서 얼음에 넘
어지는 것을 두려워하고 있는 상황이다. '넘어지다'는 fall
down이므로 빈칸에 적절한 동사는 fall이다.

[어휘] **go skating** 스케이트 타러 가다

glide v. 미끄러지듯 가다, 활공하다

sweep v. 쓸다, 청소하다

16. (d)

[해석] 홍수 이후 자원봉사자 단체들이 대청소 절차에 도움을 주기
위해 그 지역에 도착하였다.

[해설] 빈칸 앞의 동사 lend와 함께 쓰여 '~를 도와주다'라는 의미
를 갖는 관용표현을 묻는 문제이다. give (lend) a hand는
'거들어주다, 도와주다'는 의미의 관용표현으로 자주 쓰인
다. 따라서 빈칸에는 hand가 들어가야 한다.

[어휘] **flood** n. 홍수, 폭주, 쇄도

volunteer n. 자원봉사자

lend a hand 도움을 주다

17. (c)

[해석] 그 배우는 시상식에서 매우 장황한 연설을 하려고 하였지
만, 프로듀서는 연설을 짧게 하라는 신호를 주었다.

[해설] 빈칸 뒤의 it short와 함께 쓰일 수 있는 적절한 동사를 묻는
문제이다. 문맥상 but 앞의 문장의 내용은 '배우가 장황한
연설을 하려고 하였다'는 것이므로 but뒤의 내용에서는 '요
점만 간단히 말하다, 짧게 하다'라는 의미가 이어지는 것이
자연스럽다. cut it short는 '요점만 짧게 말하다'는 뜻이므로
빈칸에 적절한 동사는 cut이다.

[어휘] **ceremony** n. 의식, 식

give a speech 연설하다

give a signal 신호를 주다

cut it short 요점만 말하다

slash v. 긋다, 대폭 줄이다

rip v. 찢다

slice v. 베다, 대폭 줄이다

18. (c)

[해석] 그 환자는 자신의 과거에 관하여 너무 많은 깊은 문제들을
갖고 있어서 그 심리학자는 치료 첫 시간 동안 심지어 수박
겉핥기 식으로도 그 환자를 파악하지 못하였다.

[해설] scratch와 함께 쓰일 수 있는 적절한 명사를 묻는 문제이다. 문맥상 '환자의 상태로 인하여 심리학자가 치료 첫 1시간 동안 환자에 대해서 전혀 파악하지 못하였다'는 의미가 되어야 자연스럽다. surface는 scratch와 함께 사용되어 '피상적으로 다루다'는 의미를 나타내므로, 빈칸에 적절한 명사는 surface이다.

[어휘] **psychologist** n. 심리학자
scratch the surface 수박 겉핥기 식으로 하다[다루다]
treatment n. 치료
embrace n. 껴안다, 포괄하다, 아우르다
crawl space 좁은 공간
solace n. 위로, 위안

19. (b)

[해석] 수일간의 독방 구금 후, 결국 수감자는 심리적으로 약해져서 울기 시작하였다.

[해설] 문맥상 부사 down과 어울릴 수 있는 동사를 묻는 문제이다. 문맥상 '독방 구금으로 인해서 심리적으로 약해져서 울기 시작하였다'는 의미가 되어야 자연스럽다. down과 함께 '심리적으로 약해지다, 무너지다'라는 뜻을 나타낼 수 있는 동사는 break 이므로 빈칸에 적절한 동사는 break이다.

[어휘] **solitary** a. 고독한, 외로운
confinement n. 제한, 감금
divide sth down ~을 양분하다
break down 고장 나다, 무너지다
slam down 꽝 내려놓다[던지다]
bend down 구부리다, 굽히다

20. (a)

[해석] 때로는 처음부터 주제에 관하여 철저히 개방적이고 직접적으로 접근하는 것이 빙빙 둘러서 이야기하는 것보다 더 낫다.

[해설] 문맥상 빈칸에 들어갈 수 있는 적절한 관용표현을 묻는 문제이다. 비교급 구문으로서 주제에 대해서 open and direct 하는 것이 빈칸의 내용보다는 더 낫다는 것이므로, 빈칸에는 open and direct와는 반대되는 의미의 어구가 들어가는 것이 적절하다. 이에 따라 적절한 관용표현을 찾으면 직접적이고 개방적으로가 아닌 빙빙 둘러서 이야기한다는 뜻의 beating around the bush가 정답이다.

[어휘] **beat around the bush** 말을 빙빙 돌리다, 숲 언저리를 두들겨 사냥감을 몰아내다

21. (b)

[해석] 자신이 대우받고 싶은 대로 다른 사람을 대우하는 것은 일반적으로 황금률을 따르는 것으로 일컬어진다.

[해설] 문맥상 빈칸에 적절한 관용표현을 묻는 문제이다. 자기가 대우 받고 싶은 만큼 남을 대우하는 것은 일종의 삶의 진리라고 할 수 있으므로 빈칸에는 '진리, 훌륭한 원칙'과 같은 의미의 어구가 들어가는 것이 가장 적절하다. 따라서 정답은 golden rule이다.

[어휘] **dying breed** 죽어가는 종족
golden rule 황금률
beaten path 잘 다니는 길

22. (d)

[해석] 중고물품 세일은 여분의 장신구들과 집 주변의 다른 갖가지의 잡동사니들을 처리하는데 최고의 아이디어이다.

[해설] 문맥상 적절한 관용표현을 묻는 문제이다. 중고물품 세일에서는 주로 쓰지 않는 '자질구레한 잡동사니'를 내놓게 되므로 빈칸에는 odds와 호응하여 '잡동사니'의 의미를 나타낼 수 있는 명사가 적절하다. 이와 같은 의미의 표현으로 odds and ends가 자주 쓰이므로 빈칸에 적절한 명사는 ends이다.

[어휘] **get rid of** ~을 제거하다
trinket n. 값싼(자질구레한) 장신구
miscellaneous a. 잡다한
odds and ends 잡동사니

23. (a)

[해석] Harold가 갖고 있는 가장 소중한 물건들 중 하나는 돌아가신 할아버지의 유품인 오래된 금시계였다.

[해설] 문맥상 적절한 명사를 묻는 문제이다. 문맥상 돌아가신 할아버지로부터 받은 것은 '선물 혹은 유품'이 되는 것이므로, 이러한 의미를 갖는 명사인 keepsake가 빈칸에 들어가는 것이 가장 적절하다. 따라서 정답은 keepsake가 된다.

[어휘] **prized** a. 소중한
keepsake n. 기념품, 유품
handshake n. 악수
remake v. 새로 만들다
mistake n. 실수, 잘못

24. (c)

[해석] Kelly가 자신의 새로운 직업에서 가장 좋아하는 부분은 높은 월급인데, 그로써 그녀는 쇼핑하는데 필요한 여분의 용돈을 가질 수 있기 때문이다.

[해설] 빈칸에 적절한 명사를 묻는 문제이다. 문맥상 새로운 직업으로 인해서 여분의 돈이 생겨 쇼핑이 가능해졌다는 의미가 되어야 자연스럽다. 따라서 여분의 '용돈, 푼돈'의 의미는 pocket money로 표현하므로, 빈칸에 적절한 명사는 pocket이다.

[어휘] **pocket money** 용돈, 푼돈

25. (b)

[해석] 대부분의 사장들이 참지 못하는 것은 직장에서 일하지 않으려고 할 때 아픈 척 하는 근로자들이다.

[해설] 문맥상 동사 play와 어울려 적절한 의미를 만드는 명사를 묻는 문제이다. 문장의 의미를 보면 '직장 상사들은 대부분 직

장에서 일하지 않으려고 아픈 척하는 근로자들을 싫어한다'
는 것이다. 따라서 빈칸에는 play와 함께 사용되어 '회사에
서 농땡이 치려고 할 때, 꾀부려 일하지 않으려고 할 때'라
는 의미의 어구가 들어가는 것이 적절하기 때문에 정답은
hooky이다.

[어휘] **fiddle** n. 바이올린, 조작, 사기

play possum 자는(모르는) 척 하다, 꾀병 부리다

play hooky 직장에서 꾀부려 쉬다, 수업을 빼먹다

play the fool 광대 짓 하다

26. (a)

[해석] 많은 사람들은 공설 분수에 동전을 던지기 전에 소원을 비
는 것을 즐긴다.

[해설] 빈칸에 적절한 어휘를 묻는 문제이다. 문맥상 사람들이 분
수에 돈을 '던지기' 전에 소원을 빈다는 의미가 되어야 자연
스럽다. 따라서 빈칸에는 동전을 '던져서 넣다'라는 의미인
tossing이 들어가야 한다.

[어휘] **toss** v. 던지다, 흔들리다

mint v. (화폐를)주조하다

count v. 세다

27. (b)

[해석] Amanda의 아버지는 살면서 따라야 할 일련의 기본적 규칙
과 철학을 갖는 것은 매우 중요하다고 생각하셨다.

[해설] 빈칸에 적절한 동사를 묻는 문제이다. 문맥상 '아만다의 아
버님은 삶을 살아감에 있어서 따라야 할 기본 규칙과 철학
을 갖는 것이 중요하다'고 생각하셨다는 의미이다. 규칙과
철학에 '따라서 살다'라는 의미의 어구는 live by이므로 빈칸
에 적절한 동사는 live이다.

[어휘] **philosophy** n. 철학

breathe v. 숨을 쉬다, 호흡하다

live by (신념, 신조에) 따라 살다

sustain v. 살아가게 하다, 지속시키다, (피해를)입다, 뒷받침하다,
　　　　　견디다

28. (a)

[해석] Bob이 아프다는 가장 명확한 신호는 보통 그가 많이 먹는다
는 점에 비해 조금씩만 먹는다는 사실이다.

[해설] 빈칸에 적절한 동사를 묻는 문제이다. 문맥상 '밥은 평소에
는 많이 먹는데 아프면 조금 먹는다'는 의미이다. 따라서 빈
칸에는 he eats a large portion에 반대되는 조금씩 먹는
다는 의미의 동사 nibble이 가장 적절하다. 따라서 정답은
nibbled가 된다.

[어휘] **nibble** v. 조금씩 먹다

bobble v. 통통 치며 가다, 놓치다

squabble v. 시시한 일로 말다툼 하다, 뒤죽박죽을 만들다

scribble v. 갈겨쓰다, 낙서하다

29. (d)

[해석] 그 트랙은 멀리뛰기 선수들이 모래밭으로 도약하기 전에 속
도를 올릴 수 있는 긴 직선구간을 포함하고 있었다.

[해설] 문맥상 빈칸에 적절한 이어동사를 묻는 문제이다. 문맥상
멀리뛰기 선수들이 도약 전 속도를 '올리다'라는 의미가 되
어야 자연스럽다. 따라서 빈칸에는 속도 따위를 '올리다'는
의미로 쓰이는 pick up이 들어가야 한다.

[어휘] **long jumper** 멀리뛰기 선수

leap v. 도약하다, 뛰다

sand pit 모래밭

draw out (필요이상으로) 길게 하다, 끌다

build on ~을 기반으로 하다, ~를 믿다

try out 시험적으로 사용해보다

pick up 알게 되다, 익히게 되다, 태우러 가다

30. (a)

[해석] 그 남자는 영업시간 종료 후 가게 뒷문 주위에서 몰래 가다
가 잡힌 후 경비직원으로부터 질문을 받았다.

[해설] 빈칸 뒤의 전치사 around와 함께 쓰여 적절한 의미를 만드
는 동사를 묻는 문제이다. 문맥상 '어떤 사람이 몰래 살며
시 다가가다가 잡혔다'는 의미가 되어야 자연스럽다. sneak
는 '살금살금 가다, 몰래 가다'는 의미로 쓰이므로 빈칸에는
sneaking이 적절하다.

[어휘] **question** v. 질문하다, 심문하다

sneak v. 살금살금(몰래) 가다

slouch v. 구부정하게 서다

swerve v. 방향을 바꾸다

slump v. 급감하다, 푹 쓰러지다

Chapter 02 Unit 12 The TOP VOCA 33 빈출 이디엄 ③ / 34 구어체 이디엄 ① / 35 구어체 이디엄 ②

Check Up 1

1. [정답] **burned out**

　　[해석] Tim은 과제물을 하느라 밤을 샜기 때문에 지금 아주 피
　　　　　곤해한다.

[어휘] **burned out** 피곤한

burn off ~을 태워서 제거시키다

2. [정답] **piece of cake**

　　[해석] 한번에 우유 1갤론을 마시는 건 내겐 쉬운 일이야.

[어휘] **piece of cake** 아주 쉬운 일
piece of the pie (돈, 수익 등의) 몫

3. [정답] **out of bounds**
[해석] 당신이 제시한 가격은 제 예상 밖이네요.
[어휘] **out of bounds** 용인할 수 없는
out of shape 비둔한 상태

4. [정답] **in hot water**
[해석] 그는 돈을 훔치지 않았지만, 누명을 쓰고 곤경에 처해있다.
[어휘] **wrongly** adv. 부당하게, 잘못되게
in hot water 어려움에 빠진

5. [정답] **pain in the neck**
[해석] 그는 항상 나와 의견이 달라요. 그가 눈엣가시라고 할수 있어요.
[어휘] **pain in the neck** 성가심
dark horse 혜성처럼 나타난 사람

6. [정답] **under the weather**
[해석] 공기가 뜨겁고, 바람 한 점 없이 습하기만 하면 기분이 좋지 않다.
[어휘] **under the weather** 몸이 좋지 않은, 기분이 저기압인
on cloud nine 너무나 행복한

7. [정답] **bitter**
[해석] 마지막 시합에서 진 것은 그 팀에게 쓰라린 실망이었다.
[어휘] **bitter** a. 쓰라린, 비통한
content a. 만족하고 있는
disappointment n. 실망, 낙심

8. [정답] **on the ball**
[해석] 그는 일을 빠르고 정확하게 처리했어요. 그는 정말 똑똑한 사람입니다.
[어휘] **on the ball** 영리한
out of control 통제할 수 없는

9. [정답] **off base**
[해석] Jimmy Carter의 긍정적인 에너지 정책에 대한 그의 언급은 확실히 잘못된 것이었다.
[어휘] **off base** 적절치 않은, 틀린
on base (야구) 출루하여

10. [정답] **go by the book**
[해석] 나는 안전하게 하기 위해 원칙대로 하고 싶다.
[어휘] **by the book** 규칙을 따르다

take the plunge ~을 단행하기로 하다

Check Up 2

1. [정답] **ace in the hole**
[해석] 계략들을 다 써버렸을 때까지 그들은 비장의 무기를 간직하고 있었다.
[어휘] **ace in the hole** 비장의 무기
hole in the wall 좁고 어둑어둑한 가게[식당]

2. [정답] **head over heels**
[해석] 그 남자도 그녀에게 푹 빠진것이 분명하다.
[어휘] **head over heels in love** 사랑에 푹 빠져
head to toe(foot) 머리에서 발끝까지

3. [정답] **gave me a dirty look**
[해석] Michael이 나를 째려보고는 나가버렸다.
[어휘] **give one a dirty look** ~를 째려보다
know one's stuff 전문가이다, 해박하다

4. [정답] **keep fingers crossed**
[해석] 국민의 의지로 양국간 전쟁을 피할 수 있도록 행운을 빕시다.
[어휘] **keep one's fingers crossed** 행운을 빌다
miss the boat 기회를 놓치다

5. [정답] **flared up**
[해석] 네가 나타나지 않아서 그녀는 굉장히 화가 났다.
[어휘] **flare up (at)** (~에게) 버럭 화를 내다
answer the door 문에 나가보다

6. [정답] **on the fence**
[해석] 부모님이 다투실 때는 중립을 지키는 것이 제일이다. 왜냐하면 그렇게 하면 어느쪽도 기분상하지 않을 것이다.
[어휘] **sit on the fence** 형세를 관망하다
offend v. 기분상하게[불쾌하게] 하다

7. [정답] **head and shoulders**
[해석] 능력면에 있어서 우리 직원들이 타사 직원들보다 월등하게 우수하다.
[어휘] **head and shoulders above** 월등하게 우수한
cold shoulder 무시, 냉대

8. [정답] **bit the bullet**
[해석] 그녀는 그 프로젝트가 마음에 들지 않았지만 꾹 참고 해

나갔다.

[어휘] **bite the bullet** 고통이나 불행을 참다

hit the jackpot (도박, 복권에서) 대박을 터뜨리다

9. [정답] **hitting below the belt**

[해석] 종교 때문에 누군가를 비방하려 하는 것은 비겁한 짓이다.

[어휘] **hit below the belt** 규칙 위반을 하다

play by the rules 규칙[원칙]대로 하다

smear v. 중상[비방]하다, 더럽히다

10. [정답] **whistle**

[해석] 그의 할머니는 부엌 바닥이 아주 깨끗해질 때까지 청소했다.

[어휘] **scrub** v. 문질러 씻다, 청소하다

clean as a whistle 아주 깨끗한

castle n. 성

Check Up 3

1. [정답] **tie the knot**

[해석] 내 약혼녀와 나는 다음달에 결혼할 것이다.

[어휘] **fiancée** n. 약혼녀

tie the knot 결혼 하다

make ends meet 수지를 맞추다

2. [정답] **up in the air**

[해석] 내가 그 일을 하게 될지는 아직 결정되지 않았다.

[어휘] **up in the air** 아직 미정인

walk on air 너무 기쁘다

3. [정답] **made a slip of the tongue**

[해석] 발표자가 중요한 대목에서 잘못 말하였기 때문에 나는 지시를 이해하기가 어려웠다.

[어휘] **slip of the tongue** 말실수

pass with flying colors 잘 해내다

4. [정답] **let bygones be bygones**

[해석] John은 과거의 일을 잊어버릴 기분이 아니었다. 그는 아직도 그녀에게 말을 하고 싶어하지 않는다.

[어휘] **unwilling** a. 꺼리는, 싫어하는

let bygones be bygones 지나간 일은 잊어버리다

make a mountain out of a molehill 사소한 일로 법석을 떨다

5. [정답] **over my dead body**

[해석] 내 눈에 흙이 들어가기 전에는 그 남자를 이 집안에 들여 놓을 수 없어.

[어휘] **over my dead body** 절대 안 되는

under the counter 암거래로

6. [정답] **neck and neck**

[해석] Tom과 Harry는 철자 맞추기 시합에서 막상막하였다. 그들의 점수는 동점이었다.

[어휘] **neck and neck** 막상막하

upside down 위아래가 바뀐

spelling bee 철자법[맞춤법] 대회

7. [정답] **in a blink**

[해석] 하지만 만약 그런 일이 일어난다면 그 폭발은 금성과 지구, 화성 모두를 눈 깜짝할 사이에 파괴시킬 만큼 충분히 강할 것이다.

[어휘] **explosion** n. 폭발, 폭파

in a blink 눈 깜짝할 사이에

in the black 흑자의

8. [정답] **play it by ear**

[해석] 어디로 갈지 결정하지 않았기 때문에 그냥 되는대로 갈 거야.

[어휘] **play by ear** 임기응변으로 대처하다

pay lip service 입에 발린 말을 하다

9. [정답] **rip-off**

[해석] 핫도그 하나에 5천원이나 받아? 바가지네!

[어휘] **charge** v. (요금, 값을) 청구하다

rip-off n. 강탈, 사기, 바가지

payoff n. 급료 지불(일)

10. [정답] **Speaking of the devil**

[해석] 호랑이도 제 말하면 온다더니, Peter가 온다.

[어휘] **speak of the devil** 호랑이도 제 말하면 온다

read between the lines 말속의 숨은 뜻을 알아내다

Practice Test Answer Keys

01. (a)	02. (b)	03. (b)	04. (a)	05. (d)
06. (d)	07. (b)	08. (a)	09. (a)	10. (a)
11. (c)	12. (b)	13. (c)	14. (d)	15. (c)
16. (a)	17. (b)	18. (b)	19. (d)	20. (a)
21. (a)	22. (c)	23. (b)	24. (c)	25. (a)
26. (a)	27. (b)	28. (a)	29. (b)	30. (d)

01. (a)

[해석] A: 가장 어린 후보자는 선거운동 초기에는 별로 인기를 얻지 못하였지만 최근에는 강해지고 있습니다.
B: 맞아요. 그는 다크호스로 시작하였지만 지금은 인기 있는 후보자예요.

[해설] 빈칸에 적절한 형용사를 묻는 문제이다. 문맥의 해석상 빈칸에는 '개인적으로 이름은 알려져 있지는 않지만 예상 밖의 능력으로 사람을 놀래키는 사람'이라는 의미의 어구가 들어가는 것이 적절하다. dark horse가 그러한 의미의 어구이므로 빈칸에는 dark가 들어가야 한다.

[어휘] **candidate** n. 후보자
popularity n. 인기
the favorite 인기 있는 사람(물건)

02. (b)

[해석] A: 우리가 받은 대출금에 대한 이자로 인해서 우리는 부채에서 헤어나올 수 없을 것처럼 보여요.
B: 무슨 말씀 하시는지 알아요. 때로는 흑자로 돌아가는 것이 힘들어요.

[해설] '빚을 지지 않는 상태, 흑자'라는 뜻의 관용표현을 묻는 문제이다. 대화의 내용을 보면, '대출금으로부터 나오는 이자로 인해서 채무초과 상태에서 빠져 나올 수 없을 것 같다'는 A의 말에 B도 동의하면서 '빚을 지지 않는 상태로' 돌아가는 것이 정말 어렵다고 이야기하고 있는 상황이다. '빚을 지지 않는 상태에 있다'는 표현은 be in the black이므로 빈칸에 적절한 형용사는 black이다.

[어휘] **pile up** (양이) 많아지다, 쌓이다
get out of debt 빚에서 벗어나다
in the black 어둠 속에서, 흑자의
in the red 적자의

03. (b)

[해석] A: 당신의 아들은 작년에 한 과목에서 어려움을 겪은 이후 매우 잘하고 있어요.
B: 잘됐습니다. 전 제 아들이 바른 길로 돌아오기를 희망했었습니다.

[해설] '올바른 길로 돌아오다'라는 의미의 관용표현을 묻는 문제이다. A는 지난 해에는 B의 아들이 어려움을 겪었지만 그 후에는 잘하고 있다고 하였고 이에 대하여 B는 아들이 '정상적이고 올바른 길'로 돌아왔으면 하고 희망했었다고 하였다. 따라서 '정상적이고 올바른 길로 돌아오다'는 표현은 get back on the right track이므로 빈칸에는 right track이 들어가야 한다.

[어휘] **have trouble with** ~에 어려움을 겪다
high road 주요도로, 확실한 길

04. (a)

[해석] A: 가끔 폭풍 속에 저 산길을 통하여 여행하는 것은 정말 위험했어요.

B: 맞습니다. 그곳에서 잠깐 동안 아슬아슬 했어요.

[해설] '불확실한, 아슬아슬한'이라는 의미를 갖는 관용표현을 묻는 문제이다. 문맥상 폭풍이 칠 때 산길을 통해 가는 것은 매우 '위험하다, 아슬아슬하다'라는 내용이 되어야 자연스럽다. touch and go로 쓰이므로 빈칸에 적절한 동사는 touch이다.

[어휘] **touch and go** 불확실한, 아슬아슬한
push and go 억척, 정력(man of push and go 억척스러운 사람, 뱃심 좋게 밀어붙이는 사람)

05. (d)

[해석] A: 내년에 어느 학교에 갈 것인지에 대해서 네 할아버지나 아버지의 말씀을 들을 거니?
B: 잘 모르겠어. 두 분의 선택을 좋아하지는 않지만 그분들의 압력은 나를 진퇴양난으로 빠지게 해.

[해설] '진퇴양난'이라는 의미의 관용표현을 묻는 문제이다. 문맥상 할아버지와 아버지의 선택 사이에서 '이러지도 저러지도 못하고 있다'는 의미가 되어야 자연스럽다. 이와 같은 의미의 표현으로 rock and a hard place가 쓰인다. 따라서 빈칸에는 rock이 적절하다.

[어휘] **listen to** 경청하다
pressure n. 압력, 압박
between a rock and a hard place 진퇴양난

06. (d)

[해석] A: 연극을 위한 중요한 오디션이 단지 5분 남았어. 행운을 빌어줘.
B: 넌 잘해낼 수 있어. 행운을 빌게.

[해설] 빈칸 뒤의 a leg와 함께 사용되어 '행운을 빌다'라는 의미의 관용표현을 묻는 문제이다. 문맥상 빈칸에는 '행운을 빌다'라는 의미의 어구가 들어가는 것이 자연스럽다. 이와 같은 표현으로 break a leg가 쓰이므로 빈칸에 적절한 동사는 break이다.

[어휘] **break a leg** 행운을 빌다

07. (b)

[해석] A: Barry는 단지 앉아서 하루 종일 TV만 봐.
B: 나도 알아. 그는 정말이지 오랜 시간 동안 TV만 보는 사람이야.

[해설] '오랜 시간 동안 가만히 앉아서 TV만 보는 사람'이라는 뜻을 갖는 관용표현을 묻는 문제이다. 문맥상 Barry는 하루 종일 앉아서 TV만 보고 있는 사람인데 이러한 사람을 일컬어 couch potato라고 한다. 따라서 빈칸에는 couch가 적절하다.

[어휘] **couch potato** 오랜 시간 동안 가만히 앉아서 TV만 보는 사람

08. (a)

[해석] A: 오늘 우리는 누가 대상을 타게 될지 알게 될 거야.

B: 나는 내가 받기를 기원해왔어.

[해설] '행운을 빌다'는 의미의 관용표현을 묻는 문제이다. 문맥상 '미술 대회에서 누가 상을 받는지 보자'라는 A의 말에 이어지는 응답으로 자신이 받기를 기원한다고 대답하는 것이 자연스럽다. 따라서 빈칸에는 '기원하다, 기도하다'라는 의미의 어구가 들어가야 한다. keep (have) fingers crossed는 '기원하다, 기도하다'라는 의미이므로 빈칸에 적절한 동사는 crossed이다.

[어휘] **have one's finger crossed** 기원하다, 기도하다

bend v. 굽히다, 숙이다

flex v. (준비운동으로) 몸을 풀다

09. (a)

[해석] A: Bob이 최근 우리에게 매우 차갑게 행동해왔어.

B: 나도 알아, 그는 수업시간 동안 교실을 가로질러서 나를 화난 표정으로 쳐다봤어.

[해설] '화난 표정으로 쳐다보다'라는 의미의 관용표현을 묻는 문제이다. 대화의 내용을 보면 Bob이 수업시간에 B를 '화난 표정으로 쳐다봤다'는 내용이 되어야 자연스럽다. 따라서 '화난 표정으로 쳐다보다'라는 의미를 나타내는 숙어 give dirty look가 가장 적절한 표현이다. 빈칸에는 dirty가 들어가는 것이 적절하다.

[어휘] **give dirty look** 화난 표정으로 쳐다보다

grungy a. 지저분한

trashy a. 쓰레기 같은, 저질의

10. (a)

[해석] A: 우리는 이 그룹 업무를 빨리 끝내지 못할것 같아요.

B: 우리 구성원 대부분이 너무 바빠서 시종일관 계속할 수 없기 때문이에요.

[해설] 빈칸에 가장 알맞은 이어동사를 묻는 문제이다. 문맥상 구성원들이 계속 너무 바쁘게 일하기 때문에 단체 업무를 할 수 없다는 것이므로, 빈칸에는 너무 바빠서 '계속 일을 못하다, 집중을 하지 못하다'라는 의미의 어구인 keeping up이 들어가는 것이 적절하다.

[어휘] **keep up** 계속하다

try out 시험해 보다

move on 움직이다, 옮기다

goof off 빈둥거리다

11. (c)

[해석] A: 우리는 새로운 회사에 투자하지 못했을 때 우리의 기회를 헛되이 놓치고 말았어요.

B: 맞습니다. 우리는 그 상황에서 호기를 놓쳤어요.

[해설] 빈칸에 적절한 명사를 묻는 문제이다. 대화 내용상 새로운 회사에 투자하지 않았을 때 '기회를 놓치다, 호기를 놓치다'라는 내용이 되어야 자연스럽다. 이와 같은 의미를 갖는 표현으로 miss the boat이 쓰이므로 빈칸에는 boat가 들어가는 것이 적절하다.

[어휘] **miss the boat** (기회를 살리기엔) 이젠 너무 늦다, 호기를 놓치다

skiff n. (보통 한 사람이 타는) 소형 보트

raft n. 뗏목

12. (b)

[해석] A: 난 우리의 새로운 선생님이 요점에 이르기까지 너무 오랜 시간이 걸리는 것이 맘에 들지 않아.

B: 나도 알아. 그녀는 바로 본론을 말해야 해.

[해설] '바로 본론으로 들어가다'는 의미의 관용표현을 묻는 문제이다. 문맥상 A는 '새로 오신 선생님은 빙빙 돌려서 설명하는 스타일로서 맘에 들지 않다'고 말하였고, 이에 B가 '새로 오신 선생님도 바로 본론으로 들어가셔야 할 거야'라고 대답하는 것이 자연스럽다. 따라서 '바로 본론으로 들어가다'라는 표현은 cut to the chase이므로 빈칸에는 chase가 들어가는 것이 적절하다.

[어휘] **cut to the chase** (바로) 본론으로 들어가다

get to the point 핵심에 이르다

pursuit v. 추격하다 n. 추격

tail n. 꼬리, 미행자

13. (c)

[해석] A: 새 직장 어때?

B: 나쁘지 않아. 급여가 적긴 하지만 먹고 살기에는 충분해.

[해설] '겨우 살만큼 먹고 살다'는 의미의 관용표현을 묻는 문제이다. 문맥상 새로운 직업이 나쁘지는 않지만 급여가 충분하지는 않아서 '겨우 먹고 살 정도는 된다'라는 의미가 되어야 자연스럽다. 이와 같은 의미의 make ends meet 표현이 자주 쓰이므로 빈칸에는 meet이 들어가는 것이 적절하다.

[어휘] **make ends meet** 겨우 먹고 살만큼 벌다

14. (d)

[해석] A: 네 남자친구하고는 잘 되어가니?

B: 응. 약혼했고 올 여름에 결혼할 계획이야.

[해설] '결혼하다'는 의미의 관용표현을 묻는 문제이다. 문맥상 남자친구와 약혼했고 올 여름에 결혼할 계획이라고 해석하는 것이 자연스럽다. 따라서 tie the knot이 '결혼하다'는 의미이므로 빈칸에는 knot이 들어가는 것이 적절하다.

[어휘] **engage** v. 약속하다, 약혼시키다

15. (c)

[해석] A: 네 조카가 네 가게에서 너와 함께 일하게 되는 거니?

B: 응. 사실 나는 그를 견습생으로서 돌보려고 해.

[해설] '~를 돌보다, 감싸서 보호하다'라는 의미의 관용표현을 묻는 문제이다. 문맥상 B는 자신의 가게에서 조카를 견습생으로 받아들여 돌봐줄 계획이라는 의미가 되어야 자연스럽다. '~를 돌보다, 감싸서 보호하다'는 take someone under one's wing이므로 빈칸에 적절한 전치사는 under이다.

[어휘] **apprentice** n. 견습생, 도제

16. **(a)**

[해석] Jones씨는 며칠간 몸이 좋지 않았기 때문에 월요일에 회사에 출근할 수 있을지 의문이었다.

[해설] '몸이 좋지 않다'라는 의미의 관용표현을 묻는 문제이다. 문맥상 존스씨가 수일간 '몸이 좋지 않았기 때문에' 월요일에 출근할 수 있을지 의문이라는 내용이 되어야 하는데, under the weather이 '몸이 좋지 않다'는 의미로 사용되는 표현이다. 따라서 빈칸에 적절한 명사는 weather가 적절하다.

[어휘] **under the weather** 몸이 좋지 않은

17. **(b)**

[해석] Henry는 부모님께서 자신의 과속티켓을 보시자마자 그가 곤경에 빠질 거라는 것을 알았다.

[해설] '곤경에 빠지다, 어려움에 처하다'라는 의미의 관용표현을 묻는 문제이다. 문맥상 '헨리는 부모님들이 자신이 끊은 과속티켓을 보시자마자 자신은 곤경에 처할 것'이라는 의미가 되어야 자연스럽다. '곤경에 빠지다'는 표현은 be in hot water이므로 빈칸에 적절한 명사는 water이다.

[어휘] **as soon as** ~하자마자

speeding ticket 과속티켓

18. **(b)**

[해석] 몇몇 근로자들은 그 회의 결과에 대해서 전적으로는 만족하지 못한 반면, 대부분의 근로자들은 결과에 안도하고 만족하였다.

[해설] 빈칸에 적절한 형용사를 묻는 문제이다. 문맥상 '일부 근로자들이 회의 결과에 기뻐하지 않았지만 대다수는 안도하고 만족하였다'라는 의미가 되어야 자연스럽다. 따라서 빈칸에는 '만족하다'라는 의미의 형용사 content가 들어가야 한다.

[어휘] **majority** n. 가장 많은 수(다수)

relaxed a. 느긋한, 편안한

be content with ~에 만족하는

19. **(d)**

[해석] 그 회사의 젊은 변호사 대부분은 주말이 다가올 때까지 주중에 오랜 시간 동안 어렵게 일하며 시간을 소진한다.

[해설] 빈칸에 적절한 과거분사를 묻는 문제이다. 문맥상 '젊은 변호사들이 주말까지 열심히 일하여 시간을 소진한다'는 의미가 되어야 자연스럽다. 따라서 빈칸에는 시간을 '소진하다, 없애다'라는 의미의 wiped가 들어가는 것이 적절하다.

[어휘] **brush out** (빗 따위로) 빗다

scrub out ~의 안을 씻다, 씻다

sweep out (빗자루로) 쓸어내다(없애다)

wipe out 파괴하다, 없애버리다

20. **(a)**

[해석] 정말 어려웠던 수학시험과는 정반대로 대부분의 학생들은 과학시험이 누워서 떡먹기라고 생각했다.

[해설] '정말 쉬운 일'이라는 관용표현을 묻는 문제이다. 문맥상 '수학시험은 정말 어려웠지만 과학시험은 정말 쉬웠다'는 의미이다. a piece of cake는 '누워서 떡먹기, 정말 쉬운 일'이라는 표현으로 자주 쓰인다. 따라서 빈칸에 적절한 명사는 cake이다.

[어휘] **opposite** a. 정반대의

extremely adv. 정말, 극도로

a piece of cake 정말 쉬운 일, 누워서 떡먹기

21. **(a)**

[해석] 그 수간호사는 카운터를 소독하고 바닥을 깨끗하게 함으로써 감염을 막아야 한다는 생각이 확고하였다.

[해설] '매우 깨끗하다'는 의미의 관용표현을 묻는 문제이다. 문맥상 '수간호사는 카운터와 바닥을 소독하고 가능한 한 깨끗하게 함으로써 세균감염을 막고자 하였다'는 의미가 되어야 자연스럽다. '매우 깨끗하다'는 의미는 as clean as whistle으로 쓰인다. 따라서 빈칸에 whistle이 들어가는 것이 적절하다.

[어휘] **adamant** a. 확고부동한, 단호한

infection n. 전염, 감염

sanitize v. 소독하다, 위생적으로 하다

as clean as a whistle 정말 깨끗한

22. **(c)**

[해석] 비가 많이 오는 동안 축구장에서 다이빙한 후에 아이들은 온몸에 진흙을 묻힌 채 집으로 돌아왔다.

[해설] '온몸에, 머리부터 발끝까지'라는 의미의 관용표현을 묻는 문제이다. 문맥상 '비가 올 때 운동장에서 다이빙 한 후에 아이들의 모양새는 온몸에 진흙이 묻어 있었을 것이다' 라는 의미가 되어야 자연스럽다. '온몸에, 머리부터 발끝까지'라는 의미는 from head to toe이므로 빈칸에 적절한 전치사구는 head to toe이다.

[어휘] **down pour** 호우

from head to toe 머리부터 발끝까지

23. **(b)**

[해석] 경청하는 사람이 되기 위한 한가지 방법은 바로 결론으로 가는 대신 모든 사실을 다 들을 때까지 기다리는 것이다.

[해설] 빈칸에 적절한 명사를 묻는 문제이다. 문맥상 '훌륭한 경청자가 되기 위해서는 중간의 사실관계를 파악함이 없이 결론만을 들어서는 안 되고 모든 사실관계를 들을 때까지 기다려야 한다'는 의미가 되어야 자연스럽다. '결론으로 바로가다'는 표현은 jump to conclusion이므로 빈칸에 적절한 명사는 conclusions이다.

[어휘] **intrusion** n. 강요, 침입

conclusion n. 결론

protrusion n. 돌출, 삐져나옴

delusion n. 미혹, 기만, 망상

24. (c)

[해석] 한 남자가 사랑에 빠져서 정신을 차리지 못할 때는 자신의 머리가 아닌 가슴을 따르게 된다.

[해설] '사랑에 빠져서 정신을 차리지 못하다'는 의미의 관용표현을 묻는 문제이다. 문맥상 사람이 머리가 아닌 가슴을 따를 때에는 '사랑에 빠져서 정신을 차리지 못하고 있는 상황'이다. 따라서 이에 어울리는 표현으로 head over heels in love는 '사랑에 빠져서 정신을 못 차리는'이라는 의미로 쓰인다. 따라서 빈칸에 적절한 명사는 heels이다.

25. (a)

[해석] 그 변호사는 최후의 수단을 준비하고 있는 것이 최선이라고 생각했기 때문에, 처음부터 자신의 협상카드를 자세히 말하고 싶지 않았다.

[해설] '최종(후) 수단'이라는 의미를 나타내는 관용표현을 묻는 문제이다. 문맥상 '변호사는 처음부터 협상카드를 자세히 말하지 않고 마지막 수단을 항상 준비하는 것이 최선이라고 생각했다'고 해석하는 것이 자연스럽다. in the hole과 함께 사용되어 '최후의 수단'이라는 의미를 표현할 수 있는 명사는 ace이다.

[어휘] **spell out** 간결하게(자세히) 말하다

leverage n. 영향력, 지렛대의 힘

ace in the hole 최후의 수단

26. (a)

[해석] 많은 매우 유명한 음악가들은 악보를 읽음으로써가 아닌 악보 없이 연주함으로써 배운다.

[해설] '악보 없이 외워서 연주하다'는 의미의 관용표현을 묻는 문제이다. 문맥상 대부분의 유명한 음악가들은 악보를 읽지 않고 '외워서 연주함'으로서 배운다는 의미가 되어야 자연스럽다. play by ear가 '악보를 보지 않고 외워서 연주하다'는 의미의 관용표현이므로 빈칸에 적절한 전치사구는 by ear이다.

[어휘] **play by ear** 악보 없이 외워서 연주하다

off hand 준비 없이, 즉석에서

on sight 발견하는 대로

27. (b)

[해석] 변호사 시험공부를 하는 것은 몇 달 동안 매일 많은 시간 동안 치열하게 공부해야 하기 때문에 결코 쉬운 일이 아니다.

[해설] 빈칸에 들어갈 적당한 명사를 고르는 문제이다. 문맥상 변호사 시험을 공부하는 것은 '쉬운 일'이 아닌데 그 이유는 몇 달 동안 매일 많은 시간을 열심히 공부해야 한다고 해석하는 것이 자연스럽다. 그런데, 문맥상 '쉬운 일, 만만한 일'이 아니다는 표현은 no picnic이므로 빈칸에는 picnic이 들어

가야 한다.

[어휘] **be no picnic** 쉬운 일이 아니다

snack n. 간단한 식사(일)

cookout n. 야외에서 요리해서 먹는 식사

28. (a)

[해석] 그 계약서는 다수의 애매모호한 내용 때문에 진짜 의미를 알기 위해서는 행간을 읽을 필요가 있다.

[해설] '행간을 읽다'라는 의미는 관용표현을 묻는 문제이다. 문맥상 행간을 읽어야 한다는 내용이 되어야 자연스럽다. '행간을 읽다'는 표현은 between lines으로 자주 쓰인다. 따라서 빈칸에 적절한 전치사는 between이다.

[어휘] **contract** n. 계약서

ambiguous a. 애매모호한

29. (b)

[해석] Joseph은 수학에 낙제할 위험에 있다고 예상되었으나 실은 훌륭한 성적으로 통과하였다.

[해설] '의기양양하여, 우쭐대며'라는 의미를 표현하는 관용어구를 묻는 문제이다. 문맥상 빈칸에는 '훌륭한 성적으로'의 의미를 갖는 어휘가 들어가야 한다. with flying colors는 '의기양양하게, (시험, 사업 따위에) 대성공하여'라는 의미로 자주 쓰인다. 따라서 빈칸에 적절한 동명사는 flying이다. glowing colors는 paint in glowing colors로 '~을 격찬하다'라는 의미로 사용된다.

[어휘] **with flying colors** 의기양양하게

30. (d)

[해석] 기차들이 저녁 내내 너무 자주 다녀서 기찻길 부근에 사는 대부분의 세입자들은 한 숨도 자지 못하였다.

[해설] 빈칸에 적절한 명사를 묻는 문제이다. 문맥상 '기차 소리 때문에 뜬 눈으로 밤을 새다 (한숨도 못자다)'라는 의미가 되어야 자연스럽다. 따라서 could not sleep과 함께 사용되어 '한숨도 못 자다'라는 의미를 만드는 명사 wink가 정답이다.

[어휘] **frequently** adv. 자주, 흔히

tenant n. 임차인, 세입자

don't sleep a wink 뜬눈으로 밤을 새다, 한숨도 못 자다

Make Up TEST Answer Keys

01. (a)	02. (a)	03. (b)	04. (a)	05. (a)
06. (b)	07. (a)	08. (a)	09. (a)	10. (a)
11. (b)	12. (b)	13. (a)	14. (a)	15. (b)
16. (b)	17. (a)	18. (a)	19. (a)	20. (b)

01. (a)

[해석] Jack은 항상 <u>불평이</u> 많다.
    (a) 그는 항상 기분이 나쁘다.
    (b) 그는 항상 낯선 사람에게 관대하다.

[해설] '항상 불평이 많은 것'은 constantly be in a bad temper '항상 기분이 언짢다'와 같은 맥락이므로 (a)가 정답이다. (b)는 낯선 사람에게 관대하다라는 의미이다.

[어휘] **grouchy** a. 불평이 많은, 잘 투덜거리는
    generous a. 관대한, 아량 있는

02. (a)

[해석] Mandy는 그녀의 권력을 <u>남용하기</u> 때문에 인기 있는 학생회 회장이 아니다.
    (a) Mandy는 그녀 자신의 요구가 충족되어지는 것을 확실히 한다.
    (b) Mandy는 엄격한 규칙을 지지한다.

[해설] 권력을 남용(abuse)한다는 의미이므로 (a) 항상 자신의 욕구를 충족시킨다가 정답이다.

[어휘] **abuse** v. 남용하다, 학대하다, 욕하다

03. (b)

[해석] 딸기는 잘 <u>익었고</u> 맛이 있다.
    (a) 딸기는 비용이 많이 들지 않는다.(딸기는 비싸지 않다.)
    (b) 딸기는 먹혀질 준비가 되어있다.(딸기가 딱 먹기 좋다.)

[해설] 딸기가 익었다는 것은 먹기에 좋다는 뜻인 (b)가 정답이다.

04. (a)

[해석] Sam은 새 컴퓨터를 사기위해 현금을 <u>인출했다.</u>
    (a) Sam은 그의 은행 계좌에서 돈을 꺼냈다.
    (b) Sam은 그의 가족에게서 돈을 빌렸다.

[해설] 현금과 관련된 withdraw는 인출하다란 의미이며 (a)는 계좌에서 돈을 빼내다라는 의미로서 정답이다.

[어휘] **withdraw** v. 빼다, 철수시키다, 인출하다

05. (a)

[해석] Molly는 모든 옷을 <u>중고의류로</u> 산다.
    (a) 그 옷들은 누군가에 의해 먼저 입혀졌다.
    (b) 그 옷들은 비싸고 맞춤이다.

[해설] 중고의류라는 것은 어떤 사람이 먼저 입었다는 의미인 (a)가 정답이다.

[어휘] **second-hand** a. 중고의, 고물의
    custom-made a. 주문품의, 맞춤의

06. (b)

[해석] 그 왕자는 더 조용한 삶을 살기위해 왕위계승권을 <u>포기하기</u>로 했다.
    (a) 왕자는 그의 신분을 비밀로 하고 싶어했다.
    (b) 왕자는 그의 황족으로서의 임무를 포기하는 것을 희망했다.

[해설] 왕자가 권리를 포기할 것을 계획한다는 것은 왕권의 의무를 포기하고 싶다는 (b)가 정답이다.

[어휘] **renounce** v. 포기[폐기] 하다
    claim n. 권리, 자격
    throne n. 왕좌, 옥좌

07. (a)

[해석] 그 빌딩은 지하에서부터 일어난 화재 이후에 <u>붕괴되었다.</u>
    (a) 그 빌딩을 쓰러졌다.
    (b) 그 빌딩은 텅 비게 되었다.

[해설] 건물이 붕괴 되었다는 의미이므로 (a)의 무너지다가 정답이다. b는 소유자가 없다는 의미이다.

[어휘] **collapse** v. 무너지다
    unoccupied a. 소유자가 없는

08. (a)

[해석] 그 여자는 그녀는 <u>다가오는</u> 결혼식에 대비해 계획할 것이 많았다.
    (a) 그 결혼식은 곧 열릴 것이다.
    (b) 그 (결혼)의식은 화려할 것이다.

[해설] 결혼식이 다가온다는 것은 (a)의 곧 일어난다는 의미이다.

[어휘] **upcoming** a. 다가오는, 곧 나올[공개될]

09. (a)

[해석] 생일파티가 <u>지루해서</u> 대부분의 손님들이 일찍 자리를 떴다.
    (a) 그 파티는 흥미가 부족했다.
    (b) 그 행사는 사람이 많아 보였다.

[해설] 지루하다란 의미는 재미가 부족하다란 의미이므로 (a)가 정답이다.

10. (a)

[해석] 그 그룹은 노숙자쉼터를 돕기 위해 <u>자선모금 행사를</u> 주관했다.
    (a) 그 그룹은 모금하기 위해서 행사를 조직(준비)하였다.
    (b) 그 그룹은 정원 일을 하기 위해서 팀을 짰다.

[해설] 노숙자를 위해 fundraiser을 개최한다는 것은 돈을 모으기 위해 행사를 주최했다는 (a)이다.

[어휘] **put together** 모으다
    yard work 정원 일

11. (b)

[해석] 그 군대는 <u>만만치 않은</u> 적군을 보고 두려워했다.
    (a) 병사들은 전에 상대방 적을 본적이 없었다.
    (b) 적들은 아마도 무찌르기 어려울 것이다.

[해설] '엄청난' 적군은 '패배시키기가 힘들다'라는 (b)가 정답이다.

[어휘] **formidable** a. 방대한, 엄청나게 많은

12. (b)

[해석] Andrea는 그녀의 <u>기간이 지난</u> 상품권을 사용할 수 없었다.

(a) 그 상품권을 도난 당했다.

(b) 그 상품권은 더 이상 받아들여지지 않았다.

[해설] 만기가 끝난 상품권은 더 이상 받아들이지 않는다는 (b)가 정답이다.

[어휘] **expire** v. 만기가 되다, (기간이) 끝나다

gift card 상품권, 기프트 카드

acceptable a. 받아들일[수락할] 수 있는

13. (a)

[해석] 그 선생님은 학급의 무질서를 <u>참지</u> 않겠다고 학생들에게 말했다.

(a) 선생님은 그녀의 학생들의 행동을 참지 않을 것이다.

(b) 선생님은 그들의 무질서한 행동에 대해서 이야기 하고 싶지 않았다.

[해설] 참다라는 의미는 견디다란 put up with와 동의어 이므로 (a)가 정답이다. (b)는 무질서한 행동을 말하고 싶지 않았다는 의미이다.

[어휘] **tolerate** v. 관대하게 다루다, 묵인[허용]하다

unruliness n. 다루기 힘든 것(사람), 제멋대로 임

put up with 참다, 견디다

disorderly a. 무질서한, 혼란한

14. (a)

[해석] 그 아버지는 아이가 그에게 거짓말을 한 후에 아이에게 <u>벌을 주기로 결심했다.</u>

(a) 아버지는 그의 아들을 처벌하였다.

(b) 아버지는 그의 아들에게 거짓말에 대한 이야기를 해주었다.

[해설] 훈육을 의미하는 discipline은 punishment와 동의어 이므로 (a)가 정답이다. (b)는 거짓말에 관한 이야기를 했다는 의미이다.

[어휘] **discipline** v. 벌하다, 징계하다

punishment n. 형벌(penalty), 처벌

15. (b)

[해석] Katy는 <u>심한</u> 두통으로 데이트를 취소해야만 했다.

(a) 그 두통은 갑자기 왔다.

(b) 그 두통은 매우 불쾌했다.

[해설] horrible headache는 심한 두통이란 의미이므로 (b)의 느낌이 불쾌했다가 정답이다. (a)는 갑자기 발생했다이다.

16. (b)

[해석] 대통령은 나라를 잘 <u>이끌었기</u>에 칭송 받았다.

(a) 대통령은 그의 국민들을 위해 튼튼한 안보를 제공했다.

(b) 대통령은 나라를 이끌어 가는 것을 잘 했다.

[해설] 나라를 lead 한다는 것은 이끈다는 의미이므로 나라를 잘 지도한다라는 (b)가 정답이다.

17. (a)

[해석] 관광객은 그 명소에 대한 <u>부가적인</u> 정보를 받았다.

(a) 관광객은 유명한 관광지에 대해 더 많이 배웠다.

(b) 관광객은 그녀가 들은 정보에 대해서 신경 쓰지 않았다.

[해설] 명소에 대해 부가적인 정보를 받았다는 것은 더 많은 것을 배웠다는 의미이므로 (a)가 정답이다. (b)는 그녀가 말한 정보를 신경 쓰지 않았다라는 의미이다.

[어휘] **landmark** n. 역사적 건조물, 획기적인 사건, 경계표

attraction n. (사람을 끄는) 명소[명물]

18. (a)

[해석] 그 <u>논쟁의 여지가 있는</u> 법안은 통과될 것 같지 않았다.

(a) 유권자들은 그 법안에 대해 반대 의견을 가지고 있었다.

(b) 그 법안은 모든 사람들에게 무익한 법안으로 여겨졌다.

[해설] 논란이 되는 법안이 통과가 되지 않는 다는 것은 a의 유권자들이 반대의견을 가지고있다는 의미와 같으므로 정답이다. (b)는 무익한 법안으로 여겨진다는 의미는 통과와는 관계가 없으므로 정답이 아니다.

[어휘] **controversial** a. 논쟁의, 논의의 여지가 있는

bill n. 법안, 의안

contrast v. 대조하다, 대비하다

19. (a)

[해석] Karen은 <u>위선자로</u> 악명 높다.

(a) Karen은 관대한 척 했지만 실제론 그렇지 않았다.

(b) Karen은 친구들로부터 돈을 빌리고 갚지 않았다.

[해설] 위선자란 의미는 관대한 척하지만 실제로는 그렇지 않다는 (a)가 정답이다. (b)는 친구에게 돈을 빌리고 갚지 않는다는 의미이므로 위선자와 관계가 없다.

[어휘] **infamous** a. 악명 높은, 악랄한

hypocrite n. 위선자, 겉으로 착한 체하는 사람

pretended v. ~인 체하다, 가장하다

20. (b)

[해석] Johnny가 여왕을 만났을 때 그는 매우 <u>불손하게</u> 행동했다.

(a) Johnny는 평소답지 않게 행동하였다.

(b) Johnny는 여왕에게 무례했다.

[해설] 불손하게 행동했다는 것은 존경심이 없다는 (b)가 정답이다. a는 아무 특징없이 행동했다는 뜻으로 무관심과 관련 있기에 정답이 아니다.

[어휘] **irreverently** adv. 불경하게, 불손하게

uncharacteristically adv. 특징이 없이, 특색을 나타내지 않게

disrespectful a. 무례한, 실례되는, 경멸하는

Check Up 1

1. [정답] **confidential**

   [해석] 당신의 의료 기록은 엄격한 비밀입니다.

   [어휘] **confident** a. 확신하는

   　　　confidential a. 비밀스러운

   　　　strictly adv. 엄격히, 엄하게, 절대적으로

2. [정답] **alteration**

   [해석] 우리가 이사 갔을 때 그 아파트는 대대적인 개조가 필요했다.

   [어휘] **extensive** a. 대규모의, 광범위한

   　　　alteration n. 변경

   　　　alternative n. 대안

3. [정답] **regrettable**

   [해석] 경찰이 더 일찍 신고를 받지 못한 것이 유감이다.

   [어휘] **regretful** a. 후회하는

   　　　regrettable a. 유감스런

4. [정답] **boost**

   [해석] 경기 부양책의 목표는 소비를 늘리기 위한 것이었다.

   [어휘] **boast** v. 자랑하다, 떠벌리다

   　　　boost v. 부양하다, 증대시키다

5. [정답] **complement**

   [해석] 새 탁자가 거실을 한층 더 아름답게 만든다.

   [어휘] **complement** n. 보충물

   　　　compliment n. 칭찬

6. [정답] **anemic**

   [해석] 당신의 음식에 철분이 부족하면 빈혈을 일으킬 수 있다.

   [어휘] **amenable** a. 순종하는, 잘 따르는

   　　　anemic a. 빈혈의, 생기 없는

7. [정답] **affect**

   [해석] 예산 삭감의 폭은 컸지만 다행히 제품의 품질에는 영향을 미치지 않았다.

   [어휘] **drastic** a. 과감한, 극단적인, 급격한

   　　　affect v. 영향을 끼치다

   　　　effect v. 실행하다, (변화 등을) 가져오다

8. [정답] **blank**

   [해석] 복사기에서 백지만 나오고 있다. 뭔가 문제가 있는 게 틀림없다.

   [어휘] **bare** a. 벌거벗은, 휑한

   　　　blank a. 공백의, 텅 빈

9. [정답] **apparent**

   [해석] 아무도 오지 않을 거라는 것이 분명해졌다.

   [어휘] **apparent** a. 또렷한, 명백한

   　　　appendant a. 부속의, 부대적인

10. [정답] **exonerated**

   [해석] 그는 뇌물 수수 혐의로 기소되었지만 재판으로 결백함이 증명되었다.

   [어휘] **prosecute** v. 기소[고발]하다

   　　　bribery n. 뇌물 수수

   　　　trial n. 재판, 공판, 시험

   　　　exonerate v. 무죄가 되게 하다, 무죄임을 입증하다

   　　　expedite v. (작업 등을) 빨리 해치우다, 신속히 처리하다

Check Up 2

1. [정답] **consciousness**

   [해석] 그 환자는 잠시 후 의식을 되찾았다.

   [어휘] **conscience** n. 양심

   　　　consciousness n. 의식

2. [정답] **deceit**

   [해석] 시장은 거짓말과 속임수로 인해 비난을 받았다.

   [어휘] **deceit** n. 기만, 속임

   　　　direction n. 방향, 지시

3. [정답] **economic**

   [해석] 올해 한국의 경제 전망이 훨씬 좋다.

   [어휘] **economic** a. 경제의

   　　　economical a. 알뜰한

4. [정답] **healthy**

   [해석] 건강을 유지하기 위해 무엇을 하니?

   [어휘] **healthful** a. 건강에 좋은

   　　　healthy a. 건강한

5. [정답] **improvise**

   [해석] 연사는 연설을 미리 준비하지 않았기 때문에 즉흥으로 지어서 해야 했다.

[어휘] **impregnate** v. 임신시키다

improvise v. 즉석에서 하다

6. [정답] **revoked**

[해석] Brian은 음주운전으로 면허가 취소되었다.

[어휘] **driver's license** 운전면허(증)

revoke v. 무효로 하다, 취소하다

rebuke v. 꾸짖다, 비난하다

drunk driving 음주 운전

7. [정답] **urban**

[해석] 시 의회는 도시개발 문제를 의논하기 위해 회의를 열고 있다.

[어휘] **city council** 시의회

urban a. 도시의

urbane a. 품위 있는

8. [정답] **modest**

[해석] 훈장을 받았지만 그 과학자는 여전히 겸손했다.

[어휘] **honor** n. 명예상, 훈장

moderate a. 알맞은

modest a. 겸손한

9. [정답] **observation**

[해석] 대부분의 정보는 그 새들의 행동을 직접 관찰하면서 수집한 것이다.

[어휘] **observance** n. 축하, 의식, 준수, 관례

observation n. 관찰

10. [정답] **credible**

[해석] 유엔은 이라크가 적어도 올해 말은 되어야 신뢰할 만한 선거를 치를 수 있는 준비가 될 것이라고 생각한다.

[어휘] **credible** a. 신뢰할 수 있는

credulous a. 쉽게 속는

Check Up 3

1. [정답] **swarm**

[해석] 메뚜기 떼가 구름처럼 들녘을 지나갔다.

[어휘] **swarm** n. (곤충, 특히 벌의) 떼, 무리

school n. (물고기 등의) 떼, 무리

locust n. 메뚜기

2. [정답] **relative**

[해석] 나의 먼 친척 중에 유명한 가수가 있다.

[어휘] **relative** n. 친척

sibling n. 형제, 자매

3. [정답] **Janitor**

[해석] 그는 Oregon주의 한 고등학교에서 수위로 일했다.

[어휘] **janitor** n. 수위, 문지기

ranger n. 산림 감시원

4. [정답] **straight**

[해석] 나쁜 자세는 당신의 척추가 곧게 자라는 것을 방해할 것이다.

[어휘] **posture** n. 자세, 태도

prevent v. 막다, 예방[방지]하다

spine n. 척추, 등뼈

straight a. 곧은, 연속된

full a. 가득 찬, 완전한

5. [정답] **usher**

[해석] 영화관의 안내원이 나를 자리로 안내해 주었다.

[어휘] **usher** v. 안내하다, 인도하다 n. 좌석 안내원

patron n. 보호자, 후원자, 지지자

6. [정답] **revision**

[해석] 규칙 개정은 회원들의 합의에 의해서 이루어진다.

[어휘] **revision** n. 교정, 개정

edition n. (초판·재판의) 판(版), 간행

regulation n. 규정

consultation n. 협의, 상의

7. [정답] **interrogation**

[해석] 경찰의 끈질긴 추궁에 못 이겨 용의자는 범행 사실을 시인했다.

[어휘] **interrogation** n. 심문, 질의

conduct v. (연구·조사 등을) 수행하다

suspect n. 혐의자, 용의자

confess v. 자백하다, 고백[인정]하다

8. [정답] **turbulence**

[해석] 그는 비행 중에 심한 난기류를 경험했다.

[어휘] **commotion** n. 동요, 소동

turbulence n. (바람, 물결 등의) 휘몰아침, (사회적) 소란

9. [정답] **leap**

[해석] 그것은 한 사람에게는 하나의 작은 걸음이지만 인류에게는 위대한 도약이다.

[어휘] **leap** n. 급격한 증가[상승], 뜀, 도약

loop n. (올가미나 동그라미 모양의) 고리

10. [정답] cubs

[해석] 새끼 곰들은 먹이를 주는 어미에게 의존한다.

[어휘] **cub** n. (사자 · 곰 등의) 새끼

flock n. (양 · 염소 · 새 등의) 떼, 무리

depend on ~에 의존하다[의지하다]

Practice Test Answer Keys

01. (a)	02. (c)	03. (a)	04. (c)	05. (a)
06. (a)	07. (d)	08. (a)	09. (c)	10. (c)
11. (a)	12. (b)	13. (c)	14. (a)	15. (a)
16. (d)	17. (a)	18. (c)	19. (a)	20. (c)
21. (b)	22. (a)	23. (c)	24. (a)	25. (b)
26. (b)	27. (b)	28. (a)	29. (c)	30. (a)

01. (a)

[해석] A: 우리가 게임을 이기지 못한 건 알지만 그래도 잘 했어.

B: 사실이야. 적어도 우리가 최선을 다했다는 것을 아는 것으로 위안 삼자.

[해설] 빈칸에 들어갈 알맞은 명사를 묻는 문제이다. 문맥상 비록 게임에서 지기는 했지만 열심히 최선을 다했다는 것을 '위안' 삼자는 내용으로 해석하는 것이 자연스럽다. 따라서 '위로, 위안'이라는 뜻의 consolation이 적절하다.

[어휘] **consolation** n. 위로(위안)[을 주는 것, 사람]

concentration n. 집중

compilation n. 모음집, 편집, 편찬

configuration n. 배열, 배치, 환경설정

02. (c)

[해석] A: 어떤 후보자도 다른 나라에 대한 우리나라의 채무에 대해서 관심이 없다는 게 걱정되요.

B: 동의합니다. 그들 생각에는 엄청난 빈곤조차 전혀 없는 듯합니다.

[해설] 빈칸에 알맞은 명사를 묻는 문제이다. 문맥상 후보자들은 모두 국가부채, 즉 거대한 국가 적자에 대해서 전혀 관심이 없다는 내용으로 해석하는 것이 자연스럽다. 따라서 빈칸에는 '극빈, 빈곤'이라는 뜻의 destitution이 적절하다.

[어휘] **huge** a. 거대한

definition n. 정의

deficit n. 적자

destitution n. 결핍, 빈곤, 궁핍

debut n. 첫 출연

03. (a)

[해석] A: 고문과의 약속 확인을 위하여 전화를 하셨는지요?

B: 아니요, 하지만 저는 모든 것이 여전히 계획대로 진행되는지 확인하기 위해 오늘 이메일을 보낼 계획입니다.

[해설] 빈칸에 알맞은 동사를 묻는 문제이다. 문맥상 고문과의 약속을 미리 확인한다는 의미가 되어야 하므로, 약속을 '확인하다'는 뜻의 confirm이 적절하다.

[어휘] **appointment** n. 약속, 임명

confirm v. 확인하다, 확정하다

connect v. 연결하다

concede v. 양보하다, 인정하다

convince v. 납득시키다

04. (c)

[해석] A: Joe는 첫 게임에서 자신의 팀에 지속적인 인상을 주었어.

B: 맞아. 그는 팀을 승리로 이끌면서 사람들을 깜짝 놀라게 했어.

[해설] 빈칸에 알맞은 명사를 묻는 문제이다. 문맥상 첫 게임을 승리로 이끌면서 사람들을 깜짝 놀라게 했다는 의미가 되는 것이 자연스럽다. 따라서 make a splash는 '많은 관심을 모으다, 세상을 깜짝 놀라게 하다'라는 의미이므로 빈칸에는 splash가 적절하다.

[어휘] **splurge** n. 돈을 물 쓰듯 쓰기

splice v. 잇다, 붙이다

splash n. 방울, 얼룩

split n. 분열, 분화

05. (a)

[해석] A: 난 우리가 수업시간표를 바꾸는 것에 대해서 우리 그룹과 상의할 필요가 있다고 생각해.

B: 네말이 맞아. 새로운 합의를 토의하고 이해하는 어떤 종류의 회의가 필요해.

[해설] 빈칸에 알맞은 동사를 묻는 문제이다. 문맥상 우리가 수업시간표에 대해서 토의를 할 필요가 있다는 의미가 되는 것이 자연스럽다. 따라서 빈칸에는 전치사 with와 호응할 수 있는 어휘가 들어가야 하므로 confer가 가장 적절하다.

[어휘] **class schedule** 수업 시간표

confer v. 상의하다, 수여하다

condense v. 압축시키다, 농축시키다

connive v. 묵인하다, 방조[공모]하다

conceive v. 상상하다, 임신하다

06. (a)

[해석] A: 우리 교과서의 몇몇 주제들은 너무 오래된 것 같아.

B: 네 말이 무슨 뜻이지 알아. 다행히도 내년에는 최신판 교과서가 나올거야.

[해설] 빈칸에 알맞은 명사를 묻는 문제이다. 문맥상 지금 교과서는 오래되었지만 내년에는 업데이트 된 교과서가 나온다는 내용으로 해석하는 것이 자연스럽다. 따라서 빈칸에는 교과서의 최신'판'이라는 뜻의 어휘가 들어가야 하므로 정답은 edition이 된다.

[어휘] **textbook** n. 교과서

edition n. 판, 호

periodical n. 정기간행물

catalog n. 목록, 카탈로그

sequel n. 속편

07. (d)

[해석] A: 나는 공원에서 새 모이 주는 것이 실제로는 상당히 무섭다고 생각해.

B: 동의해. 비둘기들이 모이 주는 사람 주위로 떼를 지어 몰려드는 방식은 깜짝 놀랄만해.

[해설] 빈칸에 알맞은 동사를 묻는 문제이다. 문맥상 비둘기들이 먹이를 주는 사람 주위로 떼를 지어 모이는 방식은 무섭다는 내용으로 해석하는 것이 자연스럽다. 따라서 새들이 '모이다'라는 뜻의 동사 swarm이 적절하다.

[어휘] **scary** a. 두려운, 무서운

startling a. 깜짝 놀랄, 아주 놀라운

crash a .충돌[추락]하다, 부딪히다

flourish v. 번창하다, 잘 자라다

devour v. 게걸스럽게 먹다

swarm v. 떼(무리)를 지어 다니다

08. (a)

[해석] A: 우리가 캠핑 여행 가도록 해주시는 것에 대해 어머니가 뭐라고 하셨어?

B: 아직 여쭤보지 못했어. 하지만, 어머니를 설득할 수 있을 거라 확신해.

[해설] 빈칸에 알맞은 동사를 묻는 문제이다. 대화 내용상 B가 자신이 어머니를 설득하여 캠핑가는 것을 허락할 수 있을 것을 확신한다는 내용으로 해석하는 것이 자연스럽다. 따라서 '설득하다'라는 뜻의 persuade가 적절하다.

[어휘] **persuade** v. 설득하다

relate v. 이야기하다, 관련시키다

inform v. 통보하다, 알리다

argue v. 논쟁하다

09. (c)

[해석] A: 너와 너의 언니가 많이 싸우는 것으로 알고 있어. 괜찮니?

B: 걱정하지마. 그저 단순한 자매간의 경쟁이야.

[해설] 빈칸에 알맞은 명사를 묻는 문제이다. 문맥상 B는 자기가 언니와 자주 싸우기는 하지만 이는 단지 자매간의 경쟁(대립) 관계일 뿐이라는 내용으로 해석하는 것이 자연스럽다. 따라서 빈칸에는 '형제자매'를 의미하는 sibling이 적절하다.

[어휘] **heredity** n. 유전(적 특징)

gene n. 유전자

sibling n. 형제, 자매

relationship n. 관계

10. (c)

[해석] A: 당신의 아들이 그렇게 빨리 성숙해지는 것을 보면 놀랍지 않아요?

B: 네, 그의 어휘마저도 급속히 개선되고 있어요.

[해설] '급속히, 빨리, 대폭으로'라는 의미의 관용표현을 묻는 문제이다. 문맥상 B의 아들의 발육속도가 매우 빠른데, 특히 어휘가 급속도로 개선되었다고 해석하는 것이 자연스럽다. 따라서 '급속히, 빨리'라는 leaps and bounds에서 leaps가 적절하다.

[어휘] **mature** v. 성숙해지다

vocabulary n. 어휘

improve v. 개선하다, 개선되다

leaps and bounds 급속히, 대폭

11. (a)

[해석] A: James가 시간관념이 없는 것은 명확해.

B: 동의해. 그가 시간을 지키는 것이 중요하다고 생각하지 않는 것은 점점 더 명확해지고 있어.

[해설] 빈칸에 알맞은 형용사를 묻는 문제이다. 문맥상 James가 시간관념이 없어지는 것이 점점 더 '명확해'진다는 의미이므로 빈칸에는 이러한 의미를 갖는 형용사 apparent가 적절하다.

[어휘] **Be on time** 시간을 지키다

apparent a. 분명한

appealing a. 매력적인, 흥미로운, 호소하는

appreciative a. 고마워하는, 감탄하는

appropriate a. 적절한

12. (b)

[해석] A: 새로운 직업의 업무를 배우는 것이 편하세요?

B: 네, 사실 저는 제가 잘할 수 있을 것이라고 꽤 확신합니다.

[해설] 빈칸에 알맞은 형용사를 묻는 문제이다. 문맥상 배우는 것이 편안한 것을 넘어 잘할 수 있다는 '확신하다'는 의미로 해석하는 것이 자연스럽다. 따라서 '자신감 있는, 확신하는'의 의미의 형용사 confident가 적절하다.

[어휘] **conceited** a. 자만하는

confident a. 자신감 있는, 확신하는

conservative a. 보수적인

conciliatory a. 달래는, 회유하기 위한

13. (c)

[해석] A: 독자들이 선택할 수 있는 가능한 두 가지 결론을 갖고 있는 이야기의 방식이 맘에 드니?

B: 아니. 왜냐하면 저자의 원래 버전이 두 가지 결론을 갖고 있는 버전보다 훨씬 낫다고 생각했기 때문이야.

[해설] 빈칸에 알맞은 형용사를 묻는 문제이다. 문맥상 두가지 결론이 번갈아 생기는 버전이라는 의미의 되는 것이 자연스럽다. 따라서 '번갈아 생기는'이라는 의미의 형용사는

alternate이 적절하다.

[어휘] **conclusion** n. 결론
aggregate a. 종합한
coordinate v. 조직화하다, 조정하다
alternate a. 번갈아 발생하는
potentate n. 강한 지배자

14. (a)
[해석] A: 새로운 학교에서 시작하는 것이 Mary에게 좋을 거라 생각해.
B: 맞아. 그녀의 과거 결정들의 일부는 후회할만했기 때문에 새로운 출발은 그녀로 하여금 올바른 방향으로 가도록 해줄 거야.

[해설] 빈칸에 알맞은 형용사를 묻는 문제이다. 문맥상 Mary의 과거 결정들이 후회할 만한 일이었다는 의미로 해석하는 것이 자연스럽다. 따라서 빈칸에는 '후회할만한'이라는 의미의 형용사 regrettable이 가장 적절하다.

[어휘] **regrettable** a. 유감스러운, 후회스러운
renewable a. 재생 가능한
redeemable a. (현금·상품과) 교환할 수 있는

15. (a)
[해석] A: 새로운 세금이 도시의 공공 도로를 개선하는데 쓰일것 같니, 아니면 그 대신 학교로 갈 거라고 생각하니?
B: 잘 모르겠어. 하지만 어느 쪽이든 새로운 법의 영향은 후에 클 거야.

[해설] 빈칸에 알맞은 명사를 묻는 문제이다. B의 대화 내용을 살펴보면 어느 쪽이든 새로운 법의 '영향'이 미래에 크다는 내용으로 해석하는 것이 자연스럽다. 빈칸에는 '영향, 효과'를 의미하는 명사 effect가 적절하다.

[어휘] **benefit** v. 유익하다, 유용하다
effect n. 영향, 결과, 효과
efficiency n. 효율성
effort n. 노력
effigy n. 조상, 모형, 인형

16. (d)
[해석] 실업률과 공공작업에 대한 자금의 부족은 모두 그 시의 어려운 경제상황의 신호이다.

[해설] 빈칸에 알맞은 형용사를 묻는 문제이다. 실업률과 공적자금 제공 부족은 모두 도시의 경제적 상황에 대한 내용이므로 빈칸에는 '경제의'라는 뜻의 형용사 economic이 적절하다.

[어휘] **unemployment rate** 실업률
harsh a. 가혹한, 냉혹한
ecological a. 생태학의, 생태계에 관심을 갖는
eccentric a. 괴짜인, 별난
eclectic a. 취사선택하는, 절충적인
economic a. 경제의, 경제성이 있는

17. (a)
[해석] 훈련 중인 경찰관에 대한 세부적인 관찰기간은 자신들 주위 사람들의 행동을 살피고 기록하는 것뿐만 아니라 근무 중인 경관들과 함께 순찰하는 것을 포함한다.

[해설] 빈칸에 알맞은 명사를 묻는 문제이다. 문맥상 훈련 중인 경찰관에 대한 '관찰'기간 이라는 의미가 되어야 자연스럽다. 따라서 빈칸에는 '관찰'이라는 뜻의 observation이 적절하다.

[어휘] **observation** n. 관찰
obtrusiveness n. (보기 싫게) 눈에 띔
obstruction n. 방해, 차단
obtrusion n. 강요, 참견하고 나섬

18. (c)
[해석] 많은 아이들이 그 식당의 디저트를 좋아하는데 그 이유는 자신들의 아이스크림에 자신들의 토핑을 얹을 수 있기 때문이다.

[해설] 빈칸에 알맞은 동사를 묻는 문제이다. 문맥상 아이들이 아이스크림에 자신들의 토핑을 직접 뿌릴 수 있기 때문에 그 레스토랑에서 후식을 즐긴다는 의미로 해석하는 것이 자연스럽다. 따라서 빈칸에는 '뿌리다, 얹다'라는 뜻의 sprinkle이 적절하다.

[어휘] **spindle** n. 축, 굴대
spackle n. 물에 섞어서 벽의 틈 따위를 메우는 물질
sprinkle v. 뿌리다, 간간히 섞다
spring v. 튀다, 갑자기 뛰어 오르다

19. (a)
[해석] 콘테스트의 기한은 4월 1일인데 출전 응모는 4월 5일자로 소인이 찍혀 있기 때문에 이는 이미 기한이 한참 지난 후에 편지를 부쳤음을 의미한다.

[해설] 빈칸에 알맞은 동사의 과거분사를 묻는 문제이다. 문맥상 대회 신청 시한은 4월 1일이었는데 참가 신청에 찍힌 우편소인은 4월 5일이라는 의미로 해석하는 것이 자연스럽다. 따라서 빈칸에는 '우편소인을 찍다'는 의미의 동사 postmark의 과거분사형 postmarked가 적절하다.

[어휘] **entry** n. 참가(응모) 신청
postmarked a. 소인이 찍힌
postponed a. 연기된
postulate v. (이론 등의 근거로 삼기 위해 무엇이 사실이라고) 상정하다

20. (c)
[해석] 몇몇 심각한 부상 후 그 팀의 나이든 주장은 전문적인 운동 경력의 압박과 육체적 요구와 압박에 더 이상 싸울 수 없었다.

[해설] 빈칸에 알맞은 동사를 묻는 문제이다. 심각한 부상으로 인해서 더 이상 운동선수로서 활동할 수 없다는 내용으로서 전문적 운동선수들에게 요청되는 육체적 요구와는 '싸울 수

없다'는 의미로 해석하는 것이 자연스럽다. 따라서 빈칸에는
contend가 들어가야 한다.

[어휘] **injury** n. 부상

physical a. 육체적인

athletic a. 몸이 탄탄한, 운동의

extend v. 연장하다, 늘이다

pretend v. ~인척 하다

contend v. 다투다, 싸우다

attend v. 참석하다, 시중들다

21. (b)

[해석] 경기 후 요란하고 거친 관중들은 큰 소란을 야기시켜 인근
의 많은 주민들을 소음때문에 잠에서 깨도록 만들었다.

[해설] 빈칸에 알맞은 명사를 묻는 문제이다. 경기 후 성난 관중
들이 큰 소란을 일으켰다는 의미로 해석하는 것이 자연스
럽다. 따라서 빈칸에는 '큰 소동, 소란'이라는 의미의 명사
commotion이 적절하다.

[어휘] **raucous** a. 요란하고 거친, 시끌벅적한

commotion n. 소란, 소동

progression n. 진보

22. (a)

[해석] 대리인은 고객에게 합의에 동의하도록 강력히 권하였으나
가능한 한 많은 돈을 받아내겠다는 그의 결정은 확고하였
다.

[해설] 빈칸에 알맞은 동사를 묻는 문제이다. 문맥상 대리인이 고
객에게 합의할 것을 강하게 요청하였다는 내용이므로 빈
칸에는 '강력히 요청하다, 재촉하다, 촉구하다'라는 뜻의
urged가 적절하다.

[어휘] **hold out for** ~을 단호히 끝까지 요구하다

urge v. 재촉하다, 강력히 요구하다

grant v. 수여하다

dispose v. 처리하다, 다루다

23. (c)

[해석] 용의자에 대한 심문이 다수의 경관들이 차례를 바꾸어가면
서 질문하는 방식으로 몇 시간 동안 계속되었다.

[해설] 빈칸에 알맞은 명사를 묻는 문제이다. 문맥상 많은 경찰관
들이 교대로 질문하면서 혐의자를 몇 시간째 조사하였다는
내용으로 해석하는 것이 적절하다. 빈칸에는 '조사 · 심문'의
의미를 갖는 명사 interrogation이 들어가야 한다.

[어휘] **take turns** 교대하다

inauguration n. 취임(식), 개시

interruption n. 방해, 중단

interpretation n. 이해, 해석, 설명

24. (a)

[해석] 한 지배적인 학파는 클래식 음악을 듣는 것은 아이들의 교
육을 도와준다고 제안하였다.

[해설] 빈칸에 가장 알맞은 명사를 묻는 문제이다. 문맥상 빈칸에
는 '~학파'라는 의미의 어휘가 들어가야 하는데, school of
thought가 '학파, 학설'의 의미이므로 빈칸에는 school이 적
절하다.

[어휘] **predominant** a. 우세한, 두드러진, 뚜렷한

school of thought 학파, 학설

gentry n. 상류층(사람들), 신사들

cult n. 추종, 숭배, 종교집단, 제례의식

25. (b)

[해석] 똑바르고 좁은 길이 항상 매력적인 것은 아니지만 사람에게
깨끗한 양심과 인격적 완전성을 제공한다.

[해설] 빈칸에 가장 알맞은 형용사를 묻는 문제이다. 문맥상 좁은
길이 항상 매력적이지는 않다고 전제하면서 그러한 길이 깨
끗한 양심과 인격적 완결성에 대한 의식을 줄 수 있다는 내
용으로 해석하는 것이 자연스럽다. 따라서 양심 및 인격적
완결성에 상응하는 형용사는 올바르고, 똑바르다는 의미의
straight이 적절하다.

[어휘] **conscience** n. 양심

integrity n. 완전성, 일체성

26. (b)

[해석] 많은 비영리 단체는 세금이 면제되지만, 그것이 그에 소속
된 근로자들이 모두 무료로 일한다는 의미는 아니다.

[해설] 빈칸에 가장 알맞은 형용사를 묻는 문제이다. 문맥상 비영
리 재단은 세금 납부의무가 없다는 의미가 되는 것이 적절
하므로, 빈칸에는 세금이 '면제된'이라는 뜻의 exempt가 적
절하다.

[어휘] **external** a. 외부의

exempt a. 면제된

experienced a. 숙련된

extol v. 격찬하다

27. (b)

[해석] 그 기자는 환자 진료기록을 복사하는 것을 거부당했는데 그
이유는 병원에 따르면 그러한 정보는 비밀이기 때문이다.

[해설] 빈칸에 가장 알맞은 형용사를 묻는 문제이다. 환자 진료기
록은 관계자 이외에는 볼 수 없는 비밀정보이므로 빈칸에는
'비밀의, 기밀의'라는 의미를 갖는 형용사 confidential이 적
절하다.

[어휘] **congruent** a. 크기와 형태가 동일한, 합동의, 알맞은, 적절한

confidential a. 비밀의, 기밀의, 은밀한

contaminated a. 오염된

considerate a. 배려심이 많은, 사려 깊은

28. (a)

[해석] 위대한 선수에게 주어지는 가장 좋은 칭찬들 중의 하나는
그는 경기의 어려운 부분들마저도 힘이 들지 않게 보인다는
것이다.

[해설] 빈칸에 가장 알맞은 명사를 묻는 문제이다. 문맥상 운동선
수에 대한 최고의 찬사는 아무리 어려운 부분도 쉽게 하는
것처럼 보이는 것이라는 내용으로 해석하는 것이 자연스럽
다. 따라서 빈칸에는 '칭찬, 찬사'의 뜻인 명사 compliments
가 적절하다.

[어휘] **effortless** a. 힘이 들지 않는, 수월한
compliment n. 칭찬
compartment n. 객실, 칸
compatriot n. 동포

29. (c)

[해석] 새로운 식당의 서비스는 너무 형편없어서 단지 1주일의 영
업 후에 수십 명의 고객들이 지배인에게 공식적인 항의서한
을 작성하였다.

[해설] 빈칸에 가장 알맞은 명사를 묻는 문제이다. 문맥상 새로운
식당의 서비스가 형편없었기 때문에 다수의 고객들이 이
를 불평하는 편지를 작성하였다는 내용으로 해석하는 것
이 자연스럽다. 따라서 빈칸에는 '불만, 불평, 항의'의 뜻인
complaint가 적절하다.

[어휘] **horrible** a. 지긋지긋한, 끔찍한
compost n. 퇴비, 두엄
commencement n. 시작, 개시, 학위수여식
complaint n. 불만, 불평
competition n. 경쟁, 대회

30. (a)

[해석] 가능한 한 배송을 신속히 처리하기 위해 몇몇 회사들은 전
체 배송 과정에서 버려지는 시간들을 초단위로 세분화하는
연구를 수행한다.

[해설] 빈칸에 가장 알맞은 동사를 묻는 문제이다. 문맥상 일부 회
사들은 전체 배송절차에서 버려진 시간을 초단위로 세분화
하는 방법을 연구하고 있다는 내용으로 해석하는 것이 자연
스럽다. 따라서 빈칸에는 가능한 한 배송을 '촉진시키다, 단
축시키다'라는 뜻의 expedite가 적절하다.

[어휘] **conduct research** 연구를 수행하다
delivery n. 배달, 배송
expel v. 내쫓다, 추방하다
exhale v. (호흡을) 내쉬다

Chapter 02 Unit 14 The TOP VOCA 39 의미에 주의해야 하는 어휘 ② / 40 기타 혼동하기 쉬운 어휘 / 41 접두사로 정리하는 어휘 ① / 42 접두사로 정리하는 어휘 ②

Check Up 1

1. [정답] **Mediators**

   [해석] 중재자들은 양국이 정식 외교관계를 수립하게 되기를
   바라고 있다.

   [어휘] **mediator** n. 중재인, 조정자
   adversary n. 적, 반대자
   diplomatic a. 외교의

2. [정답] **Watch**

   [해석] 산책하는 중에 개들을 조심하세요.

   [어휘] **watch out** 조심하다

3. [정답] **position**

   [해석] 오해하지 말아주세요. 제 입장을 고려해 주셨으면 합니
   다.

   [어휘] **misunderstand** v. 오해하다
   space n. 빈자리, 공간
   position n. 위치, 위상

4. [정답] **delay**

   [해석] 스트레스가 심하다면 그로 인해 궤양치료가 지연될수
   있다.

   [어휘] **delay** v. 연기하다, 지연하다
   remain v. 머물다
   ulcer n. 궤양

5. [정답] **applied**

   [해석] 그 아이는 상처에 연고를 발랐다.

   [어휘] **paste** v. (풀, 접착제를) 바르다
   apply v. (약, 연고 등을) 바르다
   ointment n. 연고
   wound n. 상처, 부상

6. [정답] **negligent**

   [해석] 그녀는 가끔 임무를 소홀히 한다.

   [어휘] **irreverent** a. 불손한, 무례한, 불경한
   negligent a. (근무 · 의무 등을) 게을리 하는, 부주의한

7. [정답] **cram**

   [해석] 나는 기말고사 때문에 벼락공부를 해야 한다.

   [어휘] **jam** v. 집어 넣다, 쑤셔 넣다
   cram v. (머릿속에 정보를) 억지로 주입하다

8. [정답] **serial**

   [해석] 많은 Charles Dickens의 소설들이 연속물 형태로 출판

되었다.

[어휘] **continuous** a. 끊이지 않고 이어진
serial a. 연재의

9. [정답] **protect**

[해석] 오토바이 운전자들은 자신을 보호하기 위해서 헬멧을 써야 한다.

[어휘] **protect** v. 보호하다, 지키다
keep v. 보유하다, 자기 것으로 갖다

10. [정답] **thin**

[해석] 그 모델들은 해골처럼 너무 말랐었다.

[어휘] **slim** a. (보기 좋게) 날씬한
thin a. 매우 마른
skeleton n. 뼈대, 해골

Check Up 2

1. [정답] **deluded**

[해석] 그 도둑은 노인을 속여 자신을 전화 수리공이라고 생각하게 만들었다.

[어휘] **allude** v. ~에 적응시키다
delude v. ~으로 혼란 시키다

2. [정답] **spacious**

[해석] 그 숙박시설은 널찍하고 편안하다.

[어휘] **accommodation** n. 거처, 숙박 시설
spacious a. 넓은, 거대한
auspicious a. 길조의

3. [정답] **extinction**

[해석] 무분별한 수렵으로 많은 동물들이 멸종 위기에 처해있다.

[어휘] **indiscriminate** a. 무분별한, 신중하지 못한
distinction n. 구별, 차별
extinction n. 소멸, 폐지

4. [정답] **impassioned**

[해석] 그는 Ann에게 열렬이 구애하고 있다.

[어휘] **impassioned** a. 열정적인
impatient a. 성급한
make advances 구애하다, 유혹하다

5. [정답] **indelible**

[해석] 한국전쟁은 많은 사람에게 지울 수 없는 상처를 남겼다.

[어휘] **indelible** a. (얼룩 따위를) 지울 수 없는
indubitable a. 의심할 여지가 없는

6. [정답] **Industrial**

[해석] 19세기에 산업혁명이 발생했다.

[어휘] **industrious** a. 근면한
the Industrial Revolution 산업혁명

7. [정답] **intuition**

[해석] 그는 곧 끔찍한 일이 일어날 것이라는 직감이 들었다.

[어휘] **intuition** n. 직관, 육감
insight n. 통찰, 간파
awful a. 끔찍한, 지독한

8. [정답] **scattered**

[해석] 내일은 산발적인 소나기가 예상됩니다.

[어휘] **scatter** v. (불규칙하게) 흩뿌리다
shatter v. 산산이 부수다

9. [정답] **sensible**

[해석] 그것은 합리적이고 실질적인 투자가 될 것이다.

[어휘] **sensible** a. 분별력 있는
sensitive a. 민감한

10. [정답] **successful**

[해석] 모든 면에서, 정상회담은 성공적이었다.

[어휘] **summit talk** 정상회담
successive a. 잇따르는

Check Up 3

1. [정답] **monochrome**

[해석] 그녀는 그림을 단색으로 칠했다.

[어휘] **monochrome** a. 단색의, 흑백의
monogamy a. 일부일처제

2. [정답] **triathlon**

[해석] 철인 3종 경기에서 참가자들은 처음 1마일을 수영해야 한다.

[어휘] **triangle** n. 삼각형
triathlon n. 삼종경기
participant n. 참가자

3. [정답] **precocious**

[해석] 내 조카는 또래 아이들에 비해 조숙하다.

[어휘] **precocious** a. 조숙한
preliminary a. 예비의, 준비의

4. [정답] **forethought**

[해석] 그 업무에 착수하기 전에 약간의 사전 숙고와 준비가 필요하다.

[어휘] **foreboding** n. 불길한 예감[징조]
forethought n. (사전의) 고려, 선견, 신중
embark on ~에 착수하다

5. [정답] **premature**

[해석] 그녀의 죽음은 너무 일러서 아무도 예측할 수 없었다.

[어휘] **precautious** a. 미리 조심하는
premature a. 시기상조의
predict v. 예측[예견]하다

6. [정답] **prophesied**

[해석] 그는 자신이 금메달을 딸 것이라고 예언했다.

[어휘] **prophesy** v. 예언하다
precook v. 식품을 미리 조리하다

7. [정답] **bilingual**

[해석] Monica는 독일어와 이탈리아어 2개 국어를 할수있다.

[어휘] **bilingual** a. 2개 국어를 하는
biannual a. 1년에 2회의

8. [정답] **dualistic**

[해석] 오늘날의 사회에서는 이원적 사고방식에서 벗어나기가 매우 어렵다.

[어휘] **dualistic** a. 이원론적인
dual citizenship 이중 국적의

9. [정답] **unicorn**

[해석] 유니콘은 전설 속의 동물들 중 하나이다.

[어휘] **antecessor** n. 전 소유주
fabulous a. 굉장한, 우화에 나오는
creature n. 생물, 생명이 있는 존재

10. [정답] **unify**

[해석] 새 지도자는 국가를 통합시키려 노력했다.

[어휘] **duplicate** v. 복사하다
unify v. 하나로 통일하다

Check Up 4

1. [정답] **beneficiary**

[해석] 내년에 있을 소득세 삭감의 주된 수혜자는 누가 되죠?

[어휘] **benediction** n. 축복
beneficiary n. 수혜자
income tax 소득세

2. [정답] **sympathetic**

[해석] 대출업체가 항상 호의적인 것은 아니다.

[어휘] **sympathetic** a. 동정적인, 공감을 자아내는
symphonic a. 교향악의, 협화음의

3. [정답] **benevolent**

[해석] 자선 프로그램은 노숙자들을 돕기 위해 조성된 기금을 포함한다.

[어휘] **benevolent** a. 자비로운, 인자한
beneficial a. 유리한, 이익이 되는

4. [정답] **overestimate**

[해석] 여자 아이들은 자신감이 부족한 반면 남자 아이들은 흔히 자신의 능력을 과대평가한다.

[어휘] **lack** v. ~이 없다[부족하다]
overestimate v. 과대평가하다
overbook v. 예약을 너무 많이 받다
capacity n. (~을 이해하거나 할 수 있는) 능력

5. [정답] **surplus**

[해석] 그 상품들은 필요 이상이었다.

[어휘] **surplus** a. 나머지의, 잉여의
superb a. 멋진, 뛰어난
requirement n. (pl.)필요(한 것)

6. [정답] **Superfluous**

[해석] 여분의 돈은 사치품만 사게 할 뿐이다.

[어휘] **superfluous** a. 여분의, 과잉의
superatomic a. 초원자의
wealth n. 부, (많은) 재산
luxury goods 사치품, 명품

7. [정답] **perverse**

[해석] 그 사람 진짜 진심인 거니 아니면 그냥 일부러 삐딱하게 굴고 있는 거니?

[어휘] **deliberately** adv. 고의로, 의도[계획]적으로
perverse a. 외고집의, 심술궂은
preserve v. 보호하다, 보존하다

8. **[정답]** persist

   [해석] 서해안에 이상고온현상이 계속되고 있다.

   [어휘] **abnormally** adv. 비정상적으로

   persist v. 고집하다, 지속하다

   consist v. ~로 이루어져 있다

9. **[정답]** overdose

   [해석] 하루에 한 알 복용하십시오. 과다복용은 하지 마십시오.

   [어휘] **surcharge** n. 추가 요금

   overdose n. 과다 복용

10. **[정답]** overwhelming

   [해석] 우리 팀이 절대 유리하니까 반드시 이길 것이다.

   [어휘] **overwhelm** v. 압도하다

   symphonize v. ~을 조화시키다

   advantage n. 유리한 점, 이점

Practice Test Answer Keys

01. (c)	02. (d)	03. (d)	04. (a)	05. (b)
06. (a)	07. (c)	08. (a)	09. (d)	10. (d)
11. (b)	12. (d)	13. (b)	14. (a)	15. (a)
16. (b)	17. (a)	18. (a)	19. (d)	20. (a)
21. (b)	22. (c)	23. (a)	24. (a)	25. (d)
26. (c)	27. (b)	28. (d)	29. (a)	30. (a)
31. (d)	32. (a)	33. (c)	34. (a)	35. (c)
36. (c)	37. (a)	38. (b)	39. (a)	40. (c)

01. (c)

[해석] A: 직업 구하는 거 잘 되어가니?
B: 공장에 일하는 친구에게 물었더니 곧 일자리 몇개가 비게 될거래.

[해설] 문맥상 빈칸에 적절한 명사를 묻는 문제이다. 내용을 보면, B는 직장을 찾고 있는데, 공장에 다니는 친구가 조만간 빈자리가 날 거라고 이야기 했다는 의미가 되어야 자연스럽다. 따라서 빈칸에는 '일자리, 직위, 직장'이라는 의미의 명사인 positions가 들어가는 것이 적절하다.

[어휘] **posture** n. 자세, 태도
standing n. 지위, 평판, 지속(기간)

02. (d)

[해석] A: 어째서 경찰관이 되는 것에 그렇게 관심이 많니?
B: 나에게는 항상 사람들을 보호하고 그들을 위험으로부터 지키고 싶은 강한 바람이 있어.

[해설] 문맥상 빈칸에 잘 어울리는 동사를 묻는 문제이다. 의미상 '사람들을 보호하고 안전을 지키기 위해서 경찰관이 되고 싶어 하는 것'이라는 내용이 되어야 자연스럽다. 따라서 빈칸에는 '~를 지키다, 보호하다'라는 의미의 동사 protect가 들어가야 한다.

[어휘] **desire** n. 욕구, 욕망, 바람
provide v. 제공하다
inspect v. 조사하다
arrest v. 구속하다, 구금하다

03. (d)

[해석] A: 시골에서 사는 것 중에 어떤 게 제일 마음에 드니?
B: 붐비는 도시에는 존재하지 않은 탁 트인 공간에 나가있는 걸 좋아해.

[해설] 빈칸에 적절한 명사를 묻는 문제이다. 문맥상 '도시와는 달리 시골에는 시원하게 탁 트인 전망과 공간이 있다'는 의미이다. 따라서 빈칸에 가장 알맞은 어휘는 '공간'이라는 의미를 갖는 명사 spaces가 된다.

[어휘] **atmosphere** n. 대기, 공기
arrangement n. 준비, 합의, 배치

04. (a)

[해석] A: 만약 우리가 지난주에 했던 것처럼 다시 한번 실수를 하게 되면 지배인이 우리를 해고할 것 같은 느낌이 들어.
B: 네 말이 맞아. 우리는 지금 정말 위험한 상태야.

[해설] 문맥상 빈칸에 어울리는 명사구를 묻는 문제이다. 내용을 보면, '한 번 더 실수를 하면 매니저가 자신들을 해고할 지도 모르는 위험한 상황에 처해있다'는 것이 되어야 자연스럽다. 따라서 빈칸에는 '위험한 상황에 처해 있다'라는 의미의 어구인 thin ice가 들어가는 것이 적절하다.

[어휘] **fire** v. 해고하다
be on thin ice 위험에 처하다
high horse 거만, 오만(한 태도)
be on the high horse 뽐내다, 젠체하다
quick sand 헤어나기 힘든 상황

05. (b)

[해석] A: 올해 지금까지는 내가 신청한 모든 과목들에서 정말 잘해왔어.
B: 그래, 나도 알아. 네가 계속 열심히 공부하는 한, 과에서 거의 수석에 가깝게 될 거야.

[해설] 문맥상 빈칸에 적절한 이어 동사를 묻는 문제이다. 내용을 보면, A는 '지금까지 잘하여왔고 앞으로도 지금처럼 계속한다면 학급 수석을 할 것'이라는 의미가 되어야 자연스럽다. 따라서 빈칸에는 '계속 하다, (수준 등이) 내려가지 않게 하다'라는 의미의 keep up이 가장 적절하다.

[어휘] **fill out** 기입하다

06. (a)

[해석] A: 우리 마을에 새롭게 개발된 것들은 대부분 공장들과 제

분소들이야.

B: 사실이야. 이 근처에서 공업 생산 분야에 갑작스러운 증가가 있었어.

[해설] 빈칸에 알맞은 형용사를 묻는 문제이다. 문맥상 factory와 mill은 모두 공업적인 발전 내용들이므로 빈칸에는 '산업의, 공업의'란 의미를 갖는 형용사 industrial이 가장 잘 어울린다.

[어휘] **practical** a. 실용적인

ornamental a. 장식용의

elemental a. 기본의, 근본적인

industrial a. 산업의, 공업의

07. (c)

[해석] A: 경찰은 그 사건에 있어서 믿을 만한 목격자를 찾을 수 없었어.

B: 그 이유는 범죄 현장에서 가장 가까이 있었던 사람이 용의자의 친한 친구였기 때문에 수사관들은 그의 진술을 믿지 않기 때문이야.

[해설] 의미상 빈칸에 들어가기에 적절한 형용사를 묻는 문제이다. 내용을 보면, '경찰은 용의자의 친구를 제외하고는 신뢰할 수 있는 (믿을 만한) 증인을 찾지 못하였다'는 것이다. 따라서 빈칸에는 '믿을 만한'이라는 의미의 형용사 credible이 가장 잘 어울린다.

[어휘] **accomplished** a. 기량이 뛰어난, 재주가 많은

recognized a. 정평이 나있는, 잘 알려진

probable a. 그럴 듯 한, 있을 법한

08. (a)

[해석] A: 나는 올해 Ken만큼 영업을 잘한 사람을 알지 못해.

B: 네 말이 맞아. 그는 지난 몇 달간 정말 성공적인 비즈니스맨이 되었어.

[해설] 빈칸에 적절한 형용사를 묻는 문제이다. 내용을 보면, 'Ken이 올해 가장 영업을 잘하였기 때문에 지난 몇 달간 가장 성공한 사업가가 되었다'는 의미가 되어야 자연스럽다. 따라서 빈칸에는 '성공한'이라는 의미의 형용사 successful이 가장 적절하다.

[어휘] **accessible** a. 접근 가능한, 이해하기 쉬운, 다가가기 쉬운

responsive a. 즉각 반응하는, 호응하는

09. (d)

[해석] A: 나는 Jen이 자신이 가고 싶어 했던 학교에 들어가지 못했다고 들었을 때 정말 유감이었어.

B: 나도 그래. 자신의 꿈을 깨버린 현실때문에 틀림없이 힘들 거야.

[해설] 문맥상 빈칸에 적절한 동사를 묻는 문제이다. 대화 내용을 보면 'Jen은 자신의 꿈을 이루지 못하였다'는 의미이다. 따라서 빈칸에는 꿈을 '산산조각 낸, 부셔버린' 등과 일맥상통하는 어휘가 자연스럽다. 따라서 빈칸에 적절한 동사는 shatter이다.

[어휘] **skim** v. 스치듯 지나가다, 훑어 보다,

slice v. (얇게) 썰다, 베다

scorch v. 그슬리다, 전속력으로 달리다

shatter v. 산산히 부수다, 조각내다

10. (d)

[해석] A: 마지막 프로젝트를 혼자서 하는 것은 정말 어려워지고 있어.

B: 나도 동감해. 만약 우리가 서로 협동해서 우리의 의견들을 공유한다면 전체 과정은 좀더 생산적이 될 거라 생각해.

[해설] 빈칸에 적절한 동사를 묻는 문제이다. 문맥상 '프로젝트를 혼자서 하면 정말 어렵지만 서로 협동하면 더 일이 쉬워질 것이다'라는 의미가 되어야 자연스럽다. 따라서 빈칸에는 '협력하다, 공동으로 작업하다'라는 의미의 동사 collaborate가 들어가는 것이 적절하다.

[어휘] **procrastinate** v. (해야 할 일을) 질질 끌다, 미루다

deviate v. 벗어나다, 탈선하다

delineate v. 기술하다, 그리다, 묘사하다

collaborate v. 협력하다, 공동으로 작업하다

11. (b)

[해석] A: 많은 문명들이 일부다처제를 권장한다는 내용의 글을 읽었어.

B: 사실이기는 하지만 우리 지역에서의 규칙은 일부일처제야.

[해설] 빈칸에 적절한 명사를 묻는 문제이다. 대화의 내용을 보면, '많은 문화들이 일부다처제를 권장하지만 B의 지역에서는 이와 반대되는 일부일처제가 규칙'이라는 의미이다. 따라서 빈칸에는 '일부일처제'라는 의미의 어휘가 들어가는 것이 자연스럽다. 따라서 빈칸에 적절한 명사는 monogamy이다.

[어휘] **monotheism** n. 유일신교

monogamy n. 일부일처제

monopoly n. 독점

monotony n. 단조로움

12. (d)

[해석] A: 이 식당의 음식은 신선하지 않은 것 같아요.

B: 그 이유는 식당에서는 심지어 손님들이 오기 전부터 고기를 미리 요리해 두어서 그래요.

[해설] 빈칸에 적절한 동사를 묻는 문제이다. 문맥상 '요리가 신선하지 않는 이유는 미리 요리를 준비해주기 때문'이라는 의미가 되어야 자연스럽다. 따라서 빈칸에는 '(요리 따위를) 미리 준비하다, 미리 요리하다'라는 의미의 동사인 precook이 가장 잘 어울린다.

[어휘] **show up** 나타나다, 등장하다

preoccupy v. 뇌리를 사로잡다, 떠나지 않다

prevail v. 만연하다, 팽배하다, 승리하다

preclude v. 못하게 하다, 불가능하게 하다

precook v. (식품을) 미리 조리하다

13. (b)

[해석] A: 우리가 오늘 배운 기하학 문제가 어렵다고 생각하지 않니?

B: 맞아. 나는 특히 등변삼각형 관련 문제에 어려움을 느꼈어.

[해설] 문맥상 빈칸에 적절한 명사를 묻는 문제이다. 대화의 내용을 보면, A가 오늘 배운 기하학 문제들이 어려웠다고 하자 B는 이에 동의하면서 등변삼각형 관련 문제가 특히 어렵다고 하고 있는 상황이다. 따라서 빈칸에는 삼각형이라는 의미의 명사 triangle이 들어가는 것이 가장 자연스럽다.

[어휘] **equilateral** a. 등변의

tripod n. 삼각대

triangles n. 삼각형

triumvirate n. 삼두정치

tribune n. 호민관, 민중지도자

14. (a)

[해석] A: 아들 어때요? 일찍 출산하게 되어 어떤 합병증이 있거나 그러지는 않나요?

B: 아들은 약 1주 정도 조산을 하였지만 다행히 모든 게 정상인 것으로 나타났어요.

[해설] 빈칸에 적절한 형용사를 묻는 문제이다. 대화 내용에서, B의 아이가 1주일 정도 조산하였지만 큰 문제는 없다고 하는 상황이다. 따라서 빈칸에는 '미성숙의, 조산의' 의미를 갖는 형용사 premature가 들어가는 것이 자연스럽다.

[어휘] **premature** a. 시기상조인, 예상보다 이른, 조산의

predetermine v. 미리 결정하다

predominant a. 두드러진, 뚜렷한, 우세한, 지배적인

15. (a)

[해석] A: 전쟁에서 대립하는 두 파벌이 공동목적을 위해 통합할 것이라고 생각하세요?

B: 아니요, 저는 어느 누구도 그 지도자들을 한자리에 모이도록 설득할 수 없을 것이라 생각해요.

[해설] 빈칸에 적절한 동사를 묻는 문제이다. 문맥상 빈칸에는 '합당하다, 협조하다, 통합하다'와 같은 의미의 어휘가 들어가는 것이 자연스럽다. 따라서 주어진 동사 중에서 unify는 '통합, 통일하다'는 뜻으로서 빈칸에 가장 적절하다. unlace는 '끈을 풀다', unlock은 '열쇠를 열다', untangle은 '(엉킨 것을) 풀다'와 같은 의미의 동사들로 빈칸에는 어울리지 않는다.

[어휘] **unlace** v. 끈을 풀다

unlock v. 열다

untangle v. 엉킨 것을 풀다

unify v. 통합하다

16. (b)

[해석] A: 저는 Sam과 제 할머니가 돌아가신 후 제가 어떻게 느꼈는지에 대해서 이야기하려고 하였지만, 심지어 그는 관심조차도 없었어요.

B: 네, 그는 일반적으로 제가 그에게 이야기할 때에도 그다지 동정심을 드러내지 않아요.

[해설] 빈칸에 알맞은 형용사를 묻는 문제이다. 문맥상 빈칸에는 '공감하다, 동정하다'와 같은 의미의 어휘가 들어가야 한다. sympathetic은 '동정하는, 공감하는'의 의미로서 빈칸에 가장 적절하다. symptomatic은 '증상(징후)을 보이는', symbolic은 '상징적인', symmetric은 '대칭적인'이라는 의미로 빈칸에 어울리지 않는다.

[어휘] **symptomatic** a. 증상을 보이는

symmetric a. 대칭적인

symbolic a. 상징적인

sympathetic a. 동정하는

17. (a)

[해석] A: 오늘 오렌지가 시장에서 가장 가격이 좋네요.

B: 그 이유는 오늘 오렌지가 과잉 공급되어 상인들이 이를 팔아치워야 하기 때문입니다.

[해설] 빈칸에 가장 적절한 형용사를 묻는 문제이다. 대화 내용을 보면 '오렌지가 과잉공급되어 값이 싸다'는 의미가 되어야 자연스럽다. 따라서 빈칸에는 공급이 '과잉인'이라는 의미의 형용사 overabundant가 가장 적절하다.

[어휘] **supply** n. 공급

get rid of ~을 제거하다, 없애다

overabundant a. 과잉의, 과다한

overzealous a. 지나치게 열성적인

overworked a. 혹사당한, 진부한

overanalyze v. 너무 세세하게 분석하다

18. (a)

[해석] A: 저는 왕족들에게 말을 걸때 사용해야 하는 모든 적절하고 공식적인 명칭들을 기억할 수가 없어요.

B: 저도 그래요. 저는 그러한 명칭들이 있으나 사족으로서 불필요한 것으로 보이기 때문에 왕족들이 갖고 있는 그러한 모든 불필요한 직위명칭을 싫어해요.

[해설] 빈칸에 가장 알맞은 형용사를 묻는 문제이다. 대화 내용을 보면, '왕족들의 호칭이 너무 형식적인 것으로서 매우 불필요한 것이다'라는 의미가 되어야 자연스럽다. 따라서 빈칸에는 superfluous가 들어가는 것이 적절하다.

[어휘] **redundant** a. 정리해고당한, 불필요한, 쓸모없는

superfluous a. 필요치 않은, 불필요한

supreme a. 최고의

supernatural a. 초자연적인

superb a. 최고의, 최상의

19. (d)

[해석] A: 많은 사람들이 통로에 서있고, 빈자리는 많이 있지 않는
　　　 것처럼 보이네요.
　　　 B: 이는 경기장이 예약을 한도 이상으로 받아서 관중들이
　　　 정어리처럼 꽉 들어차 있기 때문이에요.

[해설] 의미상 빈칸에 가장 알맞은 동사의 과거분사형을 묻는 문제
　　　 이다. '경기장에 과도하게 예약을 받았기 때문에 사람이 넘
　　　 쳐나는 것'이라는 내용이 되어야 자연스럽다. 따라서 빈칸에
　　　 는 '과도하게 예약을 받다'라는 의미의 overbooked가 들어
　　　 가는 것이 가장 잘 어울린다.

[어휘] **overturn** v. 전복하다, 뒤집다
　　　 overreact v. 과잉반응 하다
　　　 overrule v. 기각[각하]하다
　　　 overbook v. 한도이상으로 예약을 받다

20. (a)

[해석] A: 내가 할 수 있는 한 열심히 노력하겠지만 시험 전에 수학
　　　 자료들을 잘 이해할 수 있을 것 같지는 않아.
　　　 B: 걱정하지마. 만약 네가 계속 배우려고 노력한다면 결국
　　　 이해하게 될거야.

[해설] 빈칸에 의미상 적절한 동사를 묻는 문제이다. 대화 내용상 B
　　　 는 '계속 열심히 노력하면 결국 어려운 수학문제라도 이해할
　　　 수 있을 것'이라고 이야기하고 있다. 따라서 빈칸에는 '(노력
　　　 을) 계속하다, 지속하다'라는 의미의 동사가 들어가는 것이
　　　 자연스럽다. 따라서 주어진 동사 중에서 정답은 persist이
　　　 다.

[어휘] **effort** n. 노력
　　　 come around 정신을 차리다, 깨닫다
　　　 persist v. 집요하게 계속하다, 계속[지속]되다
　　　 perspire v. 땀을 흘리다
　　　 peruse v. 숙독[정독]하다

21. (b)

[해석] 예술경연대회에서 입상한 콜라주는 수백 장의 잡지 사진들
　　　 을 오려서 큰 카드보드에 붙여서 만들어진 것이다.

[해설] 빈칸에 의미상 가장 적절한 동사를 묻는 문제이다. 콜라쥬
　　　 는 '색종이 또는 사진 조각들을 붙여서 만든 예술작품'을 일
　　　 컫는 말이다. 따라서 빈칸에 적절한 동사는 '붙이다'의 의미
　　　 를 갖는 pasted가 가장 적절하다.

[어휘] **tamper** v. 참견[간섭]하다, 건드리다, 조작하다
　　　 paste v. (풀로) 붙이다
　　　 inject v. 주사하다, 주입하다, 더하다

22. (c)

[해석] 은퇴한 노동자들의 연금이 상당히 높지만 많은 사람들은 자
　　　 신들의 소득이 충분하도록 파트타임 직업을 갖기를 선택했
　　　 다.

[해설] 빈칸에 적절한 명사를 묻는 문제이다. 의미상 '보통 은퇴한
　　　 근로자들은 연금을 받기는 하지만 예전에 비한 소득저하를

보상하기 위해 파트타임을 직업을 갖는 것'이 되어야 자연
스럽다. 따라서 빈칸에 적당한 명사는 '연금'이라는 의미의
pension이다.

[어휘] **sufficient** a. 충분한
　　　 lease n. 임대차계약
　　　 contract n. 계약
　　　 pension n. 연금
　　　 audit n. (회계)감사, 검사

23. (a)

[해석] 많은 학생들은 수학시험을 위한 일반적인 방법을 알고 있지
　　　 만 여전히 특정 숫자들에 대한 잘못된 계산으로 인해서 점
　　　 수를 잃는다.

[해설] 빈칸에 적절한 명사를 묻는 문제이다. 문맥상 '학생들은 수
　　　 학시험을 위한 일반적인 공부 방법을 알고는 있지만 특정
　　　 숫자에 대해서는 계산을 잘못하여 점수를 잃는다는 것'이
　　　 되어야 자연스럽다. 또한 수학은 숫자의 '계산'으로 푸는 학
　　　 문이므로 빈칸에 적절한 명사는 '계산, 산출'의 의미를 갖는
　　　 calculation이다.

[어휘] **incorrect** a. 틀린, 잘못된
　　　 calculation n. 계산
　　　 cancellation n. 취소, 철회
　　　 dissertation n. (학위)논문
　　　 reputation n. 명성

24. (a)

[해석] 연중 비가 많이 내리는 시기에는 몇몇 팀들의 경기는 기상
　　　 으로 인해 변경된다.

[해설] 빈칸에 적절한 명사를 묻는 문제이다. 문맥상 '스포츠 경기
　　　 는 비가 오면 연기되면서 스케줄이 변경되게 된다'는 의미가
　　　 되어야 자연스럽다. 따라서 빈칸에 가장 적절한 어휘는 '지
　　　 연, 지체'의 의미를 갖는 명사 delay이다.

[어휘] **alter** v. 변경하다
　　　 delay n. 지연, 지체, 연기
　　　 backorder n. 이월주문
　　　 obstacle n. 장애물
　　　 impediment n. 장애

25. (d)

[해석] 비록 몇몇 선원들은 일기예보를 확인하지 않고 출항하려고
　　　 하였으나, 선장은 행동하기 전에 생각해보는 것이 늘 더 낫
　　　 다라고 충고하였다.

[해설] '신중하다'는 의미를 갖는 관용표현을 묻는 문제이다. 문맥
　　　 상 '일기예보 없이 출항했다가는 큰 낭패를 볼 수 있으므로
　　　 반드시 신중하게, 다시 한번 생각해보고 행동하라'는 의미가
　　　 되어야 자연스럽다. look before you leap은 '잘 생각해보
　　　 고 행동하라'는 속담이므로 빈칸에 적절한 동사는 look이다.

[어휘] **set sail** 출항하다
　　　 weather forecast 일기예보

glance v. 흘긋 보다, 대충 훑어보다

gaze v. 응시하다, 바라보다

26. (c)

[해석] 가장 논란이 많은 이슈들 중의 하나는 그 나라의 젊은이들을 어떤 언어로 교육시킬 것인가를 결정하는 것이었다.

[해설] 문맥상 빈칸에 적절한 동사를 묻는 문제이다. 어떤 언어로 젊은이들을 '교육시키거나 가르치는지'를 결정하는 것이 가장 논쟁거리가 되는 이슈라고 하는 것이 문맥상 자연스럽다. 따라서 빈칸에는 '가르치다'는 의미의 동사 educate가 적절하다.

[어휘] **congregate** v. 모이다

foster v. 기르다, 조성시키다

27. (b)

[해석] 인구 밀도가 높은 도시에서 자란 많은 사람들은 교외의 더 넓고 탁 트인 환경에서는 편안함을 느끼지 않는다.

[해설] 빈칸에 적절한 형용사를 묻는 문제이다. 문맥상 '밀집도가 높은 도시에서 자란 사람들은 교외의 환경에서 불편함을 느낀다'는 내용이 되어야 자연스럽다. 따라서 빈칸에는 도시의 밀집도에 대응하는 넓은 공간적인 개념의 어휘가 들어가야 하므로 정답은 '공간이 넓다'는 의미를 갖는 spacious가 적절하다.

[어휘] **grow up** 성장하다, 자라다

comfortable a. 편안한

setting n. 환경, 무대

exposed a. 노출된

spacious a. 널찍한, 공간이 넓은

lofty a. 아주 높은, 오만한

ambitious a. 야망 있는

28. (d)

[해석] 몰핀은 일반적으로 심각한 부상으로 인한 고통을 완화하는 빠른 방법으로서 사용된다.

[해설] 빈칸에 적절한 동사를 묻는 문제이다. 문맥을 통해서 볼 때, 몰핀은 심각한 부상의 고통을 완화하는 목적으로 일반적으로 사용되는 의약품이다. 따라서 빈칸에는 '덜어주다, 완화하다'는 의미의 동사 relieve가 가장 자연스럽다.

[어휘] **severe** a. 심각한

injury n. 부상

retrieve v. 되찾아오다, 회수하다

rebel v. 반란을 일으키다, 저항하다

reciprocate v. 회답[응답]하다, 왕복운동을 하다

relieve v. 완화하다, 덜어주다

29. (a)

[해석] 종교적 관점에 관한 토론은 종종 첫 번째 데이트의 주제로서는 민감한 것으로 여겨진다.

[해설] 빈칸에 적절한 형용사를 찾는 문제이다. 문맥상 첫 번째 데

이트 주제로서의 종교적 견해는 다소 '부적당하거나 민감한' 문제이다. 따라서 빈칸에는 '민감한'의 의미를 갖는 형용사 sensitive가 가장 자연스럽다.

[어휘] **sensitive** a. 민감한

sore a. 아픈, 감정이 상한

tender a. 상냥한, 다정 어린

wounded a. 부상을 입은

30. (a)

[해석] 어느 유망한 회계사는 자신이 다니던 회사의 엄격한 시간에 복종하는 대신에 개인 고객들을 상대로 업무를 시작하였다.

[해설] 의미상 자연스러운 동사를 묻는 문제이다. 문맥상 빈칸에는 '회사 소속이 아닌 개인 회계사로서 업무를 시작하다'라는 의미의 어휘가 들어가는 것이 적절하다. hire oneself out 은 '벌이하러 나가다'라는 의미이므로 빈칸에 적절한 동사는 hire이다.

[어휘] **rigid** a. 엄격한, 융통성이 없는

escort v. 호위하다

procure v. 구하다, (매춘부를) 알선하다

31. (d)

[해석] 폭풍이 오기 전 일주일 내내 그 선장은 하늘의 모습을 보고 날씨가 좋지 않을 거라는 불길한 예감이 들었다.

[해설] 빈칸에 적절한 명사를 묻는 문제이다. 내용을 보면, '선장은 폭풍 1주일 전에 하늘을 보고 어떤 날씨에 대한 강한 느낌을 경험하였다'는 의미가 되어야 자연스럽다. 따라서 빈칸에는 '기상예측, 예감'의 의미로 쓰이는 명사 foreboding이 적절하다.

[어휘] **experience** v. 경험하다

foreclosure n. 담보권행사, 압류

forgiveness n. 용서

formality n. 형식상의 절차, 형식적인 일

foreboding n. (불길한) 예감

32. (a)

[해석] 유니콘은 여러 다른 문화의 전설 속에 존재하는 신화적인 창조물이다.

[해설] 빈칸은 be 동사 is 이하에서 설명하는 내용을 지칭하는 명사를 문장에서 찾는 문제이다. 다른 많은 문화의 전설에 등장하는 신화적인 창조물로서 언급되고 있는 것은 unicorn이 가장 적절하다. 따라서 빈칸에는 unicorn이 들어가야 한다.

[어휘] **unicorn** n. 일각수(뿔이 하나 달린 전설상의 동물)

unicameral a. 단원제의

unicycle n. 외바퀴 자전거

33. (c)

[해석] 여권을 발급받기 위해서는 일반적으로 출생증명서 복사본이 아닌 원본을 제출해야 한다.

[해설] 빈칸에 들어가기에 적절한 형용사를 묻는 문제이다. 문맥상
여권을 받기 위해서는 복사본이 아닌 원본 출생증명서를 제
출해야 한다는 의미가 되어야 자연스럽다. 따라서 빈칸에는
원본에 대응하는 '복사본'이라는 의미의 형용사 duplicate이
적절하다.

[어휘] **birth certificate** 출생증명서
duplex n. 두 세대용 건물, 복층아파트
dual a. 두 부분으로 된, 이중의
duplicate a. 똑같은, 사본의

34. (a)

[해석] 몇몇 사건에서는 정식 재판을 열기 위한 충분한 증거가 존
재하는지를 결정하기 위해 예비기일이 열린다.

[해설] 빈칸에 적절한 형용사를 묻는 문제이다. 문맥상 일정 사건
에서 정식 재판 전에 증거가 충분한지 여부를 가리기 위
해 '준비 혹은 예비' 기일을 연다는 의미가 되어야 자연스
럽다. 따라서 빈칸에는 '예비의'라는 의미를 갖는 형용사
preliminary가 적절하다.

[어휘] **preliminary** a. 예비의
precautionary a. 예방의
prospective a. 장래의, 유망한
proscriptive a. 인권을 박탈하는, 추방의

35. (c)

[해석] 수영은 철인 삼종경기의 세가지 경기 중에서 거의 항상 가
장 처음이다.

[해설] 빈칸에 적절한 명사를 묻는 문제이다. 운동경기인 수영이
등장하는 점에서 빈칸에는 '철인 삼종경기'라는 의미의 명사
triathlon이 들어가는 것이 가장 적절하다. tribute(공물, 찬
사), trident(삼지창), triumph(승리)는 빈칸에 어울리지 않는
다.

[어휘] **tribute** n. 헌사, 찬사
trident n. 삼지창
triathlon n. 철인 삼종경기
triumph n. 업적, 승리

36. (c)

[해석] 티켓을 매표소에서 구매하는 것이 우편을 통해 받는 것보다
더 저렴한데 그 이유는 최초 가격에 추가로 붙는 배송비가
없기 때문이다.

[해설] 빈칸에 적절한 명사를 묻는 문제이다. 문맥상 최초 요금에
배송비를 추가하는 것을 추가요금이라고 한다. 이러한 의미
를 갖는 명사는 surcharge이다. 따라서 빈칸에 적절한 어휘
는 surcharge가 된다.

[어휘] **expensive** a. 비싼, 돈이 많이 드는
surplus n. 과잉, 흑자
surname n. 성
surcharge n. 추가요금

37. (a)

[해석] 그 노인의 유언에 따르면 그의 유일한 자식인 단독 상속인
에게 전 재산을 남긴다고 한다.

[해설] 문맥상 빈칸에 들어갈 적절한 명사를 묻는 문제이다. 노인
의 유일한 아이가 그의 재산을 상속받게 될 것이므로 그 아
이는 '상속인'이 될 것이라는 의미가 된다. 따라서 빈칸에는
'유산 수령인, 상속인'과 같은 의미의 어휘가 들어가야 하므
로 정답은 beneficiary가 된다.

[어휘] **benefactor** n. 후원자
benefice n. 유급성직자의 직책
bender n. 술을 진탕 마시기, 마약을 진탕 하기

38. (b)

[해석] 사람이 한쪽 눈의 시력을 잃게 되면 가장 흔히 발생하는 문
제는 깊이를 인식하지 못하는 것에 적응하는 것이다.

[해설] 의미상 빈칸에 가장 적절한 명사를 찾는 문제이다. 문맥상
'한쪽 시력을 잃은 경우 깊이를 잘 인식하지 못하는 일반적
인 문제점이 있다'는 의미가 되어야 자연스럽다. 따라서 빈
칸에는 깊이의 '인식'이라는 의미의 명사인 perception이 들
어가는 것이 적절하다.

[어휘] **adjust** v. 적응하다
performance n. 공연, 실적, 성과
perception n. 지각, 자각, 인식
perdition n. 영원히 계속되는 벌, 지옥에 떨어지는 벌
perfection n. 완벽, 완성

39. (a)

[해석] 그 의사는 알약 한 알을 먹는 대신 두 알을 먹는다면 약물과
용에 이르게 될 수 있다는 점을 환자에게 말함에 있어 매우
단호했다.

[해설] 문맥상 빈칸에 들어갈 수 있는 명사를 묻는 문제이다. 문맥
상 '약을 한 알 대신 두 알 복용함으로써 약물 중독에 이를
수 있다'는 내용이 되어야 자연스럽다. 따라서 빈칸에는 '과
용, 중독'이라는 의미의 명사인 overdose가 들어가는 것이
적절하다.

[어휘] **adamant** a. 확고한, 단호한
overdose n. 과다복용
overkill n. (효과를 반감시킬 수 있는)지나침, 과잉
overtime n. 초과근무, 잔업
override v. 기각(무시)하다, ~보다 더 중요하다, 중단시키다

40. (c)

[해석] 만약 당신이 김칫국부터 마신다면, 상품의 흑자를 예상하겠
지만 실제로는 적자로 끝날 수 있다.

[해설] 의미상 빈칸에 들어가기에 적절한 명사를 묻는 문제이다.
문맥상 '너무 성급하게 행동하여, 흑자가 날 것이라고 예상
했는데 예상과 달리 적자로 끝났다'는 의미가 되어야 자연스
럽다. 따라서 빈칸에는 deficit(적자)에 반대되는 흑자, 잉여
와 같은 의미를 가는 명사 surplus가 들어가는 것이 적절하

다.

[어휘] **don't count your chickens before they hatch** 김칫국
부터 마시지 마라

wind up 마무리 짓다, 접다[그만두다]

survey n. 조사, 측량

survival n. 생존, 유물

surplus n. 잉여, 흑자

surge n. 치밀어 오름, 급증, 급등

Chapter 02 Unit 15 The TOP VOCA 43 접두사로 정리하는 어휘 ③ / 44 접두사로 정리하는 어휘 ④ / 45 접두사로 정리하는 어휘 ⑤ / 46 기출 명사 ①

Check Up 1

1. [정답] **compassion**

   [해석] 그녀는 길가에 있는 작은 고양이를 측은히 여기고 집으로 데려갔다.

   [어휘] **compassion** n. 연민, 동정
   confession n. (죄의) 자백, 고해 성사

2. [정답] **consensus**

   [해석] Mark는 민감한 사안들에 대해 합의를 이끌어 내는데 능숙하다.

   [어휘] **consensus** n. 합의, 일치된 의견
   concert n. 합주, 음악회
   sensitive a. 민감한, 예민한

3. [정답] **submarine**

   [해석] 나는 핵잠수함에서 1년 동안 근무했다.

   [어휘] **serve** v. 근무[복무]하다, 일[봉사]하다
   nuclear submarine 원자력[핵] 잠수함
   submission n. 복종, 항복

4. [정답] **concentrate**

   [해석] 나는 아이들이 떠들 때 일에 집중하는 것은 불가능하다.

   [어휘] **concentrate** v. 집중하다
   compound v. 혼합하다

5. [정답] **underpass**

   [해석] 지하도는 보행자로 붐볐다.

   [어휘] **underpass** n. 지하도
   underjaw n. 아래턱

6. [정답] **undergo**

   [해석] 사람들은 입국할 때 세관심사를 받아야 한다.

   [어휘] **underprice** v. 원래 가격보다 싸게 팔다
   undergo v. 겪다, 경험하다
   customs n. 세관
   inspection n. 사찰[순시], 검사[검토]

7. [정답] **undermined**

   [해석] 술과 담배로 인해 아버지의 건강은 악화되었다.

   [어휘] **undermine** v. (건강 등을) 서서히 해치다
   undertake v. 떠맡다, 책임을 지다

8. [정답] **underweight**

   [해석] Jim은 체중 미달로 병역을 면제받았다.

   [어휘] **exempt** v. 면제하다[받다]
   underground a. 지하의
   underweight a. 저체중의

9. [정답] **underdeveloped**

   [해석] 몇몇 후진국들은 극심한 식량난을 겪고 있다.

   [어휘] **underdeveloped** a. 저개발의
   advanced a. 선진의, 고급의
   be faced with ~에 직면하다
   shortage n. 부족

10. [정답] **coincidence**

    [해석] 우연히도 우리가 얘기했던 그 사람을 그 다음날 만났다.

    [어휘] **coinheritor** n. 공동 상속자
    coincidence n. 우연의 일치, 동시 발생

Check Up 2

1. [정답] **analysis**

   [해석] 그는 문제점을 분석한 후, 해결책을 제시해주었다.

   [어휘] **analysis** n. 분석   **analogy** n. 유사

2. [정답] **anesthesia**

   [해석] 그 환자는 수술 중에 마취상태에 있었다.

   [어휘] **anesthesia** n. 마취
   euthanasia n. 안락사
   surgery n. 수술

3. [정답] **demolished**

[해석] 지진으로 그 국가의 주요 시설들이 모두 파괴되었다.

[어휘] **facility** n. 시설, 기관

demolish v. 파괴하다

develop v. 성장[발달]하다[시키다], 개발하다

4. [정답] **deduction**

[해석] 당신은 백만 원 한도 내에서 소득 공제를 받을 수 있다.

[어휘] **deduction** n. 공제, 연역

deposition n. 면직, 파면

up to ~까지, ~만큼

5. [정답] **dissection**

[해석] 그는 해부를 하기 위해 한밤 중에 시체를 훔쳤다.

[어휘] **corpse** n. 시체, 송장

dissection n. 해부

discretion n. 분별, 신중

6. [정답] **demerits**

[해석] 우리는 정부의 결함에 대해 수도 없이 들어왔다.

[어휘] **demerit** n. 결점

detour n. 우회로

7. [정답] **deteriorate**

[해석] 2 / 4분기부터 경상수지가 악화되기 시작했다.

[어휘] **balance of current account** 경상수지

deteriorate v. 쇠퇴하다

dissuade v. 설득하다

8. [정답] **anarchy**

[해석] 범죄를 규제하는 법이 없는 사회는 혼란과 전쟁이 판을 친다.

[어휘] **deal with** ~을 처리하다, 다루다

anarchy n. 무정부 상태, 대혼란 상태

hierarchy n. 계급[계층], 체계

9. [정답] **annihilate**

[해석] 그들은 악랄한 방법으로 우리 민족을 말살하려 했다.

[어휘] **viciously** adv. 잔인하게, 악랄하게

anticipate v. 예상하다, 기대하다

annihilate v. 전멸시키다

10. [정답] **dispersed**

[해석] 시위는 경찰력이 동원되어 강제 해산되었다.

[어휘] **disperse** v. 해산하다

dispense v. 분배하다

Check Up 3

1. [정답] **enacted**

[해석] 국회는 지난달 노동자들의 새로운 최저 임금을 법으로 정했다.

[어휘] **enact** v. 법령화하다

embank v. 제방을 둘러싸다

2. [정답] **malnutrition**

[해석] 수천 명의 난민이 이미 영양 실조로 사망했다.

[어휘] **refugee** n. 난민, 망명자

malnutrition n. 영양 실조

malfunction n. (기계 등의) 기능 불량

3. [정답] **malformed**

[해석] 진짜로, 그 남자는 흉하게 생긴 골룸의 쌍둥이 동생 같아!

[어휘] **malformed** a. 흉하게 생긴

multitude n. 아주 많은 수, 다수

4. [정답] **transformation**

[해석] 사회가 완전히 변했습니다.

[어휘] **transformation** n. 변화, 변형

transportation n. 수송, 운송

5. [정답] **transparent**

[해석] Rumsfeld는 중국 정부에게 국방 예산에 관한 투명성을 제고하라고 촉구했다.

[어휘] **transcontinental** a. 대륙 횡단의

transparent a. 투명한

6. [정답] **translation**

[해석] 그 분쟁은 보고서를 부정확하게 번역한 결과로 초래된 것이었다.

[어휘] **inaccuracy** n. 부정확, 잘못

translation n. 번역, 통역

transit n. 통과, 통행

7. [정답] **malice**

[해석] 그는 해고된 후 자신의 사장에게 원한을 품었다.

[어휘] **dice** n. 주사위

malice n. 적의, 악의

lay off 해고하다

8. [정답] **eminent**

[해석] 아시아는 많은 뛰어난 과학자를 배출했다.

[어휘] **eminent** a. 저명한

convenient a. 편리한

9. [정답] **encapsulated**

[해석] 그녀는 먼저 자신의 중심 생각을 요약하고 나서 자세한 설명을 했다.

[어휘] **encapsulate** v. 캡슐에 넣다, 요약하다
subscribe v. ~을 구독하다

10. [정답] **enlisted**

[해석] 나의 언니는 작년에 여군에 입대했다.

[어휘] **enlist** v. 군에 입대하다
emancipate v. 해방시키다

Check Up 4

1. [정답] **antipathy**

[해석] 그녀는 뱀이라면 굉장히 혐오했었다.

[어휘] **antipathy** n. 반감, 혐오
antibody n. 항체

2. [정답] **notoriety**

[해석] 그는 도박꾼으로 어느 정도 악명을 얻었다.

[어휘] **infidelity** n. 간통
notoriety n. 악명, 악평

3. [정답] **Frugality**

[해석] 검소는 모든 사람이 실천해야 하는 하나의 미덕이다.

[어휘] **frugality** n. 절약, 검소
apathy n. 냉담, 무관심
virtue n. 선, 미덕, 덕목

4. [정답] **eyesore**

[해석] 공사 중단으로 수년간 방치된 건물이 눈에 거슬린다.

[어휘] **eyesore** n. 눈에 거슬리는 것, 꼴불견
eyelet n. 작은 구멍

5. [정답] **sojourning**

[해석] 그는 회사의 일본 주재원으로 있다.

[어휘] **sojourn** n. (일시적인) 체류, 기류
wander v. 거닐다, 헤매다

6. [정답] **whereabouts**

[해석] 경찰은 마침내 용의자의 소재를 알아냈다.

[어휘] **whereabouts** n. 있는 곳, 소재, 행방
roundabout n. 로터리

7. [정답] **virtuoso**

[해석] Kim은 멋진 목소리로도 유명했지만, 또한 피아노의 거장이기도 했다.

[어휘] **novice** n. 풋내기, 초보자
virtuoso n. (특히 음악에서의) 거장, 명인

8. [정답] **condolences**

[해석] 아빠의 친구분께서 전화하셔서 할아버지의 죽음에 대해 애도를 전하셨다.

[어휘] **condolence** n. 조문, 위로
contentment n. 만족

9. [정답] **hibernation**

[해석] 곰들은 동면에 들어가기 전에 충분히 음식을 섭취해둔다.

[어휘] **hibernation** n. 동면
hypertension n. 고혈압

10. [정답] **perks**

[해석] 승진하게 되면 높은 봉급에 여러 가지 임직원 혜택도 받을 수 있게 된다.

[어휘] **perk** n. 임직원 혜택
property n. 재산, 자산, 소유물

Practice Test Answer Keys

01. (a)	02. (a)	03. (c)	04. (b)	05. (b)
06. (b)	07. (a)	08. (a)	09. (b)	10. (c)
11. (c)	12. (b)	13. (a)	14. (b)	15. (d)
16. (a)	17. (c)	18. (b)	19. (d)	20. (b)
21. (d)	22. (a)	23. (c)	24. (a)	25. (b)
26. (b)	27. (a)	28. (c)	29. (a)	30. (c)
31. (a)	32. (c)	33. (a)	34. (d)	35. (a)
36. (d)	37. (a)	38. (b)	39. (c)	40. (b)

01. (a)

[해석] A: 난 네 형의 상처가 심하다고 생각지 않았어, 그런데 병원에 입원했다고 들었어.

B: 맞아. 그의 피는 잘 응고되지 않는데 이는 어떤 상처라도 그로 하여금 오랜 시간 동안 피를 흘리게 할 수 있다는 의미야.

[해설] 빈칸에 들어갈 적절한 동사를 찾는 문제이다. B의 대화 내용 중 어떤 상처에 의하더라도 계속 피를 흘린다는 which이하의 내용에 의하면 B의 형의 피는 잘 응고되지 않는다는 의미가 되어야 하므로, 빈칸에는 피가 '응고되다'라는 의미의 동

사 coagulate가 들어가야 한다.

[어휘] **bleed** v. 피를 흘리다

coagulate v. 응고시키다(되다)

coexist v. 공존하다

cohabitate v. 동거하다

coauthor n. 공동저자

02. (a)

[해석] A: 위원회가 합병을 할 것인지 말 것인지에 대해서 표결을
하였나요?

B: 표결을 하였지만 모든 구성원들이 합의에 이를 때까지는
어떠한 조치도 취하지 않을 겁니다.

[해설] 의미상 빈칸에 들어갈 명사를 고르는 문제이다. B의 대화내
용에 의하면 비록 합병 여부를 표결에 부치기는 하였으나,
표결결과에 따라 조치를 취하는 것이 아니므로, 결국 모든
위원회의 구성원들이 합병 문제에 대해서 '합의'할 때까지
어떠한 조치도 취하지 않는다는 의미라 할 것이므로, 빈칸
에는 '합의'의 의미를 갖는 명사 consensus가 들어가야 한
다.

[어휘] **take a vote on** ~를 표결에 부치다

merger v. 합병

consensus n. 의견 일치, 합의

connotation n. 함축(된 의미)

conception n. 이해, 신념

convergence n. 수렴, 집중성

03. (c)

[해석] A: 우리가 제일 좋아하는 밴드가 다음달에 마을에 온대.

B: 알아. 내가 가게 된다면 그들을 콘서트에서 3번째로 보는
거야.

[해설] 문맥상 빈칸에 들어갈 적당한 명사를 고르는 문제이다. 대
화 내용상 제일 좋아하는 밴드가 다음 달에 마을에 오는데 B
의 '연주회, 콘서트'와 같은 의미의 어휘가 들어가야 하므로
정답은 concert가 된다.

[어휘] **convention** n. 관례, 회의, 조약

04. (b)

[해석] A: 네 사촌은 여전히 해군에 있니?

B: 응. 잠수함으로 깊이 잠수하는 것이 그가 가장 좋아하는
부분이래.

[해설] 빈칸에 가장 어울리는 형용사를 고르는 문제이다. 대화 내
용상 해군으로서 잠수함을 타는 것이 가장 즐거운 순간이라
고 하므로, 빈칸에는 해군 관련 '잠수함'이라는 의미를 갖는
submarine이 들어가야 한다.

[어휘] **subordinate** a. 종속된, 부차적인

submarine n. 잠수함

substance n. 물질, 실체, 핵심

subcontract n. 하도급

05. (b)

[해석] A: 난 내 에세이의 마지막 부분을 끝내지 못할 것 같아.

B: 만약 네가 집중할 수 있게 정신을 산만하게 하는 모든 환
경을 제거한다면 괜찮을 거야.

[해설] 빈칸에 들어갈 가장 적당한 동사를 고르는 문제이다. 문맥
상 에세이의 마지막 부분을 끝내기 위해서는 집중력을 방해
하는 것을 제거한다면 집중할 수 있다는 의미가 되어야 하
므로 빈칸에는 '집중하다'는 의미의 동사 concentrate가 들
어가야 한다.

[어휘] **distraction** n. 집중을 방해하는 것

eliminate v. 제거하다, 없애다

converse v. 대화하다 n. 정반대

concentrate v. 집중하다

conceal v. 감추다

contrive v. 고안하다, 성사시키다

06. (b)

[해석] A: 그 의사들은 최근 나에게 정말 많은 테스트를 했어. 다행
스럽게도 그들은 자신들이 무엇을 하는지 알아.

B: 네 상태를 적절하게 진단하기 위해 가능한 많은 정보를
얻고 싶어서 그럴 거라 확신해.

[해설] 의미상 빈칸에 들어갈 명사를 찾는 문제인데, 문맥상 병원
에서 환자에게 여러 가지 실험을 하는 이유는 환자의 현재
상태를 정확히 분석하기 위함이라는 의미가 되어야 하므로,
빈칸에는 '분석'이라는 의미의 명사 analysis가 들어가야
한다.

[어휘] **anomaly** n. 변칙, 이례

analysis n. 분석

announcement n. 발표, 소식

07. (a)

[해석] A: 우리 교수님은 우리가 더 잘 알고 있는 주제에 어려운 과
목들을 연결시키는 위대한 일을 하셔.

B: 나도 그렇게 생각해. 특히, 나는 그가 조그만 원자와 태
양계 간의 유사점을 이끌어 내는 방식이 맘에 들어.

[해설] 의미상 가장 잘 어울리는 명사를 고르는 문제이다. 문맥상
B는 교수님의 태양계와 원자 간의 '유사점'을 이끌어내는 방
식을 좋아한다는 의미이므로, 빈칸에는 '유사(점)'이라는 의
미의 명사 analogy가 들어가야 한다.

[어휘] **analogy** n. 유사점

anecdote n. 일화, 개인적인 진술

antidote n. 해독제

analog a. 유사한

08. (a)

[해석] A: 우리가 배운 폭격작전은 정말 극단적인 것 같아.

B: 맞아. 그 전쟁에서의 지배적인 생각은 적의 도시를 완전
히 초토화시키는 거였어.

[해설] 문맥상 빈칸에 가장 잘 어울리는 동사를 찾는 문제인데, 폭

격작전과 같은 극심한 타격을 주는 작전을 통해 적의 도시들을 완전히 섬멸하는 것이 그 전쟁에서의 지배적인 생각이라는 의미이므로, 빈칸에는 도시를 '초토화시키다'라는 의미의 동사 annihilate가 들어가야 한다.

[어휘] **bombing campaign** 폭격작전

extreme a. 극심한, 격렬한, 심한

annihilate v. 전멸시키다, 완파하다

annul v. 취소하다, 무효화시키다

annotate v. 주석을 달다

annoy v. 짜증나게 하다, 약 오르게 하다

09. (b)

[해석] A: 너의 학생회는 완전한 혼란에 빠질 것 같아.

B: 맞아. 확고한 지휘통솔이 더 이상 없다면 그들은 난장판이 될거야.

[해설] 문맥상 빈칸 앞의 fall into 와 가장 잘 어울리는 명사를 고르는 문제이다. B가 속한 집단의 학생들은 확고한 지휘통솔이 없다면 오합지졸이 될 것이라는 의미이므로, 빈칸에는 chaos와 상관되는 어휘로서 '오합지졸, 난장판'과 같은 의미를 갖는 명사 anarchy가 들어가야 한다.

[어휘] **on the verge of** 곧~하는

command n. 지휘, 통솔

annexation n. 부가, 첨가, 합병

anarchy n. 무정부상태, 난장판

anthropology n. 인류학

annunciation n. 성수태 고지

10. (c)

[해석] A: 도로 공사로 인해서 통근자들은 자신들이 통상 사용하는 경로가 아닌 다른 경로로 다니고 있어.

B: 맞아. 나도 이번 주에 매일 고속도로에서 벗어난 우회도로를 타야만 했어.

[해설] 문맥상 빈칸에 가장 어울리는 명사를 찾는 문제이다. 대화 내용상 도로공사로 인해서 더 이상 기존의 도로를 사용할 수 없고 고속도로에서 벗어난 도로를 이용한다는 의미이므로, 빈칸에는 '우회도로'는 의미하는 명사 detour가 들어가야 한다.

[어휘] **commuter** n. 통근자

deformity n. 기형(인 상태)

detour n. 둘러가는 길, 우회로

denizen n. (특정 지역에서 사는) 사람, 생물

11. (c)

[해석] A: 저는 이전에는 노예제도가 다른 많은 국가들 역사의 일부분이었다는 사실을 인식하지 못했어요.

B: 사실입니다. 많은 국가들은 동일한 시기에 노예들을 해방시키기 시작했어요.

[해설] 주어진 문제는 의미상 들어가기에 적당한 동사를 고르는 문제이다. 대화 내용상 노예들을 '풀어주다, 해방시키다'라는

의미가 되는 것이 자연스러우므로, 빈칸에는 '풀어주다, 해방시키다'는 의미의 동사 emancipate가 들어가야 한다.

[어휘] **slavery** n. 노예제도

emigrate v. 이주 가다

emulate v. 모방하다, 따라하다

emancipate v. 해방시키다

emaciate v. 수척해지게 하다, 여위게 하다

12. (b)

[해석] A: 졸업 후에 뭐할 생각이야?

B: 군에 자원해서 장교가 되려고 해.

[해설] 의미상 들어가기에 적절한 동사를 고르는 문제이다. 대화 내용상 학교 졸업 후 군에 자원하여 장교가 될 것이라는 의미이므로 빈칸에는 군에 '입대하다'라는 의미의 동사 enlist가 들어가야 한다.

[어휘] **endure** v. 견디다, 참다, 인내하다

enlist v. 요청하여 얻다, 입대하다

engrave v. 새기다

13. (a)

[해석] A: 전 새로운 상사로부터 명령을 받는다는 생각에 적응할 수가 없어요.

B: 글쎄요, 다른 선택의 여지가 없기 때문에 적응해야 할 거에요. 그는 조직에서 탁월한 권위를 갖고 있는 사람이에요.

[해설] 문맥상 빈칸에 들어가기에 적당한 형용사를 묻는 문제이다. 새로 온 상사는 회사 내에서 출중하기 때문에 그로부터의 명령을 따르지 않을 방법이 없다는 의미가 되어야 하므로, 빈칸에는 '저명한, 탁월한'이란 의미의 형용사 eminent가 들어가야 한다.

[어휘] **eminent** a. 저명한, 탁월한

embroider v. 수를 놓다

emphatic a. 단호한, 강조하는

emblazon v. 선명하게 새기다

14. (b)

[해석] A: 많은 문명들이 성년이 된 아이들을 위해 공식적인 행사를 지지하는 것을 알고 나서 흥미로웠어.

B: 나도 그래. 유아기에서 성년기로의 이행은 많은 문명들의 중요한 부분이야.

[해설] 의미상 들어가기에 적절한 명사를 찾는 문제이다. 문맥상 많은 문명들이 아이가 성년이 되는 것을 지지하는 성인식을 하고 있는데 이는 유아기에 성년기로의 이행이 많은 문화의 중요한 측면이라는 의미이므로, 빈칸에는 어린시절로부터 성인으로의 '이행'이라는 의미를 갖는 명사가 transition이 들어가야 한다.

[어휘] **ceremony** n. 행사

adulthood n. 성인(임), 성년

transition n. 이행(과도)

transgression n. 위반, 범죄, 관습에 대한 도전

transmission n. 전염, 전달, 전송

15. (d)

[해석] A: 네 어머니께서는 무슨 일을 하시니?

B: 어머니께서는 법정에서 증인의 언급과 진술을 적는 공판 조서를 작성하셔.

[해설] 문맥상 빈칸에 가장 어울리는 명사를 찾는 문제이다. 대화 내용상 당사자들은 B의 어머니의 직업에 대해서 이야기를 나누고 있는데 그 어머니는 법정에서 관계자들의 진술을 듣고 서면을 작성하는 일을 하신다는 의미인데, 법정에서 이루어진 증인의 진술을 적은 서면은 증인신문조서이므로, 빈칸에는 '(증인신문)조서'를 의미하는 명사 transcript가 들어가야 한다.

[어휘] **witness** n. 증인

transferal n. 이동, 전이

transept n. 트랜셉트(십자형 교회의 좌우 날개부분)

transfiguration n. 변형, 변신

transcript n. (구술된 내용을) 글로 옮긴 기록, 조서

16. (a)

[해석] A: 하루 종일 어디 갔었어? 계속 찾았잖아.

B: 내 친구들과 나는 남들이 우릴 찾기를 원치 않을 때 가는 비밀아지트가 있어.

[해설] 대화 내용상 빈칸에 들어가기에 적당한 명사를 찾는 문제이다. B의 대화 내용상 자신과 친구들은 남들이 그들을 찾을 수 없는 '비밀스러운 장소, 아무도 모르는 장소'를 갖고 있다는 의미이므로, 빈칸에는 '은신처'라는 의미의 명사 hideout 이 들어가야 한다.

[어휘] **hideout** n. 비밀은신처, 아지트

cache n. (무기 등의) 은닉처

stash n. 숨겨진 물건(양)

17. (c)

[해석] A: 난 너의 연설이 상당히 좋았다고 생각했었는데 분명히 청중들은 그렇지 않았어.

B: 네 말이 맞아. 모든 청중들 사이에서 박수는 아주 조금 밖에 나오지 않았어.

[해설] 의미상 빈칸에 가장 적절한 명사를 고르는 문제이다. 대화 내용상 A는 B의 연설이 매우 좋았다고 생각하지만 청중들은 그렇지 않았고 결국 청중들은 박수를 별로 치지 않았다는 의미가 되어야 하므로, 빈칸에는 박수가 '조금밖에 없었다, 거의 없다'는 의미의 명사 smattering이 들어가야 한다.

[어휘] **applause** n. 환호, 박수

trickle v. 천천히 흐르다, 가늘게 흐르다

pinch v. 꼬집다

smattering n. 조금(of) cf. smatter v. (학문을)겉핥다

18. (b)

[해석] A: 왜 우리가 더 이상 연못으로 수영하러 가지 못하는 거야?

B: 그 연못은 명백히 사유지에 있는데, 그 소유자가 우리가 들어가는 것을 원하지 않아.

[해설] 문맥상 빈칸에 들어갈 가장 적절한 명사를 고르는 문제이다. 대화 내용상 연못은 사유지에 있다는 의미가 되어야 하므로 빈칸에는 '재산, 부동산'을 의미하는 명사 property가 들어가야 한다.

[어휘] **stock** n. 재고(품), 저장(물)

property n. 재산, 부동산

possession n. 소유, 보유, 소유품

19. (d)

[해석] A: James에게 그의 성적 수준으로는 의대에 가기가 얼마나 어려운지에 대해서 말했니?

B: 아니, 난 그가 갖고 있는 아주 조금밖에 없는 희망의 기미를 빼앗고 싶지 않아.

[해설] 의미상 빈칸에 들어갈 가장 적절한 어휘를 묻는 문제이다. 화자들의 대화 내용은 제임스가 자신이 의대에 들어가는 것이 그의 성적에 비추어 얼마나 어려운지 잘 모르고 있지만 그런 사실을 제임스에게 이야기하여 그가 갖고 있는 조그만 희망을 빼앗고 싶지는 않다는 의미이므로, 빈칸에는 아주 조금 밖에 없는 희망의 '기미'라는 의미의 명사 glimmer가 들어가야 한다.

[어휘] **preview** n. 시사회

mirage n. 신기루, 신기루 같은(헛된) 것

peek v. 훔쳐보다, 살짝 엿보다

glimmer n. 깜박이는 빛, 희미한 기미(표시)

20. (b)

[해석] A: 너의 좁은 방 주위의 여분의 커튼은 왜 있는거야?

B: 내가 중요한 보고서를 마무리할 수 있도록 집중을 방해하는 모든 것들을 차단하기 위해서야.

[해설] 대화 내용상 빈칸에 들어갈 명사를 선택하는 문제이다. 문맥상 B는 커텐을 침으로써 '정신집중을 방해하는 것'을 차단하여 자신의 중요한 보고서 작성을 완료하겠다는 것이므로 빈칸에는 '정신을 산만하게 하는 것'이라는 의미의 명사 distraction이 들어가야 한다.

[어휘] **divergence** n. 분기, 일탈, 차이

distraction n. 정신을 산만하게 하는 것, 집중을 방해하는 것

alternate n. 대체요원

tangent n. 접선

cubicle n. 칸막이로 만든 좁은 방

block out 가리다, 차단하다

21. (d)

[해석] 그 나라의 많은 국민들은 국가에 의해 규제되는 가격이 아닌 지하시장에서 싼 가격으로 물건들을 구매하였다.

[해설] 의미상 빈칸에 들어갈 적절한 형용사를 고르는 문제이다.

문맥상 government regulated prices라는 말에 대응하는 market은 underground market(지하시장)이 된다. 따라서 빈칸에는 market을 수식하여 '지하시장'이라는 의미를 갖는 형용사 underground가 들어가야 한다.

[어휘] **underground market** 지하시장
unavailable a. 사용할 수 없는
unaware a. 알지 못하는
unbearable a. 참을 수 없는

22. (a)

[해석] 대다수 시민들은 장기 적인 효과가 유익하다면 수술을 기꺼이 받을 의향이 있다.

[해설] 문맥상 빈칸 뒤의 surgery와 호응하여 '수술을 받다'라는 표현을 이룰 수 있는 동사를 고르는 문제이다. '수술을 받다'는 표현은 undergo surgery이므로 빈칸에는 동사 undergo가 들어가야 한다.

[어휘] **long-term** a. 장기적인
underbid v. ~보다 낮은 가격을 부르다
underachieve v. 자기능력 이하의 성적을 내다
undercut v. ~보다 저가로 팔다, 공급하다

23. (c)

[해석] 부대를 파병하는 결정은 지역 주민들 간에 이미 만연하는 사회적 불안 문제를 악화시키는 효과를 낼 뿐이다.

[해설] 문맥상 빈칸에 가장 어울리는 동명사를 고르는 문제이다. 부대파병으로 인하여 이미 만연하는 사회적 불안문제를 악화시키는 효과만을 갖는다고 해석하는 것이 자연스러우므로, 빈칸에는 '악화시키다'라는 의미의 동명사 compounding이 들어가야 한다.

[어휘] **compost** v. 퇴비(두엄)을 만들다, 퇴비(두엄)을 주다
compose v. 구성하다, 작곡하다
compound v. 악화시키다, 더 심각하게 만들다
rampant a. 걷잡을 수 없는, 만연하는
comfort v. 위로(위안)하다

24. (a)

[해석] 그 용의자는 경찰관들이 언급한 거의 모든 상황에 관하여 거짓말을 함으로써 경찰관들에게 전혀 협조하지 않았다.

[해설] 의미상 빈칸에 들어갈 형용사를 고르는 문제이다. 문맥상 용의자는 경찰들이 언급하는 매 순간마다 거의 거짓말을 한다는 의미인데 이로써 결국 경찰관들에게 전혀 협조하지 않는 것이므로, 빈칸에 '협조적인'이라는 의미를 갖는 형용사 cooperative가 들어가야 한다.

[어휘] **codify** v. 성문화하다
coerce v. 강압하다, 강제하다
coincide v. 동시에 일어나다, 일치하다
cooperative a. 협조하는, 협동하는

25. (b)

[해석] 그 젊은 의사에 대한 주된 불평 중의 하나는 환자에게 동정심을 드러내지 않고 매우 냉정하게 보인다는 점이었다.

[해설] 빈칸에 들어갈 가장 적합한 명사를 고르는 문제이다. 문맥상 젊은 의사가 '동정심'이나 감정을 드러내지 않는 것이 불만사항이라는 의미가 되어야 하므로 빈칸에는 '동정심 또는 연민'이라는 의미의 명사 compassion이 들어가야 한다.

[어휘] **complaint** n. 불평, 불만
composition n. 구성요소들, 작곡, 작성
compassion n. 동정심, 연민
combat n. 전투

26. (b)

[해석] 많은 학생들이 수업시간 중에 잘못 행동하여 적어도 한 번의 벌점을 받았다.

[해설] 빈칸에 들어가기에 적절한 명사를 묻는 문제이다. 수업시간의 잘못된 행동으로 적어도 한번은 벌점 혹은 감점을 받았다는 의미이므로, 빈칸에는 '감점, 벌점'을 뜻하는 명사 demerit가 들어가야 한다.

[어휘] **depiction** n. 묘사, 서술

27. (a)

[해석] 시간이 지남에 따라 그 병은 환자의 육체적 건강은 황폐화시킬 것이지만 그의 정신은 어느 때보다도 맑아질 것이다.

[해설] 문맥상 빈칸에 들어갈 적절한 동사를 묻는 문제이다. but 이하의 내용에 비추어 볼 때, 빈칸에는 '안 좋게 만들다, 악화시키다, 황폐화시키다'는 의미의 동사가 들어가야 하므로 정답은 deteriorate가 된다.

[어휘] **deteriorate** v. 악화되다, 더 나빠지다
deactivate v. 정지시키다, 비활성화 시키다
debase v. 저하시키다, 떨어뜨리다
debauch v. 타락시키다, 유혹하다

28. (c)

[해석] 만약 그 근로자의 업무습관이 계속 회사의 손실을 낳는다면 그는 책임을 더 부담하지 않는 낮은 지위로 강등될 것이다.

[해설] 문맥상 빈칸에 들어갈 적당한 형용사 혹은 동사의 과거분사를 묻는 문제이다. 어떤 근로자의 업무습관으로 인해서 회사가 손실을 계속 받게 되는 경우에는 불이익이 따르게 마련인데, 빈칸 뒤의 a lower position with less responsibility의 의미에 비추어 볼 때, 빈칸에는 '지위를 떨어뜨리다, 강등시키다'는 의미의 동사 demote의 과거분사 demoted가 들어가야 한다.

[어휘] **demean** v. 위신을 떨어뜨리다, 품위를 손상시키다, 비하하다
dement v. 정신적으로 황폐해지다, 치매에 걸리다
demote v. 강등시키다
demarcate v. 경계를 표시하다

29. (a)

[해석] 건물주는 빌딩을 무너뜨리고 그 자리에 주차장을 만들려고 계획하고 있다.

[해설] 의미상 빈칸에 적당한 동사를 고르는 문제이다. 문맥상 일정한 토지 위의 건물을 철거하고 그 자리에 주차장을 짓는다는 의미이므로, 빈칸에는 건물을 '무너뜨리다'는 의미의 동사 demolish가 들어가야 한다.

[어휘] **demolish** v. 철거하다, 무너뜨리다
decipher v. 판독[해독]하다
decompose v. 분해[부패]하다(되다)
decongest v. 혼란을 없애다[완화시키다]

30. (c)

[해석] 어느 지휘관은 자신의 병력들에게 용기의 더 나은 부분은 신중함인데 이는 영광을 쫓는 것보다 조심하는 것이 더 낫다는 사실을 상기시켜주었다.

[해설] 문맥상 빈칸에 들어갈 가장 적절한 어휘를 찾는 문제이다. 영광을 찾는 것보다 신중한 것이 더 낫다는 의미인meaning 이하의 내용 중 being careful과 유사한 '신중함'을 의미하는 명사 discretion이 빈칸에 들어가야 한다.

[어휘] **valor** n. 용기, 용맹
dissection n. 절개, 해부, 정밀한 분석
disfigure v. (외양을) 망가뜨리다, 흉하게 만들다
discretion n. 재량, 신중함
dissension n. 알력, 불화

31. (a)

[해석] 직접적인 문자 그대로 한 언어를 다른 언어로 번역하는 것은 완벽하게 의미가 들어맞지 않는 문장을 만든다.

[해설] 주어진 문제는 의미상 빈칸에 들어가기에 적절한 명사를 묻는 문제이다. 문맥상 언어간 직접적인 단어 대 단어 번역은 문장에서 완전히 의미가 통하지 않는 결과를 낳을 수 있다는 의미이므로, 빈칸에는 '번역'을 의미하는 명사 translation이 들어가야 한다.

[어휘] **transubstantiation** n. (카톨릭의) 화체설, 성변화
transfixion n. 관통, 천자
transfusion n. 수혈, (추가 자금의)투입

32. (c)

[해석] 세계의 많은 빈곤 지역들은 광범위하게 퍼진 영양실조에서 초래되는 육체적 건강 문제들로 얼룩져 있다.

[해설] 의미상 빈칸에 들어가야 할 적당한 명사를 찾는 문제이다. 문맥상 빈곤지역에 만연하는 건강문제는 결국 못 먹어서 생기는 것이므로 빈칸에는 영양실조라는 의미의 malnutrition이 들어가야 한다.

[어휘] **maladjustment** n. 조절불량
malpractice n. 위법행위, 의료과실
malleability n. 유연성, 순응성

33. (a)

[해석] 그 정치인은 따뜻하고 친근하게 보이고 싶어 했지만 마음 깊은 곳은 분노와 악의로 가득차 있었다.

[해설] 문맥상 빈칸에 들어가야 할 명사를 묻는 문제이다. 따뜻하고 친근하게 보이고 싶어 했지만 그 마음속 깊은 곳은 분노 악의로 가득 차있다는 의미이므로, 빈칸에는 warm and friendly에 반대되는 어휘로서 anger와 호응하는 명사로서 '악의/적의'를 의미하는 어휘인 malice가 들어가야 한다.

[어휘] **malice** n. 악의, 적의
malarkey n. 허튼소리

34. (d)

[해석] 몇몇 사람들은 정치인들이 새로운 정책을 제정하지 않는 한 범죄 사이클은 수년간 그래왔던 것처럼 계속 반복될 것이라고 주장한다.

[해설] 문맥상 빈칸에 들어갈 적당한 동사를 묻는 문제이다. 일부 사람들은 정치인들이 새로운 정책을 입안하지 않는다면 범죄가 수년간 계속 반복된다는 의미이므로, 빈칸에는 '입안하다, 시행하다'는 의미의 동사 enact가 들어가야 한다.

[어휘] **entwine** v. 꼬다, 휘감다, 뒤엉키다
encompass v. 포함하다, 아우르다
enact v. 제정하다

35. (a)

[해석] 가장 유행하는 여행의 형태 중의 하나는 도시간의 쾌속열차가 되었다.

[해설] 의미상 빈칸에 들어갈 적당한 명사를 고르는 문제이다. 문맥상 도시를 연결하는 빨리 이동하는 열차 시스템이라는 의미가 되어야 하므로 빈칸에는 (다른 상태, 조건으로의) 이행(과도)라는 의미의 명사 transit이 들어가야 한다.

[어휘] **rapid transit train** 쾌속열차
transpiration n. 증산, 김내기
transponder n. (무선)응답기
transmitter n. 전송기, 발신기

36. (d)

[해석] 많은 다른 종류의 동물들은 매년 먹이가 귀해지고 날씨가 열악해지면 동면에 들어간다.

[해설] 문맥상 빈칸에 들어갈 명사를 묻는 문제이다. 먹이와 날씨가 혹독해지는 겨울에 동물들이 겨울잠을 잔다는 의미이므로 빈칸에는 '동면, 겨울잠'을 의미하는 명사 hibernation이 들어가야 한다.

[어휘] **recession** n. 경기 후퇴, 불경기
depression n. 우울증
hibernation n. 동면, 겨울잠

37. (a)

[해석] 유명한 재즈 연주가의 훌륭한 기술 중의 하나는 악보를 읽

지 않거나 일정한 계획을 세울 시간 없이 유연하게 연주하
는 능력, 즉 즉석연주이다.

[해설] 문맥상 빈칸에 들어갈 적당한 어휘를 묻는 문제이다. 유명
한 재즈 음악가의 위대한 기술들 중의 하나는 바로 악보
를 보거나 계획을 세우지 않고 유연하게 연주하는 능력이
라는 의미이므로, 빈칸에는 '즉석 연주'라는 의미의 명사
improvisation이 들어가야 한다.

[어휘] **fluidly** a. 유동적으로
candor n. 솔직, 정직
agility n. 민첩함

38. (b)

[해석] 많은 문화에서의 일반적인 의식은 돌아가신 분의 가족을 방
문하여 조의를 표하거나 선물을 주는 관행이다.

[해설] 주어진 문제는 의미상 빈칸에 들어갈 가장 적당한 명사를
묻는 문제이다. 문맥상 돌아가신 분의 가족들에게는 애도나
조의를 표하는 것이 많은 문명국가들에서의 일반적인 의식
이라는 의미이므로 빈칸에는 '애도, 조의'라는 의미를 갖는
명사 condolences가 들어가야 한다.

[어휘] **consultation** n. 상담
condolence n. 애도, 조의
confirmation n. 확인

39. (c)

[해석] 몇몇 유명인들은 본의 아니게 팬들에게 냉정하게 하거나 무
례하다는 이유로 악명을 얻을 수 있다.

[해설] 문맥상 빈칸에 들어갈 적절한 어휘를 묻는 문제이다. 유명
인들이 팬들에게 차갑게 굴거나 하여 얻게 되는 것은 좋지
않은 명성, 즉 '악명'이므로 빈칸에는 notoriety가 들어가야
한다.

[어휘] **notoriety** n. 악명, 악평
unintentionally adv. 의도하지 않게, 본의 아니게
affirmation n. 확언, 단언
enhancement n. 향상, 증대

40. (b)

[해석] 그 팀이 그 경기장을 사용하지 않은 후, 그것은 방치되어 황
폐화되기 시작하여 지역사회에서 추한 흉물스러운 것이 되
었다.

[해설] 의미상 들어가기에 적절한 명사를 묻는 문제이다. 문맥상
경기장이 시합에 사용되지 않은 후로 그 경기장은 관심부족
으로 방치되어 사회에서 추하고 보기 싫은 시설이 되었다는
의미이므로, 빈칸에는 '흉물스러운 물건'이라는 의미의 명사
eyesore가 들어가야 한다.

[어휘] **neglect** n. 방치, 소홀
bellyache n. 복통
eyesore n. 흉물스러운 것, 보기 흉한 것
foothold n. 발판, 발 디딜 곳
handout n. 지원금, 인쇄물

Chapter 02 Unit 16 The TOP VOCA 47 기출 명사 ② / 48 기출 동사 / 49 기출 형용사 / 50 TEPS 고수들을 위한 어휘

Check Up 1

1. [정답] **accomplice**

   [해석] 그 강도는 체포되었지만, 그의 공범은 달아나버렸다.

   [어휘] **apprehend** v. 체포하다
   accomplice n. 공범
   crouch n. (몸을) 웅크림, 굽실거림

2. [정답] **outage**

   [해석] 어젯밤에 폭풍 때문에 생긴 긴 정전에 대해 들었어.

   [어휘] **outage** n. 정전
   outrage n. 격분, 격노, 잔학 행위

3. [정답] **standstill**

   [해석] 오늘 오후에 중심가에서 있었던 대형 퍼레이드로 교통
   이 마비되었다.

[어휘] **standstill** n. 정지
zenith n. (성공이나 명예의) 정점

4. [정답] **contraband**

   [해석] 세관 검사 중에 많은 밀수품이 나왔다.

   [어휘] **contraband** n. 밀수, 밀매, 불법 거래
   broadband n. 광대역, 고속 데이터 통신망

5. [정답] **embezzlement**

   [해석] 고위 공무원의 공금 횡령 혐의에 대해 당국이 조사에 나
   섰다.

   [어휘] **equivalen**t n. 등가물, 상당하는 것
   embezzlement n. 횡령, 착복

6. [정답] **outbreak**

   [해석] 북한에 전염성이 강한 조류 독감이 발생하여 확산되고
   있다.

[어휘] **outbreak** n. (유행병 · 소동 · 전쟁 등의) 발발, 돌발
imposture n. 사기, 협잡, 사칭

7. [정답] **hindrance**

[해석] Brown은 도움이 되기는커녕 방해가 되었다.

[어휘] **hindrance** n. 방해
hideout n. 은신처, 피난처

8. [정답] **plight**

[해석] 당신은 난민들의 곤경을 좌시해서는 안된다.

[어휘] **plight** n. 곤지, 어려운 상태
pinnacle n. 작은 뾰족탑, (권력 등의) 정점
unconcernedly adv. 태연하게, 무관심하게

9. [정답] **ambiguous**

[해석] 그 손님의 이야기는 너무 애매해서 내가 이해할 수 없었다.

[어휘] **ambiguous** a. 모호한
ambitious a. 야심 있는
catch v. 알아듣다, 이해하다

10. [정답] **delinquency**

[해석] 우리는 청소년 비행 문제는 가정 환경과 관련이 있다고 생각해야 한다.

[어휘] **juvenile** a. 청소년의
delinquency n. 범죄, 비행
docility n. 온순

Check Up 2

1. [정답] **hampering**

[해석] 정부의 다양한 규제는 기업 활동을 저해하는 원인으로 비판 받고 있다.

[어휘] **hamper** v. 저지하다, 방해하다
cherish v. 고이 간직하다

2. [정답] **dribbled**

[해석] 어린 소녀가 입에서 주스를 흘렸다.

[어휘] **dribble** v. 똑똑 떨어지다, (침을) 흘리다
drift v. 이동하다[움직이다]

3. [정답] **commiserated**

[해석] 그는 패한 사람들에게 위로를 표했다.

[어휘] **corroborate** v. (소신이나 진술 등을) 확증하다
commiserate v. 가엾게 여기다, 동정하다, 불쌍하게 생각하다

4. [정답] **quench**

[해석] 축구를 하고 난 후에는 물 만으로는 갈증이 풀리지 않는다.

[어휘] **quench** v. 갈증을 풀다
strike v. (병 · 죽음이) 갑자기 덮치다

5. [정답] **deified**

[해석] James Dean은 그의 팬들에 의해 신격화되었다.

[어휘] **deify** v. 신성시하다
disclaim v. 기권하다

6. [정답] **scribbled**

[해석] 누군가가 그 식탁 위에 크레파스로 온통 낙서를 했다.

[어휘] **scribble** v. 낙서하다
spawn v. (물고기, 개구리 등이) (알을) 낳다, 산란하다, 생산하다

7. [정답] **nurture**

[해석] 그녀는 집에 있으면서 아이들을 직접 돌보기를 바란다.

[어휘] **nurture** v. 양육하다, 교육하다

8. [정답] **swap**

[해석] 저랑 자리를 바꾸실래요?

[어휘] **spark** v. 유발하다, 야기시키다
swap v. 교환하다

9. [정답] **obstruct**

[해석] 테러범들은 평화 진전을 방해하려고 한다.

[어휘] **obstruct** v. 방해하다
ordain v. (신, 운명 등이) 정하다, 운명 짓다

10. [정답] **waned**

[해석] 일에 대한 그의 열정은 나이가 들어도 식지 않았다.

[어휘] **wane** v. (권력, 명성 등이) 시들다
wave v. 흔들다

Check Up 3

1. [정답] **luscious**

[해석] 정원의 수선화가 향기롭게 만개해있다.

[어휘] **daffodil** n. 수선화
luscious a. 향기가 좋은
loquacious a. 수다스러운

2. [정답] **hoarse**

[해석] 어떤 여자가 목이 쉴 때까지 고함을 치며 왔다 갔다 했다.

[어휘] **holler** v. 소리지르다, 고함치다
hoarse v. 쉰 목소리의
heinous v. 가증스런

3. [정답] **creepy**

[해석] 한밤중에 지하실에서 오싹한 소리가 들려왔다.

[어휘] **clumsy** a. 어색한, 서투른
creepy a. 오싹하는

4. [정답] **barren**

[해석] 이 지역은 토양이 너무 척박해서 농사를 지을 수 없다

[어휘] **barren** a. 불임의, (땅이) 불모의
bombastic a. 과장하는, 허풍 떠는

5. [정답] **prosaic**

[해석] 사람들이 점점 정서적으로 메말라가는 것 같다.

[어휘] **posthumous** a. 사후의
prosaic a. 단조로운, 지루한

6. [정답] **subservient**

[해석] 언론이 정부에 굴종한다는 비난을 받았다

[어휘] **subservient** a. 비굴한, 아첨하는
slovenly a. 단정치 못한

7. [정답] **ulterior**

[해석] 못된 집주인이 내게 친절한데에는 틀림없이 무슨 숨은 동기가 있을 것이다.

[어휘] **versatile** a. 다재다능한
ulterior a. (목적, 동기 등이) 감추어진, 이면의

8. [정답] **intact**

[해석] 해일로 마을 전체가 폐허가 됐지만 그 건물은 멀쩡했다.

[어휘] **intact** a. 손대지 않은
unwavering a. 동요하지 않는, 확고한

9. [정답] **crestfallen**

[해석] 시험에서 떨어지자 Carl은 의기소침해졌다.

[어휘] **crestfallen** a. 풀이 죽은
cumulative a. 누적되는, 점진적인

10. [정답] **devout**

[해석] 나는 매주 일요일마다 교회에 나가는 독실한 가정 출신이다.

[어휘] **devout** a. 독실한, 신앙심이 두터운

dubious a. 의심스런

1. [정답] **embellished**

[해석] 그 식탁은 꽃과 잎으로 장식되어 있었다.

[어휘] **embellish** v. 장식하다
espouse v. (주의 따위를) 받아들이다, 채택하다

2. [정답] **disparaging**

[해석] 그 직원은 매우 예의 바른 사람이라 다른 사람을 깔보는 듯한 말은 절대 하지 않는다.

[어휘] **bolster** v. 보강하다
disparage v. 험담하다

3. [정답] **aloof**

[해석] 인간은 누구나 죽음 앞에서 초연할 수 없다.

[어휘] **adroit** a. 능숙한
aloof a. 무관심한

4. [정답] **hilarious**

[해석] 그 영화는 아주 재미있었다. 나는 웃음을 멈출 수가 없었다.

[어휘] **nonchalant** a. 냉담한
hilarious a. 아주 재미있는

5. [정답] **salutary**

[해석] 국립 공원은 학교 소풍지로 건전한 장소가 될 수 있다.

[어휘] **salutary** a. 건전한
ticklish a. 다루기 힘든

6. [정답] **eccentric**

[해석] 그녀가 이상한 옷을 입고 나타나자 모든 사람들이 쳐다보았다.

[어휘] **eccentric** a. 괴벽스러운, 이상한
garbled a. 왜곡된

7. [정답] **bereavement**

[해석] 우리는 남편과 사별한 미망인을 위로하였다.

[어휘] **bereavement** n. 사별
congeniality n.친화성

8. [정답] **berate**

[해석] 때때로 나는 담배를 끊지 못하는 그를 꾸짖는다.

[어휘] **berate** v. 호되게 꾸짖다

fabricate v. 날조하다

9. **[정답] defied**

[해석] 수백 명의 사람들이 정치 집회 금지령에 반대했다.

[어휘] **defy** v. 거부하다

dominate v. 지배하다

10. **[정답] insolvent**

[해석] 이번 경기 침체로 많은 소기업들이 도산했다.

[어휘] **insolvent** a. 지급 불능의

resilient a. 회복력이 있는

Practice Test Answer Keys

01. (c)	02. (a)	03. (b)	04. (c)	05. (a)
06. (a)	07. (d)	08. (a)	09. (d)	10. (b)
11. (c)	12. (a)	13. (d)	14. (c)	15. (a)
16. (c)	17. (d)	18. (a)	19. (a)	20. (d)
21. (b)	22. (a)	23. (c)	24. (d)	25. (b)
26. (a)	27. (c)	28. (c)	29. (d)	30. (d)
31. (c)	32. (a)	33. (c)	34. (d)	35. (a)
36. (a)	37. (c)	38. (b)	39. (a)	40. (b)

01. (c)

[해석] A: 그 도시는 도심 지역을 정화하고 재건축하는데 많은 돈을 사용할 계획이라고 들었어.

B: 맞아. 수십 년 만에 가장 큰 복원계획이 될 거야.

[해설] 문맥상 빈칸에 가장 알맞은 명사 또는 형용사를 찾는 문제이다. 대화 내용상 도시의 중심부를 정화하고 재건축하는 것은 도심을 복구하는 것이므로 빈칸에는 '복구, 복원'이라는 의미를 갖는 명사 restoration이 들어가야 한다.

[어휘] **awakening** n. 자각, 일깨움

reincarnation n. 환생

restoration n. 복구, 복원

sanitize v. 위생처리하다, 살균하다

02. (a)

[해석] A: 그의 마지막 우승 이후 내가 가장 좋아하는 그 골프선수는 점점 더 기록이 나빠졌어.

B: 맞아. 내 생각에 그는 자기 경력의 최고점을 지나서 내리막길에 있어.

[해설] 빈칸에 들어갈 가장 알맞은 명사를 고르는 문제이다. B의 대화 내용 중 and 이하 내용에 비추어 보면 A가 좋아 하는 골퍼는 이미 '전성기'를 지나 내리막길에 있다는 의미가 되어야 하므로, 빈칸에는 '절정, 정점'이라는 의미의 어휘가 들어가야 하므로 정답은 zenith가 된다.

[어휘] **zenith** n. 최고점, 절정

arc n. 호, 둥근 활 모양

03. (b)

[해석] A: 여행할 때 치명적인 질병에 관해서 걱정하니?

B: 내 생각에는 안전할 것 같아. 수년간 질병이 발생하지 않았거든.

[해설] 문맥상 빈칸에 들어갈 가장 적절한 명사를 찾는 문제이다. 대화 내용상 수년간 질병이 '발생하지' 않았기 때문에 안전할 것이라는 의미이므로, 빈칸에는 '발생, 발발'이라는 의미의 명사 outbreak가 들어가야 한다.

[어휘] **outsource** v. 외부에 위탁하다

outbreak n. 발생, 발발

outland n. 시골, 변방

outcome n. 결과

04. (c)

[해석] A: 오래 걸리기는 했지만 결국 새로운 학교건물을 짓기 시작했어.

B: 나도 봤어. 주춧돌 놓는 큰 행사가 열렸었어.

[해설] 문맥상 빈칸에 들어가야 할 명사를 고르는 문제이다. 건물을 세우기 위해서는 주춧돌을 놓는 행사를 먼저 해야 하는 것이므로, 빈칸에는 '주춧돌, 초석'이라는 의미의 명사 cornerstone이 들어가야 한다.

[어휘] **cornerstone** n. 주춧돌, 초석

basement n. 지하층

platform n. (기차역의)플랫폼, 강단, 연단

05. (a)

[해석] A: 난 네 아버지가 마음을 바꾸셔서 우리와 함께 오지 않으시기로 결정하실 것 같은 느낌을 받았어.

B: 알아. 그는 약속을 위해 취소 계획을 갖고 있는 타입의 사람이야.

[해설] 문맥상 빈칸에 가장 잘 어울리는 어휘를 고르는 문제이다. 대화 내용상 B의 아버지는 약속을 지키는 것 때문에 계획을 취소할 수 있다는 내용이 되어야 하므로, 빈칸에는 '취소, 철회'를 의미하는 명사 back out이 들어가야 한다.

[어휘] **back out** 최소, 철회

send off 퇴장시키다, 발송하다

try out 시험 적용하다, 시험하다

06. (a)

[해석] A: 네 심장 상태가 심각하기 때문에 너는 네가 먹는 것에 대해 매우 신중하게 살펴봐야 해.

B: 알아. 이미 짠 음식과 같은 것들은 삼가고 있어.

[해설] 문맥상 빈칸에 가장 알맞은 동사를 고르는 문제이다. 대화 내용상 짠 음식과 같이 건강, 특히 심장에 좋지 않은 음식은 삼가야 한다는 의미이므로, 빈칸에는 '삼가다'는 의미의 동사 abstain이 들어가야 한다.

[어휘] **abstain** v. 삼가다

neglect v. 태만히 하다

ignore v. 무시하다

07. (d)

[해석] A: 내 아이들이 너무 빨리 자라서 내가 그것을 즐길 시간조차 갖지 못한 것 같아.

B: 그래 맞아. 그런 시간들이 정말 빨리 지나가기 때문에 매 순간을 정말 소중히 여겨야 해.

[해설] 의미상 빈칸에 가장 어울리는 동사를 찾는 문제이다. 문맥상 A의 아이들이 너무 빨리 자라서 그 순간을 즐길 수조차 없다는 말에 B가 그래서 매 순간을 '소중하게 생각해야 한다'라고 이야기한다는 의미가 되어야 하므로, 빈칸에는 매 순간을 '소중히 하다, 여기다'라는 의미의 동사 cherish가 들어가야 한다.

[어휘] **worship** v. 숭배하다

cherish v. 소중히 여기다

08. (a)

[해석] A: 증인의 증언과 내 증언이 일치하는 한 나는 혐의에서 벗어나는데 아무런 문제가 없어야 해.

B: 맞아. 증인이 네 진술을 보강하자마자 수사관들은 네가 사실을 이야기한 것을 알게 될 거야.

[해설] 대화 내용상 빈칸에 가장 어울리는 동사를 고르는 문제이다. 문맥상 증인의 증언이 용의자의 진술을 '뒷받침해 주다'는 의미이므로 빈칸에는 '보강하다'는 의미의 동사 corroborate가 들어가야 한다.

[어휘] **corroborate** v. 제공하다, 확증하다

corrode v. 부식시키다, 좀먹다

corrupt v. 타락시키다, 오염시키다

correlate v. 연관성이 있다

09. (d)

[해석] A: 때때로 나는 Mary가 그녀가 옷을 입을 때 함께 그녀의 몸을 좀 많이 과시한다고 생각해.

B: 동의해. 보아하니 그녀의 생각에는 여자들은 자신의 몸을 과시해야 한다고 여기는 것 같아.

[해설] 빈칸에 들어가는 동사를 묻는 문제이다. 문맥상 Mary는 좋은 몸매를 가진 여자라면 이를 과시하여야 한다고 생각한다는 의미가 되어야 하므로, 빈칸에는 '과시하다, 자랑하다'는 의미의 동사 show off가 들어가야 한다.

[어휘] **flaunt** v. 과시하다

10. (b)

[해석] A: 내 자전거 안장이 분리되고 있지만 나는 교체하는 것이 그렇게 어렵다고 생각지 않아.

B: 매우 간단해. 그냥 헌 것과 새 것을 바꾸면 돼.

[해설] 대화 내용상 빈칸에 가장 잘 어울리는 동사를 찾는 문제이다. 문맥상 A의 자전거 안장이 분리되려고 하는데 교체하는

것이 별로 어렵지 않고 단지 새 안장과 '바꾸기만 하면 된다'는 의미이므로, 빈칸에는 '교체하다, 바꾸다'라는 의미의 동사 swap이 들어가야 한다.

[어휘] **swap** v. 바꾸다, 나누다

11. (c)

[해석] A: 전 학기 동안의 개념들을 모두 기억해야 하기 때문에 수학 기말시험은 어려울 것 같아.

B: 동의해. 이와 같이 누적된 시험 공부를 하는 것은 항상 어려워.

[해설] 문맥상 빈칸에 들어가야 할 형용사를 묻는 문제이다. 대화 내용상 수학시험은 학기 동안에 배운 모든 내용을 테스트하는 것이므로 빈칸에는 '누적되는, 누계의'라는 의미를 갖는 형용사 cumulative가 들어가야 한다.

[어휘] **unabridged** a. 생략되지 않은, 원문 그대로의

supplemental a. 보충적인

cumulative a. 누적되는, 누계의

communal a. 공동의, 집단들이 관련된

12. (a)

[해석] A: 휴가 동안 사막의 트인 공간을 즐겼니?

B: 아름다웠지만 땅은 건조하고 척박했어. 그리고 난 집의 무성한 초목들이 그리웠어.

[해설] 빈칸에 가장 잘 어울리는 형용사를 고르는 문제이다. 문맥상 사막은 예쁘기는 했지만 건조하고 척박했다는 의미가 되어야 하므로 빈칸에는 '척박한, 황량한'이라는 의미의 barren이 들어가야 한다.

[어휘] **lush** a. 무성한, 우거진, 멋진, 비싸 보이는

vegetation n. 식물

barren a. 척박한, 황량한

13. (d)

[해석] A: 지금 우리가 원하는 것을 입을 수 있어서 나는 우리의 새로운 학교가 복장규정이 없어서 기뻐.

B: 좋은데. 하지만 어떤 사람들은 몸을 많이 드러 내는 노출이 심한 옷을 입어 너무 도가 지나치기도 해.

[해설] 의미상 빈칸에 가장 잘 어울리는 형용사를 묻는 문제이다. B의 대화 중 revealing clothing을 고려해 보면 빈칸에는 '몸을 많이 드러내는, 노출이 심한'과 같은 뜻을 갖는 어휘가 들어가야 하므로 빈칸에는 skimpy가 들어가면 된다.

[어휘] **dress code** 복장규정

abbreviated a. 단축된, 생략된

concise a. 간결한

skimpy a. 노출이 심한

14. (c)

[해석] A: 내가 복도에서 넘어지는 것을 모든 사람이 본 후 나는 너무 당황했어.

B: 왜 그렇게 엉성하니. 넌 항상 넘어지거나 사람과 부딪히

는 것 같아.

[해설] 빈칸에 가장 잘 어울리는 형용사를 고르는 문제이다. 문맥상 A는 잘 넘어지거나 사람과 잘 부딪히는 약간은 '어설픈' 사람이라는 의미가 되어야 하므로, 빈칸에는 '(동작이) 어설프다, 세련되지 못하다'라는 의미의 clumsy가 들어가야 한다.

[어휘] **embarrass** v. 당황하게 하다
flimsy a. 엉성한, 조잡한
flaky a. 얇게 벗겨지는, 괴짜인
clumsy a. 어설픈, 서툰
dopy a. 바보 같은, 멍청한

15. (a)

[해석] A: 교실에서 영화를 상영했니? 내가 듣기로는 성인 내용이 들었다고 들었어.
B: 사실이야, 하지만 회사에 의해서 외설적인 내용들이 편집된 것을 상영했어.

[해설] 빈칸에 가장 적당한 형용사를 고르는 문제이다. 문맥상 수업시간에 상영되는 영화에 일부 성인대상 내용이 들어가 있는데, 회사가 편집하여 만든 영화에는 그러한 성인대상 부분을 삭제했다는 의미가 되어야 하므로, 빈칸에는 adult content에 상응하는 어휘가 들어가야 하므로 정답은 obscene이 된다.

[어휘] **edit** v. 편집하다
obscene a. 외설적인, 음란한
obtuse a. 둔한, 둔감한
obligatory a. 의무적인
obvious a. 명백한

16. (c)

[해석] A: 저는 당신 학생들을 폄하하려고 하는 것이 아닙니다. 하지만 그들은 지난해 학생들을 따라 잡으려면 많이 개선되어야 합니다.
B: 동의합니다. 그들이 제가 가르쳤던 학생들 중에서 최악은 아니지만 더 열심히 공부해야 합니다.

[해설] 대화 내용상 빈칸에 가장 적당한 동사를 고르는 문제이다. 당신의 학생들을 '낮추거나 폄하하는 것'은 아니지만 지난해 학생들에 비하면 많은 노력이 필요하다는 의미가 되어야 하므로, 빈칸에는 '낮추다, 무시하다, 폄하하다'는 의미를 갖는 disparage가 들어가야 한다.

[어휘] **improvement** n. 개선, 향상
oppress v. 억압하다, 탄압하다
disparage v. 폄하하다

17. (d)

[해석] A: 유인원계와 인류와는 많은 차이점이 있습니다.
B: 사실입니다. 가장 많이 인용되는 유사점 중에 하나는 손과 발과 같은 해부학적 구조와 관련된 것입니다.

[해설] 문맥상 빈칸에 가장 알맞은 명사를 고르는 문제이다. 대화 내용상 유인원과 인간은 많은 점에서 비교가 될 수 있는데,

특히 손과 발은 몸의 형태의 일부분으로서 매우 유사하다는 의미가 되어야 하는데, 손과 발의 형태는 해부학과 관련이 되므로 빈칸에는 anatomy가 들어가야 한다.

[어휘] **comparison** n. 비교, 비유
great ape 유인원
geometry n. 기하학
disposition n. 성향, 기질, (격식의)배열, 배치
anatomy n. (해부학적)구조, 사람의 몸

18. (a)

[해석] A: 난 우리 교회에서 사람들이 남자들이 다수의 부인들을 거느릴 수 있는 가능성에 대해서 그렇게나 유난을 떠는지 이해할 수 없어.
B: 네말이 맞아. 일상생활에서는 매우 드문 부분임에도 불구하고 사람들은 종교에 있어서는 크게 생각하지.

[해설] 의미상 빈칸에 들어갈 적당한 명사를 고르는 문제이다. 문맥상 일부다처제는 단순한 가능성의 문제일 뿐인데 종교에서는 너무 크게 강조한다는 의미가 되어야 하므로 빈칸에는 '일부다처제'의 의미를 갖는polygamy가 들어가야 한다.

[어휘] **make a big deal** 유난을 떨다
hierarchy n. 계급, 체계
patriarchy n. 가부장제

19. (a)

[해석] A: 나는 8살짜리 사내아이가 바이올린 연주하는 것을 오케스트라가 피처링하는 것을 보았어.
B: 나도 그 소년에 대해서 읽었어. 그는 영재 소년 같더라.

[해설] 문맥상 빈칸에 가장 어울리는 명사를 고르는 문제이다. 문맥상 바이올린을 하는 8세 소년은 매우 뛰어나서 음악영재라는 의미가 되어야 하므로, 빈칸에는 '영재'라는 의미의 prodigy가 들어가야 한다.

[어휘] **prodigy** n. 영재
periphery n. 주변(부)
blasphemy n. 신성모독
pariah n. (사회에서) 버림받은(따돌림 받은) 사람

20. (d)

[해석] A: Don이 위대한 음악가가 되기 위해서는 그는 단지 조금의 격려의 말만 있으면 돼.
B: 네 말이 맞아. 그의 자신감을 높여줄 사람만 있다면 그는 위대한 음악가가 될거야.

[해설] 대화 내용상 빈칸에 가장 어울리는 동사를 찾는 문제이다. 문맥상 돈은 약간의 격려, 즉 어떤 사람이 그에게 자신감을 불어 넣어준다면 그는 성공할 것이라는 의미가 되어야 하므로, 빈칸에는 자신감을 '높여주다'라는 의미의 동사 bolster가 들어가야 한다.

[어휘] **encouragement** n. 격려, 고무
provoke v. 유발하다, 화나게 하다
herald v. 예고하다, 알리다

entice v. 유도(유인)하다

bolster v. 북돋우다, 강화(개선)하다

21. (b)

[해석] 그 아픈 소녀는 약함과 소심함으로 인해서 다른 아이들과 운동을 할수 없었다.

[해설] 의미상 가장 적절한 동사를 묻는 문제이다. 문맥상 아픈 아이가 다른 아이들과 어울려 운동을 하지 못하는 이유는 아픔으로 인한 약함과 동시에 소심함 또는 수줍음 때문이다. 따라서 빈칸에 들어갈 가장 어울리는 어휘는 timidity이다.

[어휘] **subtlety** n. 미묘함, 교묘함

timidity n. 겁 많음, 수줍음

frailty n. 노쇠함, 허약함, (성격상의) 약점

lethargy n. 무기력(상태)

22. (a)

[해석] 마약이나 무기류와 같은 밀수품을 소지한 채 국경을 넘다가 붙잡히는 것은 감옥에 가게 되는 동시에 심하게 심문을 당할 수 있는 매우 심각한 범죄행위가 될 수 있다.

[해설] 문맥상 빈칸에 들어갈 적당한 명사를 고르는 문제이다. 해석상 drugs(마약)과 weapons(무기류)와 같은 소지한채 국경을 넘는 것은 범죄로서 징역 및 심각한 조사에 당면할 수 있다는 의미가 되어야 하므로 빈칸에는 마약과 무기류를 포섭할 수 있는 어휘가 들어가야 하는데 선택지 상에는 contraband(밀수품)만이 가능한 어휘이다. 따라서 정답은 contraband이다.

[어휘] **international border** 국경

interrogation n. 질문, 심문

ration n. 배급량, 식량, 양

23. (c)

[해석] 일을 하는 많은 성인들은 더 많은 시간을 일해야 할지와 아이들을 돌보기 위해 집에 머물러야 하는지에 관하여 결정을 해야하는 상황, 즉 이러지도 저러지도 못하는 어려운 상황에 처해있다.

[해설] 의미상 빈칸에 가장 적절한 명사를 찾는 문제이다. 문맥상 성인으로서 일을 더하거나 집에 더 머물러 있거나 하는 선택은 매우 어려운 선택이므로, 빈칸에는 '진퇴양난'의 의미를 갖는 quandary가 적당하다.

[어휘] **quadrant** n. 사분면, 사분원호

quandary n. 진퇴양난

quarry n. 채석장, 사냥감

24. (d)

[해석] 그 독립운동은 그 나라의 국민들에게 필수적일 뿐만 아니라, 몇몇 주변 국가들이 독립을 요구하게 하는 파급효과 또한 가져왔다.

[해설] 문맥상 빈칸에 가장 적당한 명사를 고르는 문제이다. 의미상 한 국가의 독립운동이 그 주변의 다른 나라들에게 영향

을 준다는 의미가 되어야 하는데, 어떤 행위로 인해서 주변은 다른 사물, 사람들에게 영향을 미치는 것은 '파급효과'로서 ripple effect라고 표현한다. 따라서 빈칸에는 ripple이 들어가야 한다.

[어휘] **tide** n. 조수, 흐름, 물결, 파도

rivulet n. 시내, 개울

shimmer v. 희미하게 빛나다 n. 희미한 빛

ripple n. 잔물결, 파문(ripple effect 파급효과)

25. (b)

[해석] 그 협상은 양측 모두 자신의 입장에 관하여 포기하거나 타협하고자 하지 않을 때 결렬되었다.

[해설] 의미상 가장 적절한 명사를 찾는 문제이다. 문맥상 당사자들이 모두 양보하거나 협상하지 않는다면 결국 협상이 결렬되는 것인데, '(협상 따위가) 결렬되다'는 표현은 come to a standstill이므로 빈칸에는 standstill이 들어가야 한다.

[어휘] **compromise** v. 타협하다

face off 대결

standstill n. 정지, 멈춤

walkthrough n. 연습, 자세한 설명

lookout n. 망보는 곳

26. (a)

[해석] 숲이 우거진 지역에 강풍으로 인하여 수십 그루의 큰 나무들이 도로로 쓰러져서 길을 막았다.

[해설] 문맥상 빈칸에 가장 어울리는 동사를 고르는 문제이다. 빈칸에는 강풍으로 인해 나무들이 넘어져서 길을 '막다'라는 의미가 될 수 있는 어휘가 들어가야 하므로 '방해하다, 막다'라는 의미의 obstruct가 정답이 된다.

[어휘] **high wind** 매우 거센 바람

obligate v. 의무를 지우다, 강요하다

adorn v. 꾸미다, 장식하다

convert v. 전환하다, 개조하다

27. (c)

[해석] 1960년대의 우주 경쟁은 전 세계적으로 흥분되는 시기여서 모든 종류의 언론에서 우주와 외계인에 대한 관심을 촉발시켰다.

[해설] 의미상 빈칸에 가장 알맞은 동사를 찾는 문제이다. 문맥상 1960년대 우주경쟁이 매우 흥미진진해서 모든 종류의 언론들이 우주와 외계인에 대한 관심을 '다루기 시작했다, 촉발시켰다'는 의미가 되는 것이 자연스러우므로, 빈칸에는 '촉발시키다, 유발시키다'의 의미를 갖는 spark가 들어가야 한다.

[어휘] **startle** v. 깜짝 놀라게 하다

surprise v. 놀라게 하다

spark v. 촉발시키다, 유발하다

scathe n. 위해, 손상

28. (c)

[해석] 가장 역사적이고 전통적인 교회들에서는 한 사람이 사제나 종교적 지도자로 임명받기 전에 수년간의 학업이 요구된다.

[해설] 문맥상 가장 적절한 동사의 과거완료형을 찾는 문제이다. 의미상 역사가 오래되고 전통적인 교회에서는 수년간의 배움을 쌓은 후 사제로 '임명'되는 것이므로 빈칸에는 임명하다는 의미의 동사 ordain의 과거분사 ordained가 들어가야 한다.

[어휘] **ordain** v. 성직자로 임명하다

sustain v. 살아가게 하다, 계속시키다, (피해를)입다

29. (d)

[해석] 그 회사의 사장은 자신감 있는 걸음걸이부터 흠잡을 데 없이 멋지게 차려입은 방식까지 그가 하는 모든 것에서 자신감이 넘쳐 흐른다.

[해설] 의미상 빈칸에 가장 적합한 동사를 고르는 문제이다. 문맥상 자신감 있는 걸음걸이로부터 흠잡을 데 없이 멋지게 차려입은 스타일까지 그가 하는 모든 것에는 자신감이 '넘쳐 흐른다'는 의미가 되어야 하므로, 빈칸에는 '넘쳐 흐르다, 물씬 풍기다'의 의미를 갖는 동사 exude의 과거형 exuded가 들어가야 한다.

[어휘] **confidence** n. 자신감

employ v. 고용하다, 이용하다

inherit v. 상속받다, 물려받다

acknowledge v. 인정하다

exude v. 물씬 풍기다

impeccable a. 흠잡을 데 없는

stylish a. 유행을 따르는, 우아한

30. (d)

[해석] 만약 적을 과소평가한다면, 그 장군의 빠르고 쉬운 승리에 대한 계획은 역효과를 낼 수 있다.

[해설] 문맥상 빈칸에 가장 적당한 동사를 고르는 문제이다. 적을 과소평가하면 결국 그 책임을 져야 하는데, 이는 결국 작전의 실패일 것이므로 빈칸에는 '역효과를 내다'라는 의미의 backfire가 들어가야 한다.

[어휘] **underestimate** v. 과소평가하다

backtalk n. 무례한 말대답

backlash n. (사회 변화 등에 대한 대중의) 반발

backtrack n. 되돌아가는 길, 귀로

backfire v. 역효과를 내다

31. (c)

[해석] 공장 노동과 같이 수년간의 힘든 노동을 한 사람은 인생에서 아주 이른 시기에 건강문제를 경험할 수 있다.

[해설] 의미상 가장 알맞은 형용사를 묻는 문제이다. 문맥상 수년간 공장노동자로 일하게 되면 결국 건강에 이상이 발생하게 되는 것이므로, 빈칸에는 '힘들게 일하는' 사람이라는 의미가 될 수 있는 형용사 strenuous가 들어가야 한다.

[어휘] **docile** a. 유순한, 고분고분한

strenuous a. 힘이 많이 드는, 격렬한, 불굴의, 완강한

compulsory a. 강제적인

32. (a)

[해석] 자신이 가장 원했던 의대 두곳에서 거절당한 후 학생은 너무 의기소침하여 며칠간 가족들에게 이야기를 하지 못했다.

[해설] 문맥상 빈칸에 가장 적절한 형용사를 고르는 문제이다. 가장 가고 싶었던 의대 두곳에서 모두 거절당하게 되면 자기가 원하였던 것을 이루지 못하게 되어 의기소침하게 마련이므로 빈칸에는 그와 같은 의미를 가진 crestfallen이 들어가야 한다.

[어휘] **crestfallen** a. 풀이 죽은, 의기소침한

cathartic a. 배변의, 변이 통하는, 카타르시스의

malign v. 비방하다, 중상하다 a. 해로운

arrogant a. 오만한

33. (c)

[해석] 때때로 만약 유명한 작가가 집필 중에 사망하였다면 그가 죽은 후에서 사후 작품으로서 여전히 출판될 수 있다.

[해설] 의미상 빈칸에 가장 적합한 형용사를 묻는 문제이다. 문맥상 작가들이 집필하던 중 사망하더라도 그의 미완성 작품은 사후에도 출판될 수 있다는 의미가 되어야 하므로, 빈칸에는 after his death와 동일한 의미를 갖는 posthumous가 들어가야 한다.

[어휘] **posterior** a. 뒤쪽의

postmodern a. 포스트모던의

posthumous a. 사후의

postural a. (사람이 서있거나 앉아 있는) 자세의

34. (d)

[해석] 많은 장군들에 대해서 대량학살과 극악무도한 범죄를 시도한 혐의로 유죄가 인정되었다.

[해설] 문맥상 빈칸에 가장 적당한 형용사를 묻는 문제이다. 많은 장군들이 대량학살, 고문과 같은 범죄를 저질렀고 이로 인해서 유죄선고를 받았다는 의미인데, 대량학살과 고문은 '극악무도한' 범죄이므로 빈칸에는 heinous(극악무도한)가 들어가야 한다.

[어휘] **genocide** n. 집단학살

monstrous a. 괴물 같은, 도저히 말도 안 되는, 가공할, 엄청나게 큰

deformed a. 기형의

heinous a. 악랄한, 극악무도한

35. (a)

[해석] 방어 자세를 너무 쉽게 내리는 사람은 갑작스러운 공격에 취약하다.

[해설] 빈칸에 들어갈 적당한 형용사를 묻는 문제이다. 문맥상 권투와 같은 격투기에서 가드를 내리고 있다면 공격에 속수무책이라는 의미가 되어야 하므로, 빈칸에는 '~에 취약한'이라

는 의미의 어휘가 들어가야 한다. 따라서 susceptible이 정답이 된다.

[어휘] **guard** n. 방어자세

succinct a. 간단명료한, 간결한

solvent n. 용제, 용액

surreal a. 비현실적인, 아주 이상한

36. (a)

[해석] Mark는 가끔 학급 토론 중에 냉담하거나 무관심한 것처럼 보였기 때문에 매우 냉정하다는 평판을 얻었다.

[해설] 의미상 빈칸에 들어갈만 한 형용사를 묻는 문제이다. 문맥상 마크가 냉정하다는 평가를 받고 있는 상황이며, 특히 빈칸에는 uninterested와 유사한 의미를 갖는 어휘로서 마크의 reputation for being cold에 기여할 수 있는 어휘가 들어가야 한다. 따라서 지문 중 가장 적절한 어휘는 aloof가 된다.

[어휘] **reputation** n. 명성, 평판

aloof a. 냉담한

alarmed a. 불안해하는, 경보장치가 달린

reticent a. (자기감정 등에 대하여) 말을 잘 안 하는(말이 없는)

complacent a. 현실에 안주하는, 자기만족적인

37. (c)

[해석] 회사가 옹호하던 신념과 증진된 가치들은 현실적으로 매일 이루어지는 영업 방식과는 실제로는 매우 달랐다.

[해설] 문맥상 빈칸에 알맞은 형용사를 묻는 문제이다. 의미상 회사가 '옹호하던, 지지하던' 신념이 일상생활에서의 실제 행동과는 많이 다르다는 의미가 되어야 하므로, 빈칸에는 '옹호(지지)하는'이라는 의미의 형용사가 들어가야 하므로 정답은 espoused가 된다.

[어휘] **entrance** v. 도취시키다, 황홀하게 만들다

dialectical a. 변증법적인, 변증법의

espouse v. 지지(옹호)하다

harbor v. 숨겨주다, 품다

38. (b)

[해석] 그 선수가 도보 여행 중 가장 좋아하는 부분 중 하나는 무료 음식과 음료, 기타 무료 봉사를 받는 것이었다.

[해설] 의미상 빈칸에 들어갈 적당한 명사를 고르는 문제이다. 빈칸의 명사는 free food, drink와 호응하여 '무료 봉사'라는 의미가 될 수 있는 어휘가 들어가야 하므로, free와 동일한 의미를 가진 gratuitous가 들어가야 한다.

[어휘] **presumption** n. 주제넘음, 건방짐, 추정

gratuitous a. 무료의, 무보수의, 호의상의, 무상의, 불필요한

precipitous a. 가파른, 급경사의, 성급한, 무모한

notorious a. 악명 높은

39. (a)

[해석] 만약 왜곡된 말과 배경 소음이 있다면 녹음된 메시지를 해독하는 것은 매우 어렵다.

[해설] 빈칸에 들어갈 적절한 형용사를 묻는 문제이다. 문맥상 왜곡된 목소리나 배경 소음 때문에 녹음된 메시지를 해독하기가 매우 어렵다는 내용인데, 목소리나 말을 '왜곡하다'는 의미의 어휘는 garble이므로, 과거완료를 사용하여 형용사적 의미로 사용하면 된다. 따라서 빈칸에는 garbled가 들어가야 한다.

[어휘] **decipher** v. 판독(해독)하다

garbled a. 왜곡된, 혼동된

juxtapose v. ~와 나란히 놓다

misaligned a. 조정되지 않은

gravel v. 자갈로 덮다(보수하다), 어리둥절케 하다, 곤혹스럽게 하다, 짜증나게 하다

40. (b)

[해석] 정치인에게 있어 대중의 지지에 대한 가장 고무적인 신호들 중에 하나는 선거에서의 일방적인 승리이다.

[해설] 빈칸에 들어갈 수 있는 적절한 형용사를 묻는 문제이다. 문맥상 정치인이 선거에서 일방적으로 승리한다면 이는 유권자들이 그 정치인에 대해서 커다란 신임을 하고 있다는 것이므로 정치인에게는 가장 고무적인 일이 될 것이다. 따라서 빈칸에는 lopsided가 들어가야 한다.

[어휘] **deformed** a. 기형의

lopsided a. 일방적인, 한쪽으로 기운

overgrown a. 너무 자란, 무성하게 우거진

scallop v. 가리비 꼴로 만들다, (어패류를) 속이 얕은 냄비에 넣고 지지다

Make Up TEST Answer Keys

01. (b)	02. (a)	03. (a)	04. (b)	05. (a)
06. (b)	07. (b)	08. (b)	09. (a)	10. (a)
11. (b)	12. (a)	13. (b)	14. (a)	15. (a)
16. (a)	17. (b)	18. (b)	19. (a)	20. (a)

01. (b)

[해석] 그 정신이 다른 곳에 팔린 여자는 치과의사와의 약속에 가는 것을 잊었다.

[해설] 의사와의 약속을 잊는 여자는 정신이 없는 사람이고 b가 정답이다. (a)는 독선적인의 의미이므로 문맥과 맞지 않다.

[어휘] **self-righteous** a. 독선적인

absent-minded a. 방심 상태의, 멍하고[얼빠져] 있는

appointment n. 약속, 임명

02 (a)

[해석] 그 학생은 기말고사 벼락치기 공부하기 위해 밤을 새웠다.

[해설] 시험과 관련된 표현은 벼락치기를 의미하는 (a)가 정답이다.
b는 자극하다, 채찍질하다라는 의미이다.

[어휘] **cram for** ~을 대비해서 벼락치기 공부를 하다
whip up (고의적으로) ~을 자극하다
cramp n. (손, 발) 경련, 쥐

03. (a)

[해석] Sam이 일류직장에 취업했을 때 정말로 대성공했다.

[해설] 일류 직장에 취업한 것은 jackpot이 터진 것과 같으므로 (a)
가 정답이다. b는 형식을 버리다라는 의미이다.

[어휘] **prestigious** a. 고급의, 일류의, 훌륭한
hit the jackpot 대성공하다, 땅 잡다
cut the red tape 형식주의를 일소하다
hire v. 고용하다

04. (b)

[해석] 남편이 아내에게 기념일 날짜를 말할 수 없었을 때 곤경에
처했다.

[해설] 남편이 아내의 기념일을 말하지 못한 난처한 상황은 뜨거운
물에 빠져있다라는 (b)의 의미이다.

[어휘] **be in a huff** 발끈 화를 내다
be in hot water 곤경에 빠져 있다[빠지다]

05. (a)

[해석] 그 손님은 슈퍼마켓에서 재고가 떨어졌기에 사과를 살 수
없었다.

[해설] 사과를 살 수 없는 이유는 (b)의 고장난 것이 아니라 (a)의
재고가 없기 때문이다.

[어휘] **out of stock** 재고가 떨어진
out of order 고장난, 순서가 뒤바뀐

06. (b)

[해석] 그 여자는 영화관에서 예전 동창을 우연히 만나 즐겁게 지
냈다.

[해설] 영화관에서 이전 동창을 우연히 만난 (a)가 정답이다.

[어휘] **nod off** 잠들다
run into ~를[와] 우연히 만나다[마주치다]

07. (b)

[해석] 그 부유한 여자는 청소도우미를 고용해 손 끝 하나 까딱하
지 않았다.

[해설] 청소 용역을 고용했으니 손 하나 까딱하지 않는 (b)가 정답
이다. (a)는 남편의 바지를 입다라는 의미로 아내의 목소리
가 더 큰 경우를 의미한다.

[어휘] **wear the pants** (아내가) 남편을 깔고 뭉개다, 내주장하다

do not lift a finger 손 끝 하나 까딱 안 하다

08. (b)

[해석] 아이들은 최근에 할머니의 죽음을 극복하기 힘들었다.

[해설] 최근에 할머니가 돌아가시면 대처하기에 힘들다라는 (b)가
정답이다.

[어휘] **come by** ~을 얻다, 손에 넣다
cope with ~에 대처하다

09. (a)

[해석] 그 판매원은 그의 조카와 합의를 해서 덜 비싼 차를 주었다.

[해설] 뒤 문장에 차를 주었다는 내용이 있으므로 거래하다라는
(a)가 정답이다. (b)는 웃음을 띄다라는 의미로 뒤의 문장과
연결이 어색하다.

[어휘] **cut a deal** ~와 매매 협정을 맺다
flashed a smile (~에게) 살짝 미소를 보내다.

10. (a)

[해석] 그 부부는 출발해야 했다. 그렇지 않으면 비행기를 놓칠 것
이었다.

[해설] 뒤 문장에 비행기를 놓친다는 의미와 연결되는 것은 출발하
다라는 (a)가 정답이다.

[어휘] **get going** 나서다, 출발하다
pull over 길 한쪽으로 차를 대다
get ~ing ~하기 시작하다.

11. (b)

[해석] 그 경찰 서장은 상속녀의 없어진 다이아몬드를 찾는데 모든
수단을 다 동원하기로 결정했다.

[해설] 없어진 보석을 찾는 것은 모든 돌을 다 들춰보다, 즉 모든
수단을 다 동원하다라는 (b)가 정답이다. (a)는 한 바구니에
모든 계란을 담다라는 의미로 투자분산을 의미하는 내용이
다.

[어휘] **heiresses** n. 여자 상속인
put all his eggs in one basket 한 번에 모든 것을 걸다
leave no stone unturned 모든 수단을 다 쓰다

12. (a)

[해석] 그 오페라 스타는 화가 났지만 그는 무대 직원들에게 화풀
이 할 필요는 없었다.

[해설] 화가 났다는 내용이 나와서 (a), (b)가 다 해당되지만 무대직
원에게 ~할 필요는 없었다라는 뒤 문장으로 분풀이 하다라
는 (a)가 정답이다.

[어휘] **take it out on a person** ~에게 분풀이를 하다, 보복하다
put up with ~을 참다(endure)

13. (b)

[해석] 그 회사는 작은 봉지 팝콘의 가격을 인상함으로써 손님들에게 바가지를 씌웠다.

[해설] 작은 팝콘의 가격을 올리는 것은 속임수를 쓰는 것이기에 (b)의 바가지를 씌우다가 정답이다.

[어휘] **sided with** (~에 반대하여) ~의 편을 들다
ripped off ~에게 바가지를 씌우다

14. (a)

[해석] 그 고집이 센 아이는 모든 야채 먹기를 거부했다.

[해설] 야채 먹기를 거부한다는 뒤의 내용과 관계 있는 표현은 (a)의 고집 센이 정답이다.

[어휘] **pig-headed** a. 고집 센, 옹고집의, 완고한, 성질이 비뚤어진
green-fingered a. 원예에 재능이 있는

15. (a)

[해석] 기차는 브레이크를 걸고 역 앞에서 멈추었다.

[해설] 기차가 브레이크를 걸었다는 내용과 어울리는 것은 a의 정지하다이다. (b)는 결합하다라는 의미로 문맥과 맞지 않는다.

[어휘] **came to a halt** 정지하다, 멈추다
get tied up 결혼하다, 바쁘다

16. (a)

[해석] 그 정원사는 가장 좋아하는 노래를 흥얼거리며 화단의 잡초를 힘들이지 않고 뽑았다.

[해설] 휘파람을 부르며 일한다는 내용으로 힘들지 않는다란 (a)가 정답이다. (b)는 계속 연락하다라는 의미이다.

[어휘] **flower bed** 화단
make light work of ~을 힘 안 들이고[수월하게] 하다
keep in touch with ~와 접촉[연락]을 지속하다

17. (b)

[해석] 학교 불량배는 쉬는 시간에 다른 학생들을 괴롭히는 것으로 알려졌다.

[해설] 불량배와 관련 있는 표현은 (b)의 괴롭히다 이다.

[어휘] **ask out** 초대하다, 데이트 신청 하다
pick on 괴롭히다, 못살게 굴다

18. (b)

[해석] 그 비서는 사장의 도가 지나친 행동을 보고도 못 본 척했다.

[해설] 사장의 정도를 벗어난 관행과 어울리는 표현은 못 본 척 하다라는 (b)가 정답이다.

[어휘] **devious** a. 상도를 벗어난, 사악한 솔직하지 않은, 비뚤어진
ring a bell 생각나게 하다, ~에게 ~을 상기시켜 주다
turn a blind eye 무시하다, 못 본 체하다

19. (a)

[해석] 엄마는 아이의 이상한 행동에 미칠 지경이었다.

[해설] 아이의 antics(별난 행동)에 관련된 어휘는 a의 미칠 지경이었다가 정답이다. (b)는 뒤에 남겨 두다라는 의미로 어색하다.

[어휘] **antics** n. 별난 짓
drive crazy ~를 미치게 하다
leave behind 두고 가다, 둔 채 잊고 가다

20. (a)

[해석] 아버지가 직장을 그만두고 새 사업을 시작하기에는 너무 위태로웠다.

[해설] 직장을 그만두고 새 사업을 다른 일을 시작하는 것은 위험해 보인다는 (a)가 문맥상 어울린다. (b)는 궁지에 몰린다는 말로 사업을 시작하고 난 뒤의 상황에나 어울리는 말이다.

[어휘] **at stake** 위태로워(risked)
at bay (사냥감이) 궁지에 몰린[더 이상 달아날 수 없게 된]

THE
대한민국 TEPS 대표강사 Joseph Kim의
TOP in TEPS

950
문법 Grammar
청해 Listening
어휘 Vocabulary
독해 Reading

850
문법 Grammar
청해 Listening
어휘 Vocabulary
독해 Reading

650
문법 Grammar
청해 Listening
어휘 Vocabulary
독해 Reading

실전편
The TOP in TEPS
TEPS 고득점을 위한 최종 모의고사
최신 TEPS 경향을 완벽 반영한 영역별 8회분 모의고사
Joseph Kim이 공개하는 각 영역별 고득점 노하우 제공

기본편
The TOP in TEPS
TEPS 고득점을 위한 심화 학습서
영역별 심화 학습으로 실전 감각 키우기
TEPS 출제 원리에 근거한 다양한 문제 풀이

입문편
The TOP in TEPS
TEPS 초보자를 위한 기초 준비서
상세한 유형 분석 – 연습 문제– 실전 문제의 단계별 학습
TEPS 출제 원리에 근거한 다양한 문제 풀이

Designed by LanguagePLUS